高职高专汽车类专业技能型教育教材

汽车电工电子技术基础

第 2 版

万　捷　编著

机械工业出版社

本书依据汽车技术的新发展和汽车行业对从业人员提出的新要求编写，在第1版的基础上做了增补和完善。内容包括直流电路、正弦交流电路、电磁现象及其应用、电动机与发电机、半导体器件及应用、数字电路及汽车新技术简介。汽车新技术简介为第2版新增章，内容包括汽车电力电子技术、汽车车载网络技术和汽车电磁兼容技术。各章均配有练习题，书后附有部分习题答案。为培养学生必备的实操能力，书后有针对性地安排了实训项目并单独成册，供实训时选用。

本书图文并茂，通俗易懂，实用性强，学生易学，教师易教，可作为高职高专院校汽车相关专业电工电子基础课程教材，也可供广大汽车维修技师、工程师自学之用或作为汽车相关岗位培训用书。

图书在版编目（CIP）数据

汽车电工电子技术基础/万捷编著. —2 版. —北京：机械工业出版社，2020. 1（2024. 10 重印）

高职高专汽车类专业技能型教育教材

ISBN 978-7-111-64439-2

Ⅰ. ①汽… Ⅱ. ①万… Ⅲ. ①汽车-电工技术-高等职业教育-教材②汽车-电子技术-高等职业教育-教材 Ⅳ. ①U463. 6

中国版本图书馆 CIP 数据核字（2019）第 291522 号

机械工业出版社（北京市百万庄大街 22 号 邮政编码 100037）
策划编辑：母云红 责任编辑：母云红 张亚秋
责任校对：肖 琳 封面设计：鞠 杨
责任印制：刘 媛
涿州市般润文化传播有限公司印刷
2024 年 10 月第 2 版第 13 次印刷
184mm×260mm · 18. 25 印张 · 448 千字
标准书号：ISBN 978-7-111-64439-2
定价：55. 00 元（含实训指导）

电话服务　　　　　　　　　　网络服务
客服电话：010-88361066　　机 工 官 网：www.cmpbook.com
　　　　　010-88379833　　机 工 官 博：weibo.com/cmp1952
　　　　　010-68326294　　金 书 网：www.golden-book.com
封底无防伪标均为盗版　　机工教育服务网：www.cmpedu.com

序

随着我国汽车保有量的增长，汽车运用维修人才需求旺盛。2003 年，教育部启动了"国家技能型紧缺人才培养项目"，"汽车运用与维修"是其中的项目之一。自 2006 年至今，教育部和财政部持续推进了"国家示范性高等职业院校建设计划"，该计划的一个重要内容就是以学生为主体，以就业为导向，建立新的职教课程体系、教育模式与教学内容，而教材建设是最重要的一个环节。

为适应高等职业技术教育的形势，机械工业出版社汽车分社召集了全国 20 多所院校的骨干教师，于 2007 年 6 月在广东省的韶关大学组织召开"高职高专汽车类专业技能型教育规划教材"研讨会，确定了本套教材的编写指导思想和编写计划，并于 2007 年 8 月在湖南长沙召开"高职高专汽车类专业技能型教育规划教材"主编会，讨论并通过了本套教材的编写大纲。

本套教材紧紧围绕职业工作需求，以就业为导向，以技能训练为中心，以"更加实用、更加科学、更加新颖"为编写原则，旨在探索课堂与实训的一体化，具有如下特点。

1. 教材编写理念：融入课程教学设计新理念，以学生为主体，以教师为指导，以提高学生实践职业技能和创新能力为目标，理论紧密联系实践，思想性和学术性相统一。理论知识以够用为度，技能训练面向岗位需求，注重结合汽车后市场服务岗位群和维修岗位群的岗位知识和技能要求，使学生学完每一本教材后，都能获得该教材所对应的岗位知识和技能，反映教学改革和课程建设的新成果。

2. 教材结构体系：根据职业工作需求，采用任务驱动、项目导向的模式构建新课程体系。理论教学与技能训练有机融合，系统性与模块化有机融合，方便不同学校、不同专业、不同实验条件选择使用。

3. 教材内容组织：精选学生终身有用的基础理论和基本知识，突出实用性，以我国保有量较大的乘用车为典型，注意介绍现代汽车新结构、新技术、新方法和新标准，加强"实训项目"内容的编写，引导学生在"做"中"学"。内容安排采用实例引导的方式，以激发学生的阅读兴趣，符合学生的认知规律。

4. 教材编排形式：图文并茂，通俗易懂，简明实用，由浅入深，深浅适度，符合高职学生的心理特点。每章都结合人力资源和社会保障部职业资格考试要求，给出复习思考题，使教学与职业资格考试有机结合。

本套教材距离第一次组织编写已经过去十几年了，这期间，汽车新技术发展迅速，汽车行业发生了很大变化。为了紧跟汽车新技术发展，满足汽车行业实际需求，结合多年来读者的反馈和教材实际使用经验，本套教材陆续进入修订改版阶段。修订版教材在保留第 1 版内容特色的基础上，补充了新技术内容，删减了部分落后的技术内容，根据实际需要增减了实训项目，力图使教材能更好地助力当今职业教育人才的培养。

虽然本套教材的各参编院校在教、学、做一体化教学方面进行了有益的探索，但限于认识水平和工作经历，教材中难免仍有许多不足之处，恳请各位专家、同行给予批评指正。

高职高专汽车类专业技能型教育规划教材编委会

第 2 版前言

本书第 1 版自 2009 年 6 月出版以来，受到职业院校师生的欢迎，不断有读者来电询问教学课件和大纲。随着时间的推移，汽车技术又有新发展，汽车行业对从业人员的知识、技能和素养提出了更高要求，教材必须更新理念、更新内容。

第 2 版在保留第 1 版主要特色的基础上，在以下内容上做了增补和完善：

1. 第 1 章重新编写了电容器的构成和电容量，增加了电路分析在汽车中的应用和少量练习题。

2. 第 2 章增加了三相功率的计算和少量练习题。

3. 第 3 章增加了磁导率、铁磁材料的磁性能与分类、交流铁心线圈、直流铁心线圈、变压器及部分练习题。

4. 第 4 章增加了三相异步电动机和部分练习题。

5. 为扩大学生知识面，在 5.2.5 小节二极管在汽车电子电路中的应用中，增补了单相半波和全波整流、限幅电路及钳位电路的内容。第 5 章还增补了晶体管开关电路、汽车巡航控制系统和少量练习题。

6. 增加了第 7 章汽车新技术简介，包括汽车电力电子技术、汽车车载网络技术和汽车电磁兼容技术。当前，智能、环保、安全和节能已成为汽车技术发展的新主题，电力电子技术、车载网络技术、电磁兼容技术在汽车上得到广泛应用，教材必须及时反映汽车新技术的应用现状，因此，将上述新技术补充进教材正当其时，十分必要。在理念上，第 2 版更加强调知识为应用技术服务。因此，在每个知识点之后，都安排了该知识点在汽车上的具体应用内容，以激发学生理论联系实际的学习兴趣。为巩固、深化知识和提高技能，第 7 章末尾设计有小结和练习题。

7. 第 1 版虽然安排了实训项目，但数量略显不足，故在第 2 版里加大比重，增加了 10 项实训：电阻性电路故障检查、热式空气流量传感器的检测、荧光灯电路的装接及功率因数提高、三相电路功率的测量、变压器与汽车继电器的检测、步进电动机式怠速控制阀的检修、单相整流滤波电路的装接与测量、三角波和方波发生器的装接与测量、基于触发器的智力竞赛抢答器的装接与测试以及调光台灯电路的制作与调试。每个实训项目的结构均按实训目的、原理、设备与器材、内容与步骤及作业顺序安排，具有格式上的统一性。第 2 版优化并完善了第 1 版的实训项目，将万用表的使用，电压、电流、电阻的测量，二极管和晶体管的识别与检测合并成一个实训项目，如此使内容更为紧凑。

8. 为方便完成实训作业的撰写，第 2 版给出实训报告格式，仅供各校参考。

9. 第 2 版将实训项目单独成册，以方便学生在实训课上携带使用。

此外，为方便教学和学生自学，本教材配套相应的多媒体课件，读者可在 www. cmpedu. com 上注册后免费下载。

限于编者水平，书中难免有疏漏之处，敬请广大读者批评指正。

编　者

第1版前言

从汽车类人才培养目标出发，掌握必须的电工电子技术是成为汽车检测与维修人才的必备条件之一。作为一门专业基础课程，原来采用的适合机电类学生的教材已经不能满足教学需要。以往的教学内容需要调整，教学方式需要改革，要在讲述理论的同时，进行必要的实践技能训练。在这种形势下，编写一本适合汽车类专业学生使用、理论和实训相结合的教材成为当务之急。本书就是从教学实际需要出发，在总结了多年教学经验的基础上编写的，十分适合汽类专业教师和学生使用。

"汽车电工电子技术"是一门汽车类专业的专业基础课，经过多年的教学研究和实践，以"必需""够用"为度，对原来经典的"电工电子学"课程内容进行了整合，并融入实践技能训练内容。在课程中体现了汽车专业特点，列举了大量汽车电路实例，与汽车专业紧密结合。

本书主要特色如下：

1. 本书对传统学科型教材进行了整合，在教学内容选取上，保证了汽车类专业所需的最基本、最主要的电工电子基础内容，尽量避免内容之间不必要的交叉和重叠，淡化学科体系，减少学时数，提高课堂教学效率。

2. 基本知识点的选取以"必需""够用"为度，没有过多的理论推导。为体现汽车专业特色，本书列举了许多汽车电子电路实例，使学生将电工电子基础知识与汽车专业知识迅速结合起来，以培养学生分析专业问题和解决实际问题的能力。

3. 本书在内容叙述上通俗易懂、深入浅出，对于各种基本概念与基本原理的阐述力求简明扼要。采用大量插图，对知识的应用进行详尽说明，力求使学生尽快掌握基本技能，将理论知识迅速转变为技术应用能力。

4. 本书理论与实践相结合。在每个知识点后面，均附带相应的操作类内容，将理论知识与实际应用紧密结合起来，并在附录 A 中设计了实训教学内容。

5. 为便于教师教学和学生学习，每章前有学习目标，章后有一定量的练习题，附录 B 还有部分练习题答案。

本书由蔡兴旺教授主审，他对书稿进行了认真的审阅，提出了很多宝贵的意见和建议，在此深表感谢。

限于编者水平，书中难免有不妥之处，敬请广大读者批评指正，以便今后修订提高。

编　者

目　录

第1章

直流电路

📝 **学习目标:**

- 理解电路的基本概念,掌握电路的基本定律。
- 掌握电路中电位的意义及计算。
- 理解电源的等效变换法,掌握电阻串并联的特点及电路的计算。
- 了解电容器的充放电特性,理解电容的意义。
- 能运用电路知识分析汽车传感器的工作原理。

直流电路是指含有直流电源,并且电路各处的电压、电流、电动势等物理量的大小和方向都不随时间变化的电路。本章主要讨论电路的基本概念、基本定律、基本分析方法以及电容器。其中有些内容虽然已在物理课中讲过,但是为了加强理论的系统性和满足电工技术的需要,仍列入本章中,以使读者(可以通过自学)能进一步巩固和加深对这些内容的理解,并能充分运用和扩展这些内容。

本章所引出的概念和方法具有普遍适用性,不仅适用于直流电路,对交流电路及其他线性电路也同样适用。其次,本章的概念和方法是整个课程的基础,十分重要,应予足够重视。

1.1 电路的基本概念与基本定律

1.1.1 电路概述

1. 电路的作用与组成

图 1-1a 是汽车照明电路,它由蓄电池、车灯、开关、连接导线等组成,当开关闭合时,电流从蓄电池正极出发经车灯再流回负极形成电路,因此电路就是电流通过的路径。

电路按作用的不同分为电工电路和电子(信号)电路两大类,它们的作用不同,组成也不同。

电工电路的作用是电能的产生、传输控制和转换,它由电源、负载、中间环节组成。最能说明问题的例子是汽车照明电路(图 1-1a),在开关闭合时,蓄电池产生的电能经开关、连接导线送给车灯,由车灯转换成热能并以光的形式反映出来,实现了电能的产生、传输控制和转换。在电路中,蓄电池是提供电能的设备,是电源,它将化学能转换成电能。车灯是使用电能的设备,是负载,也称用电器,其作用是将电能转换成热能。这一转换是不可逆的，说明电能被消耗掉了，因此车灯是一个电阻性负载。开关和连接导线位于电源和负载之间，称为中间环节，在电路中起着电能的传输和控制作用。可见电源、负载、中间环节组成了照明电路，图 1-1b 为其电路模型。

与电工电路不同，电子电路的作用是电信号的产生、处理传输和变换，由信号源、负载和中间环节组成。典型的例子是扩音机电路，其框图如图 1-2 所示。话筒产生的电信号(电压或电流)经放大器处理后传送给扬声器，由扬声器转换为声音，实现了电信号的产生、处理传输和变换功能。在电路中，话筒是输出电信号的设备，称为信号源，在电路中它将声音信号变换为电压或电流信号。扬声器是接受和转换电信号的设备，是负载。放大器处于信号源与负载之间，为中间环节，在电路中用来放大电信号。可见信号源、负载和中间环节组成了扩音机电路。

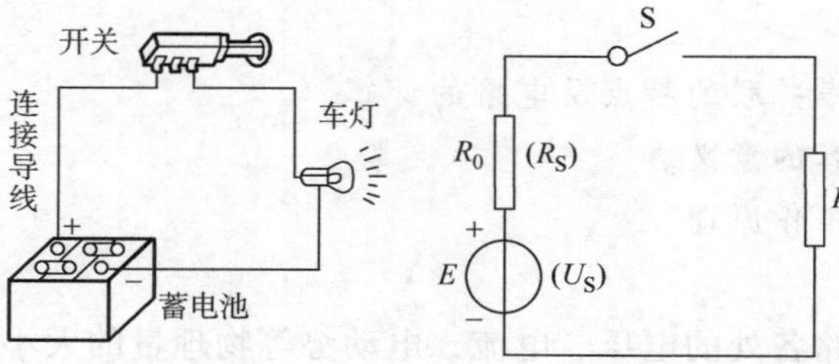

a) 汽车照明电路　b) 电路模型

图 1-1　汽车照明电路及其模型

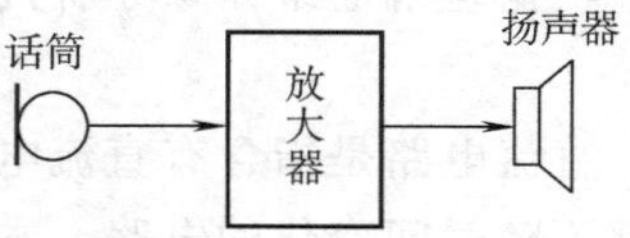

图 1-2　扩音机

需要指出，电工电路和电子(信号)电路是全体电路的代表，它们的作用和组成反映了全体电路的作用与组成情况，了解这一点有助于回答电路的作用和组成问题。

2. 电路模型

电路的结构通常可用实物图、框图、电路模型等多种形式表示。其中，实物图绘图繁琐，框图没有表示出实际元件的内部结构，无法使用定理、定律计算，因此电路通常用电路模型表示。为了搞清表示方法，首先介绍理想电路元件的概念。

理想电路元件是指只有一种电磁性质的假想元件。基本的理想电路元件有：电阻元件、电感元件、电容元件以及理想电压源和理想电流源共 5 种。它们的符号如图 1-3 所示，图中每一种理想元件的性质都是用其参数表示的：电阻 R 表示电阻元件具有消耗电能的性质，即电阻性；电感 L 表示电感元件具有储存磁场能的性质，即电感性；电容 C 表示电容元件有储存电场能的性质，即电容性；E (U_S) 表示理想电压源有输出电压不变的性质，即恒压性；I_S 表示理想电流源具有输出电流不变的性质，即恒流性。因为每种理想元件只有一个参数，所以又称为单一参数元件。

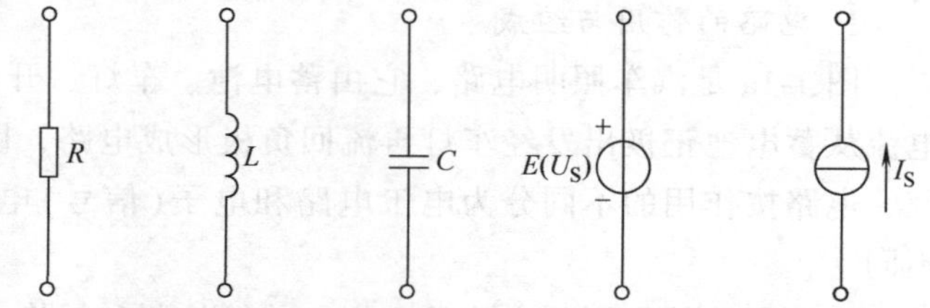

a) 电阻　b) 电感　c) 电容　d) 理想电压源　e) 理想电流源

图 1-3　基本的理想电路元件

理想电路元件用于表示实际元件。一般实际元件有一种不可忽略的性质时，只需用一个理想元件表示；当有多个不可忽略的性质时，需用多个理想元件表示。例如，车灯除了具有消耗电能的电阻性外，通过电流时还会产生磁场，具有电感性，但因为电感微小，通常忽略不计，所以车灯可用一个电阻元件表示。又如蓄电池，除具有将非电能转换成电能的性质外，还有通过电流时发热，消耗电能的性质，就是电阻性，这两种性质不能忽略，因此需要用理想电压源与电阻元件的串联电路表示。

电路模型就是将实际元件用理想元件及其组合表示之后所得到的图形，如图 1-1a 所示汽车照明电路，蓄电池用理想电压源 $E(U_S)$ 和电阻 $R_0(R_S)$ 的串联电路表示，车灯用电阻 R_L 表示，开关和连接导线用理想开关 S 和理想导线（即电阻为零的导线）表示，所得到的图形就是汽车照明电路的电路模型，如图 1-1b 所示。

实际电路用电路模型表示之后，绘图和计算变得简单、容易，因此实际电路经常用电路模型表示，如今后分析的实际电路都是用其电路模型表示的。

为叙述方便，今后电路模型一律简称为电路。电路的分析就是在已知电路结构和参数的条件下，确定电流、电压等基本物理量的大小和方向。为此，必须对电路的物理量有一个明确的认识。

1.1.2　电路的基本物理量

1. 电流

电流是电荷在电场力的作用下做定向运动形成的。例如，在金属导体中，自由电子在电场力的作用下做定向运动形成电流，而在电解液（如蓄电池）或者被电离的气体中，正、负离子在电场力的作用下做相反运动形成电流。因此，电流的大小和方向都与电荷有关。

电流的大小定义为单位时间内通过导体横截面的电荷量。设在时间 t 内通过导体横截面的电荷量为 Q，则通过该截面的电流为二者之比，即

$$I = \frac{Q}{t}$$

根据国家标准，不随时间变化的电流叫恒定电流，简称直流，用大写字母表示。而随时间变化的电流称为交变电流，简称交流，用小写字母表示。因此，上式为直流的表达式。交流的表达式为

$$i = \frac{dq}{dt}$$

式中，dq 是 dt 时间内通过导体横截面的电荷量。

电流的标准单位是安（A），1A 的电流表示在 1s（秒）内通过导体横截面的电荷量为 1C（库）。计量大电流时，为方便起见，用千安（kA）作单位，计量小电流时用毫安（mA）、微安（μA）作单位，其换算关系为 $1kA = 10^3 A$，$1A = 10^3 mA = 10^6 μA$。

电流的方向（实际方向）定义为正电荷的运动方向。在简单直流电路中，电流的实际方向很容易确定，但是在复杂的直流电路中，某一段电路中的电流方向有时难以判定；对于交流讲，其方向还随时间而变，在电路上也无法用一个箭头表示它的实际方向。为此，在分析计算电路时，经常任选一个方向作为电流的参考方向。所选的电流参考方向有可能与实际方向相同，也可能相反。若相同，则根据参考方向计算出来的电流为正值，如图 1-4a 所示；若相反，则根据参考方向计算出来的电流为负值，如图 1-4b 所示。因此参考方向与实际方

向的关系不同，电流的正负值也不同。

需要指出，为了避免重复，在没有特别指明的情况下，电路图上所标注的电流方向都是其参考方向。此外，电流的参考方向除用箭头表示外，还可用双下标表示。如电流 I_{ab} 表示参考方向由 a 指向 b。

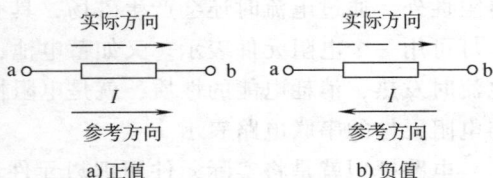

图 1-4　电流的参考方向与实际方向

2. 电压与电动势

在图 1-5 中，a、b 是电源的正负极，a 为正极带正电荷，b 为负极带负电荷。正、负电荷相互作用在电极 a、b 之间形成电场，其方向由 a 指向 b。如果用导体(连线和负载)将 a 和 b 连接起来，则在电场力的作用下，正电荷将由 a 向 b 运动，在此过程中，电场力做功。为了衡量电场力做功的本领，引入电压这一物理量。在电路中，a、b 两点间的电压 U_{ab} 在数值上等于电场力将单位正电荷从 a 点移到 b 点所做的功。设由 a 到 b 电场力做的功为 W，被移动的电荷量为 Q，则二者之比就是 a、b 间的电压，即

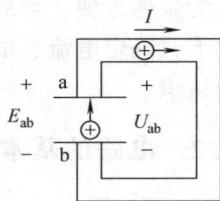

图 1-5　电荷的回路

$$U_{ab} = \frac{W}{Q}$$

电压有直流和交流之分，上式为直流电压的表达式，交流电压要用电功的变化量 dw 与电荷的变化量 dq 之比表示，即

$$u_{ab} = \frac{dw}{dq}$$

在图 1-5 中，正电荷在电场力的作用下，从正极 a 向负极 b 移动，在导体中形成电流。正电荷到达负极 b 后，就要与负极 b 的负电荷中和，使电极间的电场减弱，电流相应减小。如果中和过程持续下去，电极间的电场逐渐减小到零，电流减小到中断。为了使电流持续不断并保持稳定，在电源内部必须具有一种力，它能把正电荷从负极 b 推到正极 a，使电极间始终维持稳定的电场强度。所有的电源都具有这种力，在电池中，这种力是由化学反应产生的化学力，而在发电机中，这种力是由电磁作用产生的电磁力。由于这种力存在于电源内部，因而称为电源力。电源力在推动正电荷移动时会做功。因此，为了衡量电源力做功的能力，引入了电动势这一物理量。

电源的电动势 E_{ba} 在数值上等于电源力将单位正电荷从电源的负极 b 经电源内部移到正极 a 所做的功。设由 b 到 a 电源力做的功为 W，被移动的正电荷量为 Q，则它们的比值就是电动势 E_{ba}，即

$$E_{ba} = \frac{W}{Q}$$

电压和电动势的单位相同，标准单位都是伏(V)。1V 就是电源力把 1C(库)的电荷从一点移到另一点做 1J(焦)的功。其他常用单位还有千伏(kV)、毫伏(mV)。它们与伏(V)之间的换算关系为 $1kV = 10^3 V$，$1V = 10^3 mV$。

电压和电动势都是标量，但在分析电路时，和电流一样，也说它们具有方向性。电压的实际方向规定为由高电位端指向低电位端，即为电位降落的方向。如在图 1-5 中 a 端电位高

（用"+"号表示）、b 端电位低（用"-"号表示），则电压的方向为由 a 指向 b。电动势的方向与电压的方向相反，规定为由电源的低电位端指向高电位端，即电位升高的方向。如在图 1-5 中 b 端电位低（用"-"号表示）、a 端电位高（用"+"号表示），则电动势的方向为由 b 指向 a。b 端为电源的负极、a 端为正极，因此电动势的方向为电源的负极指向正极的方向。

和电流一样，在电路图上所标的电压和电动势的方向也都是参考方向。它们是正值还是负值，视选定的参考方向而定。例如，在图 1-6 中，电压 U 的参考方向与实际方向一致，故为正值；而 U' 的参考方向与实际方向相反，故为负值。两者可写为 $U = -U'$。

电压、电动势的参考方向除用 "+" "-" 号表示

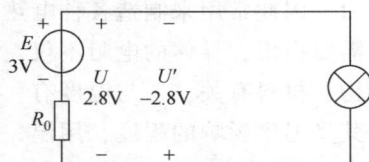

图 1-6　电压和电动势的参考方向

外，也可用双下标表示。以电压为例，a、b 间的电压 U_{ab}，其参考方向是由 a 指向 b。如果参考方向选为由 b 指向 a，则为 U_{ba}，$U_{ab} = -U_{ba}$。这几种方法所代表的意义是相同的，因此在实际使用时可以任选一种。

3. 导体的电阻

导体具有两面性，一方面对电流有良好的传导性，另一方面对电流也有一定的阻碍作用（这种阻力是自由电子做定向运动时与导体的原子发生碰撞产生的），这种阻碍作用的大小用电阻来表示。在一定温度下，导体的电阻 R 大小与导体的长度 l 成正比、与截面积 S 成反比，而且还与导体的电阻率 ρ 有关，这一关系称为电阻定律，即

$$R = \rho \frac{l}{S}$$

电阻 R 的标准单位是欧（Ω），1Ω 的概念是，当导体两端的电压为 1V，而通过的电流是 1A 时，则这段导体的电阻就是 1Ω。电阻常用的单位还有 $k\Omega$（千欧）、$M\Omega$（兆欧），它们与 Ω（欧）的换算关系是 $1k\Omega = 10^3\Omega$，$1M\Omega = 10^3 k\Omega = 10^6\Omega$。

电阻率 ρ 的单位是欧·米（$\Omega \cdot m$），其大小取决于材料的性质，性质不同的导体其电阻率也不同，用途也不一样。表 1-1 列出常用导体材料的电阻率 ρ 及温度系数 α。

表 1-1　常用导体材料的电阻率 ρ 和电阻温度系数 α（20℃）

用　　途	材 料 名 称	电阻率 $\rho/\Omega \cdot m$	电阻温度系数 $\alpha/℃^{-1}$
导电材料	银	0.0165×10^{-6}	0.0038
	铜	0.0175×10^{-6}	0.0040
	铝	0.0283×10^{-6}	0.0042
	低碳钢	0.12×10^{-6}	0.0060
	铁	$(0.13 \sim 0.3) \times 10^{-6}$	0.0060
电阻材料	锰铜	0.42×10^{-6}	0.000005
	康铜	$(0.4 \sim 0.51) \times 10^{-6}$	0.000005
	镍铬合金	1.1×10^{-6}	0.00013
	铁铬铝合金	1.4×10^{-6}	0.00005
	碳	10.0×10^{-6}	-0.0005

由表 1-1 可见，银、铜、铝的电阻率都很小，说明它们的导电性能很好。因此，常用作导电材料。其中铜、铝由于价格低廉而被广泛用于制造各种导线、电磁电器和电磁设备的线圈等。银的导电性能虽然最好，但由于价格贵，只在有特殊要求的位置上使用，如半导体器件的引线、电器的触点等位置。镍铬合金、铁铬铝合金电阻率都较高，而且还具有耐高温的能力，因此常用来制造各种电热器件，如车用点烟器和车用空调的发热丝。

需要指出，导体的电阻不仅与结构、材料有关，还与温度有关。其受温度影响的程度，用温度系数 α 来衡量。α 越大的导体，其电阻受温度的影响越大；反之，受温度的影响越小。由表 1-1 看出，锰铜、康铜的温度系数 α 近似为零，说明它们的电阻几乎不受温度变化的影响，十分

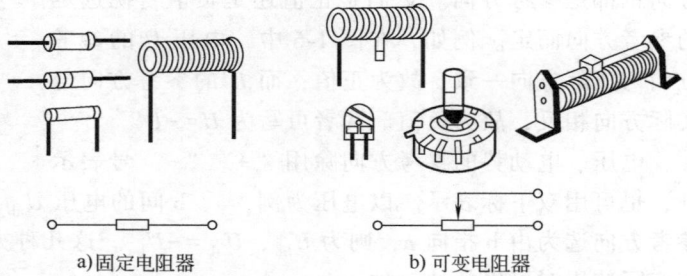

a) 固定电阻器　　　　b) 可变电阻器

图 1-7　常用电阻器外形及符号

稳定，而且它们的电阻率比铜要大几十倍，是很好的电阻材料，因此在实际应用中广泛用来制造各种电阻器等。常用电阻器的外形如图 1-7 所示。

由表 1-1 还可看出，大部分导体的温度系数 α 为正值，但也有个别导体的温度系数 α 为负值，如碳导体，它的电阻随着温度升高而减小，因此常用于制作温度补偿元件，用在电子电路中。

1.1.3　欧姆定律

在一段电路或全电路中，上述各基本物理量之间存在着一定的制约关系，这种制约关系称为欧姆定律。欧姆定律是电路的基本定律之一，有部分电路和全电路两种形式。

1. 部分电路欧姆定律

不含电源的一段电路称为部分电路，如图 1-8 所示。实验证明，在一段电路中，通过电路的电流与这段电路两端的电压成正比，而与电阻成反比，这一关系称为部分电路欧姆定律。在 U、I 参考方向相同时，如图 1-8a 所示，欧姆定律为

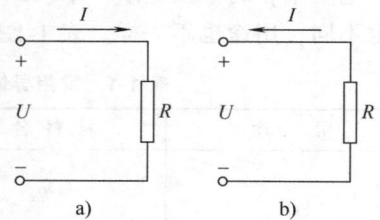

a)　　　　　b)

图 1-8　部分电路的欧姆定律

$$I = \frac{U}{R}$$

当 U、I 参考方向相反时，如图 1-8b 所示，欧姆定律为

$$I = -\frac{U}{R}$$

式中负号表示 U、I 的参考方向相反。

例 1-1　电路如图 1-8 所示，已知 $R = 10\Omega$，$U = 10V$，分别求图 1-8a、图 1-8b 的电流 I。

解：对图 1-8a 而言

$$I = \frac{U}{R} = \frac{10}{10}A = 1A$$

对图 1-8b 而言

$$I = -\frac{U}{R} = -\frac{10}{10}A = -1A$$

电流为正值，说明电流的实际方向与参考方向相同；电流为负值，说明电流的实际方向与参考方向相反，因此只要知道参考方向和计算结果就可推定实际方向。参考方向的这种作用不仅电流有，电压、电动势也有，具有普遍性。

2. 全电路欧姆定律

含有电源的闭合电路称为全电路，如图 1-9 所示。其中直流电源用理想电压源 E 和内阻 R_0 的串联电路表示，U 是电源的端电压(输出电压)，R_L 是负载的电阻，电路中各物理量的方向均为参考方向。全电路欧姆定律的内容是：在一个全电路中，电流 I 的大小与电源电动势 E 成正比，与电路的总电阻 R_L+R_0 成反比。在 E 与 I 参考方向一致时，如图 1-9 所示，则欧姆定律的形式为

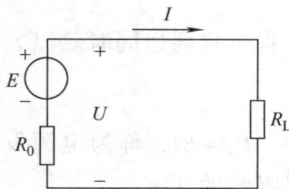

$$I = \frac{E}{R_L+R_0}$$

图 1-9　全电路欧姆定律

当 E 与 I 参考方向相反时(未画出)，则欧姆定律的形式为

$$I = -\frac{E}{R_L+R_0}$$

例 1-2　电路如图 1-9 所示，已知 $E = 3V$，$R_0 = 0.4\Omega$，$R_L = 9.6\Omega$，求电流 I、内阻压降 IR_0 及电源端电压 U。

解：由全电路欧姆定律可得

$$I = \frac{E}{R_L+R_0} = \frac{3}{9.6+0.4}A = 0.3A$$

内阻电压降　　　　　　　$IR_0 = 0.3\times0.4V = 0.12V$

电源端电压　　　　　　　$U = IR_L = 0.3\times9.6V = 2.88V$

可见　　　　　　　　　　$E = U+IR_0$

所以　　　　　　　　　　$U = E-IR_0 = (3-0.12)V = 2.88V$

$E = U+IR_0$ 称为电压平衡方程，当电源开路时，$E = U$，因此只要测出 U 的大小即可确定 E 的大小，这一点在实际应用中具有实际意义。

1.1.4　功率及其计算

功率是电路分析中常用的一个术语，其计算也是电路分析的一个重要方面。

1. 实际方向下功率的计算及元件性质的判别

在图 1-10 中，假定电流、电压、电动势的方向均为实际方向。在电路中，电源电动势 E 发出的电能，而负载电阻 R_L 和电源内阻 R_0 吸收电能。电源电动势 E 发出的电能用电源力所做的功表示，而电阻 R_L 和 R_0 吸收的电能可用电场力所做的功表示。根据电动势的定义，电源电动势 E 发出的电能为

$$W_E = EQ = EIt$$

根据电压的定义，电阻 R_L 吸收的电能为

$$W_R = UQ = UIt$$

电阻 R_0 吸收的电能为

$$W_{R_0} = U_{R_0}Q = U_{R_0}It$$

根据能量守恒定律，电路中发出的电能必定等于电路吸收的
电能，因此以下公式成立：

$$W_E = W_R + W_{R_0}$$

则　　　　　　　　　　　　$$EIt = UIt + U_{R_0}It$$

将等式两边同时除以 t，则得功率平衡方程为

$$P_E = P_{R_L} + \Delta P$$

式中，$P_E = EI$，称为电源发出的功率；$P_{R_L} = UI$，称为负载吸收的功率；$\Delta P = U_{R_0}I$，称为内
电阻吸收的功率。

图 1-10　功率计算

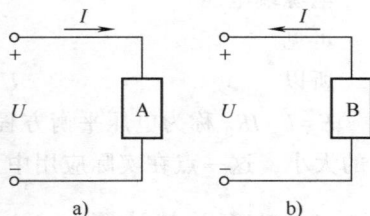

上式说明，一个电路电源发出的功率必定等于电路所吸收的功率，因此一个电路不但存
在能量守恒，还存在功率守恒。

功率的标准单位是瓦（W）。计量大功率时，W 太小，常用 kW（千瓦）为单位，计量小功
率时 W 又太大，常用 mW（毫瓦）为单位。它们与 W 之间的换算关系是 $1kW = 10^3 W$，$1W = 10^3 mW$。

在图 1-10 所示电路中，当电路中元件的电压与电流实际方向一致时，元件吸收功率
（图中 R_L 和 R_0）；若两者实际方向相反，则发出功率（图中电源 E）。因此元件的性质可以通
过电压与电流实际方向来判定。

电路中的元件，如果事先不知道电压和电流的实际方向，应如何根据参考方向计算元件的
功率，又怎样根据计算结果判断元件是吸收还是发出功率，以及判断元件的性质呢？

2. 参考方向下功率的计算及元件性质的判别

若 U、I 的参考方向相同，如图 1-11a 所示，则

$$P = UI$$

若 U、I 的参考方向相反，如图 1-11b 所示，则

$$P = -UI$$

根据上述公式计算功率，会出现正负值。功率为正
（$P>0$），表示元件吸收功率；功率为负（$P<0$），表示元件
发出功率。吸收功率的元件是负载，发出功率的元件是电
源，二者性质正好相反。

图 1-11　判定元件的性质

例 1-3　计算图 1-12 中各元件的功率，并指出各元件的性质。

解：图 1-12a 中，U、I 的参考方向相同，因此，

$P = UI = 10 \times (-1)W = -10W$，元件 A 发出功率，是电源。

图 1-12b 中，U、I 的参考方向相反，因此，

$P = -UI = -(-10) \times 2W = 20W$，元件 B 吸收功率，是负载。

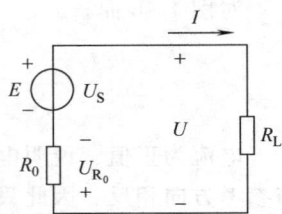

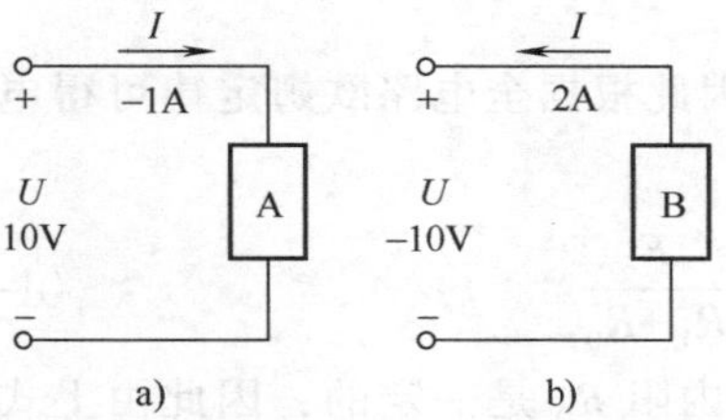

图 1-12 例 1-3

3. 电流的热效应

金属导体存在电阻，因此电流通过导体时会产生热量，称为电流的热效应。英国物理学家焦耳通过实验证明，电流通过导体时产生的热量 Q 与电流 I 的平方、导体电阻 R 以及通电时间 t 成正比，这种相互关系称为焦耳定律，即

$$Q = I^2 R t$$

式中，若 I、R、t 分别以 A、Ω、s 为单位，则 Q 的单位就是 J(焦耳)。

电流的热效应用途相当广泛，如汽车上的照明灯是利用电流产生的热量使灯丝达到白炽状态而发光的；熔断器就是利用电流的热效应熔断熔丝进而切断电源的；汽车上的双金属片式断电器也是利用电流的热效应使双金属片受热弯曲从而切断电路的；汽车上的电热式机油压力表和冷却液温度表的指针偏转，也是利用电流的热效应使双金属片受热变形带动的。这些都是电流热效应的有利应用。然而电流的热效应也有不利的一面，如汽车电路中的导线都有一定的电阻，在通电时会发热，若截面选择过小，电阻大，则易造成过热现象，会加速导线外皮绝缘材料的老化，严重时会引起漏电或短路事故；若截面选择过大，则浪费材料，不经济。在选择导线截面时，常用到电流密度 J 这一物理量，它表示单位面积的导线所通过的电流大小，即

$$J = \frac{I}{S} \tag{1-1}$$

式中，I 是电流，单位为 A；S 是导线截面积，单位为 mm^2；J 是电流密度，单位为 A/mm^2。

例 1-4 桑塔纳轿车远光灯的电流为 5A，一般选导线的电流密度为 $4A/mm^2$，则应采用多大截面的导线为宜？

解：由式(1-1)可得，$S = \frac{I}{J} = \frac{5}{4} mm^2 = 1.25 mm^2$

根据计算结果，还应留有余量，因此采用截面积为 $1.50 mm^2$ 的导线为宜。

1.1.5 电路的三种状态

电路在使用过程中，由于使用条件的不同会处于不同的状态。归纳起来有通路、开路和短路三种状态。每种状态都有自身的特点。

1. 通路（有载）

图 1-13 是一个完整电路，图中电源用理想电压源 E 和内阻 R_0 的串联表示，负载电阻用 R_L 表示，连接电源和负载的导线和开关 S 是中间环节。另外，U 为电源端电压，I 是电路通过的电流。当合上开关 S 时，电流通过负载形成回路，电路的这种状态称为通路（或有载）

状态。

可以看出，E 与 I 同向，因此根据全电路欧姆定律可得电流 I 为

$$I = \frac{E}{R_L + R_0} \qquad (1\text{-}2)$$

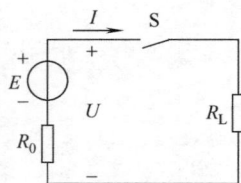

图 1-13　电路的通路与开路

对给定的电源，其电动势 E 和内阻 R_0 是一定的，因此由上式可知，电源输出电流由负载决定。负载并联的数量越多，其等效电阻 R_L 越小，输出电流越大。反之，当负载并联的数量减少时，其等效电阻 R_L 增大，输出电流减小。

还可以看出，U 与 I 也同向，因此由部分电路欧姆定律可得

$$U = IR_L$$

将此式代入式(1-2)，得

$$U = E - IR_0 \qquad (1\text{-}3)$$

可见，电源端电压小于电动势，两者之差为电流在内阻上产生的压降 IR_0。电流越大，内压降越多，则电源端电压下降得越多。但是，电源的内阻一般很小，当 $R_0 \ll R_L$ 时，则

$$U \approx E$$

上式表明当电流（负载）变动时，电源的端电压变动不大，这说明它带负载能力强。

式(1-3)两侧乘以电流 I，则得功率平衡式

$$UI = EI - R_0 I^2$$

$$P = P_E - \Delta P$$

式中，$P_E = EI$，是电源产生的功率；$\Delta P = R_0 I^2$，是电源内阻上消耗的功率；$P = UI$，是电源输出的功率。上式表明，电源的输出功率小于其产生的功率，两者之差为电流在内阻上产生的功率损耗。电流越大，内阻损耗越多，则电源输出功率越小。

2. 开路（断路）

在图 1-13 中，当开关 S 断开时，电路中的电流为零，这种状态称为开路（或断路）状态。

开路可以分为控制性开路和故障性开路。控制性开路是人们根据需要利用开关将处于通路状态的电路断开；故障性开路是一种突发性、意想不到的断路状态。例如，在汽车电路中，电源与负载之间的连接线松脱，负载与导体的金属部分接触不良，都会引起断路故障。所以在接线时要牢固可靠，尽量避免断路故障发生。

在汽车电路发生断路故障时，通常用试灯或万用表（直流电压档）去寻找电路的断路点，如图 1-14 所示。方法是：将试灯一端（或电压表负表笔）接在电源负极，另一端依次触及电路接线点 a、b、c、d。如果灯亮说明此接线点至电源正极间无断路；如果灯不亮，则说明此接线点与前一接线点间有断路。用这种办法逐步缩小查找范围，直至找到断路点。

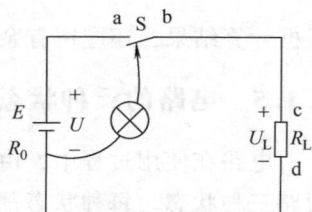

图 1-14　用试灯寻找断路点

3. 短路

短路是指电流未经过负载，而是在中途相搭接的地方通过形成电路，如图 1-15 所示。图中折线 ab 表示短路点。

短路发生时电路中的电阻只有电源内阻 R_0，R_0 是很小的，因此电路中的短路电

流 I_S 很大，它比电源的正常电流大几十倍。这样大的短路电流通过电路会产生大量热能，不仅损坏电源、导线以及电路中连接的电流表、开关等其他设备，甚至还会引起火灾，所以必须避免发生。一般的措施是在电路上加装短路保护装置，如熔断器 FU 或自动断电器等，如图 1-15 所示。熔断器的熔丝是由低熔点的铅锡合金丝做成的，在发生短路时，短路电流产生的热能会使熔丝立即熔断，从而保护了电路中的设备免于烧毁。

需要说明的是，在汽车电路故障诊断维修工作中，为了快速寻找故障点，经常采用短路的方法，将某两接线柱短路。为了和事故性短路相区别，常把这种短路称为短接。

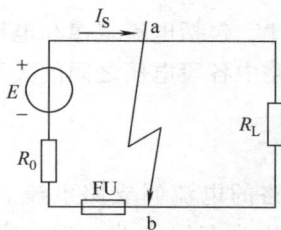

图 1-15   短路

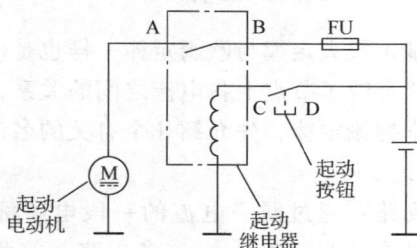

图 1-16   汽车起动系统原理简图

图 1-16 为汽车起动系统原理简图，若按下起动按钮，起动电动机不转，经查电源、熔断器 FU 及搭铁线均无故障，于是就可采用短接法查找故障所在位置。具体操作步骤如下：

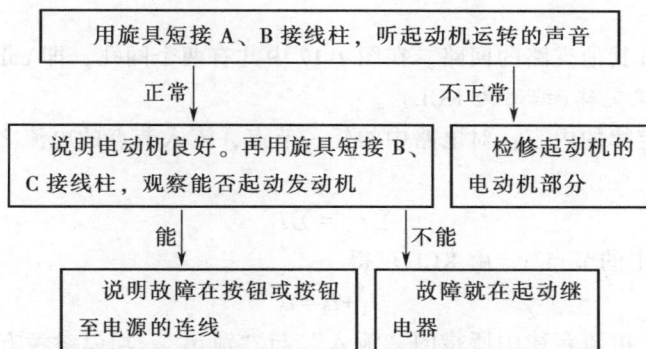

例 1-5 有一直流电源，其额定功率 $P_N = 200W$，额定电压 $U_N = 50V$，内阻 $R_0 = 0.5\Omega$，负载电阻 R_L 可以调节，其电路如图 1-13 所示。试求：（1）额定状态下的电流和负载电阻；（2）开路状态下的电源端电压；（3）电源短路时的电流。

解：（1）额定状态时，因为 $P_N = U_N I_N$，所以得

$$I_N = \frac{P_N}{U_N} = \frac{200}{50}A = 4A$$

由式(1-3)可求出电动势 E，即

$$E = (U_N + I_N R_0)V = 52V$$

由欧姆定律可求出负载电阻 R_L，即

$$R_L = \frac{U_N}{I_N} = \frac{50}{4}\Omega = 12.5\Omega$$

（2）开路时电源端电压称为开路电压 U_o。

$$U_o = E - IR_0 = E = 52V$$

（3）电源短路时，由全电路欧姆定律得短路电流，即

$$I_S = \frac{E}{R_0} = \frac{52}{0.5}A = 104A \approx 26I_N$$

计算结果表明，电源短路时会流过远大于额定电流数值的电流，电源会被烧毁，甚至引起火灾，所以电源短路是一种事故状态。

1.1.6 基尔霍夫定律

基尔霍夫定律与欧姆定律一样也是电路分析的基本定律，包括电流定律和电压定律。电流定律反映了节点上各电流之间的关系，电压定律反映回路中各段电压之间的关系。为了更好地掌握该定律，先介绍几个有关的名词。

1. 名词

支路：通过同一电流的一段电路称为支路，流过支路的电流叫支路电流。在图 1-17 中，共有 acb、adb、ab 三条支路。前两条支路含有电源称为有源支路，后一条称为无源支路。

节点：三条或三条以上支路的连接点称为节点。在图 1-17 所示的电路中共两个节点，即 a 和 b。

回路：电路中任一闭合路径称为回路。在图 1-17 中共有 cabc、adba、cadbc 三个回路。

网孔：内部不含其他支路的回路。在图 1-17 中共有两个网孔，即 cabc 和 adba。

2. 基尔霍夫电流定律(缩写为 KCL)

基尔霍夫电流定律的内容：对电路中的任一节点，流入节点的电流之和等于流出节点的电流之和，即

$$\sum I_入 = \sum I_出$$

如图 1-17 电路中的节点 a，由 KCL 可得

$$I_1 + I_2 = I_3$$

需要注意的是，电流定律中所指的"流入"与"流出"，均以参考方向为依据。因此在列方程之前，必须将所有电流参考方向选定，并标在电路图上。

根据计算结果，有些支路的电流可能是负值，这是由于所选定的电流参考方向与实际方向相反所致。

KCL 不仅适用于节点，而且也适用于任意假定的闭合面。例如，图 1-18 所示的电路，

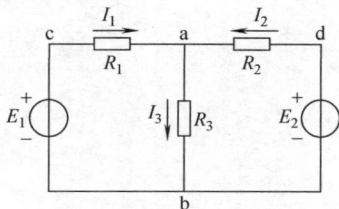

图 1-17 电路举例

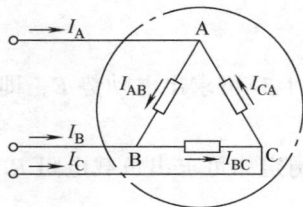

图 1-18 KCL 的推广使用

用一虚线圆对三角形电路做一闭合面。对 A、B、C 三个节点应用电流定律可列方程，则有

$$I_A = I_{AB} - I_{CA}$$

$$I_B = I_{BC} - I_{AB}$$

$$I_C = I_{CA} - I_{BC}$$

上列三式相加，便得

$$I_A + I_B + I_C = 0$$

等式左边为流入闭合面的电流之和，右侧为流出闭合面的电流之和，二者是相等的。因此 KCL 对闭合面也是成立的。

例 1-6 在图 1-19 中，$I_1 = 2A$，$I_2 = -3A$，$I_3 = -2A$，试求 I_4。

解：由基尔霍夫电流定律可列出

$$I_1 + I_3 = I_2 + I_4$$

得

$$I_4 = I_1 + I_3 - I_2 = [2 + (-2) - (-3)]A = 3A$$

3. 基尔霍夫电压定律（缩写为 KVL）

基尔霍夫电压定律指出：对电路中的任一回路，沿选定的方向（顺时针或逆时针方向）绕行一周，则各段电压的代数和等于零，即

$$\sum U = 0$$

图 1-19 例 1-6 电路

同时规定，若某个电压的参考方向与人为选定的绕行方向相同，则在代数和中该电压之前取正号；若相反，则该电压之前取负号。

例如在图 1-20 所示的回路（即为图 1-17 所示电路的一个回路）中，选逆时针方向为回路的绕行方向。不难看出，U_1、U_4 的方向与绕行方向相同，而 U_2、U_3 方向与绕行方向相反，因此在代数和中，U_1、U_4 之前取正号，U_2、U_3 之前取负号。所以回路的电压方程为

$$U_1 - U_2 - U_3 + U_4 = 0$$

电压定律不仅适用于闭合回路，也适用于开口电路。因为开口电路在开路处往往存在一个电压，该电压能将开口电路闭合，形成闭合电路，所以开口电路同样也适用于电压定律。以图 1-21 电路为例，用电压定律列出开路电压 U_{AB} 的表达式。

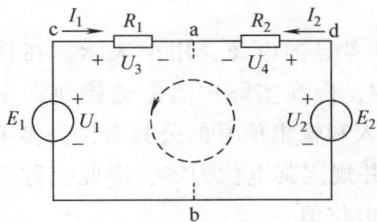

图 1-20 回路

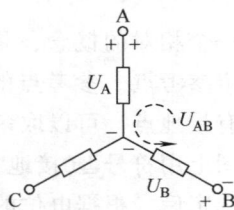

图 1-21 KVL 的推广使用

在图 1-21 电路（各支路的元件是任意的）中，电压 U_A 方向与绕行方向相同，而 U_B、U_{AB} 方向与绕行方向相反，因此在代数和中，U_A 之前取正号，U_B、U_{AB} 之前取负号。所以回路方程为

$$U_A - U_B - U_{AB} = 0$$

经移项可得

$$U_{AB} = U_A - U_B$$

应该指出，讨论基尔霍夫定律时，虽然是以直流电阻电路为例进行的，但是基尔霍夫定

律是基本定律，它不仅适用于直流电阻电路，对其他的直流电路、交流电路以及电子电路也同样适用。一句话，它适用于我们能见到的绝大多数电路。

应用基尔霍夫定律列方程时，首先要在电路图上标出电流、电压或电动势的参考方向。因为所列方程中各项前的正负号是由它们的参考方向决定的，如果参考方向选得相反，则会相差一个负号。

例 1-7　有一闭合回路如图 1-22 所示，各支路的元件是任意的，但已知：$U_{AB} = 5V$，$U_{BC} = -4V$，$U_{DA} = -3V$。试求：（1）U_{CD}；（2）U_{CA}。

解：（1）选顺时针为绕行方向，由基尔霍夫电压定律可列出

$$U_{AB} + U_{BC} + U_{CD} + U_{DA} = 0$$
$$U_{CD} = -U_{BC} - U_{AB} - U_{DA}$$
$$= [-(-4) - 5 - (-3)]V$$
$$= 2V$$

（2）ABCA 是开口电路，也可应用基尔霍夫电压定律列出电压 U_{CA} 表达式，即

$$U_{AB} + U_{BC} + U_{CA} = 0$$
$$U_{CA} = -U_{AB} - U_{BC}$$
$$= [-(5) - (-4)]V$$
$$= -1V$$

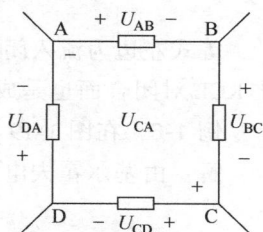

图 1-22　例 1-7 的电路

由本例可见，式中有两套正负号，U 前的正负号是根据该电压与绕行方向的关系确定的，括号内数字前的正负号表示电压本身数值的正负。

1.1.7　电位的概念及计算

电位作为电路的一种分析手段，经常用来确定电子元器件的工作状态。比如对二极管来讲，只有当它的阳极电位高于阴极电位时，管子才能导通；否则就截止。在讨论晶体管的工作状态时，也要分析各个极的电位高低。因此，理解并掌握电位的概念和计算方法是十分必要的。

电位是一个相对的概念，是指电路中某一点到参考点的电压，用 V 表示。在计算电位时，首先选定参考点。参考点的选择原则上是任意的，但在实际中通常选接地点作为参考点。如果没有接地点，可以取多个电源的公共端或输入和输出信号的公共端作为参考点。参考点在电路图上用符号⊥(接地)、⊥(接机壳)表示，并规定其电位为零，因此也称为零电位点。参考点选定后，根据电位的概念即可求出某点的电位值。

在图 1-23 电路中，设 b 点为参考点，则其各点电位为

$$V_a = U_{ab} = 10 \times 6V = 60V$$
$$V_c = U_{cb} = U_1 = 140V$$
$$V_d = U_{db} = U_2 = 90V$$

电路中某点到参考点的路径一般有多条，在计算电位时应选最短路径，以简化计算，如 a 点到 b 点一共有三条路径，其中 a 经 6Ω 电阻到 b 的路径最短，在计算 a 点电位时应选该条路径。

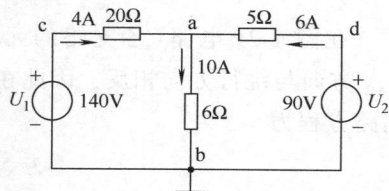

图 1-23　电位的计算

因为电路上的电流、电压方向都是参考方向，所以，电位的计算结果有正负之分。正电位表明某点电位高于参考电位；负电位恰好相反，表示该点电位低于参考电位。

在分析电路时，利用电位的概念还可以简化电路，进而简化计算过程。

例 1-8 试简化图 1-24a 所示电路，并计算电路中 B 点电位。

解：在图中，两个电源的公共端设为参考点。根据电位的概念不难确定，电源的另一极的电位等于所对应的电源电压，因此当电源的一极作为参考点时，它的作用可用另一极的电位等效替代，这种表示法称为电源的电位表示法。电源用电位表示后，就得到了简化电路，如图 1-24b 所示。

$$电路中的电流 \quad I = \frac{V_A - V_C}{R_1 + R_2} = \frac{6-(-9)}{(100+50)}$$

$$= \frac{15}{150} mA = 0.1 mA$$

电阻 R_2 上电压 $\qquad U_{AB} = V_A - V_B = R_2 I$

故 B 点电位 $\qquad V_B = V_A - R_2 I = (6-5) V = 1V$

图 1-24 例 1-8 的电路

1.2 电路的基本分析方法

分析与计算电路经常用到欧姆定律和基尔霍夫定律，但由于电路结构的多样性，有些电路直接用两个定律进行计算，步骤较多，工作量较大。因此，需要根据实际情况，采用简便的分析方法。本节将给出两种适合于不同结构的简便分析法：电阻串并联的特点分析法和电源的等效变换法。前者适合于分析电阻串并联电路，后者适合于计算多电源多回路的电路形式。下面以电阻电路为例进行介绍。

1.2.1 电阻串并联的特点

1. 电阻的串联

若干个电阻依次相连，而且通过相同的电流，这样的连接法称为电阻的串联，如图 1-25a 所示。为简单起见，以两个电阻组成的串联电路为例，总结串联的特点。

1）电阻串联时，流过每个电阻的电流相同。根据图 1-25a 可知

$$I = I_1 = I_2$$

式中，I_1、I_2 分别为通过 R_1、R_2 的电流。

2）串联电阻的总电压等于各电阻上电压的代数和。在图 1-25a 中，R_1、R_2 上的电压参考方向与总电压 U 方向相同，因此

图 1-25 电阻串联及等效电阻

$$U = U_1 + U_2$$

3）串联的几个电阻，其作用可用一个等效电阻（总电阻）替代，如图 1-25b 所示，等效的条件是在同一电压 U 的作用下电流 I 保持不变。实验证明，等效电阻在数值上等于各电阻

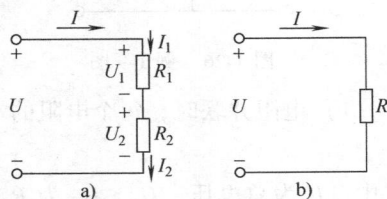

之和，即

$$R = R_1 + R_2$$

4）电阻串联时，每个电阻上的分压与其阻值成正比，这一特性称为分压特性。对给定的电路（图1-25a），每个电阻分压为

$$\begin{cases} U_1 = \dfrac{R_1}{R}U \\[2mm] U_2 = \dfrac{R_2}{R}U \end{cases}$$

上述等式反映了电阻的分压特性，称为分压公式。分压公式在电路分析中经常使用，必须熟记。

在实际中，电阻的串联应用很多，如在负载的额定电压低于电源电压的情况下，常需要给负载串联一个电阻，以降低一部分电压。有时为了限制负载中通过过大的电流，也可以将负载串联一个限流电阻。如果需要调节电路中的电流时，一般也可以在电路中串联一个变阻器进行调节。另外，改变串联电阻的大小，得到不同的输出电压，这也是常见的应用。

例1-9　图1-26为一分压器，已知输入电压$U_i = 1V$，电位器的电阻值$R_P = 4.7k\Omega$，电阻$R = 0.3k\Omega$，求输出电压U_o的变化范围。

解：当R_P的滑动触点在最下端位置时，有

$$U_o = \frac{R}{R_P + R}U_i = \frac{0.3}{4.7 + 0.3} \times 1V = 0.06V$$

当R_P的滑动触点在最上端位置时，有$U_o = U_i = 1V$，所以输出电压U_o的变化范围是$0.06 \sim 1V$。

2. 电阻的并联

若干个电阻并排接在两个公共点之间，使得每个电阻承受相同的电压，这种连接法称为电阻的并联，如图1-27a所示。为简单起见，以两个电阻组成的并联电路总结并联的特点。

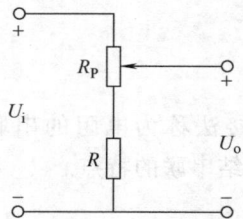

图1-26　例1-9图

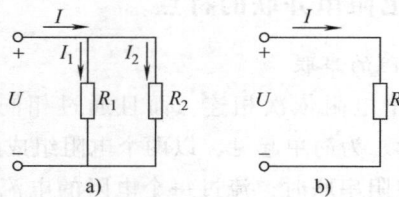

图1-27　电阻的并联及等效电阻

1）电阻并联时，每个电阻的端电压相同。对于给定电路（图1-27a），此特点可以表示为

$$U = U_1 = U_2$$

式中，U为总电压，U_1、U_2为R_1、R_2的端电压。

2）并联电阻的总电流等于各支路电流的代数和，即

$$I = I_1 + I_2$$

3）几个并联的电阻，其作用可用一个等效电阻（总电阻）R替代，等效的条件是在同一电压U的作用下电流I保持不变，如图1-27b所示。实验证明，等效电阻的倒数等于各并联

电阻的倒数之和，即

$$\frac{1}{R} = \frac{1}{R_1} + \frac{1}{R_2}$$

将等式右边通分，然后等式两边同时取倒数得

$$R = \frac{R_1 R_2}{R_1 + R_2}$$

4) 电阻并联时，每个电阻的分流与其阻值成反比，这一特性称为分流特性。对于给定电路(图1-27a)，各电阻的分流为

$$
\begin{cases}
I_1 = \dfrac{R}{R_1} I = \dfrac{R_2}{R_1 + R_2} I \\
I_2 = \dfrac{R}{R_2} I = \dfrac{R_1}{R_1 + R_2} I
\end{cases}
$$

与分压公式一样，上述等式反映了并联电阻的分流特性，因此称为分流公式。分流公式在电路分析时也经常使用，必须熟记。

在实际中，电阻并联的应用也十分广泛。如汽车上的起动机、刮水器、照明灯等工作电压相同的设备都采用并联接法，并联之后电气设备之间的工作互不影响，这样人们就可以根据需要通过开关分别控制各个设备的状态。除此之外，如果某一电阻值偏大，可以通过并联电阻的方式，使总电阻减小，以满足电路的需要。在电工测量中，经常在电流表的表头两端并联分流电阻，以扩大电流表的量程。

例1-10 将一个500Ω的电阻，分别与600Ω、500Ω、20Ω的电阻并联，求并联后的等效电阻。

解：两个并联电阻的等效电阻计算公式为

$$R = R_1 /\!/ R_2 = \frac{R_1 R_2}{R_1 + R_2}$$

式中，"$/\!/$"表示并联关系。

当500Ω与600Ω并联时

$$R = 500 /\!/ 600 = \frac{500 \times 600}{500 + 600} \Omega \approx 273\Omega$$

当500Ω与500Ω并联时

$$R = 500 /\!/ 500 = \frac{500 \times 500}{500 + 500} \Omega = 250\Omega$$

当500Ω与20Ω并联时

$$R = 500 /\!/ 20 = \frac{500 \times 20}{500 + 20} \Omega \approx 20\Omega$$

从上面的计算结果可以得出三点结论：①并联电阻的等效电阻小于并联电阻中任何一个电阻的阻值；②若两个电阻相等，并联等效电阻的阻值为其中任何一个电阻阻值的一半；③若两个阻值相差很大的电阻并联，等效电阻的阻值由小电阻的阻值决定。

3. 电阻串并联特点的综合应用

利用串并联特点可以分别对串联和并联电路进行分析，除此之外，将串并联特点综合运

用还可以解决更复杂的电路问题。下面以混联电路为例说明电阻串并联特点的用法。

例1-11 图1-28a中，已知电源电压$U_S = 12V$，电阻$R_1 = 2\Omega$，$R_2 = 12\Omega$，$R_3 = R_4 = 3\Omega$，试求电阻R_4上的电流、电压和功率。

解：图1-28电路是由电阻串并联组成的混联电路。求R_4上的电压和功率，需要知道其电流I_4；而求I_4需要求出总电流I；而要得到总电流，需要知道电路的总的等效电阻R；因此要想完成计算需要首先求出总的等效电阻。

（1）求总的等效电阻（简称总电阻）。总电阻通常采用串并联等效化简法：根据电阻之间的连接关系依次用等效电阻替代，最后得到总电阻。图1-28a电路中，将串联的R_3、R_4用它们的等效电阻替代，得到图1-28b电路。等效电阻R_{34}为

$$R_{34} = R_3 + R_4 = 6\Omega$$

再将并联的R_2与R_{34}用它们的等效电阻替代得图1-28c电路。等效电阻R_{234}为

$$R_{234} = \frac{R_2 R_{34}}{R_2 + R_{34}}\Omega = 4\Omega$$

此电阻与R_1串联，它们的电阻之和即为总的等效电阻R。

$$R = R_1 + R_{234} = (2 + 4)\Omega = 6\Omega$$

用总的等效电阻替代它们，得到图1-28d电路。

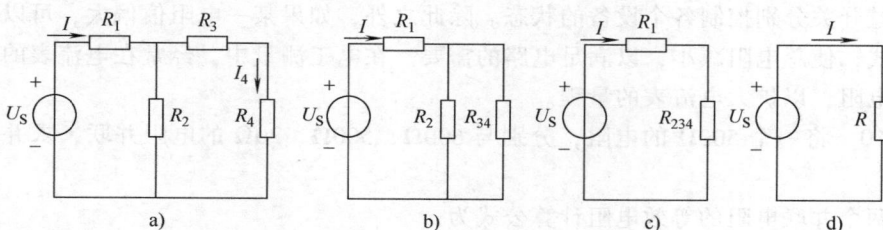

图1-28 例1-11的电路

（2）求总电流I，即

$$I = \frac{U_S}{R} = \frac{12}{6}A = 2A$$

（3）用分流公式求出R_4支路的电流。由图1-28b可得

$$I_4 = \frac{R_2}{R_2 + R_{34}}I = \frac{12}{12 + 6} \times 2A = \frac{4}{3}A$$

（4）用欧姆定律和功率计算公式求出R_4的电压和消耗的功率，即

$$U_4 = I_4 R_4 = \frac{4}{3} \times 3V = 4V$$

$$P_4 = U_4 I_4 = 4 \times \frac{4}{3}W \approx 5.33W$$

1.2.2 电源的两种模型及其等效变换

发电机、蓄电池等都是实际电源，在电路分析中，常用电路模型表示。实际电源的电路模型有两种：电压源和电流源。两种电路模型的特点不同，但在一定条件下可以相互转换。

1. 电压源

在电路中，用理想电压源 E 和内阻 R_0 的串联表示，如图 1-29a 所示。当电压源接通负载 R_L 后，向负载输出电压 U 和电流 I，端电压 U 与电流 I 之间的关系可用下式表示，即

$$U = E - IR_0$$

电源的端电压 U 与输出电流 I 之间的关系称为电源的外特性。上式表示的电压源外特性称为电压源的外特性方程。

式中，E 和 R_0 均为常数，所以电压源端电压 U 与输出电流 I 之间的关系为线性特性，电压源为线性元件。由于内阻 R_0 的存在，电压源的端电压 U 将随着输出电流 I 的增加而减小。内阻 R_0 越小，电压降越小，端电压随电流下降就越小。因此，为了保持端电压 U 的基本稳定，要求电压源的内阻 R_0 越小越好。

当 $R_0 = 0$ 时，由上式可知，不论输出电流 I 如何变化，电压源的端电压 U 恒等于电动势 E，即 $U \equiv E$。具有这种特点的电压源称为理想电压源，又称恒压源，其电路符号如图 1-29b 所示。

需要指出，恒压源这种理想的电源是不存在的。但是，如果电源的内阻 R_0 远小于负载电阻 R_L，那么，内阻降落的电压远小于电源端电压，这时电源端电压近似等于电动势。因此，电源的内阻 R_0 远小于负载电阻 R_L 时，电源就可近似看作恒压源。例如，直流稳压电源、新的干电池等都可以近似看作恒压源。

2. 电流源

实际电源除了用电压源表示以外，还可以用电流源表示。电流源的电路是由理想电流源 I_S 和内阻 R_0 组成的并联电路，如图 1-30a 所示。当电源向负载 R_L 供电时，输出电流 I 与端电压 U 的关系可用下式表示，即

$$I = I_S - \frac{U}{R_0}$$

式中，I_S 也称为电流源的短路电流，$\dfrac{U}{R_0}$ 是 I_S 在电流源内阻 R_0 上的分流。

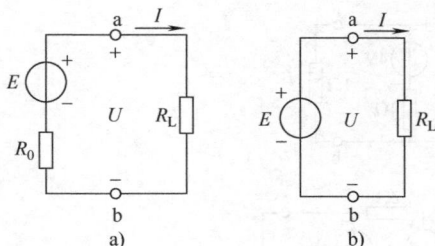

图 1-29　电压源与理想电压源　　　　图 1-30　电流源与理想电流源

在上式中，I_S 和 R_0 都是常数，电流源的输出电流与其端电压为线性关系，因此电流源也是线性元件。可以看出，输出电流 I 随端电压 U 的增加而减小，内阻 R_0 越大，则分流作用越小，电流越稳定。因此，为保持电流的基本稳定，要求内阻 R_0 越大越好。

在理想情况下，$R_0 = \infty$，则 $I \equiv I_S$。把这种输出电流 I 恒定不变的电流源称为理想电流源，也称恒流源，如图 1-30b 所示。

与恒压源一样，恒流源也是不存在的。但如果电源的内阻 R_0 远大于负载电阻 R_L，则内阻的分流作用可忽略不计，此时电流源的输出电流近似等于恒流 I_S，因此电流源可近似视

为恒流源。例如，太阳能电池、串励直流发电机、放大状态的晶体管等都是常见的恒流源。

3. 电压源与电流源的等效变换

同一个实际电源既可用电压源表示，又可用电流源表示，因此电压源与电流源可以等效互换。

这里所说的等效是对外电路而言的。对同一外电路，若两种电源的外特性相同，就说它们之间是等效的，可以相互替代。依据外特性相同的要求，可推出两种电源的等效变换条件，即

$$I_S = \frac{E}{R_0}$$

$$R_0' = R_0$$

式中，R_0 为电压源内阻；R_0' 是电流源内阻。由等效变换条件可知，若将电压源变换成电流源，其方法是将电压源的 E 除以内阻 R_0 得到电流源的恒流 I_S，同时利用相等关系得到电流源的内阻 R_0'。若把电流源变换成电压源，其方法是利用相等关系求出电压源的内阻 R_0，然后将已知的恒流 I_S 乘以电压源的内阻 R_0，得到电压源的电动势 E。

在等效变换时，应注意以下几点：

1）变换后电流源的恒流 I_S 的参考方向必须要与变换前电压源的电动势 E 参考方向一致。

2）恒压源与恒流源之间不能进行等效变换。这是因为两者的特性完全不同。

电源的等效变换法是一种十分有用的电路分析方法，利用它可以简化电路，达到简化计算的目的。

例 1-12　试用电压源与电流源等效变换方法计算图 1-31a 电路中流过 1Ω 电阻的电流。

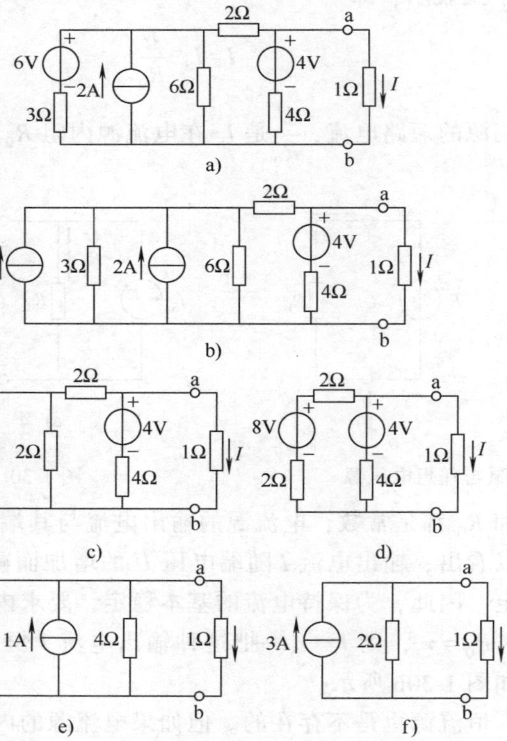

图 1-31　例 1-12 电路

解：根据图 1-31 所示的变换顺序，最后化简为图 1-31f 电路，由此可得

$$I = \frac{2}{2+1} \times 3\mathrm{A} = 2\mathrm{A}$$

变换时，一定要注意电流源的电流方向和电压源电压极性。

1.3 电容器

电容器是电路的常用元件，在电路中发挥着其他元件无法替代的作用。为了正确理解这些独特的作用，对电容器必须有一个基本的认识。

1.3.1 电容器的构成和电容量

两个金属导体中间用绝缘物质隔开并引出电极，就构成了一只电容器。组成电容器的金属导体叫做极板，它通过电极与电路连接。加在极板间的绝缘物质叫做电介质，简称介质，常用的介质有空气、云母、蜡纸、塑料薄膜和陶瓷等。电容器的结构和符号如图 1-32 所示。

电容器的基本特性是能够存储电荷，通常用电容量这一物理量表示。电容量简称电容，用 C 表示。

它定义为电容器每一极板所带电荷量 Q 与极板间电压 U 的比值，即

$$C = \frac{Q}{U}$$

对给定电容器，其电容 C 为常数，但对不同的电容器，电容 C 是不同的。实验证明，电容 C 与极板间的重叠面积 S 成正比，与极板间的距离 d 成反比，还与电介质的性质有关，即

图 1-32 电容器的结构及符号

$$C = \varepsilon \frac{S}{d}$$

式中，ε 表示电介质的性质，称为介质常数。

此式的意义：当极板间的重叠面积越大，电容器容纳的电荷越多，电容也就越大；极板间的距离越小，两极板的静电引力越大，于是极板能吸附更多电荷，所以电容越大。

电容的标准单位是法拉，简称法（F）。1F 表示电容器在 1V 电压作用下，极板上存储 1C 的电荷量。法这个单位太大，在实际应用中，常用微法（μF）、纳法（nF）和皮法（pF），它们与法（F）之间的换算关系为

$$1\mathrm{F} = 10^6 \mu\mathrm{F}, 1\mu\mathrm{F} = 10^3 \mathrm{nF} = 10^6 \mathrm{pF}$$

电容在电容器外壳上的表示方法（标注方法）有很多，可概括为以下四种：

1）直接表示法。它是指直接标出电容值及单位的方法，一般由数字与字母组成，如 2200μF、68nF 等。在这种方法中，表示单位的字母也可以夹在数字之间，这时其不但表示单位还代表小数点。如 p1、4n7、3μ3 分别表示 0.1pF、4.7nF、3.3μF。

2）小数表示法。它是指用小于 1 的数表示电容值的方法，其单位是 μF，常略去不写。如 0.01 表示 0.01μF，0.033 表示 0.033μF。有的电容器用字母 R 表示小数点，如 R33 表示

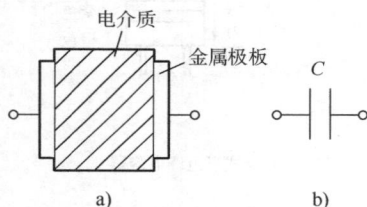

电容值为 0.33μF。

3）整数表示法。它是指用整数表示电容值的方法，单位 pF 略去不写。如 1000 表示 1000pF。

4）三位数字表示法。它是指用三位整数表示电容值的方法，单位 pF 略去不写。在三位整数中，前两位表示有效数字，第三位数字表示倍率，即 10 的几次方。数字与倍率的关系是，数字 0~8 分别表示 10^0 ~ 10^8，9 表示 10^{-1}。如 103 表示 $10 \times 10^3 = 10000$pF，229 表示 $22 \times 10^{-1} = 2.2$pF。

三位数字表示法是用有效数字乘倍率的方式得到电容值，而整数表示法的电容值是采用直接表示形式，不用计算，因此这两种表示法有本质的不同。

5）色环表示法。它是指用不同颜色的环表示电容值的方法，单位是 pF。按照色环排列方式不同，色环电容器有立式和轴式（卧式）之分，立式电容器的色环从顶端向引线方向排列，而轴式电容器的色环靠电容器一端排列，如图 1-33 所示。

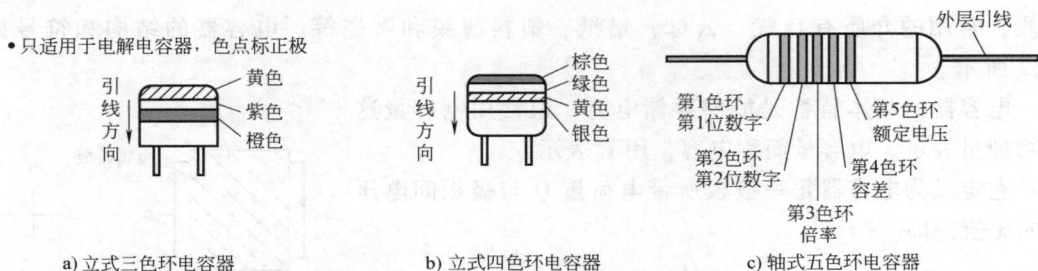

a) 立式三色环电容器   b) 立式四色环电容器   c) 轴式五色环电容器

图 1-33   立式和轴式色环电容器

不论立式电容器还是轴式电容器，在电容器的几个色环中，前两环均为有效数字，第三环为倍率，即 10 的几次方，第四环为容值误差（简称容差），第五环为额定电压（耐压）。不同颜色所代表的数字、倍率、容差和额定电压见表 1-2。

表 1-2   色环电容器不同颜色的含义

颜色	有效数字（一、二环）	倍率（三环）	容差（%）（四环）	额定电压/V（五环）
银		10^{-1}	±10	
金		10^{-2}	±5	
黑	0	10^0		4
棕	1	10^1	±1	6.3
红	2	10^2	±2	10
橙	3	10^3		16
黄	4	10^4		25
绿	5	10^5		32
蓝	6	10^6	±0.5	40
紫	7	10^7	±0.2	50
灰	8	10^8	±0.1	63
白	9	10^9	+5, −20	
无色			±20	

按表 1-2 中各颜色的含义，可确定出图 1-33a、图 1-33b 中各色环电容器的电容值。在图 1-33a 中，电容值为 47×10^3pF $= 0.047$μF；在图 1-33b 中，电容值为 15×10^4pF $= 0.15$μF，容差 ±10%。

在色环表示法中，如果色环有宽、窄之分，应将宽色环分成两个同颜色窄环后，再确定电容值，否则容易出错。例如，某电容器上有宽窄两个色环，宽色环在前，为红色，窄色环在后，为橙色；将宽红色环分为两个窄红色环后，色环排列变为红红橙，以此表示 22000pF 的电容。反之，若较宽红色环不分解，电容器电容值则由红橙两色顺序排列起来表示，明显不符合实际，是不对的。

电容器和电容量为叙述方便都可简称为电容，但根据使用场合的不同，电容有时代表电容器，有时代表电容量，在学习时要注意区分。

1.3.2 电容器的充放电特性

电容器之所以在电工和电子技术中得到广泛应用，是由于电容器具有储存能量的特性，而这一特性又是通过充放电过程体现出来的。因此，了解电容器充放电的过程及规律，对于认识和掌握含电容器的电路原理具有重要意义。

1. 电容器的充电

图 1-34 是阻容串联电路，当开关 S 拨到 A 端时，串联电路接通直流电源，在电场力作用下电荷向电容器移动，电容器开始充电。

在充电刚开始时，因电容器上没有电荷，其两端的电压 u_C 为零，故充电电流最大。随着继续充电，电容器极板上的电荷不断增多，电压 u_C 逐渐增大，而输入电压 U 与电容电压 u_C 之差逐渐减小，因此充电电流随电压 u_C 增大而不断

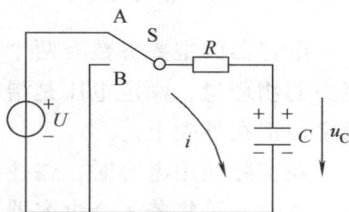

图 1-34　电容的充、放电电路

减小。当电容电压 u_C 增大到等于输入电压 U 时，充电电流减小为零，充电结束。可见，只有在电容器充电的短暂时间内，直流电路才是导通的，一旦充电结束，电路进入稳定状态，则电路处于开路状态，这种情况说明电容器具有隔直流的作用。

2. 电容器的放电

充电结束之后，把开关 S 从 A 端拨到 B 端，输入电压为零，充过电的电容器通过电阻放电，电荷运动方向与充电相反。

在放电刚开始时，电容器的电压最高，此时放电电流最大。随着继续放电，极板电荷不断减少，电压 u_C 不断减小，放电电流也随之减小。当电荷全部释放完毕时，电压 u_C 为零，放电结束。

当电容器接通交流电源时，由于交流电的大小和方向不断交替变化，致使电容器反复进行充、放电，这样，电路中就会出现连续不断的交流电流，这说明对交流电来讲，电容器始终是导通的。

综合以上分析可以得出以下几个结论：

1）电容器的充、放电需要具备一定条件。当电容器电路的输入电压高于其两端电压时，电容器充电，直到电容器电压等于外部输入电压时充电结束。当电容器两端电压高于电路的输入电压时，电容器放电，直到电容器的电压等于外部输入电压时放电结束。

2）电路的状态改变时电容器的电压、电流不能突变，只能渐进变化。

3）电容器是一个储能元件。充放电过程实际上就是电能的储存和释放过程，电容器本身并不消耗电能，因此电容器是一个储能元件，它与电阻元件完全不同。

4）电容器具有"隔直通交"的作用。

5）电容器充放电的快慢与其电容量 C 和电阻 R 的大小有关。充电时，当电路中电阻一定时，电容量越大，则达到同一电压所需要的电荷就越多，充电时间就越长；若电容量一定，电阻越大，充电电流就越小，充电到同样的电荷值所需要的时间就越长。电容器在放电过程中也是如此。这说明 R 和 C 的大小影响着电容器的充、放电时间。R 与 C 的乘积叫 RC 电路的时间常数，用 τ 表示（单位为 s），即

$$\tau = RC$$

这样，电容器充、放电的快慢可以用 τ 来衡量。τ 越大，充、放电越慢，即暂态过程越长；反之，τ 越小，暂态过程越短。

在实际应用中，当暂态过程经过 5τ 时间后，可以认为暂态过程基本结束，电容器进入稳定状态。

1.3.3　电容器的选用

电容器的主要参数有两个：电容量和额定电压（耐压）。电容量是表示电容器存储电荷能力的物理量，额定电压是指电容器长期工作时所能承受的最高电压。为了方便选用，二者通常标记在外壳上。

在实际使用电容时，往往会遇到现有电容器的容量不合适，或额定电压不符合要求的情况，这时，可将若干个电容器适当地连接起来，以满足实际电路的需要。

当电容器额定电压能满足电路的要求，但容量不足时，可将几个容量不同的电容器并联起来，以获得较大容量。因为电容器的并联相当于加大了极板的面积，从而增大了电容量。实践证明，并联后的总容量等于并联电容的容量之和，即

$$C = C_1 + C_2 + \cdots + C_n$$

当现有电容器的容量大于所需要的容量时，就可以把几个电容器串联起来使用。实践证明，电容器串联时，总电容的倒数等于各串联电容器的电容倒数之和，即

$$\frac{1}{C} = \frac{1}{C_1} + \frac{1}{C_2} + \cdots + \frac{1}{C_n}$$

这一结论恰好与电阻并联时的等效电阻表达形式是相同的。

电容器在电子电路中应用广泛。在传统点火系统的汽车电路中，电容器的充放电起着加速点火线圈初级电流的消失、提高点火电压的作用；同时，还可以减小断电器触点的火花，起保护触点不易被烧蚀的作用。当今汽车安全气囊的备用电源靠的就是电容器储存的高压电荷。在需要释放时，发挥其作用，使气囊点火器工作，气囊充气保护乘员。

1.4　电路分析在汽车中的应用

1.4.1　串联电路的应用

串联电路具有分压特性，电阻大者，分压高；电阻小者，分压低。汽车上的一些传感器就是利用这个原理制造的。

图 1-35 为某汽车发动机冷却液温度传感器与电子控制单元，（Electronic Control Unit，

ECU）的连接电路图。冷却液温度传感器为一个负温度系数的半导体热敏电阻，其阻值约在 $100kΩ$（ $-40℃$ ）到 $70Ω$（ $130℃$ ）之间变化，与电阻 R 串联后接到 5V 电源电压上。由分压公式可知，THW 端子的电压为

$$U_{THW} = \frac{R_t}{R+R_t} \times 5V$$

当发动机冷却液温度发生变化时，半导体热敏电阻的阻值也发生变化，相应的 U_{THW} 也发生变化。因此半导体热敏电阻具有将冷却液温度信号转变成电压信号的功能，称为冷却液温度传感器。

图 1-35　冷却液温度传感器与 ECU 连接电路

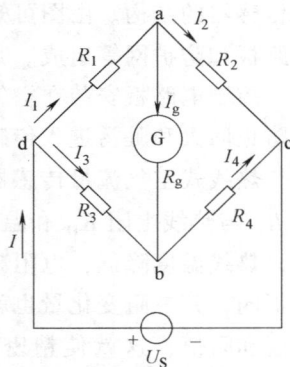

与冷却液温度传感器连接的电子控制单元除了采集 THW 端子的冷却液温度信号和参与发动机电控外，还具有判断和报警功能。当上面的分压关系式不满足时，就会发出故障信号。

1.4.2　惠斯通电桥电路的应用

惠斯通电桥电路如图 1-36 所示，其中 R_1、R_2、R_3、R_4 构成电桥的四个桥臂。U_S 为电源，G 为检流计；a、b、c、d 为四个顶点，c、d 两点之间接电源，为输入对角线，a、b 两点之间接检流计，为输出对角线。当调节某个桥臂的电阻值，使检流计支路电流 $I_g = 0$ 时，即 $U_{ab} = 0$，称为"电桥平衡"。

这时

$$I_1 = I_2, I_3 = I_4$$

可得

$$I_1R_1 = I_3R_3$$
$$I_2R_2 = I_4R_4$$

即

$$\frac{R_1}{R_2} = \frac{R_3}{R_4} \text{ 或 } R_1R_4 = R_2R_3$$

图 1-36　惠斯通电桥电路

因此，电桥平衡的条件是，电桥相对臂电阻之积相等。惠斯通电桥电路在汽车电控系统的一些传感器中获得了广泛使用。

实例 1　图 1-37 为汽车发动机电喷系统中进气压力传感器的内部结构及等效电路。其中，把发动机进气歧管压力变成电信号的关键元件是具有压阻效应的硅膜片（图 1-37a）。硅膜片装在一个密闭容器内，它的一面是真空室，另一面引入进气歧管压力。硅膜片上的 4 个应变电阻（图 1-37b）连成惠斯通电桥电路，其中输入对角线由稳压电源供电，而输出对角线输出压力转换信号（图 1-37c）。

电桥在硅膜片不受压力时，处于平衡状态。当进气歧管压力增加时，膜片变形引起电阻值变化。在图 1-37c 中，R_2、R_4 阻值增大，R_1、R_3 阻值等量减小，电桥失去平衡，在 A、B 端之间产生电压信号，此信号经放大器 C 放大后，输出正比于进气压力的电压信号。

实例 2　在许多汽车发动机电子控制系统中，应用电桥的工作原理制成了热线式空气流

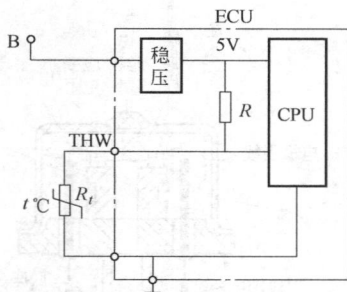

a) 压力传感器剖面图　　　　　b) 硅膜片结构　　　　　c) 等效电路

图 1-37　进气压力传感器内部结构及等效电路

量传感器，该传感器的主要功用是精确测量发动机内的空气质量。图 1-38a 为热线式空气流量传感器的结构。由图可知，该传感器主要由铂丝热线、温度补偿电阻（也称冷线）、控制电路板和防护网等组成。其中，铂丝热线和温度补偿电阻安装在采样管内，用于感知空气流量；控制电路板安装在空气流量传感器下方，用于控制热线电流并产生输出信号；防护网用于防止回火和脏污进入传感器。

热线式空气流量传感器工作原理如图 1-38b 所示。安装在控制电路板上的精密电阻 R_A 和 R_B 与热线电阻 R_H 和温度补偿电阻 R_K 组成惠斯通电桥电路。当空气流经过热线电阻 R_H 时，热线温度降低，电阻减小，使电桥失去平衡。流经热线的进气量不同，热线的温度变化量不同，其电阻变化量也就不同。为保持电桥平衡，需增加流经热线电阻的电流，以恢复其温度和阻值，这就使精密电阻 R_A 两端的电压发生变化，控制电路将此电压变化输送给 ECU，即可确定进气量的大小。

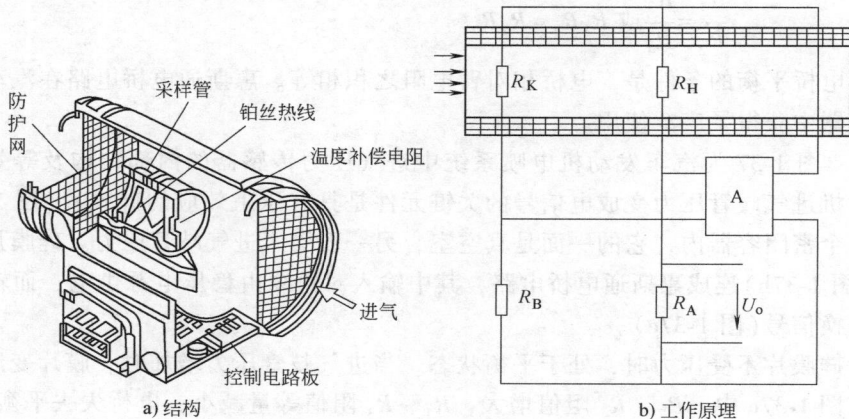

a) 结构　　　　　　　　　　　b) 工作原理

图 1-38　热线式空气流量传感器

1.4.3　电容量变化的应用

由电容器的讨论我们已经知道，一个平板电容器，如果不考虑其边缘效应，其容量 C 可表示为

$$C = \varepsilon \frac{S}{d}$$

式中，ε 为电容器极板间所夹介质的介质常数；S 为两极板间的重叠面积；d 为两极板的间距。

由上式可知，当 ε、S 保持不变而改变 d 时，就会引起 C 的变化，汽车上的一些传感器就是利用这一原理制造的。

图 1-39a 所示为电容式进气压力传感器结构。它由两个玻璃盘和一个金属（不锈钢）膜片组成。其中，两玻璃盘内凹面上均镀以金属层，作为传感器的两个固定极板，而夹在两圆盘间的膜片作为可动电极，于是形成了两个差动电容 C_1 和 C_2，其等效电路如图 1-39b 所示。

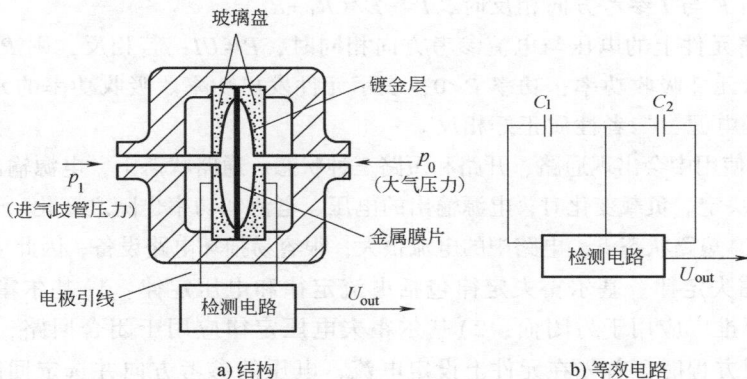

a) 结构　　　　　　　　　　b) 等效电路

图 1-39　电容式进气压力传感器

当金属膜片两边压力 p_1、p_0 相等时，膜片不弯曲并处于中间位置，与左、右金属层间距相等，因此差动电容 C_1、C_2 相等。当发动机起动时，气缸形成负压，$p_1 < p_0$，膜片弯向 p_1 侧。弯曲度的大小由节气门开度决定，二者成正比。膜片弯向 p_1 后，C_1 增大，C_2 减小，且变化量相同；若膜片反向弯曲，则 C_1、C_2 也做反向变化。用检测电路将这种变化进行转换和放大，便可得到与压力差成比例的直流电压输出。可见，电容式进气压力传感器以两个差动电容的变化为媒介实现了压力信号的转换。

本　章　小　结

1. 电路的基本概念与基本定律

（1）电路分为电工电路和电子（信号）电路，它们的作用不同，组成也不同。电工电路的作用是电能的产生、传输控制和转换，它由电源、负载、中间环节组成。电子电路的作用是电信号的产生、处理传输和变换，由信号源、负载和中间环节组成。

对实际电路进行分析时，为了简化计算，电路通常用电路模型表示。将实际电路元件用理想元件及其组合来近似表示，就得到了与实际电路相对应的电路模型。

（2）电流的实际方向是指正电荷的运动方向，电压的实际方向是指电位降低的方向，电动势的实际方向是指电位升高的方向。电流和电压的参考方向可任意选定，当参考方向与实际方向一致时，其值为正，反之为负。在未选定参考方向的情况下，讨论电流与电压的正、负无任何意义。

导体电阻的大小与导体材料性质和几何尺寸有关，均匀导体的电阻可用下式表示

$$R = \rho \frac{l}{S}$$

（3）欧姆定律

1）部分电路欧姆定律。不含电源的一段电路称为部分电路。通过部分电路的电流与其两端的电压成正比，而与电阻成反比。在 U、I 参考方向相同时，$I = U/R$；当 U、I 参考方向相反时，$I = -U/R$。

2）全电路欧姆定律。含有电源的闭合电路称为全电路，在全电路中，电流 I 的大小与电源电动势 E 成正比，与电路的总电阻 $R_L + R_0$ 成反比。在 E 与 I 参考方向一致时，$I = E/(R_L + R_0)$；当 E 与 I 参考方向相反时，$I = -E/(R_L + R_0)$。

（4）在电路元件上的电压与电流参考方向相同时，$P = UI$；若相反，则 $P = -UI$。若计算功率 $P > 0$，表示元件吸收功率；功率 $P < 0$，表示元件发出功率。吸收功率的元件是负载，发出功率的元件是电源，二者性质正好相反。

（5）电路在使用中会出现通路、开路和短路三种状态。通路状态下，电源输出的电压、电流和功率都由负载决定。负载变化时，电源输出的电压、电流和功率也随之变化。开路状态下，电路中的电流为零。短路状态下，电路中的电流很大，很容易损坏电路设备，因此应尽量避免。

（6）基尔霍夫定律。基尔霍夫定律包括电流定律和电压定律：1）基尔霍夫电流定律应用于节点，也可推广应用于封闭面；2）基尔霍夫电压定律应用于闭合回路，也可推广应用于开口回路。列方程时，首先在元件上设定电流、电压的参考方向并选定回路的绕行方向。当元件上电压参考方向和回路绕行方向相同时取正，相反时取负。

基尔霍夫定律是电路分析的基本定律，具有普遍适用性。它适用于任一瞬时、任何电路、任何变化的电流和电压。

（7）电位作为电路的一种分析手段，经常用来确定电子元件的工作状态。利用电位的概念还可以简化电路。因此理解并掌握电位的概念和计算方法是十分必要的。

电位是指电路中某一点到参考点的电压。在计算电位时，首先选定参考点，然后利用电位的概念求出某点的电位值。

2. 电路的基本分析方法

电路的分析方法很多，本章介绍了两种基本方法：电阻串并联的特点分析法和电源的等效变换法。前者适合于分析电阻串并联电路，后者适合于计算多电源多回路的电路。

3. 电容器

（1）电容量是表示存储电荷能力的物理量，用 C 表示。它定义为电容器每一极板所带电荷量 Q 与极板间电压 U 的比值，即 $C = Q/U$。

（2）电容器是一个储能元件。电容器具有"隔直通交"的作用。电容器充放电的快慢与其电容量 C 与电阻 R 的大小有关。R 与 C 的乘积叫 RC 电路的时间常数，用 τ 表示，τ 越大，充、放电越慢；反之，越快。

4. 电路分析在汽车中的使用

掌握电路知识的运用对于培养分析和解决问题的能力是十分重要的，为此，本章列举了几个汽车传感器的实例。

汽车冷却液温度传感器能够将散热器中冷却液温度的变化转化为电压信号输出。汽车进气歧管压力传感器可将歧管中进气的压力转换成与压力成比例的电压信号输出。汽车热线空气流量传感器可精确测量发动机内的空气质量。电容式进气压力传感器以两个差动电容的变化为媒介来实现压力信号与电压信号的转换。

练 习 题

1-1　什么是电路？电路如何分类？各类电路的组成和作用是什么？

1-2　什么是电路模型？为什么实际电路要用电路模型表示？由实际电路得到其电路模型的方法是什么？

1-3　电路分析时为何要指定参考方向？如何指定？指定参考方向条件下电流、电压正负值的意义是什么？

1-4　写出指定参考方向条件下欧姆定律和基尔霍夫定律的表达式。

1-5　说明能量守恒定律的内容。写出指定参考方向条件下功率计算公式，并说明功率正负值的意义。

1-6　什么叫短路？为什么要避免短路？短接在汽车上有哪些有利的应用？

1-7　简述电位的概念及电位的计算方法。

1-8　试回答电位正、负值的意义是什么。说明参考点改变时同一点的电位是否改变？如果改变，说明什么问题？

1-9　电阻串、并联有何特点？这些特点的用途是什么？

1-10　试说明电压源、电流源的特点，写出两种电源的转换公式。

1-11　说明电容器的基本特性、电容量的意义，简述电容器的充放电过程。

1-12　在电路中，$U_{ab}=-5V$，试问 a、b 两点哪点电位高？

1-13　汽车点火电路的附加电阻是用直径为 0.5mm、电阻率 $\rho=1.4\times10^{-6}\Omega\cdot m$ 的铁铬铝丝绕制，如果绕制 1.4Ω 的电阻，需要多长的导线？

1-14　设人体的最小电阻 $R=1000\Omega$，实际表明通过人体的电流达到 $I=50mA$ 就会危及人身安全，试求人能够接触的安全电压 U 为多少？

1-15　计算图 1-40 电路的电压 U_{ab}、U_{bc}、U_{ca}。

1-16　试计算图 1-41 所示电路在开关 S 闭合与断开两种情况下的电压 U_{ab} 和 U_{cd}。

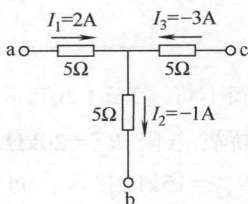

图 1-40　习题 1-15 用图　　　　图 1-41　习题 1-16 用图

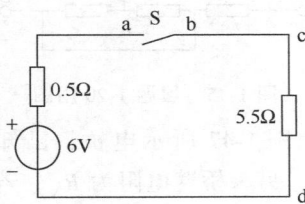

1-17　在图 1-42 中，已知 $I_1 = 3\text{mA}$，$I_2 = 1\text{mA}$。试确定电路元件 3 中的电流 I_3 和其两端电压 U_3，并说明它是电源还是负载，校验整个电路的功率是否平衡。

1-18　试求图 1-43 电路的电流 I、I_1 和电阻 R，设 $U_{ab} = 0$。

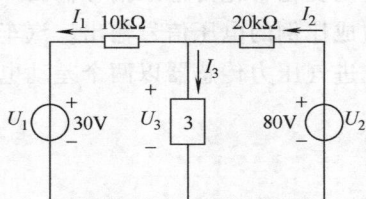

图 1-42　习题 1-17 用图

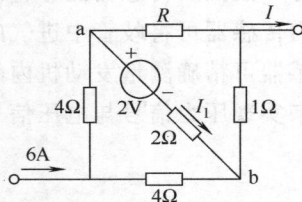

图 1-43　习题 1-18 用图

1-19　图 1-44 所示三个电路，分别计算在开关 S 断开及闭合两种情况下的电位 V_A、V_B 和电压 U_{AB}。

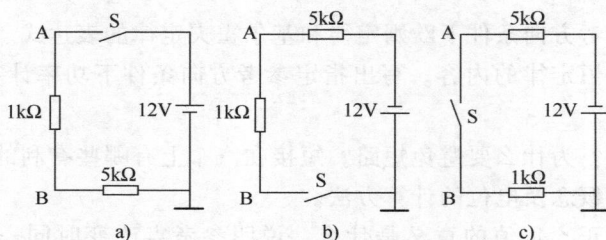

图 1-44　习题 1-19 用图

1-20　在图 1-45 中，$R_1 = 30\Omega$，$R_2 = 20\Omega$，$R_3 = 12\Omega$，求 AB 间的等效电阻 R_{AB} 的值。

1-21　一单臂电桥电路如图 1-46 所示，若 $R_1 = 1\Omega$，$R_2 = R_4 = 3\Omega$，$I = 6\text{A}$，当 AB 间电压为零时，试求：

（1）电阻 R_3 的阻值。

（2）I_1 和 I_2 的值。

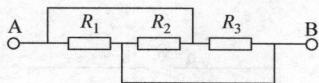

图 1-45　习题 1-20 用图

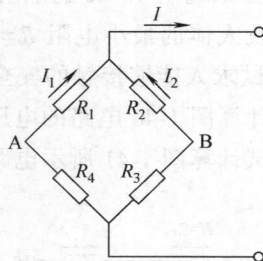

图 1-46　习题 1-21 用图

1-22　图 1-47 所示电桥，已知 $U = 10\text{V}$，电桥的三个桥臂电阻 $R_1 = 20\text{k}\Omega$，$R_2 = 5\text{k}\Omega$，$R_3 = 40\text{k}\Omega$，另一桥臂电阻为 R_X，若 R_X 分别以 $R_{X1} = 5\text{k}\Omega$，$R_{X2} = 15\text{k}\Omega$ 接入，问 a、b 两点电压 U_{ab} 为多少？

1-23　把图 1-48 电路变换为等效电流源。

图 1-47 习题 1-22 用图

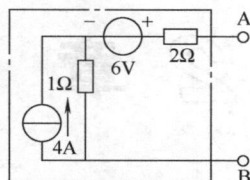

图 1-48 习题 1-23 用图

1-24 有两只电容器，一只电容量大，另一只较小。它们充电到同样电压时，哪一只带的电荷量多？如果带电荷量相同，哪一只电容两端电压高？

1-25 三只同样的电容器，每只电容器的容量为 C_1，耐压（额定电压）为 U_1，问并联以后电容量是多少？耐压是多少？如果把它们串联起来，电容变为多少？耐压是多少？

1-26 如图 1-49 所示，求：

（1）电容器充电开始时的充电电流。

（2）电容器充电结束电容器两端的电压。

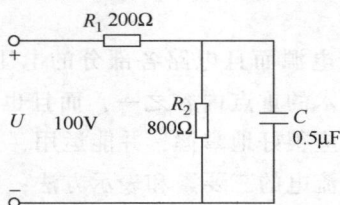

图 1-49 习题 1-26 用图

1-27 试画出惠斯通电桥电路图，并推导电桥平衡条件。

1-28 写出采用了惠斯通电桥电路的两种汽车传感器名称，并分析其工作原理。

第 2 章

正弦交流电路

![笔记图标] **学习目标:**

- 理解正弦交流电以及三要素的概念;了解最大值和有效值,周期、频率、角频率以及相位与相位差之间的关系;了解正弦交流电的方向规定。
- 理解正弦量的相量表示法。
- 掌握单相交流电路的特点,具备分析简单交流电路的能力。
- 了解三相电源的工作原理,掌握星形联结下的特点;掌握负载的星形(Y形)和三角形(△形)联结的概念和特点;会计算三相电路功率。

正弦交流电路是指含有正弦电源而且电路各部分的电压和电流均按正弦规律变化的电路。正弦交流电路不仅是电工技术的重点内容之一,而且也是学习电子技术的基础。因此,对本章讨论的一些概念、方法,应很好地掌握,并能运用,为后面的学习打下理论基础。

本章主要讨论内容:正弦交流电的三要素和表示方法;单相交流电路的特点;三相交流电路的星形和三角形联结及三相电路功率的计算。

正弦交流电路中的物理量都是随时间做周期性变化的,这与直流电路有着明显的不同。因而,在交流电路中将产生一些特殊的物理现象,并随之引入新的物理量。这些物理现象用直流电路的概念是无法理解的。因此,必须建立交流的概念,否则容易引起错误。

2.1 正弦交流电的基本概念

2.1.1 正弦交流电

直流电是直流电流、电压和电动势的总称,其特点是大小和方向均不随时间变化。同样地,交流电也是交变电流、电压和电动势的总称,但其特点与直流电正好相反,大小和方向都随时间做周期性变化。如果交流电按正弦规律变化称为正弦交流电,如果不按正弦规律变化时,称为非正弦交流电,因此交流电有正弦与非正弦之分。本章讨论的交流电都是正弦交流电。直流电和交流电的特点都可以用波形图表示,如图2-1所示,图中三角波、方波和任意交流波形是非正弦波。

2.1.2 正弦交流电的方向

正弦交流电的方向随时间做周期性变化,为便于分析,在电路上也要指定参考方向。正弦交流电的方向只有正半周方向和负半周方向两种，习惯上把正半周的方向作为其参考方向。当交流电在正半周时，参考方向与实际方向相同，因此交流电为正值，如图 2-2a 所示。在负半周时，参考方向与实际方向相反，因此交流电为负值，如图 2-2b 所示。可见，只有指定参考方向之后，交流电才会出现正负值，讨论正负值才有意义。图中的实线箭头代表电流的参考方向；+、−代表电压的参考方向(极性)。

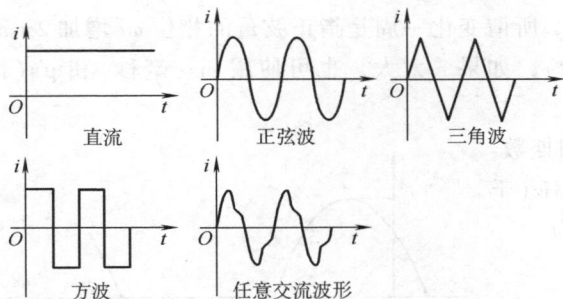

图 2-1　直流电和交流电的波形

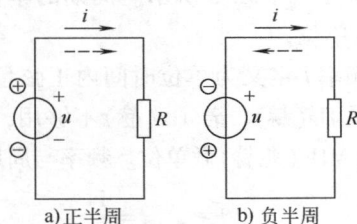

图 2-2　正弦电压和电流

2.1.3　正弦交流电的三要素

正弦交流电都是物理量，常简称为正弦量。正弦量可以用时间 t 的正弦函数来表示，以电流为例，其数学表达式为

$$i = I_m \sin(\omega t + \psi)$$

式中，i 称为瞬时值；I_m 称为最大值(幅值)；ω 称为正弦量的角频率；ψ 称为正弦量的初相位(简称初相)。显然，如果 I_m、ω、ψ 已知，那么瞬时值 i 与时间 t 的关系也就确定了。因此最大值、角频率、初相称为正弦量的三要素。

1. 瞬时值、最大值和有效值

正弦量在任一时刻的值称为瞬时值，用小写字母表示，如 i、u、e 分别表示电流、电压和电动势的瞬时值。瞬时值是时间的函数，随时间的变化而变化，其中最大的瞬时值称为最大值或幅值，用大写字母加下标 m 表示，如 I_m、U_m、E_m 分别表示电流、电压和电动势的最大值。

瞬时值是随时间变化的，不同的时刻数值不同，而最大值也是一个特殊时刻的瞬时值，都无法测量，因此工程上常用有效值表示其大小。

有效值是根据电流的热效应定义的：交流电流和直流电流分别通过同一电阻，如果在相等的时间里，两者产生的热量相等，则把直流电流的数值称为交流电流的有效值。交流电流的有效值用大写字母 I 表示。同理，可以把在同一电阻上产生热效应相等的直流电压、直流电动势分别称为交流电压、交流电动势的有效值，用大写字母 U、E 表示。

交流电的有效值在实际中有着广泛的应用。平常所说的交流电流、电压和电动势的大小，交流测量仪表的读数以及各种交流电气设备的铭牌所标注的额定值，均是指有效值。

有效值与最大值存在一定的关系：如果交流电是正弦的，那么有效值等于最大值除以 $\sqrt{2}$，即

$$I = \frac{I_m}{\sqrt{2}} = 0.707 I_m$$

$$U = \frac{U_m}{\sqrt{2}} = 0.707 U_m$$

$$E = \frac{E_m}{\sqrt{2}} = 0.707 E_m$$

2. 周期、频率和角频率

周期 T 是指正弦量变化一周所用的时间。所谓变化一周是指正弦量的相位 ωt 增加 2πrad 或 $360°$，如图 2-3 所示。周期的单位是 s(秒)，如果 s 太大，也可使用 ms(毫秒)和 μs(微秒)做单位。

频率 f 定义为单位时间内正弦量变化的周期数，单位是 Hz(赫)，若 Hz(赫)不够用，也可用 kHz(千赫)和 MHz(兆赫)做单位。频率与周期的关系为

$$f = \frac{1}{T}$$

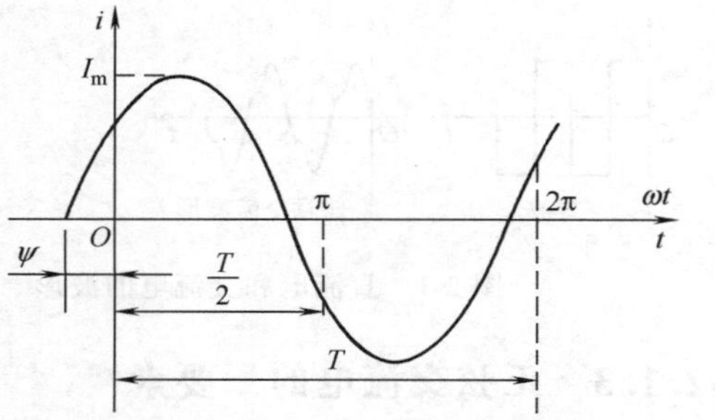

我国和大多数国家都采用 50Hz 作为电力标准频率，有些国家(如美国、日本等)采用 60Hz。这种频率在工业生产上应用广泛，习惯上也称为工频，如交流电动机和照明负载都用这种频率。

图 2-3 正弦电流波形

周期和频率是表示正弦量变化快慢的物理量，除此之外，还可用角频率 ω 表示。因为正弦量在一个周期 T 的时间内，相位 ωt 增加了 2πrad，所以

$$\omega = \frac{2\pi}{T} = 2\pi f$$

角频率的单位是 rad/s(弧度每秒)。上式表示 T、f、ω 三者之间的关系，只要知道其中之一，则其余均可求出。

例 2-1 已知 $f = 50$Hz，问 T、ω 是多少？

解：$T = \dfrac{1}{f} = \dfrac{1}{50}$s $= 0.02$s

$$\omega = 2\pi f = 2 \times 3.14 \times 50 \text{rad/s} \approx 314 \text{rad/s}$$

3. 相位、初相和相位差

在正弦量的瞬时表达式 $i = I_m \sin(\omega t + \psi)$ 中，角度 $(\omega t + \psi)$ 称为正弦量的相位角，简称相位，单位是弧度(rad)或度(°)。如果某一时刻的相位为已知，则该时刻的正弦量的数值、方向就随之确定，因此相位是决定正弦量在某一时刻状态的物理量。

$t = 0$ 时刻的相位角叫初相角，简称初相。在 $i = I_m \sin(\omega t + \psi)$ 中，ψ 角就是初相。初相对应的瞬时值叫初始值，若初相已知，则初始值也就随之确定，因此初相是确定初始值的物理量。

初相也可用波形表示，在图 2-3 中正弦量由负值向正值增加所经过的零值点叫正弦量的零值点，它与计时起点 O 之间的电角度 ψ 就是正弦量的初相。由正弦量零值点的规定所决定，初相的取值范围为 $\psi \leqslant \pm\pi$ 或 $\psi \leqslant \pm180°$。

在正弦电路分析中，经常要比较同频率正弦量之间的相位差，同频率正弦量之间的相位差等于它们的初相之差。例如，在一个电路中，某元件电压 u 和流过的电流 i 频率相同，设

$$u = U_\text{m}\sin(\omega t + \psi_u)$$
$$i = I_\text{m}\sin(\omega t + \psi_i)$$

它们的初相分别为 ψ_u 和 ψ_i，则它们之间的相位差（用 φ 表示）为

$$\varphi = (\omega t + \psi_u) - (\omega t + \psi_i) = \psi_u - \psi_i$$

可见，频率相同的两个正弦量之间的相位差就是它们的初相差。

由于电路结构的多样性，电路的相位差存在以下几种典型情况：

1）$\varphi > 0$，说明 $\psi_u > \psi_i$，这时 u 总是比 i 先过零点、先达到最大值，这说明在相位上 u 超前 i 一个 φ 角，或者说 i 滞后于 u 一个 φ 角，如图 2-4a 所示。

2）$\varphi = 0$，说明 $\psi_u = \psi_i$，称 u 与 i 同相，此时 u 与 i 步调一致，如图 2-4b 所示。

3）$\varphi = \pm 180°$，说明 $\psi_u = -\psi_i$，称 u 与 i 反相，此时 u 与 i 步调相反，如图 2-4c 所示。

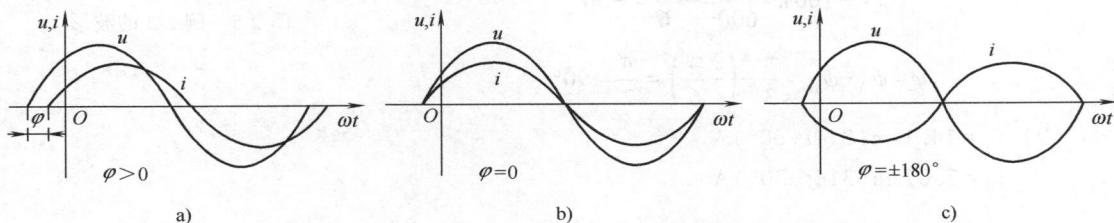

图 2-4　正弦电压与电流的相位差

可见，同频正弦量的相位差不同，它们之间的相位关系就不同，因此相位差是表示同频正弦量相位关系的一个物理量。

应当注意，相位的超前和滞后是相对的，电压超前电流也可说成电流滞后电压。其次，与初相一样，相位差取值范围也是 $\varphi \leqslant \pm\pi$ 或 $\pm 180°$。若超出了此范围，要将相位差角换算成小于 π 或 $180°$ 的角度。

在正弦电路的计算中，已知瞬时值表达式确定正弦量的三要素以及相反运算是经常遇到的，为了熟悉其方法举两个例子。

例 2-2　已知正弦电压 $u = 311\sin\left(314t - \dfrac{\pi}{6}\right)$ V，试求：

（1）最大值 U_m 和有效值 U；

（2）角频率 ω、频率 f 和周期 T；

（3）初相 ψ。

解：（1）最大值 $U_\text{m} = 311\text{V}$，有效值 $U = \dfrac{U_\text{m}}{\sqrt{2}}\text{V} = \dfrac{311}{\sqrt{2}} = 220\text{V}$

（2）角频率 $\omega = 314\text{rad/s}$，频率 $f = \dfrac{\omega}{2\pi} = \dfrac{314}{2\pi}\text{Hz} = 50\text{Hz}$，周期 $T = \dfrac{1}{f} = \dfrac{1}{50}\text{s} = 0.02\text{s}$

（3）初相 $\psi = -\dfrac{\pi}{6}$

例 2-3　正弦电流的波形如图 2-5 所示，它们的周期 $T = 0.02\text{s}$，求：

（1）正弦电流 i_A 和 i_B 的频率和角频率，有效值，初相及它们的相位差；

（2）写出 i_A 和 i_B 的瞬时值表达式。

解：（1）因 $T = 0.02\text{s}$，故 $f = \dfrac{1}{T}\text{Hz} = 50\text{Hz}$

$$\omega = 2\pi f = 100\pi = 314\text{rad/s}$$

$$I_A = \frac{I_{Am}}{\sqrt{2}} = \frac{14.1}{\sqrt{2}}\text{A} = 10\text{A}$$

$$I_B = \frac{I_{Bm}}{\sqrt{2}} = \frac{7.07}{\sqrt{2}}\text{A} = 5\text{A}$$

$$\psi_A = 100\pi \times \frac{1}{300} = \frac{\pi}{3} = 60°$$

$$\psi_B = -100\pi \times \frac{1}{600} = -\frac{\pi}{6} = -30°$$

$$\varphi = \psi_A - \psi_B = \frac{\pi}{3} - \left(-\frac{\pi}{6}\right) = \frac{\pi}{2} = 90°$$

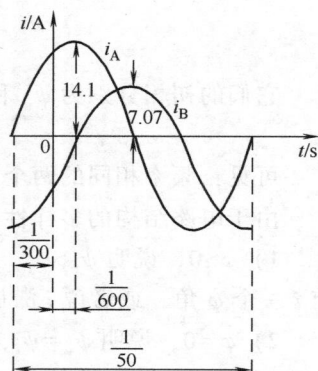

图 2-5　例 2-3 的波形

（2）$i_A = 14.1\sin(314t + 60°)\text{A}$

　　　$i_B = 7.07\sin(314t - 30°)\text{A}$

2.2　正弦量的相量表示法

由三要素的讨论可知，正弦量具有最大值、角频率和初相角三个基本元素，而这些元素可用不同的方法表示出来。前面介绍了两种表示方法：瞬时值表达式和波形图，本节介绍第三种方法——相量表示法。

相量是一个旋转矢量，有长度、方向和转动速度，为了完整表达一个正弦量，令相量长度等于正弦量的最大值，相量初始位置与横轴正向的夹角等于初相角，$\psi > 0$ 画在横轴上方，$\psi < 0$ 画在横轴下边，同时令相量的旋转速度等于正弦量的角频率，图 2-6 为正弦电流的相量。

长度等于正弦量最大值的相量称为最大值相量，用 $\dot{I}_m$、$\dot{U}_m$、$\dot{E}_m$ 表示，如果长度等于有效值，则称为有效值相量，用 $\dot{I}$、$\dot{U}$、$\dot{E}$ 表示。相量有最大值和有效值之分，在电路分析中可根据实际情况合理选用。

同频正弦量的相量可画在一个平面内，组成的图形称为相量图，如两个正弦电流

$$i_1 = 2\sqrt{2}\sin(\omega t + \pi/3)\text{A}$$

$$i_2 = 3\sqrt{2}\sin(\omega t - \pi/6)\text{A}$$

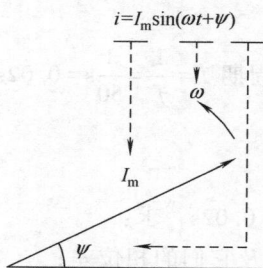

图 2-6　正弦电流相量

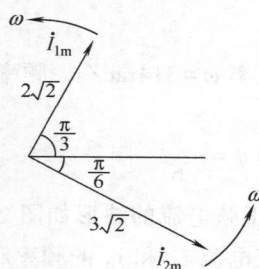

图 2-7　相量图

把它们画在一个平面内得到相量图,如图 2-7 所示。图中,由于两个电流是同角频率的,它们的相量在平面内的相对位置固定不变,这样它们的相量图就可用其初始相量来组成,此时相量图中的旋转速度 ω 不用画出。

由图 2-7 可见,i_1 超前 i_2 $\pi/2$。由于相量图能直观反映正弦量之间的相位关系,在电路分析中得到广泛使用。

相量图的画法有绝对画法和相对画法。绝对画法是根据各正弦量的最大值或有效值以及初相作出相量图,相对画法是以一个相量作为参考相量画在横轴正向,其他相量根据它们与参考相量的相位差画出,一般如果只表示相位关系,不进行相量的计算通常采用相对画法。绝对画法只用在相量的计算方面。另外,相量图只能表示同频正弦量的关系,不能表示不同频率正弦量的关系。

2.3　单相交流电路

交流电源有单相和三相之分,单相电源只有一个交变电动势,而三相电源有三个交变电动势。将负载(用电器)接到单相电源上就组成了单相交流电路,简称单相电路。

单相电路有单一参数和多参数电路两类:单一参数电路由电阻、电感、电容三种理想元件之一作为负载所组成;而多参数电路则由它们的不同组合组成。因为单一参数电路是基本电路,所以首先进行讨论。

2.3.1　单一参数电路

1. 纯电阻电路

只考虑电阻作用的理想元件称为电阻元件,典型的电阻元件是电阻器,常见的还有白炽灯、汽车点烟器、汽车融雪装置等。由这些电阻元件作为负载的电路称为纯电阻电路。归纳起来,纯电阻电路在电压电流关系及功率两方面有三个特点:

1) 电压 u 和电流 i 的有效值(最大值和瞬时值)满足欧姆定律,即

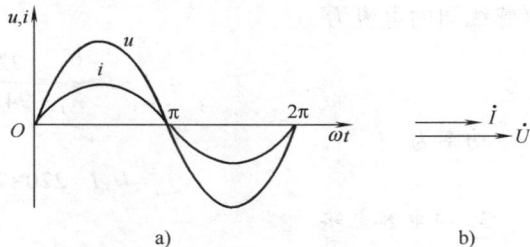

$$I = \frac{U_R}{R}$$

2) 电压 u 和电流 i 同相位,图 2-8 是反映相位关系的波形图和相量图。

3) 电阻消耗的有功功率为

$$P = U_R I = I^2 R = \frac{U_R^2}{R}$$

有功功率的标准单位是 W(瓦),若 W 太小,可用 kW(千瓦)做单位。

图 2-8　电阻元件的波形图和相量图

2. 纯电感电路

电感元件是指只考虑电感作用的理想元件,其典型的代表是忽略了导线电阻和匝间电容的电感线圈,这种电感线圈常称为纯电感线圈,由纯电感线圈做负载的电路称为纯电感电路。与纯电阻电路相同,纯电感电路在电压电流关系及功率两方面也有三个特点:

1) 电压 u 和电流 i 的有效值(最大值)满足欧姆定律,即

$$I = \frac{U_L}{X_L}$$

式中，$X_L = \omega L = 2\pi f L$，称为电感的电抗，简称感抗，单位是 Ω（欧）。当 U_L 一定时，X_L 越大，I 越小，因此感抗 X_L 反映了电感对交流电阻碍作用的大小。

在电感 L 一定时，感抗 X_L 与频率 f 成正比，对交流电来讲，f 越高，X_L 越大，高频交流电不容易通过电感元件。对直流电而言，$f = 0$，$X_L = 0$，故电感元件相当于短路元件。这就是为什么直流电路不讨论电感电路的原因。可见，电感元件在电路中具有"通直阻交"的作用。"通直阻交"的作用在电子技术中应用较多，如高频扼流圈、低通滤波器都是根据这种作用进行工作的。

2）电压 u 超前电流 i 90°，图 2-9 是反映相位关系的波形图和相量图。

3）纯电感元件在交流电路中不消耗功率，有功功率 $P = 0$，无功功率（单位是乏 var）为

$$Q_L = U_L I = I^2 X_L = \frac{U_L^2}{X_L}$$

应当指出，纯电感元件在交流电路中虽然不消耗功率，但为了自身的需要，在工作时经常与电源进行能量的交换，交换的规模用无功

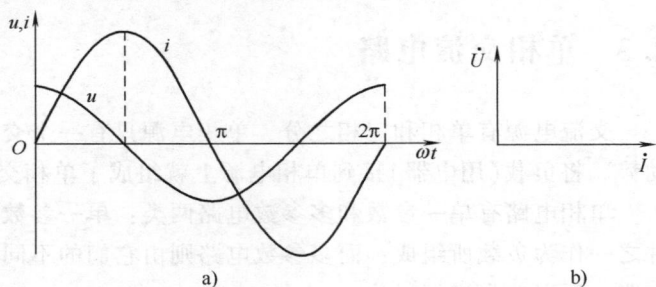

图 2-9 电感元件的波形图和相量图

功率表示，因此无功功率是反映能量交换规模的物理量。无功功率应理解为交换功率，而不能理解为消耗功率，更不能理解为无用功率。

例 2-4 某电阻可忽略的电感线圈，电感量 $L = 300\text{mH}$，接到 $u = 220\sqrt{2}\sin\omega t\text{V}$ 的工频电源上，求电感线圈的电流有效值和无功功率。

解：感抗为

$$X_L = \omega L = 2\pi f L = 2 \times 3.14 \times 50 \times 300 \times 10^{-3}\Omega = 94.2\Omega$$

电感线圈的电流为

$$I = \frac{U_L}{X_L} = \frac{220}{94.2}\text{A} = 2.34\text{A}$$

无功功率为

$$Q_L = U_L I = 220 \times 2.34\text{var} = 514.8\text{var}$$

3. 纯电容电路

电容元件是指电容器，由其做负载的电路称为纯电容电路。与前两种电路相同，纯电容电路在电压电流关系及功率两方面也有三个特点：

1）电压 u 和电流 i 的有效值（最大值）满足欧姆定律，即

$$I = \frac{U_C}{X_C}$$

式中，$X_C = \frac{1}{\omega C} = \frac{1}{2\pi f C}$，称为电容的电抗，简称容抗，单位是 Ω（欧）。当 U_C 越大，I 越小，因此 X_C 反映了电容对交流电阻碍作用的大小。

与电感不同，当电容 C 一定时，容抗 X_C 与电流的频率 f 成反比。对交流电而言，f 越高，X_C 越小，电流越容易通过；在直流电中，因 $f = 0$，$X_C \to \infty$，直流电流无法通过电容器。因此电容器有"隔直通交"的作用。"隔直通交"的作用在电子技术中使用较广，晶体管放大电路的隔直电容及高通滤波器都是利用这种原理进行工作的。

2) 电压 u 滞后电流 i 90°，图 2-10 是反映相位关系的波形图和相量图。

3) 有功功率 $P = 0$，无功功率

$Q_C = U_C I = I^2 X_C = \dfrac{U_C^2}{X_C}$，单位是乏（var）。

$P = 0$ 表明电容不消耗电能，但无功功率表明，它与交流电源之间存在能量的交换，因此电容称为储能元件。

例 2-5 有一个 $C = 50\mu F$ 的电容器，接到 $u = 220\sqrt{2}\sin\omega t \mathrm{V}$ 的工频电源上，求电容的电流有效值和无功功率。如保持电压值不变，而电源频率改为 500Hz，问此时通过电容器的电流是多少？

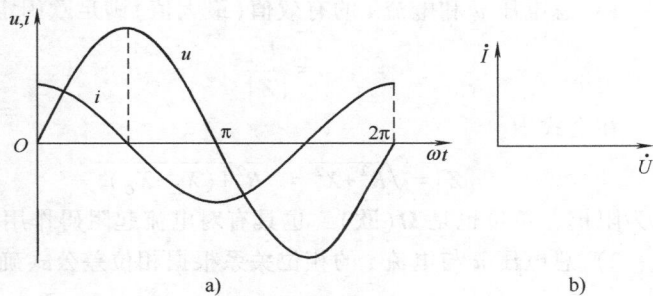

图 2-10 电容元件的波形图和相量图

解：（1）当 $f = 50\mathrm{Hz}$ 时

$$X_C = \frac{1}{\omega C} = \frac{1}{2\pi f C} = \frac{1}{2 \times 3.14 \times 50 \times 50 \times 10^{-6}}\Omega = 64\Omega$$

$$I = \frac{U_C}{X_C} = \frac{220}{64}\mathrm{A} = 3.4\mathrm{A}$$

$$Q_C = U_C I = 220 \times 3.4 \mathrm{var} = 748\mathrm{var}$$

（2）当 $f = 500\mathrm{Hz}$ 时

$$X_C = \frac{1}{\omega C} = \frac{1}{2\pi f C} = \frac{1}{2 \times 3.14 \times 500 \times 50 \times 10^{-6}}\Omega = 6.4\Omega$$

$$I = \frac{U_C}{X_C} = \frac{220}{6.4}\mathrm{A} = 34.4\mathrm{A}$$

可见，在电压的有效值一定时，频率越高，则通过电容的电流有效值越大。

2.3.2 *RLC* 串联电路

单一参数电路是交流电路的特例，一般的交流电路都是由电阻、电感和电容三种理想元件的不同组合构成的。例如，日光灯、交流继电器、交流单相变压器和交流单相电动机的电路就可等效为电阻与电感的串联电路，简称 *RL* 串联电路。又如，上述的电感负载与电容器并联组成的电路也可等效为电阻与电感串联后再与电容并联的电路，简称 *RL* 串联再与 *C* 并联电路。所以，研究多参数电路更具实际意义。

在多参数电路中，*RLC* 串联电路包含了电阻、电感和电容三个不同元件，能体现交流电路的一般特点，因此对多参数电路的讨论重点放在 *RLC* 串联电路上。与单一参数电路相同，

RLC 串联电路也是研究电路在电压、电流关系及功率计算两方面的特点。

图 2-11 是 RLC 串联电路，图中各物理量方向均为参考方向。u 是总电压，由电源提供，也称电源电压；电流 i 由总电压产生，故其方向与电压 u 取为一致；电流 i 流过各元件形成电压 u_R、u_L、u_C，故令各元件电压的方向与电流一致，这种方向关系称为关联参考方向。在此方向下，经过理论分析可得到三个结论：

1) 总电压 u 和电流 i 的有效值(最大值)满足欧姆定律，即

$$I = \frac{U}{|Z|}$$

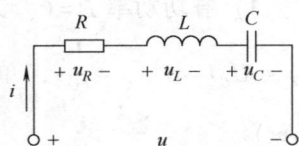

图 2-11　RLC 串联电路

在上式中

$$|Z| = \sqrt{R^2 + X^2} = \sqrt{R^2 + (X_L - X_C)^2}$$

称为阻抗，单位也是 Ω(欧)，也具有对电流起阻碍作用的性质。

2) 总电压 u 与电流 i 的相位关系根据相位差公式确定，即

$$\varphi = \arctan \frac{X_L - X_C}{R}$$

① $\varphi > 0$，总电压 u 超前电流 i 一个 φ 角，电路是感性的，称为感性电路。

② $\varphi < 0$，总电压 u 滞后电流 i 一个 φ 角，电路是容性的，称为容性电路。

③ $\varphi = 0$，总电压 u 与电流 i 同相，此时电路是电阻性的，称为阻性电路。

3) 电路存在着有功功率 P、无功功率 Q 和视在功率 S 三种，即

$$P = U_R I = UI\cos\varphi$$

$$Q = (U_L - U_C)I = UI\sin\varphi$$

$$S = UI$$

式中，U_R、U_L、U_C 分别为电阻、电感、电容的电压有效值。如电压以 V、电流以 A 为单位，则有功功率 P、无功功率 Q 和视在功率 S 的单位分别为 W(瓦)、var(乏) 和 V·A(伏安)。若上述单位较小，也可换算为 kW(千瓦)、kvar(千乏) 和 kV·A(千伏安)，这些大单位都是小单位的一千倍。$\cos\varphi$ 称为电路功率因数。

这三个功率之间存在一定关系，即

$$S = \sqrt{P^2 + Q^2}$$

显然，它们可以用一个直角三角形表示，称该三角形为功率三角形。

另外，由阻抗

$$|Z| = \sqrt{R^2 + (X_L - X_C)^2}$$

的公式可知，$|Z|$、R、$(X_L - X_C)$ 三者之间关系也可用直角三角形表示，叫阻抗三角形。功率三角形和阻抗三角形是相似的，现在把它们同时用图 2-12 表示。引出这两个三角形的目的主要是为了帮助读者分析与记忆。

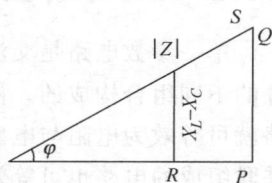

图 2-12　功率、阻抗三角形

RLC 串联电路是一种三个参数的串联电路，在实际应用中，还会遇到两个参数的串联电路，如电阻和电感的串联电路以及电阻和电容的串联电路，这些电路同样可用 RLC 串联电路的特点进行分析，RLC 串联电路能够体现串联电路的一般特点。这是我们研究它的根本原因。

例 2-6　在 *RLC* 串联电路中，已知 $R = 30\Omega$，$L = 127\text{mH}$，$C = 40\mu\text{F}$，电源电压 $u = 220\sqrt{2}\sin(314t+20°)\text{V}$，求：（1）电流的有效值 I；（2）功率 P、Q 和 S。

解：（1）$X_L = \omega L = 314 \times 127 \times 10^{-3}\Omega = 40\Omega$

$$X_C = \frac{1}{\omega C} = \frac{1}{314 \times 40 \times 10^{-6}}\Omega = 80\Omega$$

$$|Z| = \sqrt{R^2 + (X_L - X_C)^2} = \sqrt{30^2 + (40-80)^2}\Omega = 50\Omega$$

于是得

$$I = \frac{U}{|Z|} = \frac{220}{50}\text{A} = 4.4\text{A}$$

$$\varphi = \arctan\frac{X_L - X_C}{R} = \arctan\frac{40-80}{30} = -53°$$

（2）$P = UI\cos\varphi = 220 \times 4.4 \times \cos(-53°) = 220 \times 4.4 \times 0.6\text{W} = 580.8\text{W}$

$Q = UI\sin\varphi = 220 \times 4.4 \times \sin(-53°) = 220 \times 4.4 \times (-0.8)\text{var} = -774.4\text{var}$

$S = UI = 220 \times 4.4\text{V} \cdot \text{A} = 968\text{V} \cdot \text{A}$

2.4　三相交流电路

　　三相交流电路简称三相电路，由三相电源、三相输导线和三相负载组成。三相电路虽然在汽车上的使用并不多，但是在汽车检测维修企业中使用很普遍，如企业使用的动力电一般是三相的，大型的维修检测设备多数是由三相交流电动机驱动的，因此作为汽车相关专业人员，必须对三相电路有一个基本认识。

　　从实用的角度出发，本节重点研究电源和负载在三相电路中的连接使用问题，对功率计算只做简单分析。

2.4.1　三相电源

　　三相电源是指具有三个电动势的交流电源，这三个电动势习惯上称为三相电动势。那么三相电动势是如何产生的？产生三相电动势的三相电源内部又如何连接？下面以三相交流发电机为例进行讨论。

　　1. 三相电动势的产生

　　图 2-13 是三相交流发电机的原理图，它的主要组成部分是定子和转子。

　　定子用来产生电动势，亦称电枢。在定子铁心的内圆周表面冲有槽，用以放置三相定子绕组：U 相、V 相、W 相。三相绕组的每一相结构都相同，如图 2-14 所示。它们的首端分别标以 U_1、V_1、W_1，末端标以 U_2、V_2、W_2，每相绕组的首端（或末端）在空间相隔120°。

　　转子是一个磁极，用来产生磁场。选择合适的极面形状和励磁绕组的布置情况，可使空气隙中的磁感应强度按正弦规律分布。

　　当转子由原动机带动，以匀速顺时针转动时，则定子每相绕组依次切割磁力线而产生三相电动势。由于结构相同而空间位置互差120°，因此三相电动势的最大值（或有效值）相等、频率相同、初相互差120°，称为对称三相电动势。

图 2-13 三相交流发电机的原理图

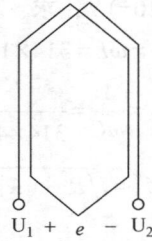

图 2-14 每相定子绕组

若令 U 相的初相为 0，则三相电动势的瞬时表达式为

$$\left.\begin{aligned} e_U &= E_m \sin\omega t \\ e_V &= E_m \sin(\omega t - 120°) \\ e_W &= E_m \sin(\omega t - 240°) = E_m \sin(\omega t + 120°) \end{aligned}\right\}$$

三相对称电动势还可用波形图和相量图表示，如图 2-15 所示。

　　三相电动势到达最大值的次序叫相序。在图 2-15 中，三相电动势的相序是 U→V→W，称为顺序；若相序为 U→W→V，称为逆序。在实际中，通常用黄、绿、红三种颜色区分 U、V、W 三相。

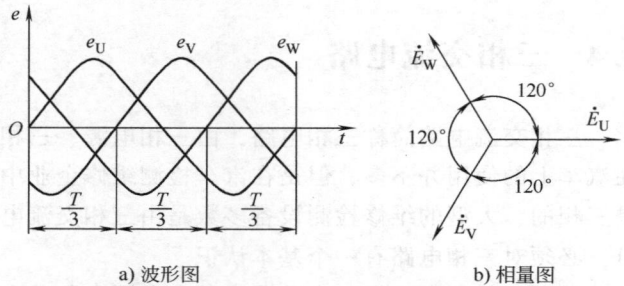

2. 三相电源的连接

　　三相发电机对外供电，有两种可能的方式：①每相绕组单独对负载供电；②将三相绕组连接成一个整体，集中对外供电。采用前一种供电方式时，从发电机到负载需要六根连接导线，不但结构复杂，而且不经济，没有实用价值，因此在实际中通常采用后一种供电方式。

a) 波形图　　　　　　　　b) 相量图

图 2-15 三相对称电动势的波形图和相量图

　　在集中供电方式下，为了提高可靠性，发电机三相绕组通常接成Y形，即将三相绕组的末端 U_2、V_2、W_2 连在一起，连接点称为中性点或零点，用 N 表示。从中性点引出的输电线叫中线，也用 N 表示，若中性点接地，则中性线也称零线，俗称地线。从每相首端 U_1、V_1、W_1 引出的导线叫相线（或端线），俗称火线，分别用 U、V、W 表示。这种采用三根相线和一根中线对外供电的方式叫三相四线制，若只用三根相线对外供电，则称三相三线制，发电机Y形联结时有两种供电方式。一般三相负载不对称时采用三相四线制，对称负载采用三相三线制。

　　发电机采用三相四线制供电时，能输出两种不同的电压：相电压和线电压。发电机的每根相线与中性线间的电压叫相电压，其有效值用 U_U、U_V、U_W 或统一用 U_P 表示，

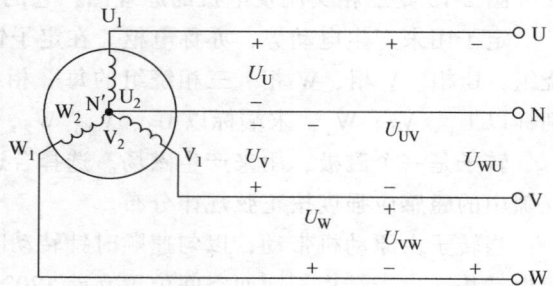

图 2-16 发电机的星形联结

相电压参考方向规定为由相线指向中性线。任意两根相线间的电压叫线电压，其有效值用 U_{UV}、U_{VW}、U_{WU} 或统一用 U_L 表示，参考方向规定由下标首字母指向末字母，如 U_{UV} 的参考方向是由 U 相指向 V 相。相电压和线电压参考方向如图 2-16 所示。一般日常生活用电 220V 就是相电压，而工业动力用电(如三相异步电动机)都是 380V 的线电压。三相四线制电源的线电压与相电压间的数量关系为 $U_L = \sqrt{3} U_P$。

2.4.2　三相负载的连接

负载就是用电器，接在三相电源上的用电器，统称为三相负载。三相负载可分为两类：一类是专用的三相负载，如三相交流电动机；另一类是三组单相负载组成的三相负载，如三相照明负载。在前一种负载中，每相负载的阻抗均相等，性质也相同，同为电感性，称为三相对称负载；而后一种负载，虽然每相负载同为电阻性，但它们的阻抗一般不相等，是三相不对称负载。三相负载在电路中有星形联结和三角形联结两种方式，不同的方式其特点不同。

1. 三相负载的丫形(星形)联结

三相负载的丫形联结就是将三相负载 Z_U、Z_V、Z_W 的一端接在一起，并将中性点 N' 与电源中性线 N 相连，将三相负载的另一端分别接在三相电源的三根相线上，如图 2-17 所示。

每相负载上的电压称为负载的相电压，用 U'_U、U'_V、U'_W 表示，它们的参考方向如图 2-17 所示。如果忽略输电线上的电压降，则负载相电压与电源相电压对应相等，即 $U'_P = U_P$。

三相电路中的电流也分为相电流与线电流两种，各相负载 Z_U、Z_V、Z_W 上的电流称为相电流，分别用 I'_U、I'_V、I'_W 表示。电源各条相线上的电流称为线电流，分别用 I_U、I_V、I_W 表示。电源中性线上的电流称为中线电流，用 I_N 表示。各相电流、线电流的参考方向如图 2-17 所示。

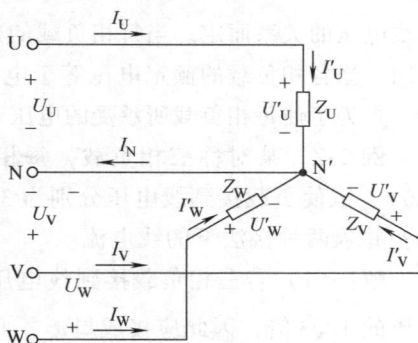

图 2-17　三相负载的星形联结

可以看出，线电流 I_U、I_V、I_W 与对应的相电流 I'_U、I'_V、I'_W 相等，即 $I_L = I'_P$。

三相负载分对称与不对称两类，现分别叙述如下。

1) 当三相负载对称时，各相电压是对称的，通过三相负载的电流也对称(即大小相等、频率相同，相位差互为120°)。理论证明，中性线内的电流为零，可以把中性线省掉，星形联结的三相四线制则成为三相三线制。省去中性线以后，三个相电流便借助各相线及每相负载互成回路。此时，各相负载所承受的电压仍同三相四线制一样，为电源的相电压值。

2) 当三相负载不对称时，通过各相负载的电流不再对称。这时，中性线电流不为零，因此绝对不能将其除去。如果除去中性线(或某种原因断开)，负载中点电位不再与电源中性点电位相同，使各相负载实际承受的电压不再相等，造成不同相负载分别运行于过电压或欠电压的状态，严重时使电压相负载烧毁，欠电压相负载无法工作。因此，在不对称三相负载的星形联结中，中性线对于电路的安全运行是非常重要的。为了防止不正常现象及事故发生，在三相四线制中，规定中性线不准安装熔断器和开关。在有些场合，中性线还采用钢心导线来加强机构强度，以免断开；为了减少中线电流，在设计安装照明电路时，尽量把电灯均匀地分布在各相电路中。

可见，负载作丫形联结时具有以下特点：①各相负载所承受的电压为对应的电源相电压；②线电流等于负载的相电流。

2. 三相负载的△形(三角形)联结

三相负载依次接在电源的两根相线之间组成一个三角形，称为负载的三角形联结，如图 2-18 所示。

由于各相负载(Z_{UV}、Z_{VW}、Z_{WU})都直接接在电源的线电压上，所以，各相负载的相电压等于对应的线电压，即 $U'_P = U_L$。

各相负载的相电流分别用 I_{UV}、I_{VW}、I_{WU} 表示；线电流分别用 I_U、I_V、I_W 表示，各个相电流与线电流的参考方向如图 2-18 所示。由图可知，相电流与线电流显然是不同的。理论证明，三相负载对称时，线电流的大小是相电流的$\sqrt{3}$倍，即 $I_L = \sqrt{3}\,I'_P$。

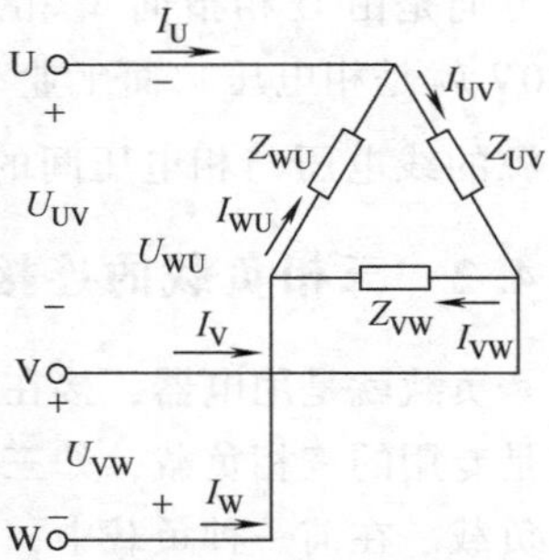

图 2-18 三相负载的三角形联结

可见，三相负载作三角形联结时也有两个特点：①各相负载承受电压等于对应的电源线电压；②线电流与相电流不等，在三相负载对称时，线电流是相电流的$\sqrt{3}$倍。

总之，三相负载究竟应采用星形联结还是三角形联结，必须根据每相负载的额定电压与电源线电压的关系而定。当每相负载的额定电压为电源线电压的$1/\sqrt{3}$倍时，三相负载应作星形联结。当各相负载的额定电压等于电源线电压时，三相负载就必须作三角形联结，之所以如此，是为了使每相负载所承受的电压正好等于其额定电压，从而保证每相负载都能正常工作。

例 2-7 某对称三相负载，每相负载的电阻 $R = 19.05\Omega$，感抗 $X_L = 11\Omega$，额定电压为220V。欲使负载接到线电压分别为 380V 和 220V 的电源上，问三相负载内部应采用何种连接？并求两种接法下的线电流。

解：(1) 若三相负载接到线电压为 380V 的电源上，则因负载额定电压（220V）为线电压的$1/\sqrt{3}$倍，因此应接成星形，此时每相负载承受的电压为220V。

每相负载阻抗和线电流分别为

$$|Z| = \sqrt{R^2 + X_L^2} = \sqrt{19.05^2 + 11^2} = 22\Omega$$

$$I_L = I'_P = \frac{U'_P}{|Z|} = \frac{220}{22}A = 10A$$

(2) 若三相负载接到线电压为 220V 的电源上，则因负载额定电压（220V）与线电压相等，因此应接成三角形，此时每相负载承受的电压仍为220V。

因每相阻抗与接法无关、保持不变，所以有

$$|Z| = 22\Omega$$

所以每相负载电流也不变

$$I'_P = 10A$$

线电流为

$$I_L = \sqrt{3}\,I'_P = 10\sqrt{3}\,A = 17.32A$$

注意，上述分析中 U'_P 和 I'_P 分别表示每相负载的电压和电流。

2.4.3　三相功率的计算

不论负载是星形联结还是三角形联结，总的有功功率等于各相有功功率之和。当负载对称时，每相的有功功率是相等的，因此三相总有功功率为每相的三倍即

$$P = 3P_P = 3U'_P I'_P \cos\varphi \tag{2-1}$$

式中，φ 是负载相电压 U'_P 与相电流 I'_P 之间的相位差。

当对称负载是星形联结时

$$U'_P = \frac{U_L}{\sqrt{3}}, I'_P = I_L$$

当对称负载是三角形联结时

$$U'_P = U_L, I'_P = \frac{I_L}{\sqrt{3}}$$

不论对称负载是星形联结还是三角形联结，如将上述关系代入式（2-1）中，则得：

$$P = \sqrt{3}\, U_L I_L \cos\varphi \tag{2-2}$$

同理，可得三相无功功率和视在功率如下：

$$\left. \begin{array}{l} Q = 3U'_P I'_P \sin\varphi = \sqrt{3}\, U_L I_L \sin\varphi \\ S = 3U'_P I'_P = \sqrt{3}\, U_L I_L \end{array} \right\} \tag{2-3}$$

应注意：①式（2-2）和式（2-3）中的 φ 仍为相电压 U'_P 与相电流 I'_P 之间的相位差。②因为线电压和线电流容易测量或是已知，所以计算 P、Q、S 时通常采用线电压和线电流公式。

例 2-8　某对称三相负载，每相负载的电阻 $R = 4\Omega$，感抗 $X_L = 3\Omega$，电源接成星形，线电压 $U_L = 380\text{V}$，计算负载作星形连接时其三相有功功率、无功功率和视在功率。

解：三相负载星形连接时，负载每相电压 $U'_P = U_L/\sqrt{3} = 220\text{V}$，每相阻抗 $|Z| = \sqrt{R^2 + X_L^2} = 5\Omega$，每相负载电流为

$$I'_P = \frac{U'_P}{|Z|} = \frac{220}{5}\text{A} = 44\text{A}$$

线电流为 $I_L = I'_P = 44\text{A}$

每相负载功率因数为

$$\cos\varphi = \frac{R}{|Z|} = \frac{4}{5} = 0.8$$

$$\sin\varphi = \frac{X_L}{|Z|} = \frac{3}{5} = 0.6$$

故三相有功功率为

$$P = \sqrt{3}\, U_L I_L \cos\varphi = \sqrt{3} \times 380 \times 44 \times 0.8 = 23.2\text{kW}$$

三相无功功率为

$$Q = \sqrt{3}\, U_L I_L \sin\varphi = \sqrt{3} \times 380 \times 44 \times 0.6 = 17.4\text{kvar}$$

三相视在功率为

$$S = \sqrt{3}\, U_L I_L = \sqrt{3} \times 380 \times 44 = 29\text{kV} \cdot \text{A}$$

若其他条件不变，问负载作三角形连接时的 P、Q、S 又如何呢？请自行分析。

本 章 小 结

1. 正弦交流电的基本概念

（1）交流电是交流电流、电压和电动势的总称，其大小和方向都随时间做周期性变化。如果交流电按正弦规律变化，则称为正弦交流电。

（2）正弦交流电的方向只有正半周方向和负半周方向两种可能，习惯上把正半周的方向作为其参考方向。当交流电在正半周时，参考方向与实际方向相同，因此交流电为正值；在负半周时，参考方向与实际方向相反，交流电为负值。

（3）正弦量的三要素。最大值（或有效值）：交流电最大的瞬时值称为最大值或幅值，用大写字母加下标 m（I_m、U_m、E_m）表示。从热效应的角度，用一直流电来等效交流电，该直流电称为交流电的有效值，用大写字母（E、U、I）表示。最大值是有效值的 $\sqrt{2}$ 倍。一般情况下，设备上标注的数值、仪表测量的数值都是指有效值。

角频率、周期、频率：它们三者都是用来描述交流电变化快慢的物理量。其相互关系为

$$\omega = \frac{2\pi}{T} = 2\pi f, \quad f = \frac{1}{T}$$

初相位：初相位 ψ 是相位（$\omega t + \psi$）在 $t = 0$ 时刻的数值，相位决定正弦交流电在某一时刻所处的状态，初相位用来确定正弦交流电在计时起点 $t = 0$ 时的初始值。

2. 正弦量的相量表示法

用相量的长度表示正弦量的最大值（或有效值），相量与横轴夹角表示正弦量的初相位。由于经常研究的是同频率正弦量之间的关系，所以可将旋转相量看成是 $t = 0$ 时刻的静止相量，这种表示法省去了正弦量三要素中的角频率（或频率），运用相量运算法则方便正弦量之间的加减运算。

3. 单相交流电路

纯电阻电路：$I = \dfrac{U_R}{R}$，u 与 i 同相，$P = U_R I = I^2 R = \dfrac{U_R^2}{R}$

纯电感电路：$I = \dfrac{U_L}{X_L}$，$X_L = \omega L = 2\pi f L$，$u$ 超前 i 90°，$Q_L = U_L I = I^2 X_L = \dfrac{U_L^2}{X_L}$

纯电容电路：$I = \dfrac{U_C}{X_C}$，$X_C = \dfrac{1}{\omega C} = \dfrac{1}{2\pi f C}$，$u$ 滞后 i 90°，$Q_C = U_C I = I^2 X_C = \dfrac{U_C^2}{X_C}$

RLC 串联电路：$I = \dfrac{U}{|Z|}$，$|Z| = \sqrt{R^2 + X^2} = \sqrt{R^2 + (X_L - X_C)^2}$，$\varphi = \arctan \dfrac{X_L - X_C}{R}$

$$P = U_R I = UI\cos\varphi, \quad Q = (U_L - U_C)I = UI\sin\varphi, \quad S = UI$$

4. 三相交流电路

三相交流发电机的绕组可接成星形（Y）和三角形（△），但为了提高可靠性，通常接成星形。星形联结时对外供电有三相三线制和三相四线制。三相四线制供电可提供两种电压：线电压 U_L 和相电压 U_P，其数量关系为 $U_L = \sqrt{3}\, U_P$。

三相负载作Y形联结时的特点：①各相负载所承受的电压为对应的电源相电压；②线电

流等于负载的相电流。

三相负载作三角形联结时也有两个特点：①各相负载承受电压等于对应的电源线电压；②线电流与相电流不等，在负载对称时是相电流的$\sqrt{3}$倍。

对称三相负载功率的计算公式：$P = \sqrt{3}\,U_L I_L \cos\varphi$，$Q = \sqrt{3}\,U_L I_L \sin\varphi$，$S = \sqrt{3}\,U_L I_L$。

练 习 题

2-1　正弦交流电（正弦量）的最大值和有效值是否随时间变化？它们是否和频率、初相位有关？

2-2　已知正弦电流表达式 $i = \sin(1000t + 30°)$A，试求它的三要素。

2-3　已知正弦电流 $i = 5\sqrt{2}\sin\omega t$A，它的有效值是多少？

2-4　如果交流电压表的读数是 220V，求此交流电压的最大值。

2-5　正弦交流电的瞬时值、最大值、有效值有什么不同？

2-6　一正弦电流的频率为 50Hz，波形如图 2-19 所示。试写出此电流的数学表达式。

2-7　设 $i = I_m \sin(\omega t - 75°)$，$u = U_m \sin(\omega t + 15°)$，问电流与电压的相位差是多少？作出它们的波形图，判断谁超前、谁滞后？

2-8　在纯电阻交流电路中，电压和电流的关系式和计算功率的公式与电阻在直流电路中完全相似，这是什么道理？

2-9　在纯电感电路中电压超前于电流，是否意味着先有电压后有电流？

图 2-19　习题 2-6 波形

2-10　20W 荧光灯镇流器工作时两端电压为 198V，电流为 0.35A，电源频率为 50Hz，略去镇流器的电阻，求镇流器的电感量。

2-11　一个 20μF 的电容器，接在 220V 的交流电源上，电源的频率为 50Hz，求电容器的容抗、通过电容的电流及无功功率。

2-12　将白炽灯与线圈串联，然后分别接到电压相同的直流电源和交流电源上。试问白炽灯是否一样亮？为什么？

2-13　汽车用三相交流发电机，在某一转速时相电压是 8V，如果定子三相绕组为星形联结，它的线电压是多少？

2-14　将 3 根额定电压为 220V 的电热丝，接到三相线电压为 380V 的电源上，应采用何种接法？如果这 3 根电热丝额定电压为 380V，又该采用何种接法？

2-15　额定电压为 220V 的 3 个相同单相负载，其电阻和感抗分别是 $R = 867\Omega$，$X_L = 500\Omega$，接于三相四线制电路中，电源的线电压为 380V。

求：（1）3 个单相负载接成星形还是三角形再与三相电源相连？

（2）求各相电流和线电流大小。

2-16　已知某三相对称负载接在线电压为 380V 的三相电源中，其中每一相负载的阻值 $R_P = 6\Omega$，感抗 $X_{LP} = 8\Omega$，试分别计算该负载作星形连接和三角形连接时的相电流、线电流以及有功功率。

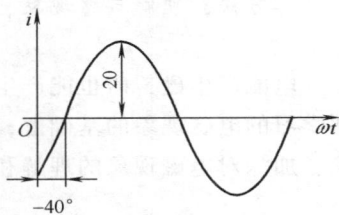

第 3 章
电磁现象及其应用

学习目标:

- 了解磁铁及其性能,了解磁场的概念及磁力线表示法,理解电流的磁场,掌握左手定则和右手螺旋定则,了解磁通、磁感应强度及其关系,了解磁路欧姆定律。
- 掌握磁场对通电直导体的作用、磁场对通电线圈的作用和磁场对通电半导体的作用。
- 理解电磁感应现象,掌握直导体感应电动势和线圈感应电动势的计算公式及方向判别方法,理解自感现象、互感现象。

电能产生磁,磁也能产生电,两者密不可分,这些现象统称电磁现象。本章在中学物理课学习的电磁现象的基础上,通过对磁场、磁场对电流的作用和电磁感应三个基本问题的讨论,加深对电磁现象的理解和掌握,从而为后续内容的学习做好理论准备。

3.1 磁场与磁路欧姆定律

3.1.1 磁铁与磁场

1. 磁铁

铁、镍、钴等金属或它们的合金称为铁磁物质或铁磁材料。能吸引铁磁物质的性质叫磁性,具有磁性的物体叫磁铁(磁体)。磁铁有天然磁铁和人造磁铁之分,天然磁铁是在自然界的演化过程中自然形成的,典型的例子是磁石;人造磁铁是用人工方法制造出来的。天然磁铁的磁性较弱,因此在实际中所使用的都是人造磁铁。人造磁铁又可分为永久磁铁和暂时磁铁两种,永久磁铁的磁性能够长期保存,如电工仪表中的马蹄形磁铁和扬声器尾部的圆形磁铁;暂时磁铁的磁性是暂时的,当外部磁化条件去掉后,磁铁的磁性随之消失,如汽车上使用的电磁铁和电磁开关等。

大量的实验证明,磁铁具有以下主要性质:

1) 磁铁的两端磁性最强,称为磁极。磁极具有南北指向性,通常把指向南端的磁极叫南极,用 S 表示;指向北端的磁极叫北极,用 N 表示。

2) 磁铁之间的同性磁极相互排斥,异性磁极相互吸引,如图 3-1 所示。磁极之间的这种相互作用力,叫磁力。

3) 磁铁无论怎样分割,分割后得到的每一小块磁铁仍具

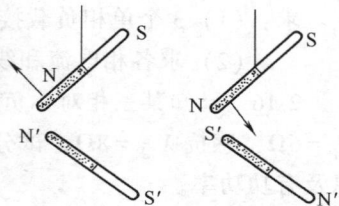

图 3-1 磁极作用示意图

有南北两个磁极，因此磁铁的 N、S 两极相互依存，不能独立存在。

4）原来没有磁性的铁磁物质，放在磁铁旁边会获得磁性，这一现象叫磁化。被磁化的铁磁物质远离磁铁后仍保留一定的磁性，叫剩磁。

2. 磁场

在磁铁周围存在着磁力作用的空间，当另一磁铁或通电导体置入该空间时，就会受到磁力的作用，人们把这种磁力空间叫磁场。磁场除了具有力的性质之外，还具有能量，叫磁场能，因而它是一种物质。但它又与其他物质不同，它没有构成物质的分子或原子，所以，磁场是存在于磁体周围空间的一种特殊物质。

实验证明，磁场具有强弱和方向，而且在磁场的不同位置上其强弱和方向在一般情况下也是不同的。为了直观形象地表示出磁场在空间各点的强弱和方向，引出了磁力线（磁感线）的概念。所谓磁力线就是带有方向的闭合曲线。在磁铁外部，磁力线由 N 极沿着周围空间到 S 极，在磁铁内部，再由 S 极返回 N 极，如图 3-2 所示。磁力线上每一点的切线方向（即小磁针 N 极在该点的指向）表示该点的磁场方向，磁力线在每一处的疏密程度（单位面积的磁力线条数）表示该处的磁场强弱，因此用磁力线可以大致地反映磁场的分布情况。图 3-2 就是用磁力线表示的条形磁铁的磁场。

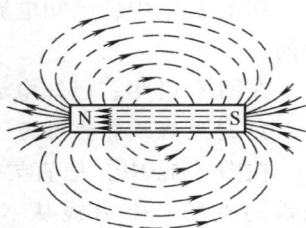

图 3-2　磁力线

用磁力线表示磁场时，要注意以下几点：

1）磁力线既不能中断也不能相交。因为相交说明同一点的磁场方向有两个，不符合实际。

2）磁力线垂直穿入纸面用"×"表示，垂直穿出用"·"表示。

3.1.2　电流的磁场

除了磁铁之外，在导电体的周围也存在着磁场，而且磁场强弱、方向与电流大小和方向有着密切的联系。下面研究两种典型的电流磁场。

1. 通电直导体的磁场

如图 3-3a 所示，在一根直导体中通入电流时，导体的周围就出现磁场，其磁力线是一组以导体为中心的同心圆，分布在垂直于导体的平面上。其中磁力线的疏密表示各处的磁场强弱，磁力线上任意一点的切线方向表示该点的磁场方向。

实验证明，通电直导体周围各点的磁场强弱与导体的电流大小成正比，与该点到导体的垂直距离成反比。电流越大、距离导体越近，磁场就越强。

实验还证明，磁场的方向可用右手螺旋定则（安培定则）判断：右手握住导体，用大拇指指向电流方向，则四指弯曲的方向就是磁场方向，如图 3-3b 所示。

例 3-1　用右手螺旋定则判断图 3-4 中导线内的电流方向或导线周围的磁场方向。

解：在图 3-4a 中，从右向左看磁场方向是顺时针的，按右手螺旋定则可判断出电流方向向左。

在图 3-4b 中，已知磁场方向为逆时针方向，用右手螺旋定则可判断出电流方向是垂直纸面向外的。

图 3-3 通电直导体的磁场

图 3-4 例 3-1 图

×—磁力线垂直纸面向里 ·—磁力线垂直纸面向外
⊗—电流垂直纸面向里 ⊙—电流垂直纸面向外

在图 3-4c 中，已知电流方向垂直纸面向里，按右手螺旋定则可判断出磁场方向是顺时针的。

在图 3-4d 中，已知电流方向垂直纸面向外，同样可判断出磁场方向为逆时针。

2. 通电螺线管的磁场

在图 3-5a 中，把直导线绕成螺线管并通入电流，结果螺线管周围出现了类似条形磁铁的磁场。磁力线从 N 极出来经螺线管外部进入 S 极，再由 S 极经螺线管内部回到 N 极。

实验证明，通电螺线管磁场的强弱不仅与螺线管的电流大小有关，而且还与螺线管的匝数有关。电流越大、匝数越多，磁场就越强。

实验还证明，磁场的方向也可用右手螺旋定则判断：右手握住螺线管，用弯曲的四指表示电流方向，则拇指所指的方向就是螺线管内部的磁场方向，如图 3-5b 所示。

例 3-2 用右手螺旋定则判断图 3-6 中通电螺线管的 N、S 极或根据已标明的磁极极性判断螺线管中的电流方向。

解：在图 3-6a 中，箭头为电流方向，由右手螺旋定则判定螺线管右端为 N 极，左端为 S 极。

在图 3-6b 中，螺线管内部磁场由 S 指向 N，利用右手螺旋定则可知电流由螺线管右侧向左流动。

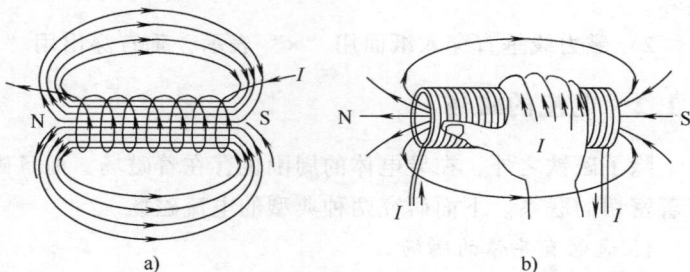

图 3-5 通电线圈的磁场

3. 电流磁效应的应用

电流的周围存在磁场这一现象叫电流的磁效应。电流的磁效应在汽车电器中有着广泛的应用，现举几例说明。

（1）电喇叭 电喇叭是安装在汽车上的一种电器，它用来警告行人和其他车辆，保证行车安全。触点式电喇叭有筒形、螺旋形和盆形三种。盆形电喇叭具有结构尺寸小、指向性好等特点。因此，被现代汽车广泛采用。盆形电喇叭的结构如图 3-7 所示。

从组成上看，盆形电喇叭由铁心线圈、衔铁、膜片、动断触点等组成。膜片与衔铁是固定连接。动断触点与铁心线圈相串联，其状态由衔铁决定，衔铁下移时，触点打开，复位时，触点恢复闭合状态。

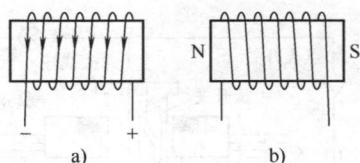

图 3-6　例 3-2 图

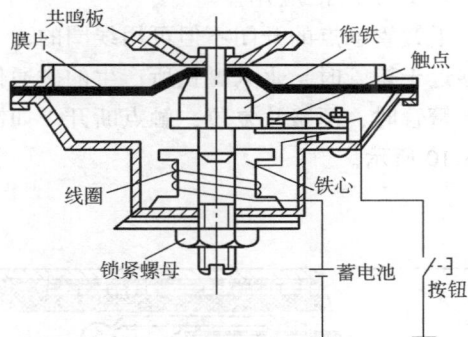

图 3-7　盆形电喇叭结构

盆形电喇叭工作原理：按下喇叭按钮，线圈通电，电路为蓄电池正极→线圈→触点→喇叭按钮→接地端（搭铁）→蓄电池负极。通电后铁心产生磁力，吸引衔铁和膜片下移。衔铁下移中将触点顶开，线圈电路被切断，其磁力消失，衔铁及膜片又在触点臂的弹力作用下复位，触点又闭合。触点闭合后，线圈又通电产生磁力吸下衔铁和膜片。如此循环，使膜片振动，引起喇叭里面的空气柱振动，从而发出音量适中、和谐悦耳的声音。

（2）电喇叭继电器　继电器是一种利用线圈电路的小电流控制触点电路大电流的一种开关电器。电喇叭继电器是汽车上使用的一种典型继电器，其电路图如图 3-8 所示。

由图看出，喇叭继电器由铁心线圈、衔铁、触点、反力弹簧等组成。线圈电路由蓄电池供电，由喇叭按钮控制电路状态。喇叭电路也由蓄电池供电，但由触点控制状态。

喇叭继电器的工作原理：按下喇叭按钮，线圈通电，电路为蓄电池正极→铁心线圈→喇叭按钮→蓄电池负极。线圈通电后，铁心产生的电磁力将衔铁吸下，触点闭合，喇叭电路接通。当松开喇叭按钮后，线圈失电，在反力弹簧作用下，衔铁复位，触点打开，从而切断喇叭电路。

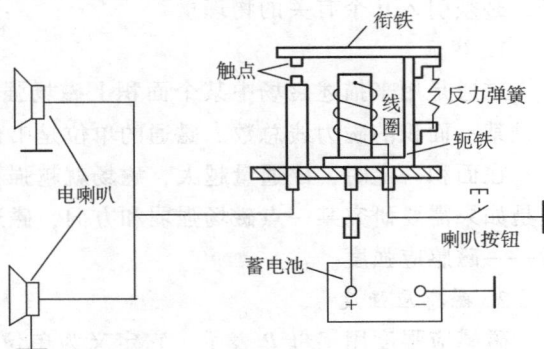

图 3-8　喇叭继电器电路

（3）干簧继电器（电流传感器）　图 3-9 是干簧继电器的结构简图，继电器由干簧管、线圈、屏蔽罩（金属外罩）及引线等组成。干簧管（又称舌簧管）是继电器的核心部分，它由一组形似舌头的弹簧片，简称舌簧片，用玻璃管封装而成，在管内通常充有氮气。弹簧片一端固定在玻璃管上，通过引出线与外电路连接，另一端称为触点。当线圈通电时，在线圈的轴向产生了磁场。该磁场使玻璃管内的舌簧片磁化，在触点上产生极性相反的磁极（N 极和 S 极），当它们的吸引力大于舌簧的反力时，触点吸合在一起，从而将外电路接通。当线圈断电时，磁场消失，舌簧片退磁，依靠自身的弹性恢复原位，使触点断开，与之连接的外电路被切断。可见，舌簧片将触点、衔铁和反力弹簧集于一体，这是干簧继电器结构高度简单的原因，因此干簧继电器在汽车传感器上得到了广泛应用。

干簧管触点的开闭不但可用线圈的通、断电来控制，还可用永久磁铁来控制。当永久磁铁移近干簧管时，永久磁铁所产生的磁通使弹簧片磁化，两簧片的触点吸合；当永久磁铁远离干簧管时，两簧片复位，触点断开。如制动液液面报警装置就是根据这一原理制成的，如图 3-10 所示。

图 3-9　干簧继电器的结构简图　　　　　图 3-10　制动液液面报警装置

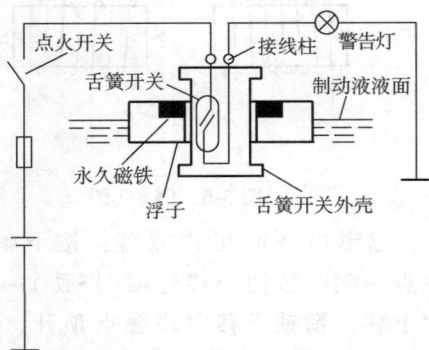

3.1.3　磁场的基本物理量

用磁力线描述磁场，虽然有直观、形象的优点，但只能做定性描述。如果要定量描述磁场，必须引入几个有关的物理量。

1. 磁通

磁通是用来描述磁场中某个面积上磁场强弱的物理量，用字母 Φ 表示。它定义为垂直通过某一面积的磁力线总数。磁通的单位是韦伯，简称韦，用 Wb 表示。

在面积一定时，磁通量越大，磁场就越强，因此磁通可以表示某一面积上的磁场强弱。但是如果需要研究某一点磁场强弱和方向，磁通就无能为力了，因此需要引出一个新的物理量——磁感应强度。

2. 磁感应强度

磁感应强度用字母 B 表示，它定义为单位面积上垂直通过的磁通量（磁力线数）。在匀强磁场（均匀磁场）中，磁感应强度 B 是常数，因此它可以用磁通量 Φ 与垂直于磁通的面积 S 的比值来表示，即

$$B=\frac{\Phi}{S}$$

如果磁通 Φ 取 Wb（韦）为单位，面积 S 以 m^2（米^2）为单位，则磁感应强度 B 的单位是特斯拉，简称特（T）。1T 就是在 $1m^2$ 的面积上垂直穿过 1Wb 的磁通量。

磁感应强度不仅有大小还有方向，它的方向定义为磁力线的切线方向。

在磁场某一点上，磁感应强度越大，该点的磁通量越大，磁场越强；同时该点的磁感应强度的方向表示磁场的方向，因此利用磁感应强度可以表示磁场某点的强弱和方向。

在磁场中，如果各点的磁感应强度大小相等、方向相同，则这种磁场称为匀强磁场（均匀磁场）。匀强磁场的磁力线是均匀分布的平行直线。如两种相互平行的磁极，当靠得很近时，它们之间的磁场除边沿以外是近似均匀的（图 3-11a）；又如马蹄形磁体两极之间的磁场（图 3-11b）以及通电螺线管内部的磁场也可近似看作匀强磁场。

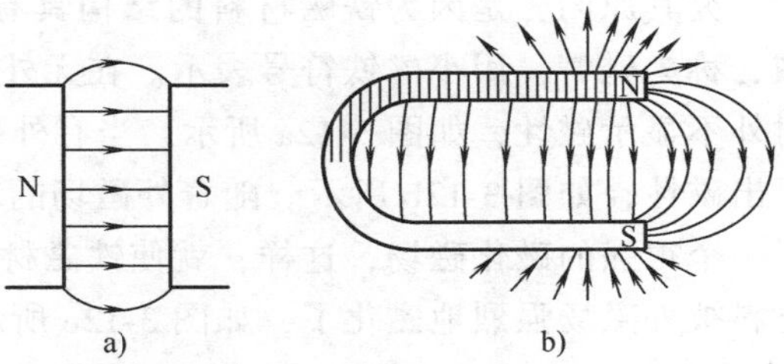

在应用磁感应强度时，应注意以下几点：

1）$B = \dfrac{\Phi}{S}$ 只适用于匀强磁场的计算。

2）$B = \dfrac{\Phi}{S}$ 也可以计算 $\Phi = BS$。

图 3-11　匀强磁场

3）与磁力线、电流相同，B 垂直进入纸面用 "×" 表示，垂直穿出纸面用 "·" 表示，看图时应予以注意。

3. 磁导率

磁导率是用来衡量磁场介质导磁能力的物理量，用字母 μ 表示，单位是亨每米（H/m）。

实验测定，真空磁导率是个常数，其值为 $\mu_0 = 4\pi \times 10^{-7}\,\text{H/m}$，因此，将其他的物质磁导率与之相比是很方便的。

任意一种物质的磁导率 μ 与真空磁导率 μ_0 的比值，称为该物质的相对磁导率 μ_r，即

$$\mu_r = \frac{\mu}{\mu_0}$$

相对磁导率 μ_r 越大，说明物质的导磁能力越强；相反，则越弱。如空气、木材、塑料、橡胶、铜、铝等，其相对磁导率 $\mu_r \approx 1$，说明导磁能力很弱；而另一些物质，如铸铁、铸钢、硅钢、坡莫合金等，其相对磁导率 $\mu_r \gg 1$，说明导磁能力很强。一般把相对磁导率 $\mu_r \approx 1$ 的物质称为非铁磁物质（非磁性物质），而相对磁导率 $\mu_r \gg 1$ 的物质称为铁磁物质（磁性物质）。铁磁物质因为导磁能力很强，在实际中常用作各种电气设备的磁路材料。

4. 磁场强度

磁场强度是计算铁磁材料的磁场时引入的一个物理量，也是有方向的，磁场中某点的磁场强度 H 等于该点的磁感应强度 B 与该点磁导率 μ 之比，即

$$H = \frac{B}{\mu}$$

式中，H 的单位是安每米（A/m）。

磁场强度 H 的方向与该点的磁感应强度 B 方向一致。

以铁磁材料为介质的磁场，其磁感应强度与铁磁材料的磁导率有关，它随着磁导率的变化有很大不同。而磁场强度，由定义式可知，与铁磁材料的磁导率无关，从而给磁场的计算带来了极大的方便，因此，在铁磁材料的磁场计算中引入了磁场强度这一物理量。

磁场强度不但可以方便磁场的计算，还能分析铁磁材料的磁化曲线。

3.1.4　铁磁材料的磁性能与分类

铁磁材料即铁磁物质，它具有下列特性。

1. 高导磁性

铁磁材料在外磁场作用下具有被强烈磁化(呈现磁性)的特性,称为高导磁性。

究其原因,是因为铁磁材料的结构具有特殊性。在铁磁材料内部存在着许多磁性小区域,称为磁畴,用小磁铁符号表示。在无外磁场作用时,各磁畴排列混乱,磁场相互抵消,对外不显示磁性;如图3-12a所示。当有外磁场作用时,各磁畴开始向外磁场方向转动,显示出磁性,如图3-12b所示。随着外磁场的增强,各磁畴逐步转到外磁场方向上,从而产生了一个很强的磁化磁场,这样,就使铁磁材料内的磁感应强度大大增强。这种现象表明铁磁材料被外磁场强烈地磁化了,如图3-12c所示。

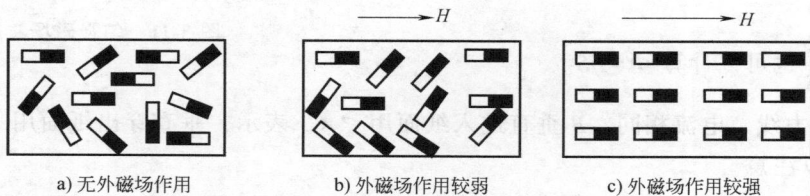

a) 无外磁场作用   b) 外磁场作用较弱   c) 外磁场作用较强

图 3-12   外磁场对磁畴的影响

铁磁材料的这一性能已广泛应用于电工设备中。例如,电机、变压器及各种电磁元件的线圈常常绕制在铁磁材料制作的铁心上,这样,在铁心线圈中通入不大的励磁电流,便可产生足够大的磁通和磁感应强度,这就解决了既要磁通大,又要励磁电流小的矛盾;同时,也能使这些设备和元件的重量大大减轻、体积大大减小。

2. 磁饱和性

铁磁材料的磁感应强度 B 不会随着外磁场强度 H 的增大而无限增大。当外磁场强度 H 增大到一定值时,全部磁畴都转到外磁场方向上,此时,磁感应强度 B 达到饱和值。这一特性称为铁磁材料的磁饱和性。

铁磁材料的磁感应强度 B 随外磁场强度 H 变化的关系可用一条曲线表示,称为磁化曲线(B-H 曲线),如图3-13的 B 曲线所示。由图可知,铁磁材料的 B 与 H 不成正比,所以,铁磁材料的磁导率 μ 不是常数,它随着 H 的变化而变化,如图3-13中的 μ 曲线所示。

3. 磁滞性

铁磁材料在交变磁场的作用下反复交变磁化时,实验发现,其磁感应强度 B 的变化是滞后于交变磁场 H 的变化的,这一性质称为铁磁材料的磁滞性。磁滞性可用一条闭合曲线表示,称为磁滞回线,如图3-14所示。

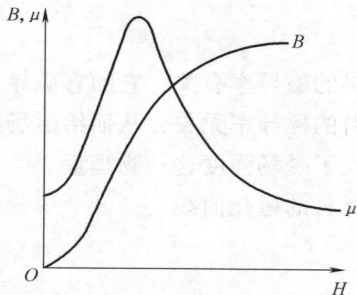

图 3-13   磁化曲线

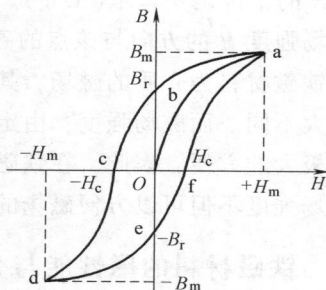

图 3-14   磁滞回线

由图 3-14 可知，当交变磁场 $H=0$ 时，铁磁材料的 $B=B_r$，这说明铁磁材料还保留了一定的磁性，B_r 称为剩磁。剩磁具有两面性，永久磁铁的磁性就是利用剩磁产生的，但在生产中剩磁有时是不需要的，例如，轴承在平面磨床上加工后，其剩余的磁性就是多余的。

为了消除剩磁，必须外加反向磁场，当 $H=H_C$ 时，$B=0$，把 H_C 称为矫顽磁力，简称矫顽力。

铁磁材料在交变磁场的作用下反复交变磁化时，内部磁畴随外磁场的交变来回翻转，在翻转过程中，磁畴间的相互摩擦而引起的热量损耗称为磁滞损耗。磁滞损耗的大小与磁滞回线的面积成正比，面积越小，损耗越低。磁滞损耗对变压器、电动机等电磁设备的运行不利，因此，常采用磁滞损耗小的铁磁材料作它们的铁心，如硅钢片。

铁磁材料按其磁滞回线形状不同，可分为三种类型。

1) 软磁材料。软磁材料具有很高的磁导率，剩磁和矫顽力较小，磁滞损耗低，因此，一般用来制作变压器、电机及电磁器件的铁心。常用的有硅钢、铸钢、铸铁、坡莫合金及铁氧体等。软磁材料的磁滞回线如图 3-15a 所示。

2) 永磁材料。永磁材料具有较大的剩磁和矫顽力，一般用来制作永久磁铁。常用的有碳钢、钴钢及铁镍铝钴合金等。永磁材料的磁滞回线如图 3-15b 所示。

3) 矩磁材料。矩磁材料的磁滞回线接近矩形，如图 3-15c 所示，具有易饱和(只要加很小的外磁场，就能达到饱和状态)和磁性保持(饱和后，去掉外磁场，磁性仍保留)功能，在计算机和控制系统中常用作记忆元件、开关元件和逻辑元件。常用的矩磁材料有镁锰铁氧体及 1J51 型铁镍合金等。

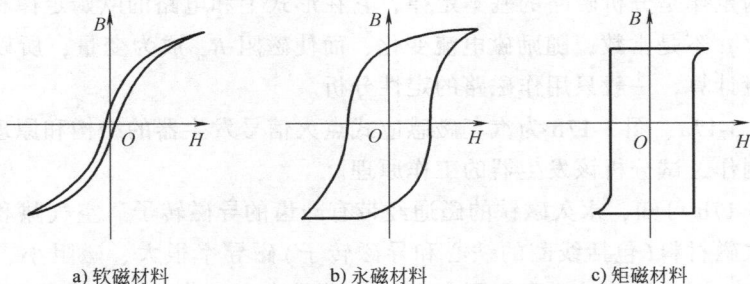

a) 软磁材料　　　　　b) 永磁材料　　　　　c) 矩磁材料

图 3-15　不同铁磁材料的磁滞回线

3.1.5 磁路欧姆定律

磁通通过的闭合路径称为磁路。图 3-16 所示就是几种常用电器的磁路。为了用较小的电流产生足够强的磁场，磁路常用具有一定形状的铁心即铁磁材料制作。磁路的组成分两种情况，简单磁路由铁心单独组成，而较复杂磁路由铁心及空气隙两部分组成。

在磁路中，磁通 Φ 与产生它的磁通势 F(磁源)成正比，与磁路的磁阻 R_m 成反比，这就是磁路欧姆定律，即

$$\Phi = \frac{F}{R_m}$$

式中，磁通势 $F=NI$，N 为线圈的匝数，I 为通过线圈的电流；磁阻 $R_m = L/\mu S$，它表示磁路对磁通的阻碍作用。当磁路的铁磁材料即磁路的磁导率 μ 一定时，磁路的磁阻大小与磁路的

a) 单相变压器的磁路

b) 直流电动机的磁路

c) 磁电式仪表的磁路

d) 电磁型继电器的磁路

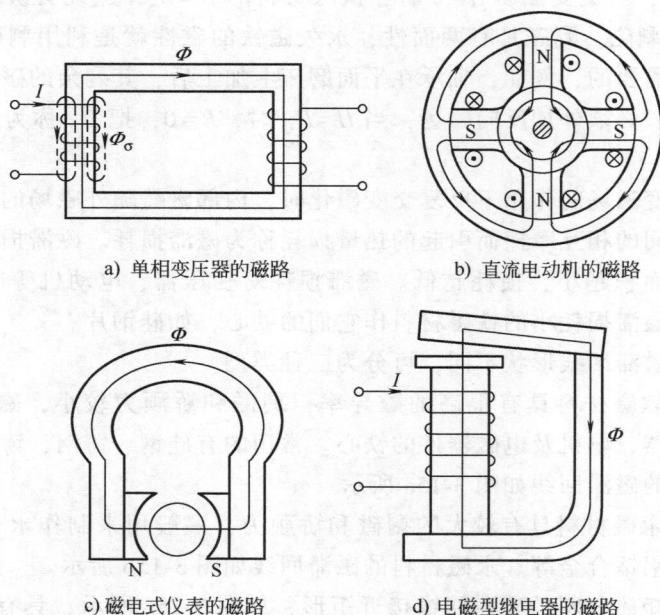

图 3-16 几种电器的磁路

平均长度 L (即磁路中心线的长度)成正比，而与磁路的截面积 S 成反比。

磁路的欧姆定律是分析磁路的基本定律，它在形式上和电路的欧姆定律相似，但因为铁磁材料的磁导率 μ 不是常数，随励磁电流变化，而使磁阻 R_m 成为变量，所以，它不能直接用于磁路的定量计算，一般只用作磁路的定性分析。

例 3-3 图 3-17a、图 3-17b 为汽车磁感应式点火信号发生器的结构和原理。假设导磁转子由铁磁材料制作，试分析该发生器的工作原理。

解： 由图 3-17b 可知，永久磁铁的磁通经带有凸齿的导磁转子、空气隙和感应线圈的铁心构成磁路。铁磁材料(包括线圈的铁心和导磁转子)磁导率很大、磁阻小、而空气隙的磁导率小、磁阻大，因此磁路的磁阻主要由空气隙磁阻决定。若空气隙变化，则其磁阻变化，相应地，磁路的磁阻也随之改变。

当导磁转子由分电器轴带动旋转时，转子凸齿与铁心间的空气间隙将发生变化，磁路的磁阻也随之改变，由磁路欧姆定律可知，此时通过感应线圈的磁通发生变化，从而在线圈中产生交变的感应电压信号，如图 3-17c 所示。

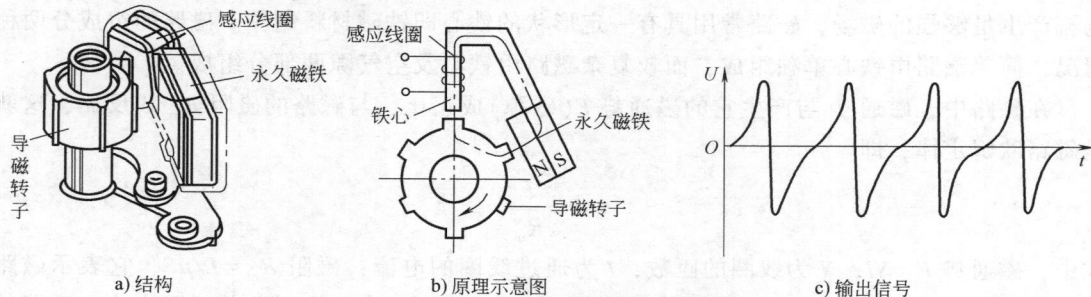

a) 结构

b) 原理示意图

c) 输出信号

图 3-17 磁感应式点火信号发生器的工作原理

3.2　磁场对电流的作用

磁场对电流的作用是指磁场对通电导体和通电半导体的作用。

3.2.1　磁场对通电导体的作用

通电导体有直导体和线圈之分，因此分两种情况讨论。

1. **磁场对通电直导体的作用**

如图 3-18a 所示，在匀强磁场中放一根直导体，当通电时发现，导体受到了磁场的作用力，这种作用力称为电磁力（磁场力），用 F 表示。实验证明，导体受到的电磁力 F，其大小与磁感应强度 B 成正比，与导体电流 I、有效长度 L（导体在磁场中的长度）以及导体与磁力线夹角的正弦 $\sin\alpha$ 成正比，这一规律称为电磁力定律，即

$$F = BIL\sin\alpha$$

电磁力 F 的标准单位是牛顿，简称牛（N）。1N 就是在 1T（特）的磁场中，电流为 1A（安）、长度为 1m（米）、与磁力线垂直的导体所受的力。

由电磁力定律可知，当其他条件不变时，导体在磁场中的位置不同，其受到的作用力是不同的。当导体与磁力线平行时，因 $\alpha = 0°$，$\sin\alpha = 0$，导体不受力，$F = 0$；当导体垂直于磁力线时，因 $\alpha = 90°$，$\sin\alpha = 1$，导体受力最大，$F = BIL$。

图 3-18　磁场对通电直导体的作用

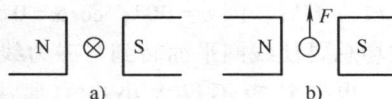

通电直导体在磁场中的受力方向，可用左手定则判断：伸平左手，使拇指与四指垂直，让磁力线垂直穿过掌心，让四指指向电流方向，则拇指的指向就是受力方向，如图 3-18b 所示。

例 3-4　如图 3-19 所示，试判断图中直导体的电流方向或受力方向（图中⊗表示电流垂直纸面向里，⊙表示电流方向垂直纸面向外）。

解：利用左手定则判断结果为图 3-19a 的直导体受力方向为向下，图 3-19b 的直导体电流方向为垂直纸面向外。

图 3-19　例 3-4 图

磁场不仅对通电直导体有力的作用，对于通电线圈也有力的作用。那么通电线圈在磁场中的受力情况如何？受力之后又会发生什么现象呢？下面予以讨论。

2. **磁场对通电线圈的作用**

（1）通电线圈在磁场中的受力　如图 3-20a 所示，在匀强磁场中放置一个通电矩形线圈 abcd，它可以绕轴 OO' 转动。设 $ad = bc = L_1$；$ab = cd = L_2$。当线圈平面与磁力线平行时，因 ab 和 cd 边与磁力线平行，它们不受力；而 ad 和 bc 边与磁力线垂直，受力最大，而且两个力的大小也相等即 $F_1 = F_2 = BIL_1$。通常把受电磁力作用的两条边叫有效边。

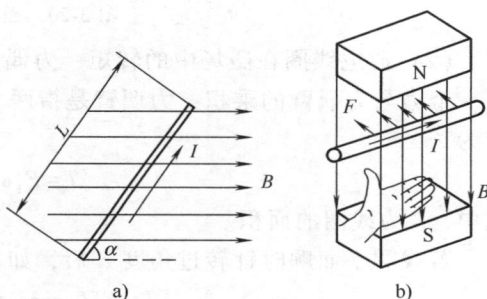

根据左手定则可知，两条有效边受力方向正好相反，ad边向上，bc边向下，且不作用在一条直线上，因而形成一对力偶，力偶相对于转轴 OO' 产生转动力矩，使线圈绕轴 OO' 做顺时针转动。

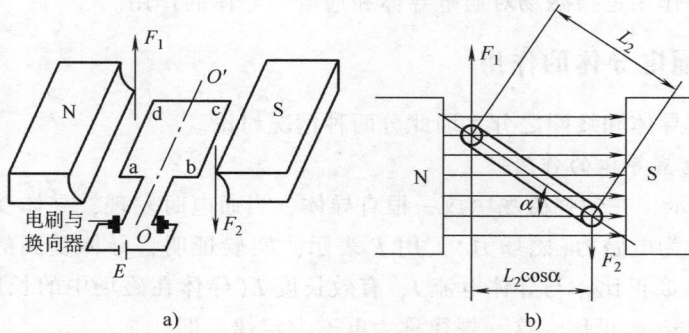

图 3-20　磁场对通电线圈的作用

（2）通电线圈在磁场中的转矩　力偶产生的转动力矩叫电磁转矩 T，其大小为力偶中任意一个力与力偶臂的乘积，力偶臂是指两力之间的垂直距离。因而图 3-20a 中的矩形线圈转矩为

$$T = F_1 ab = BIL_1 L_2 = BIS$$

式中，S 为线圈的面积。

若线圈平面顺时针转过角度 α 后，如图 3-20b 所示，则线圈的转矩为

$$T = F_1 L_2 \cos\alpha = BIL_1 L_2 \cos\alpha = BIS\cos\alpha$$

上式为单匝线圈的转矩表达式，如果矩形线圈的匝数为 N，则转矩为单匝的 N 倍，即

$$T = NBIS\cos\alpha$$

电磁转矩的标准单位是牛顿·米，简称牛·米（$N \cdot m$）。$1N \cdot m$ 就是 1 匝线圈在 1T（特）的磁场中，通过 1A（安）的电流，撑开 $1m^2$（米²）的面积，与磁力线夹角的余弦 $\cos\alpha$ 为 1 时受到的转矩。

由转矩一般公式可知，线圈受到的转矩大小与线圈在磁场中的位置相关，当线圈平面平行磁力线时，因 $\alpha = 0°$，$\cos\alpha = 1$ 最大，因而转矩最大，$T = NBIS$；当线圈平面转到垂直于磁力线位置后，因 $\alpha = 90°$，$\cos\alpha = 0$ 最小，因而转矩为零，$T = 0$。可见，通电线圈在磁场中，磁场总要使线圈平面转到与磁力线相垂直的位置。

电磁转矩不仅大小由力偶决定，方向也由力偶决定，它有顺时针和逆时针两种方向。

例 3-5　图 3-21 为直流电动机的示意图，设磁感应强度 $B = 2T$，线圈的电流 $I = 40A$（图中×表示电流流入，·表示电流流出），线圈宽度 $d = 20cm$，有效长度 $L = 30cm$，试判断线圈的转向并计算转矩。

解：由左手定则可知，线圈 a、b 两边的受力为上左下右，因而产生逆时针转矩，使线圈同向旋转。

由电磁力定律可知，每条边所受电磁力大小为

$$F = BIL\sin\alpha = 2 \times 40 \times 0.3 \times 1N = 24N$$

则线圈所受的电磁转矩为

$$T = Fd = 24 \times 0.2 \mathrm{N \cdot m} = 4.8 \mathrm{N \cdot m}$$

通过通电线圈的讨论可知，通电线圈在磁场中会受到转矩的作用，在其作用下线圈随之转动而且转动方向与转矩方向一致。

磁场对通电线圈的作用原理（即通电线圈在磁场中受到转矩作用，从而转动的原理）广泛用于直流电动机和测量仪表中。现以测量仪表为例具体说明。

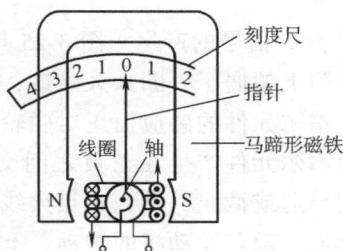

图 3-22 是磁电式仪表的结构示意图（主要从事电流等物理量的测量），它由马蹄形磁铁、刻度尺、矩形线圈以及指针和螺旋弹簧等组成。其中磁铁和刻度尺是固定不动的，称为静止部分；而线圈、指针和螺旋弹簧安装在同一转轴上，能一起转动，称为可动部分。当线圈有电流通过时，在磁场中受到电磁力作用而产生转矩，从而使线圈转动并通过转轴带动指针偏转。当转动力矩与弹簧产生的反作用力矩平衡时，指针停止转动，此时指针的指示值就是被测量的大小，这就是磁电式仪表的工作原理。

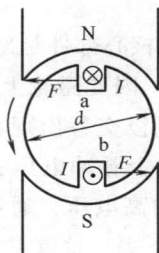

图 3-21　例 3-5 图

图 3-22　磁电式仪表结构示意图

3.2.2　磁场对通电半导体的作用

如图 3-23 所示，在磁极磁场中放入一个长方形的半导体薄片，使磁力线垂直于半导体表面，当在半导体的一个侧面上通入电流时，实验发现在另一个侧面上将出现一定的电压。这一现象是美国物理学家霍尔于 1879 年发现的，因此命名霍尔效应。

霍尔效应产生的电压叫霍尔电压 U_H，实验证明，它的大小与通入半导体的电流 I 以及磁场的磁感应强度 B 成正比，与半导体片的厚度 d 成反比，即

$$U_H = \frac{R_H}{d} IB$$

式中，R_H 为霍尔系数，其值与材料的电荷密度成反比。

由上式可知，当通过半导体薄片的电流 I 一定时，霍尔电压 U_H 随磁感应强度 B 的大小而变化，当 $B \neq 0$ 时，半导体产生霍尔电压，当 $B = 0$，霍尔电压降为零，这一原理在汽车上被广泛使用。

（1）转速的测量　图 3-24 所示是美国通用公司的霍尔效应传感器结构示意图，在转子表面靠近边缘的地方固定一块小磁铁，将霍尔半导体（也称霍尔元件）设置在转子边上靠近转子的地方，其正面对着磁铁。每当磁铁转到霍尔元件正面时，霍尔元件输出电压，磁铁转过后，输出电压为零。因此，转子每旋转一周，霍尔元件就输出一个脉冲，这些脉冲接入频率计或计数器即可测出转子转速。如果转子与发动机曲轴连接在一起，那么测出的转速就是汽车发动机的转速。

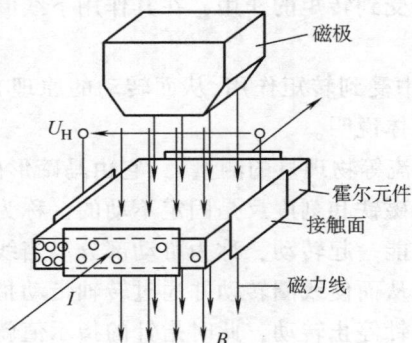

图 3-23 霍尔效应

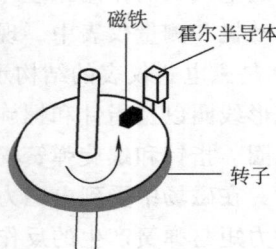

图 3-24 霍尔效应传感器

（2）点火信号的产生　图 3-25 是霍尔式汽车点火系统，其核心部件是磁轮和霍尔元件。在磁轮外圆上镶嵌了一圈永久磁铁，相邻磁铁的极性正好相反，因此磁轮上的 N、S 磁极交替出现。霍尔元件的感应面正对磁轮，当磁轮转动时，N、S 磁极交替出现在霍尔元件感应面上，使霍尔元件产生在正负之间交替变化的脉冲电压，用这个脉冲电压去触发功率开关管，使它导通或截止，那么在点火线圈二次侧中便产生 15kV 的高电压，通过火花塞点燃气缸中的燃油。随着发动机的转动，上述过程将周而复始地进行下去，这就是点火系统的工作原理。

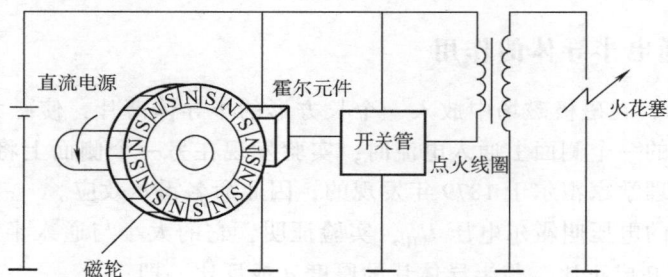

图 3-25　霍尔式汽车点火系统结构示意

3.3　电磁感应

前面讨论了磁铁的磁场和电流的磁场，这两种磁场虽然形式不同，但本质是相同的，无论哪种磁场都是由电流产生的。电流的磁场由电流产生是显而易见的，那么磁铁的磁场为什么也是由电流产生的呢？法国物理学家安培经过科学研究发现，在磁铁的内部存在着圆环形的分子电流，所谓分子电流是指原子内的电子绕原子核旋转和电子自转形成的电流，当分子电流的轴向一致时，磁铁便表现出磁性。因此，产生磁场的根本原因是电流。

电流能够产生磁场，反过来，磁场能够产生电吗？产生电又需要具备什么条件呢？为了回答这两个问题，先观察两个典型的实验。

实验一：如图 3-26 所示，在匀强磁场中，放置一根直导体 AB，导体两端连接一个灵敏的检流计 G。当导体垂直于磁力线做切割运动时，观察发现检流计指针发生偏转。这种情况说明，导体中产生了电动势，并由电动势在导体与检流计组成的闭合回路中产生了电流。进一步观察还发现，当导体静止不动或平行于磁力线运动时，检流计指针不偏转，这说明导体中没有电动势产生，闭合回路中也没有电流存在。

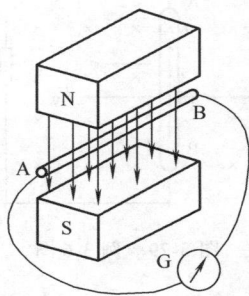

实验二：如图 3-27 所示，将空心线圈两端连接灵敏检流计 G。当用一块条形磁铁快速插入或拔出线圈时，检流计指针会发生偏转，这说明线圈中产生了电动势，由电动势在线圈回路中引起了电流。进一步观察还发现，若磁铁插在线圈中静止不动，检流计指针不动，这说明线圈中没有电动势产生，回路中也没有电流存在。

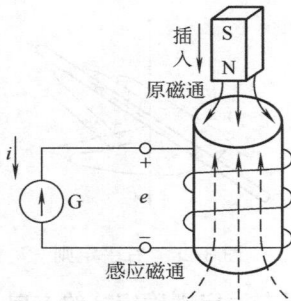

图 3-26　实验一　　　　　　　　　　　　　　图 3-27　实验二

上述两个实验证明：当导体做切割磁力线运动或线圈中的磁通量发生变化时，在它们之中就会产生电动势。若导体或线圈是闭合回路的一部分，还会有电流产生。这种由导体切割磁力线或线圈中的磁通量发生变化而产生电动势的现象，称为电磁感应现象。由电磁感应产生的电动势叫感应电动势，由感应电动势产生的电流叫感应电流。

上述讨论可得出结论：磁场也能产生电动势，其条件是导体做切割磁力线运动或线圈中的磁通量发生变化，若导体或线圈是闭合回路的一部分，磁场还会产生电流。

导体和线圈的感应电动势大小和方向如何呢？

3.3.1　直导体的感应电动势

1. 电动势大小

实验证明：在均匀磁场中，做切割磁力线运动的直导体，其感应电动势 e 的大小与磁感应强度 B、导体的有效长度 L、导体的运动速度 v 以及导体运动方向与磁力线之间夹角 α 的正弦值成正比，这一规律称为直导体的电磁感应定律，即

$$e = BLv\sin\alpha$$

式中，磁感应强度 B 的单位是 T(特)；导体有效长度 L 的单位是 m(米)；导体的运动速度 v 的单位是 m/s(米/秒)；导体运动方向与磁力线的夹角 α 的单位是 "°" (度)或 rad(弧度)；感应电动势 e 的单位是 V(伏)。

由上式可知，当导体的运动方向与磁力线垂直时，因 $\alpha = 90°$，$\sin\alpha = 1$，电动势最大 $e = BLv$；当导体的运动方向与磁力线平行时，因 $\alpha = 0°$，$\sin\alpha = 0$，电动势最小 $e = 0$。可见，只有导体做切割磁力线运动时，导体才会产生电动势；不切割，不会产生电动势。这是导体产

生电动势的基本条件。

2. 电动势方向

直导体的感应电动势方向用右手定则确定：平伸右手，拇指与四指垂直，让磁力线垂直穿过掌心，拇指指向导体的运动方向，四指所指的方向就是感应电动势的方向，如图 3-28 所示。

例 3-6 如图 3-29 所示，受外力 F_W 作用的直导体 AB，在匀强磁场中以 $v = 20\text{m/s}$ 的速度做匀速直线运动。设 $B = 1\text{T}$，导体有效长度 $L = 0.5\text{m}$，导体电阻 $R_0 = 1\Omega$，负载电阻 $R = 9\Omega$，试求导体 AB 中的感应电动势 e 和电流 I 以及作用于导体的外力 F_W。

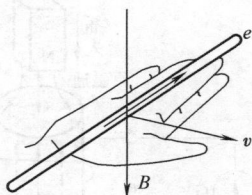

图 3-28　右手定则

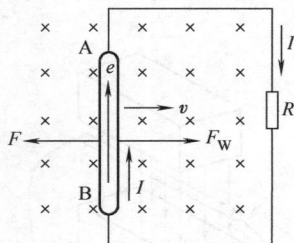

图 3-29　例 3-6 图

解：用右手定则确定 e 的方向为由 B 指向 A，大小为

$$e = BLv\sin\alpha = 1 \times 0.5 \times 20 \times 1\text{V} = 10\text{V}$$

电流的方向与 e 相同，大小为

$$I = e/(R_0 + R) = 10/(1+9)\text{A} = 1\text{A}$$

这个电流又在磁场中受到电磁力 F 的作用，方向用左手定则判定，刚好与外力 F_W 相反。由于导体做匀速直线运动，有 $F_W = F$。所以

$$F_W = F = BIL = 1 \times 1 \times 0.5\text{N} = 0.5\text{N}$$

上例说明：当外力使导体做切割磁感应线运动时，外力要克服电磁力做功，将机械能转换成电能，这就是发电机的基本原理。

3.3.2　线圈中的感应电动势

1. 电动势的大小

英国物理学家法拉第通过大量的实验总结出线圈的电磁感应定律：线圈的感应电动势，其大小与线圈匝数和穿过线圈的磁通变化率的乘积成正比。这一定律称为法拉第电磁感应定律，简称法拉第定律，其数学形式为

$$|e| = \left| N\frac{\mathrm{d}\Phi}{\mathrm{d}t} \right|$$

式中，符号 $|\ |$ 表示取绝对值；N 表示线圈的匝数；$\dfrac{\mathrm{d}\Phi}{\mathrm{d}t}$ 为穿过线圈的磁通变化率，单位为 Wb/s(韦/秒)；e 的单位是 V(伏)。

2. 电动势的方向

线圈感应电动势的方向通常由楞次定律和右手螺旋定则确定。

楞次定律指出：感应电流产生的磁通（简称感应磁通），总是阻碍原磁通的变化。当原磁通增加时，感应磁通的方向与之相反以阻碍其增加；当原磁通减小时，感应磁通的方向与之相同以阻碍其减小，因此应用楞次定律可以根据原磁通的变化趋势确定感应磁通的方向。

我们知道，磁通与电流之间遵守右手螺旋定则，因此在感应磁通方向确定后，由右手螺旋定则可确定出感应电流的方向，根据一致原则可得到感应电动势方向。

综上所述，用楞次定律和右手螺旋定则判断电动势方向的步骤如下：

1）首先确定原磁通的方向及变化趋势（是增加还是减小）。

2）由楞次定律确定感应磁通的方向。

3）根据感应磁通的方向，用右手螺旋定则确定感应电流和感应电动势的方向。

例3-7　如图3-30所示，请判断磁铁插入和拔出线圈两种情况下线圈中感应电动势的方向。

解：在图3-30a中，当条形磁铁自上而下插入线圈时，线圈的磁通量要增加，方向由上向下。根据楞次定律，感应磁通的方向要与之相反，由下向上。由右手螺旋定则可知感应电流方向为由上螺旋向下，根据一致原则，感应电动势的极性是上负下正。

在图3-30b中，条形磁铁是从磁铁拔出的，此时穿过线圈的磁通减小，方向仍然是由上而下。根据楞次定律，感应磁通的方向要与之相同，也是由上而下。由右手螺旋定则可以确定感应电流方向是由下螺旋向上的，根据一致原则，感应电动势的极性是上正下负。

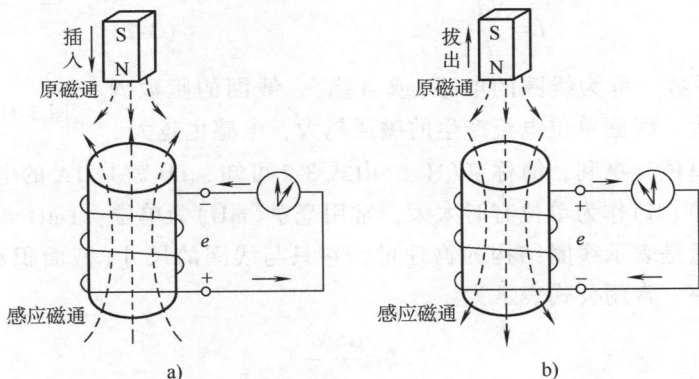

图 3-30　例 3-7 图

以上在讨论线圈感应电动势时，其大小和方向是分别描述的，实际上这两个方面是可以统一起来的。设线圈感应电动势的参考方向与产生它的磁通方向符合右手螺旋关系，在此规定之下，有

$$e = -N\frac{\mathrm{d}\Phi}{\mathrm{d}t} \tag{3-1}$$

由上式可知，若已知线圈的匝数 N 和线圈的磁通变化率 $\frac{\mathrm{d}\Phi}{\mathrm{d}t}$，则代入公式可求出感应电动势 e 的大小，并且通过 e 的正负能够反映 e 的实际方向。例如，根据上式算出 $e>0$，表示 e 的实际方向与参考方向相同；若算出 $e<0$，表示 e 的实际方向与参考方向相反。可见上式能

够同时反映出感应电动势的大小和方向。为区别于法拉第电磁感应定律，把该式称为电磁感应一般公式。今后如不特别指明，所说的法拉第公式就是指这个公式。因为经常被引用，因此应熟记其形式。

根据线圈中感应电动势产生的原因不同，电磁感应现象可以区分为自感现象和互感现象两种。那么什么是自感和互感？自感和互感电动势由哪些因素决定？又有哪些应用？

3.3.3　自感现象

1. 自感现象

图3-31是研究自感现象的实验电路，图中S是开关，RP为可变电阻器。当合上开关S时，调节RP改变流入线圈电流的大小（或改变电流的方向），则线圈的磁通量 $\varPhi$ 大小（或方向）发生变化，于是在线圈中便产生了感应电动势。这种由通入线圈的电流发生变化而产生感应电动势的现象就称为自感现象，由自感现象产生的感应电动势称为自感电动势，用符号 e_L 表示。

2. 自感电动势

设线圈每匝的磁通为 $\varPhi$，线圈匝数为 N，则 N 匝的总磁通 $\varPsi = N\varPhi$。因为总磁通 $\varPsi$ 是由电流 i 产生的，当线圈中没有铁磁材料时，$\varPsi$ 与 i 成正比关系，即

$$\varPsi = N\varPhi = Li$$

$$L = \frac{N\varPhi}{i} \qquad (3-2)$$

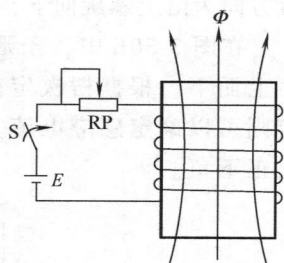

图3-31　自感实验电路

式中，L 为比例系数，称为线圈的电感（或自感），线圈的匝数 N 越多，其电感越大；线圈单位电流产生的磁通越大，电感也越大。

电感的标准单位是亨利，简称亨（H）。由式3-2可知，1H就是1A的电流在线圈中产生1Wb的总磁通。亨（H）作为单位有时太大，常用毫亨（mH）为单位，$1\text{mH} = 10^{-3}\text{H}$。

线圈的电感量是表示线圈结构的物理量，它只与线圈的尺寸（截面积和长度）、匝数及介质的磁导率有关，常用公式表示为

$$L = \frac{\mu S N^2}{l}$$

式中，S 是线圈的截面积，单位为 m^2（米^2）；l 是线圈的长度，单位为m（米）；N 是线圈的匝数；μ 是介质的磁导率，单位为H/m（亨每米）；L 是线圈的电感量，单位为H（亨）。

上式表明，当线圈的几何尺寸（截面积和长度）不变时，线圈的电感量由匝数和磁导率决定，匝数越多或磁导率越大，则线圈的电感量越大。在实际中可以通过增加匝数或插入铁心来增加电感量。

必须指出，对空心线圈而言，电感是一个常数，故称线性电感。但铁心线圈的电感会随着磁导率变化，不是常数，称为非线性电感。线圈符号如图3-32所示。

若将总磁通 $\varPsi = Li$ 带入式（3-1），则得

$$e_L = -N\frac{\text{d}\varPhi}{\text{d}t} = -\frac{\text{d}\varPsi}{\text{d}t} = -L\frac{\text{d}i}{\text{d}t} \qquad (3-3)$$

式(3-3)表明，自感电动势 e_L 与电感 L 和电流变化率 $\dfrac{\mathrm{d}i}{\mathrm{d}t}$ 的乘积成正比。电感量越大、电流变化率越高，自感电动势也越大；反之，则越小。

应当指出，铁心线圈的电感 L 并非常数，故不能用上式计算，而必须根据电磁感应一般公式求解。

由式(3-3)可知，空心线圈的自感电动势取决于电感 L 与电流变化率 $\dfrac{\mathrm{d}i}{\mathrm{d}t}$ 的大小。但在直流电路中，通过线圈的电流是恒定不变的，即 $\dfrac{\mathrm{d}i}{\mathrm{d}t}=0$，故在稳态时线圈的自感电动势为零，只有在电路断开或接通的一瞬间才有自感电动势产生。

式(3-3)中的负号表示自感电动势 e_L 具有阻碍电流变化的作用：当电流 i 增大时，e_L 的方向与 i 相反，以阻止电流的增大；而当电流 i 减小时，e_L 的方向与 i 相同，以阻止电流的减小。因此，根据自感电动势的这种作用可确定其方向，如图 3-33 所示。

图 3-32　线圈符号

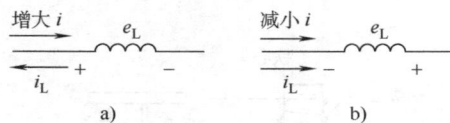

图 3-33　自感电动势方向

例 3-8　今有长 $l=30\mathrm{cm}$、半径 $R=6\mathrm{cm}$ 的空心线圈，其匝数 $N=1000$ 匝，空气磁导率 $\mu_0=4\pi\times10^{-7}\mathrm{H/m}$，设通过线圈的电流以 $500\mathrm{A/s}$ 的速率减小，求线圈的电感和自感电动势。

解：线圈的电感为

$$L=\frac{\mu S N^2}{l}=\frac{4\pi\times10^{-7}\times\pi\times6^2\times10^{-4}\times1000^2}{0.3}\mathrm{H}\approx0.048\mathrm{H}=48\mathrm{mH}$$

自感电动势为

$$e_L=-L\frac{\mathrm{d}i}{\mathrm{d}t}=-0.048\times(500)\mathrm{V}=24\mathrm{V}$$

此时 e_L 的方向与 i 的方向相同，以阻碍电流的减小。

自感现象在电工电子技术中有着广泛的应用，典型的例子是滤波电路，在图 3-34 所示的整流滤波电路中，铁心线圈 L 和电容器 C_1、C_2 组成了 π 形滤波电路，它的作用是将整流后得到的脉动电流中的交流成分滤除掉，从而得到比较平滑的直流电压，提供给负载使用。

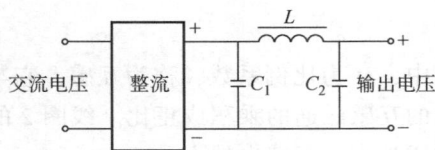

图 3-34　整流滤波电路

滤波原理可以这样来理解：当脉动电流中的交流成分通过铁心线圈时，线圈会产生自感电动势，这个自感电动势对交流成分起阻碍作用，使交流成分受到很大的衰减；而直流成分通过线圈时不产生自感电动势，因此直流成分会不受阻碍地通过线圈送到输出端。

自感现象除了有利的一面，也有不利的一面，表现在：含有大电感的电器设备接通或断开的瞬间会出现过电压、过电流，使电器设备受到危害。图 3-35 是汽车点火电路的原理图，它由点火线圈(初级和次级线圈组成)、蓄电池、凸轮及触点等组成，其中蓄电池正极→初级线圈→触点→蓄电池负极组成电流通路。在电流通路中，触点起接通或断开电流通路的作用。当凸轮转动时，触点被接通或断开，使通过初级线圈的电流急剧变化，线圈将产生一个很高的自感电动势，其方向与蓄电池的电动势方向相同。两个电压叠加作用到触点上，在触点之间产生火花，将触点烧坏。为了保护触点，通常在触点两端并联一个电容器 C，以吸收贮藏在线圈中的磁场能，达到保护触点的目的。

3.3.4　互感现象

1. 互感现象

图 3-36 为研究互感现象的实验电路，主要由线圈 1 和线圈 2 组成。其中线圈 1 两端通过开关 S 连接直流电源 E，线圈 2 通过电阻 R 连接灵敏检流计 G。当开关 S 闭合或切断的瞬间，观察发现检流计 G 发生偏转，这是因为线圈 1 中变化的电流产生了变化的磁通 Φ_{11}，它的一部分 Φ_{12} 穿过了线圈 2，使线圈 2 产生了感应电动势，并因此产生感应电流使检流计发生偏转。我们把由于一个线圈的电流发生变化而在另一个线圈中产生感应电动势的现象，叫互感现象，由互感现象产生的感应电动势叫互感电动势，用 e_M 表示。

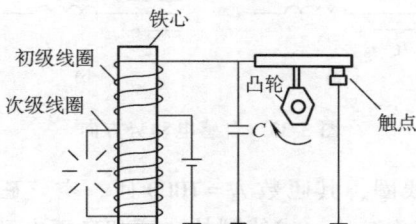

图 3-35　汽车点火电路的原理　　　　　　图 3-36　互感实验电路

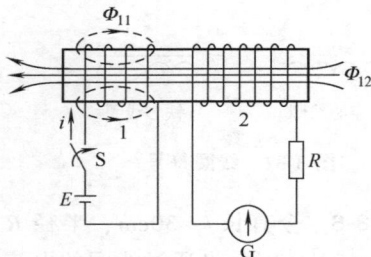

2. 互感电动势

在图 3-36 中，线圈 2 每匝的磁通为 Φ_{12}，若线圈 2 有 N_2 匝，则穿过线圈 2 的总磁通为 $\Psi_{12}=N_2\Phi_{12}$。对空心线圈而言，总磁通 Ψ_{12} 与产生它的电流 i_1（线圈 1 的电流）成正比，即

$$\Psi_{12}=N_2\Phi_{12}=Mi_1$$

则

$$M=\frac{N_2\Phi_{12}}{i_1}$$

式中，M 为比例系数，称为互感，它与线圈 2 的匝数 N_2 和线圈 1 的单位电流在线圈 2 中产生的互感磁通的乘积成正比。线圈 2 的匝数越多，互感越大；线圈 1 的单位电流产生的互感磁通越大，互感也越大。

与自感一样，互感的标准单位也是 H（亨）。常用的单位还有 mH（毫亨），$1H=10^3mH$。

若将线圈 2 的总磁通 $\Psi_{12}=Mi_1$ 代入式(3-1)，得到线圈 2 的互感电动势 e_{2M}，即

$$e_{2M}=-N_2\frac{d\Phi_{12}}{dt}=-\frac{d\Psi_{12}}{dt}=-M\frac{di_1}{dt}$$

上式表明，线圈 2 的互感电动势 e_{2M} 与互感量 M 和产生它的电流变化率 $\frac{di_1}{dt}$ 的乘积成正比。互感 M 和电流变化率 $\frac{di_1}{dt}$ 越大，则互感电动势 e_{2M} 也越大；反之，就越小。

互感电动势的方向可用愣次定律和右手螺旋定则判断，其具体方法如下：

1）根据线圈中电流的方向，确定线圈中互感磁通的方向。

2）根据线圈 1 中电流变化的趋势，确定通过线圈 2 中互感磁通的变化趋势。

3）根据楞次定律判定线圈 2 中感应磁通的方向。

4）根据右手螺旋定则判定互感电流的方向。

互感现象在生产实际中应用非常广泛，如变压器、交流电动机都是利用互感原理制成的。此外，汽车上的点火线圈输出高压信号也是利用了互感原理。在图 3-35 中，初级线圈匝数少，仅 300 匝左右，而次级线圈匝数多，通常在 20000 匝以上，是初级线圈的 60 多倍。这样做的目的在于，当初级线圈电流变化时能在次级线圈中产生很高的互感电压。点火的过程如下：在触点断开瞬间，初级线圈的电流发生变化，因此会在次级线圈中产生高达 10kV 以上的互感电压。这么高的电压加在火花塞电极两端，会引起火花塞极间跳火，从而点燃气缸中的可燃混和气，使发动机工作。

互感现象也会带来危害，如在电子设备中，若线圈之间的位置安排不当，则线圈之间会因为互感耦合而产生不必要的干扰，影响各自的工作，为此常把线圈的距离加大或垂直安放，以避免相互影响。又如对电磁干扰比较敏感的电子设备，常常制作屏蔽罩，以屏蔽外磁场的影响。屏蔽原理是由铁磁材料制作的屏蔽罩其磁阻很小，因而外磁场的绝大部分磁通沿罩壁通过，进入罩内的磁通极少，起到了屏蔽作用。

3.4　交流铁心线圈

将线圈绕制在铁心上或在线圈中插入铁心就构成了铁心线圈。当铁心线圈接通交流电源，使用交流电励磁时，称为交流铁心线圈。交流铁心线圈的电磁理论是分析变压器和交流电机等交流电磁设备的理论基础，十分重要。

3.4.1　电磁关系

图 3-37 是交流铁心线圈的原理图。由图看出，在电源交流电压 u 的作用下，线圈电路产生交变电流 i，其磁通势 iN 产生的磁通绝大部分通过铁心而闭合，这部分磁通称为主磁通 Φ；只有很少的一部分磁通经过空气（或非铁磁物质）闭合，这部分磁通称为漏磁通 Φ_σ。这两部分交变磁通在线圈中各产生一个感应电动势：主磁电动势 e 和漏磁电动势 e_σ。此外，交变电流 i 在线圈电阻 R 上也要产生电压降 iR。因此，在图 3-37 所示的参考方向下，根据基尔霍夫电压定律，可得交流铁心线圈电路的电压方程为

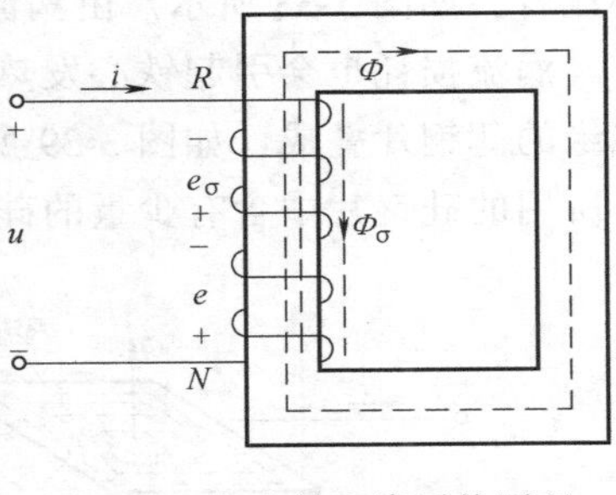

图 3-37　交流铁心线圈的原理

$$u = -e - e_\sigma + iR = N\frac{\mathrm{d}\Phi}{\mathrm{d}t} + N\frac{\mathrm{d}\Phi_\sigma}{\mathrm{d}t} + iR$$

通常，线圈的电阻 R 和漏磁通 Φ_σ 都很小，因此，它们的电压降 iR 和 $-e_\sigma$ 也很小，与主磁电动势 e 相比可忽略不计。于是，上式可写为

$$u \approx -e = N\frac{\mathrm{d}\Phi}{\mathrm{d}t}$$

设主磁通 $\Phi = \Phi_m \sin\omega t$，则

$$u \approx N\frac{\mathrm{d}\Phi}{\mathrm{d}t} = N\omega\Phi_m\cos\omega t$$

$$= 2\pi fN\Phi_m\sin(\omega t+90°)$$

$$= U_m\sin(\omega t+90°)$$

上式中，$U_m = 2\pi fN\Phi_m$ 为电源电压 u 的最大值，其有效值为

$$U = \frac{U_m}{\sqrt{2}} = 4.44fN\Phi_m$$

式中，f 为电源频率；N 为线圈匝数；Φ_m 为主磁通最大值。

上式说明，在交流铁心线圈电路中，当频率 f、匝数 N 一定时，主磁通最大值 Φ_m 的大小仅取决于电源电压有效值 U。若 U 一定，则 Φ_m 保持不变。该原理称为恒磁通原理。

在交流铁心线圈电路中，当主磁通最大值 Φ_m 不变时，由磁路欧姆定律可知，励磁电流的大小由磁阻决定。当磁路的气隙大小发生变化时，励磁电流也随之变化。

3.4.2 功率损耗

交流铁心线圈的损耗由线圈上的铜损 P_{Cu} 和铁心上的铁损 P_{Fe} 两部分组成。

铜损 P_{Cu} 是由交变电流通过线圈时，在线圈电阻上产生的功率损耗，大小为 I^2R。

铁损 P_{Fe} 是由交变磁场在铁心中产生的功率损耗，包括磁滞损耗 P_h 和涡流损耗 P_e 两部分。

1）磁滞损耗是由铁心磁滞性所产生的铁损耗。理论证明，铁心反复磁化 1 周时所消耗的能量与磁滞回线的面积成正比。面积越大，损耗越大。

磁滞损耗会引起铁心发热。为了减小磁滞损耗，应选用磁滞回线窄小的软磁材料制造铁心，通常采用硅钢。

2）铁心不仅是导磁材料，同时又是导电材料。因此，在交变磁通通过铁心时，在铁心内也要产生感应电动势和感应电流。这种感应电流称为涡流，它在垂直于磁通方向的平面内环流着，如图 3-38 所示。由涡流在铁心中所产生的能量损耗称为涡流损耗。

涡流损耗也会引起铁心发热。为了减小铁心涡流损耗，在顺着磁场方向上，铁心用彼此绝缘的薄钢片叠成，如图 3-39 所示，这样可以将涡流限制在较小的截面内流通。此外，通常所用的硅钢片中含有少量的硅（0.8%～4.8%），电阻率较大，这也可以使涡流减小。

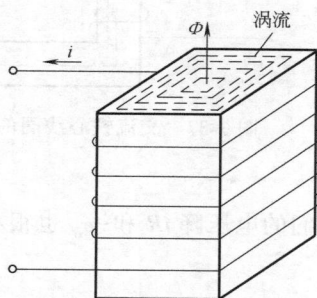

图 3-38　涡流的产生

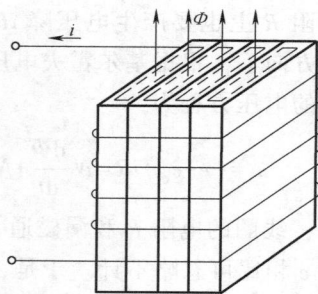

图 3-39　涡流的限制

涡流虽然有有害的一面，但也有有利的一面，对其有利的一面要加以充分利用，从而为生产和生活服务。例如，在大型客车、公交车及重型货车上，为了达到快速制动的目的，往往在汽车驱动桥和变速器之间安装一种叫电涡流缓速器的辅助制动装置。该装置就是利用涡流使高速行驶汽车的动能转化为热能，从而达到使汽车减速的目的。

综上所述，交流铁心线圈所消耗的平均功率为

$$P = UI\cos\varphi = P_{Cu} + P_{Fe} = I^2R + P_{Fe}$$

3.5　直流铁心线圈

铁心线圈除交流铁心线圈外，还有直流铁心线圈。直流铁心线圈在电磁关系及应用上有其自身的特点。

3.5.1　直流铁心线圈的电磁特点

直流铁心线圈采用直流电流励磁，铁心中的磁通是恒定的，没有感应电动势产生，因此，励磁电流 I 由电源电压 U 和线圈电阻 R 决定，与磁路（材料、尺寸、气隙大小等）无关。当电源电压 U 和线圈电阻 R 一定时，励磁电流 I 不变。

电流是恒定的，因此，直流铁心线圈的损耗仅有铜损即 $P_{Cu} = I^2R$，而没有磁滞损耗和涡流损耗，故其铁心可用块状的铸钢或软钢制成，而不需要叠片。

3.5.2　直流铁心线圈在汽车上的应用

直流铁心线圈在汽车上有着广泛的应用，各种汽车继电器、电磁铁和电磁阀都是直流铁心线圈。需要指出，虽然汽车继电器工作原理在本章电流的磁场一节中已做介绍，但为了内容的完整性仍列入本节内容；其次，对汽车电磁铁和电磁阀重点介绍它们的工作原理。

1. 汽车继电器

汽车继电器是汽车电器中常用的一种元件，它是利用较小的电流来控制较大电流的一种电磁开关，在电路中起着自动操作、自动调节、安全保护等作用，广泛应用于汽车充电系统、起动系统、电控燃油喷射系统、自动变速器系统以及制动防抱死系统等。

（1）汽车继电器的工作原理　某汽车电磁式继电器的结构与符号如图 3-40 所示。

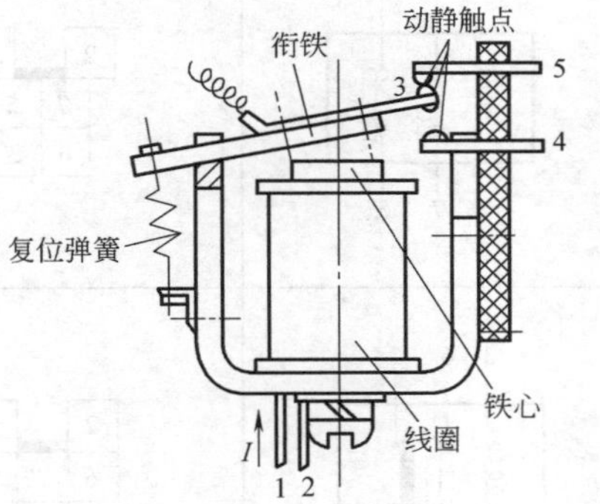

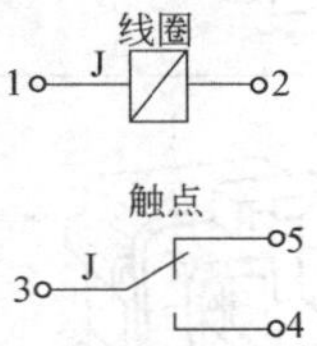

图 3-40　电磁式继电器

当线圈两端加上直流电压时,有电流流过线圈,其产生的磁场将铁心磁化产生电磁吸力。当电磁吸力大于复位弹簧的反力时,衔铁被吸向铁心,从而带动常闭触点(图 3-40 中 3、5)断开,而常开触点(图 3-40 中 3、4)闭合;当线圈断电后,吸力消失,衔铁在复位弹簧的作用下复位,进而带动常开和常闭触点复位。

(2)汽车继电器的电路符号 目前汽车电路的继电器电路符号比较混乱,表示形式种类繁多,但比较一致的表示是,都只画出它的线圈和触点,如图 3-41 所示。其中,图 3-41a 表示触点常闭型继电器的电路符号,图 3-41b 表示触点常开型继电器的电路符号。

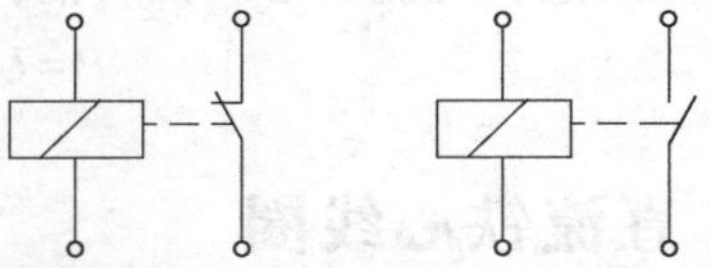

a)触点常闭继电器的符号 b)触点常开继电器的符号

图 3-41 国产汽车继电器的常用电路符号

(3)汽车继电器的外形及端子排列方式 表 3-1 列出了几种常用汽车继电器外形及端子排列方式,供使用识别时参考。

表 3-1 常用汽车继电器外形及端子排列方式

型号	外形	电路示意图	引线标号	颜色
1T	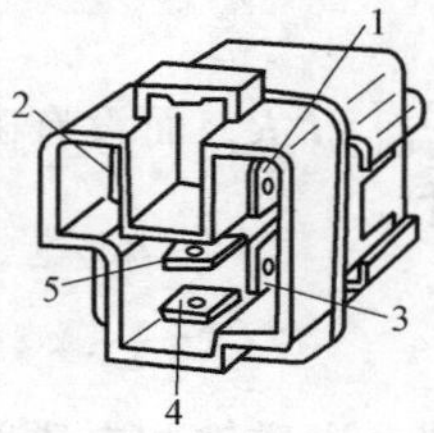	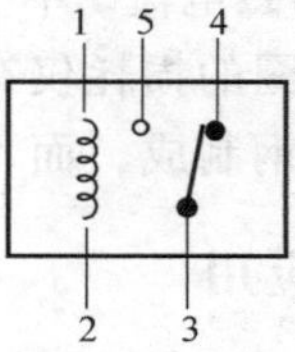	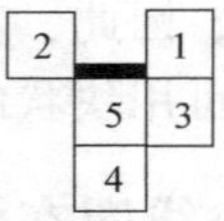	黑色
1M	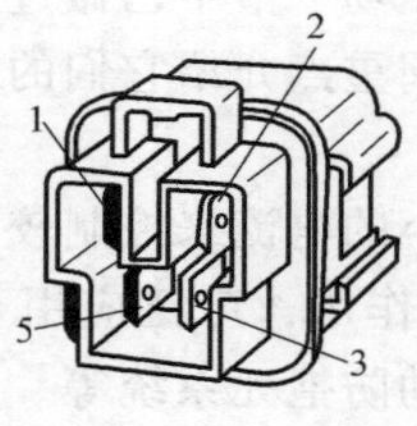	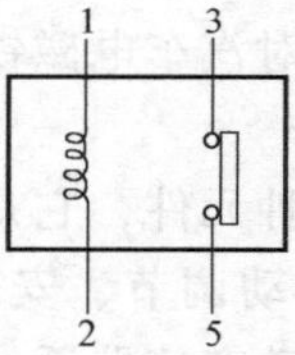	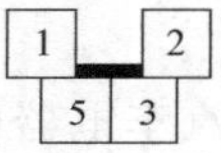	蓝色
2M	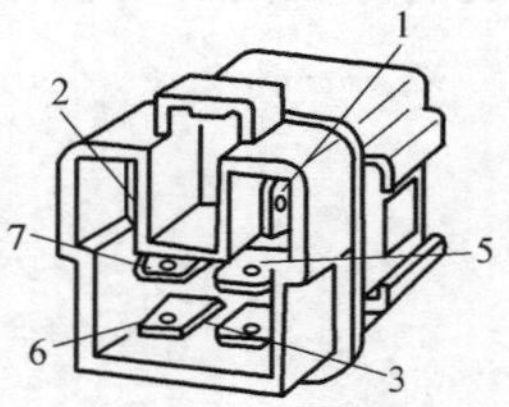	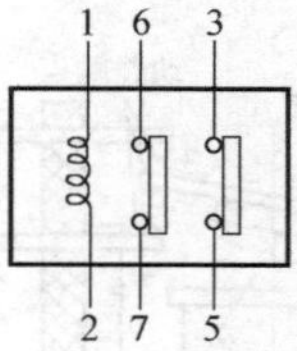	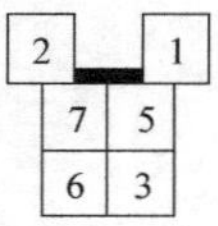	棕色
1M.1B	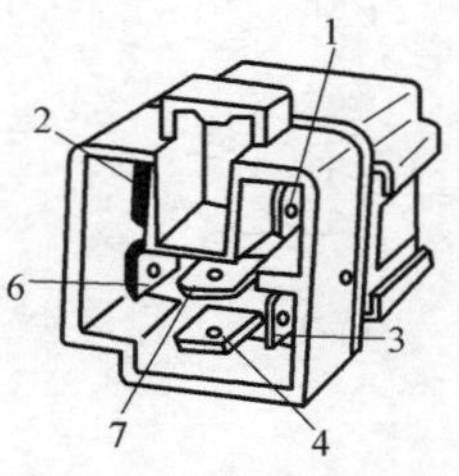	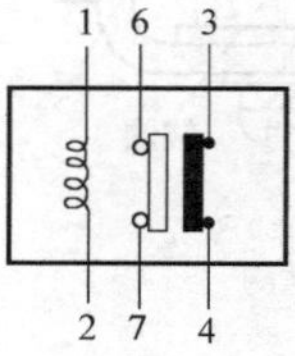	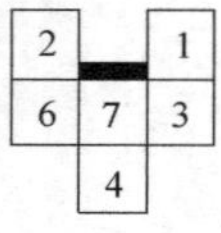	灰色

2. 汽车电磁铁和电磁阀

汽车电磁铁和电磁阀与汽车继电器一样也属于直流铁心线圈，因此其工作原理与汽车继电器相同，都是利用线圈中的电流产生电磁力而工作的。所不同的是，运动铁心的控制对象不同。对汽车继电器而言，其衔铁运动所带动的是触点的打开或闭合；而汽车电磁铁的衔铁或铁心运动所带动的是一定的机械传动机构完成一个规定动作；汽车电磁阀的铁心运动所带动的是某个流体管路中的阀球或阀片的打开或关闭。下面举两例说明。

图 3-42 所示为汽车上使用的中控门锁执行器。它有两个电磁线圈：锁门线圈和开锁线圈，与门锁操纵机构相连的柱塞，能在两线圈中自由移动。当锁门线圈通电后，柱塞在电磁力作用下左移将门锁锁紧；当开锁线圈通电后，柱塞右移将门锁打开。

图 3-42　中控门锁执行器

图 3-43 所示为汽车自动变速器中的换档电磁阀。由电磁线圈、阀芯和回位弹簧（图中未画出）等组成。线圈不通电时，阀芯被油压顶开，打开泄油孔，油路压力为零；线圈通电时，电磁力使阀芯左移，关闭泄油孔，油路压力上升，因此该电磁阀属于常开型电磁阀。还有一种与之相反的常闭型电磁阀，该阀线圈不通电时，泄油孔关闭；通电时打开。常开型也称动合型，常闭型也称动断型。它们的符号如图 3-44 所示。

图 3-43　换档电磁阀

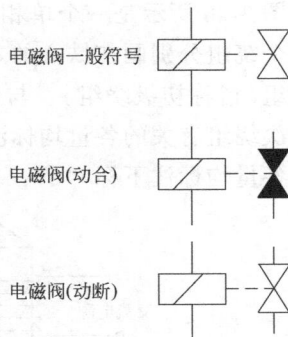

图 3-44　电磁阀符号

3.6　变压器

变压器是指具有电压、电流和阻抗变换三种功能的静止电气设备。因为电压变换是变压器的基本功能，所以该设备称为变压器。

变压器的类型很多，按用途分，有用于输电、配电的电力变压器，用于测量技术的仪表用互感器，用于电子整流电路的整流变压器，以及用于汽车点火系统的点火线圈等；按照变换电能相数的不同，分为单相变压器和三相变压器。

尽管变压器的类型很多，它们的基本结构和工作原理却是相同的。为简单起见，以单相变压器为例进行讨论。

3.6.1 变压器的基本结构

图 3-45 所示是单相变压器的外形结构图。由图看出，变压器是由闭合铁心和绕在铁心上的两个绕组（又称线圈）组成的。

铁心的作用是构成变压器的磁路。为了减小涡流损耗和磁滞损耗，铁心采用表面有绝缘层的硅钢片交错叠压而成。

线圈的作用是构成变压器的电路，采用绝缘导线绕制而成。

按照铁心和绕组的相互关系不同，变压器分为心式和壳式两种。图 3-45a 所示为心式变压器，其特点是线圈包围铁心。功率较大的变压器多采用心式结构，以减小体积，节省材料。壳式变压器的特点是铁心包围线圈，如图 3-45b 所示。因为铁心兼有保护外壳的作用，所以这种变压器可省去专用的保护外壳。

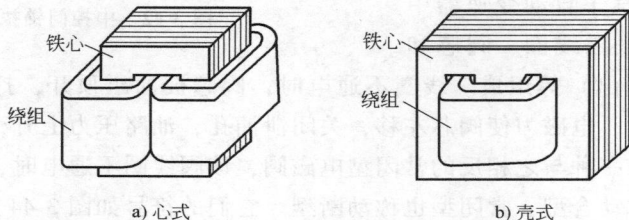

图 3-45　单相变压器的外形结构

图 3-46 所示是一个单相变压器的结构示意图及其电路符号。为了分析问题清晰起见，将两个绕组分别画在铁心的左右两边，各自组成闭合电路。其中，与电源相连的绕组称为一次绕组（俗称初级绕组），与负载相连的绕组称为二次绕组（俗称次级绕组）。为了相互区别，与一次绕组有关的各量均标注下标"1"，如一次绕组的电压 u_1、匝数 N_1 等；与二次绕组有关的各量均标注下标"2"，如二次绕组的电压 u_2、匝数 N_2 等。

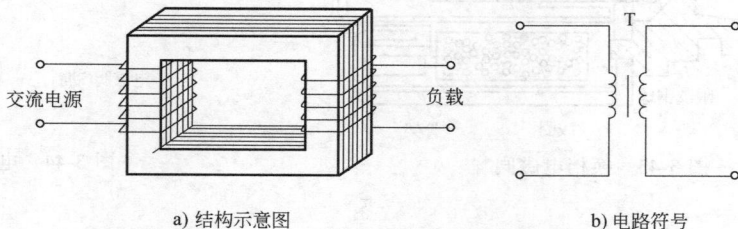

图 3-46　单相变压器的结构示意图及电路符号

通过对变压器基本构造的简单介绍可知，变压器的工作原理就是以电磁感应定律为基础，通过一个共同的磁路（磁场），将两个绕组耦合起来进行交流电能的传送与转换。

3.6.2 变压器的工作原理

1. 变压器的空载运行与电压变换

变压器的空载运行是指二次绕组开路时的运行状态，如图 3-47 所示。

变压器空载时，二次绕组电流 $i_2 = 0$，对主磁通 Φ 无影响，因此，主磁通 Φ 由一次绕组电流 i_0 产生。i_0 是变压器空载状态下的电流值，故称为空载电流。空载状态下，主磁通的产生过程是：在电源交流电压 u_1 的作用下，产生一次电流 i_0，磁通势 $i_0 N_1$ 产生沿铁心闭合的主磁通 Φ 和沿铁心周围的空气闭合的漏磁通 $\Phi_{\sigma 1}$，它们在一次绕组中分别产生感应电动势 e_1 和 $e_{\sigma 1}$。此

图 3-47　变压器空载运行状态

外，一次电流 i_0 在一次绕组的电阻 R_1 上还产生电压降 $i_0 R_1$。由于 R_1 和 $\Phi_{\sigma 1}$ 很小，它们的电压降 $i_0 R_1$ 和 $-e_{\sigma 1}$ 相比 e_1 可忽略不计，于是有：

$$u_1 \approx -e_1$$

可以证明，电源交流电压有效值为

$$U_1 = 4.44 f N_1 \Phi_{\mathrm{m}}$$

式中，f 为电源频率；N_1 为一次绕组的匝数；Φ_{m} 为主磁通最大值。

主磁通 Φ 还与二次绕组交链，产生感应电动势 e_2，因二次电流 $i_2 = 0$，电阻电压降及漏磁压降不会出现，故二次开路电压 u_{20} 就等于 e_2，即

$$u_{20} = e_2$$

同样可以证明，二次开路电压有效值为

$$U_{20} = 4.44 f N_2 \Phi_{\mathrm{m}}$$

式中，N_2 为二次绕组的匝数。

比较一次绕组和二次绕组电压关系，得出：

$$\frac{U_1}{U_{20}} = \frac{N_1}{N_2} = K$$

式中，K 是一次绕组和二次绕组的匝数比，称为变压器的变压比，是变压器的重要参数之一。

上式表明，一次绕组和二次绕组的电压与其匝数成正比，匝数多的绕组电压高，匝数少的绕组电压低。当电源电压 U_1 一定时，改变变压比 K，就可以得到不同的输出电压 U_{20}，达到了变换电压的目的。

2. 变压器的负载运行与电流变换

变压器的二次绕组接上负载时的运行状态称为负载运行状态，如图 3-48 所示。

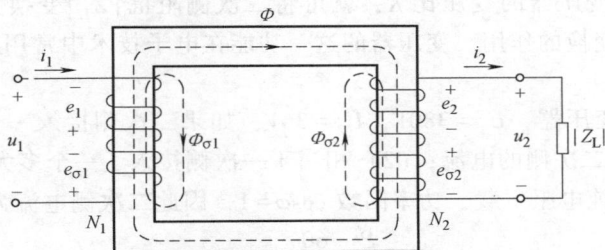

图 3-48　变压器负载运行状态

二次绕组接上负载后，变压器向负载输出电功率，必然要求一次绕组从电源输入更大电功率。因此，一次绕组电流从 i_0 增大到 i_1，其磁通势从 i_0N_1 增大到 i_1N_1。

变压器负载运行的另一个特点是二次绕组有电流 i_2 通过，其磁通势 i_2N_2 作用在铁心磁路上，将使主磁通 $\varPhi$ 发生变化，因此，主磁通是由一次绕组和二次绕组的磁通势共同作用产生的。

由公式 $U_1 = 4.44fN_1\varPhi_m$ 可知，当电源电压 U_1、频率 f 和匝数 N_1 一定时，主磁通最大值 $\varPhi_m$ 保持不变。所以，有载时产生主磁通最大值 $\varPhi_m$ 的一次绕组和二次绕组的合成磁通势 $i_1N_1+i_2N_2$ 应该和空载时产生主磁通最大值 $\varPhi_m$ 的磁通势 i_0N_1 相等，即

$$i_1N_1+i_2N_2=i_0N_1$$

由于空载电流 i_0 很小，一般不到额定电流的 10%，与有载时的 i_1 和 i_2 相比，可以忽略不计，故得：

$$i_1N_1=-i_2N_2$$

式中，负号表示一次绕组和二次绕组磁通势相位相反，它说明二次绕组的磁通势对一次绕组的磁通势有去磁作用。

一次绕组和二次绕组电流有效值之间的关系为

$$\frac{I_1}{I_2}=\frac{N_2}{N_1}=\frac{1}{K}$$

上式表明，变压器一次绕组和二次绕组的电流与它们的匝数成反比。匝数多的电流小，匝数少的电流大。可见，变压器具有变换电流的作用。

3. 变压器的阻抗变换

在图 3-49 中，负载阻抗 $|Z_L|$ 接到变压器的二次侧，在保证电压、电流不变的条件下，图中点画线框内的变压器和负载阻抗 $|Z_L|$ 可以用一个阻抗 $|Z|$ 等效代替。$|Z|$ 称为负载阻抗在一次侧的等效阻抗。因为

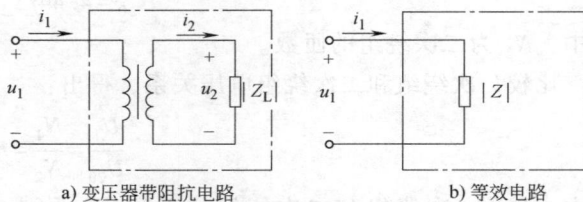

a) 变压器带阻抗电路　　　b) 等效电路

图 3-49　变压器的阻抗变换

$$|Z_L|=\frac{U_2}{I_2}$$

所以，一次侧等效阻抗为

$$|Z|=\frac{U_1}{I_1}=\frac{U_2K}{I_2/K}=K^2|Z_L|$$

上式表明，改变变压器的变压比 K，就可将二次侧阻抗 $|Z_L|$ 变换为一次侧所需要的阻抗值 $|Z|$，实现阻抗变换的作用。变压器的这一功能在电子技术中常用来使信号源为负载提供最大功率。

例 3-9　有一个变压器，$U_1 = 380V$，$U_2 = 36V$，如果二次侧接入一个 36V、60W 的白炽灯泡，求：（1）一、二次侧的电流；（2）相当于一次侧接入了一个多大的电阻？

解：白炽灯泡属纯电阻负载，功率因数 $\cos\varphi = 1$，因此二次侧电流为

$$I_2 = \frac{P}{U_2} = \frac{60}{36}\text{A} = 1.67\text{A}$$

$$I_1 = \frac{N_2}{N_1}I_2 = \frac{U_2}{U_1}I_2 = \frac{36}{380} \times 1.67\text{A} = 0.158\text{A}$$

灯泡电阻为

$$R = \frac{U_2^2}{P} = \frac{36^2}{60}\Omega = 21.6\Omega$$

一次侧等效电阻为

$$R' = \left(\frac{N_1}{N_2}\right)^2 R = \left(\frac{U_1}{U_2}\right)^2 R = \left(\frac{380}{36}\right)^2 \times 21.6\Omega = 2407\Omega$$

3.6.3　变压器的额定值

变压器的额定值是指为了使变压器能够长时间安全可靠地运行由制造厂家规定的最大允许值。为了方便用户使用，额定值通常标记在变压器的铭牌上或写入产品说明书中，以便查阅。在使用变压器之前，首先要正确理解各个额定值的意义。下面讨论变压器的主要额定值。

1. 额定电压 U_{1N} 和 U_{2N}

1）额定电压 U_{1N} 是指正常情况下，一次绕组应当施加的电压值。

2）额定电压 U_{2N} 是指一次侧加额定电压 U_{1N} 时，二次侧的开路电压值。

变压器的额定电压 U_{1N} 和 U_{2N} 在铭牌上用分数线隔开表示，其形式为 U_{1N}/U_{2N}。

2. 额定电流 I_{1N} 和 I_{2N}

1）额定电流 I_{1N} 是指在 U_{1N} 作用下，一次绕组允许长期通过的最大电流值。

2）额定电压 I_{2N} 是指一次侧加 U_{1N} 时，二次绕组允许长期通过的最大电流值。

额定电流 I_{1N} 和 I_{2N} 是依据变压器的允许温升设定的数值。如果实际电流值超过额定值，会使变压器温升过高，导致绝缘材料老化、使用寿命缩短，必须注意。

3. 额定容量 S_N

额定容量 S_N 是指二次侧输出的额定视在功率，即电压有效值和电流有效值的乘积，可表示为

$$S_N = U_{2N}I_{2N}$$

单位是 V·A 或 kV·A。

4. 变压器效率 η

变压器效率 η 是指输出功率 P_2 与输入功率 P_1 之比，即

$$\eta = \frac{P_2}{P_1} \times 100\%$$

式中

$$P_2 = U_2 I_2 \cos\varphi_2$$

$$P_1 = U_1 I_1 \cos\varphi_1 = P_2 + P_{Cu} + P_{Fe}$$

5. 额定频率 f

额定频率 f 是指变压器正常工作时，应该加的交流电源频率。当变压器的额定频率与交流电源频率不一致时，一般不能使用。

我国和世界上多数国家使用的电力标准频率是 50Hz。

3.6.4　变压器在汽车上的应用

变压器在汽车上的应用应当首推点火线圈，可以说点火线圈是一种特殊变压器，那么这种特殊变压器与普通的变压器都有哪些异同呢？

1. 点火线圈

（1）点火线圈的结构和工作原理　点火线圈的结构形式与普通变压器是基本相同的，都是在铁心上绕制两个线圈。其中匝数少、导线粗（0.75mm 左右）的称为初级线圈，匝数多、导线细（0.1mm 左右）的称为次级线圈，如图 3-50 所示。

点火线圈的基本功能是将 12V 低压电变换为 15kV 以上的高压电，其升压原理与普通变压器相同，也是基于电磁感应原理。具体而言，当初级线圈接通电源时，其电流产生一个很强的磁场，铁心储存磁场能；当开关装置使初级（线圈）电路断开时，初级线圈的电流消失，其磁场迅速衰减，于是，与磁场交链的次级线圈就会感应出很高的电压。初级线圈的磁场消失速度越快，其断开瞬间的电流越大，两个线圈的匝数比越大，则次级线圈感应出来的电压越高，一般感应电压在 15kV 以上。

但是，点火线圈的工作方式与普通变压器不同。普通变压器是连续工作的，而点火线圈是断续工作的。它根据发动机转速的不同，以不同的频率反复地进行储能和放能的过程。

综上所述，点火线圈在结构形式和基本工作原理上与普通变压器相同，而工作方式与普通变压器是不同的。这就是点火线圈与普通变压器的异同点。

（2）点火线圈的分类　点火线圈按磁路的结构不同，分为开磁路和闭磁路两种。其中，开磁路点火线圈大多使用在传统触点式点火系统中，而闭磁路点火线圈多应用于电子点火系统。那么，开磁路和闭磁路点火线圈的结构如何呢？

① 开磁路点火线圈的结构。图 3-51 所示为开磁路点火线圈的结构与磁路示意图。铁心呈圆柱形，由硅钢片层叠压制而成，其外表面套有绝缘套管，套管上分层绕有次级和初级线圈。初级线圈通过的电流大，产生的热量多，将其绕在次级线圈的外面以利于散热。在初级线圈与外壳之间，装有导磁钢套。当初级线圈通电时铁心被磁化，形成磁路。磁路的上、下部分都是从空气中通过的，铁心未组成闭合磁路，因此，点火线圈称为开磁路点火线圈。开磁路点火线圈的不足在于漏磁多、磁阻大，因而能量损失大、能量转换效率低，一般用于传统点火系统中。需要指出，开磁路点火线圈为了加强绝缘、防潮和有利于散热，在点火线圈的外壳内，一般充满沥青或变压器油，因此，这种点火线圈也称之为湿式点火线圈。

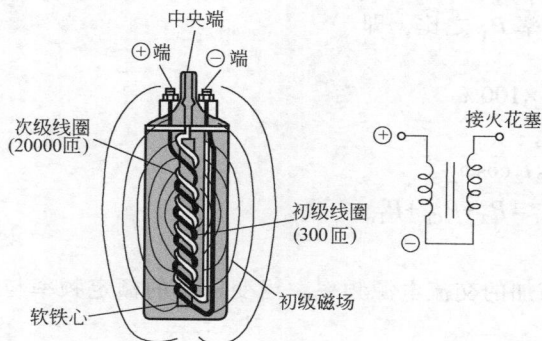

图 3-50　点火线圈的结构与原理示意图

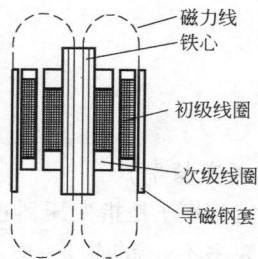

图 3-51　开磁路点火线圈的结构与磁路

按低压接线柱的数量差异，开磁路点火线圈有两接线柱和三接线柱之分，如图 3-52 所示。它们的内部结构基本相同，所不同的是三接线柱点火线圈增加了一个低压"开关"接线柱，它用于连接附加电阻。从外部结构上看，三接线柱点火线圈多了一个附加电阻，它接在两个低压接线柱之间，并安装在点火线圈外壳的瓷板上。附加电阻的作用是在发动机工作时，通过自身阻值的变化，自动调节初级线圈的电流，以改善发动机高速点火性能。

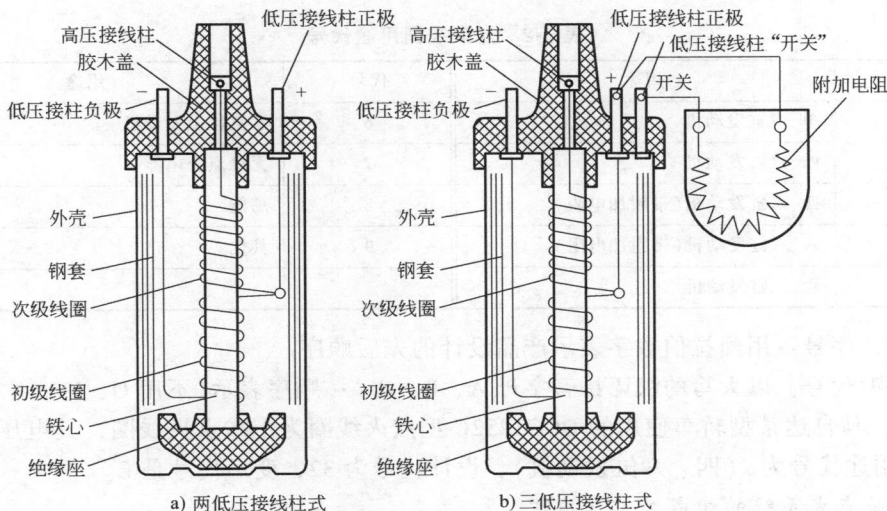

图 3-52　开磁路点火线圈的两种结构

② 闭磁路点火线圈的结构。闭磁路点火线圈也称干式点火线圈，其结构和磁路如图 3-53 所示。可以看出，这种点火线圈采用日字形铁心，其中铁心柱上分层绕有初级和次级线圈，其中初级在内，次级在外，以减少漏磁损失，也方便高压线圈的引出。由于初级线圈电流产生的磁通经过铁心而闭合，故该线圈称为闭磁路点火线圈。

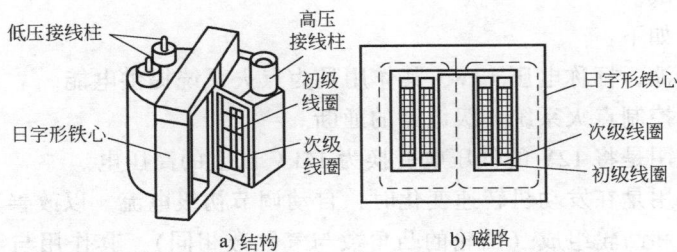

图 3-53　闭磁路点火线圈结构与磁路

这种线圈的优点在于：漏磁少，能量的转换效率高，而且结构紧凑、体积小，因此在汽车电子点火系统中获得了广泛使用。需要指出，严格地说，"日"字形铁心并不是完全闭合的，它留有一个很小的间隙，以减少铁心的磁滞损耗。

(3) 点火线圈的型号　根据 QC/T 73—1993《汽车电气设备产品型号编制方法》的规定，点火线圈的型号由五部分组成：

| 1 | 2 | 3 | 4 | 5 |

① 产品代号：由点火线圈的"点""圈"汉语拼音的第一个字母 DQ 表示，而"DQG""DQD"则分别表示干式点火线圈和无触点电子点火系统用点火线圈。

② 电压等级代号：用 1 位阿拉伯数字表示，1 代表 12V，2 代表 24V，6 代表 6V。

③ 用途代号：用 1 位阿拉伯数字表示，各代号的含义见表 3-2。

表 3-2　点火线圈用途代号

代号	用途	代号	用途
1	单、双缸发动机	6	八缸以上发动机
2	四、六缸发动机	7	无触点分电器
3	四、六缸发动机（带附加电阻）	8	高能
4	六、八缸发动机（带附加电阻）	9	其他
5	六、八缸发动机		

④ 设计序号：用阿拉伯数字表示产品设计的先后顺序。

⑤ 变型代号：以大写的汉语拼音字母 A、B、C、…顺序表示（不用 O、I）。

例如，马自达某型轿车使用的 DQG1232C 型点火线圈为干式点火线圈，其电压等级为 1（12V），用途代号为 2（四、六缸发动机），设计代号为 32，变形代号是 C。

2. 传统点火系统的组成和工作原理

点火系统是汽车上的一个子系统，其基本功能是产生电火花，以点燃气缸中被压缩的混合气。点火系统有传统点火系统和电子点火系统之分，目前，汽车上大多采用电子点火系统。虽然电子点火系统中已经没有了断电器，有些甚至取消了分电器及高压导线等部件，但它的工作原理还是基于传统点火系统的，因此学习传统点火系统仍有实际意义。

(1) 传统点火系统的组成　图 3-54 所示为汽车传统点火系统的组成和工作原理。可以看出，传统点火系统是由电源、点火开关 SW、点火线圈、附加电阻 R_f、断电器、电容器、配电器、火花塞等组成。

各部分的作用如下：

电源是指蓄电池，标称电压 12V，其作用是为点火系统提供电能。

点火开关用来控制点火系统初级电路的通断。

点火线圈的作用是将 12V 的低压电变换为 15kV 以上的高压电。

附加电阻的作用是在发动机转速变化时，自动调节初级电流，以改善其点火性能。

断电器由触点和凸轮组成（凸轮的凸角数与气缸数相同），其作用与点火开关一样——通断初级电路。

电容器与断电器触点并联，用来减小触点间的火花，提高次级电压。

配电器由分电器盖和分火头组成。分电器盖上有与发动机气缸数相同的旁电极。当分火头旋转时，其导电片依次和旁电极接通，将点火线圈产生的高压电，依次传到各缸火花塞上。

火花塞的作用是将点火线圈产生的高压电引入燃烧室，并在其电极间产生电火花，点燃混合气。

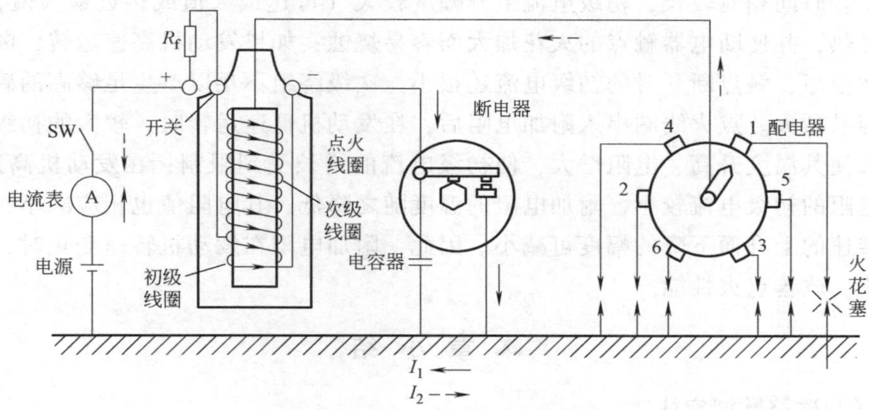

图 3-54　传统点火系统的组成和工作原理

（2）传统点火系统的工作原理　汽车正常行驶时，点火开关 SW 处于闭合状态，当断电器触点闭合时，点火线圈的初级线圈接通电源，其电流称为初级电流 I_1。初级电流的回路（如图 3-54 中的实线箭头所示）是蓄电池正极→电流表（有的汽车上没有电流表）→点火开关 SW→点火线圈"＋"接线柱→附加电阻 R_f→"开关"接线柱→点火线圈的初级线圈→点火线圈"－"接线柱→断电器触点→搭铁→蓄电池负极。初级电流在点火线圈的铁心中产生磁场，电能转变为磁场能。

当断电器的凸轮将触点打开时，初级电路被切断，初级电流消失，它所形成的磁场也随之迅速衰减，在次级线圈中产生感应电动势，磁场能转变成电能。由于次级线圈匝数很多，当磁场快速衰减时，在次级线圈中就感应出很高（15kV 以上）的电动势，它通过高压线和配电器加到火花塞上，使火花塞产生电火花点燃混合气。在火花塞放电时，点火线圈的次级线圈被接通，其电流 I_2 的路径（图 3-54 中的虚线箭头）是：次级线圈→"开关"接线柱→附加电阻 R_f→点火线圈"＋"接线柱→点火开关 SW→电流表→蓄电池→搭铁→火花塞电极→高压分支线→配电器（分电器盖旁电极→分火头）→中央高压线→次级线圈。

综上所述，在传统点火系统中有两个电流回路：初级电流 I_1 流经的路径为低压回路，而次级电流 I_2 流经的路径为高压回路。低压回路的任务是储存能量，而高压回路的任务是释放能量。

（3）几点说明

① 电容器作用的说明。前面已经指出，电容器的作用是减小触点间的火花，提高次级电压。这是因为，发动机在点火过程中，随着断电器触点的打开、初级磁场的消失，在初级线圈中也会有 300V 左右的感应电动势，为自感电动势。无电容器时，该自感电动势作用到断电器触点上会形成火花使触点烧蚀；同时，该自感电动势的方向与原来初级电流方向相同，阻碍了初级电流的迅速中断，相应地，磁场消失的速度减缓，因而使次级感应电动势大大降低。触点之间并联电容器以后，由于触点的打开而产生的初级自感电动势会被电容器吸收，从而减小了触点火花，并提高了次级感应电动势。

② 附加电阻作用的说明。前面已经指出，附加电阻的作用是在发动机转速变化时，自动调节初级电流，以改善其点火性能。这是因为，无附加电阻时，如果发动机低速运转，断

电器触点闭合时间相对较长，初级电流上升幅度较大（可达最大值或接近最大值），容易使点火线圈过热，并使断电器触点的火花加大而容易烧蚀；如果发动机高速运转，断电器触点的闭合时间很短，触点断开时的初级电流还很小，次级绕组不足以产生足够高的感应电压而使发动机容易断火。点火线圈串入附加电阻后，在发动机低速运转时，较大的初级电流流过附加电阻会使其温度升高、电阻增大，使初级电流的增长受到限制；在发动机高速运转时，流经附加电阻的初级电流较小，附加电阻的温度随之降低，其电阻值也相应减小，初级电流随发动机转速的上升而下降的幅度可减小。因此，附加电阻在发动机转速变化时，能自动调节初级电流，改善点火性能。

本 章 小 结

1. 磁场与磁路欧姆定律

（1）磁铁：具有磁性的物质，其两端磁性最强，且同性相斥，异性相吸。磁性物体的周围产生磁场，且形成从 N 极到 S 极闭合的磁力线。

（2）电流的磁效应：在通电的直导体或线圈的周围产生磁场，电流和磁场有着不可分割的关系，磁场的方向可用右手螺旋定则来判断。

（3）磁通 Φ：用来描述磁场中某个面积上磁场强弱的物理量，定义为垂直通过某一面积的磁力线总数。在面积一定时，磁通量越大，磁场就越强。

（4）磁感应强度 B：一个用以描述磁场中各点磁场强弱和方向的物理量。磁感应强度的方向就是磁场中各点磁场的方向，磁感应强度的大小 $B = \dfrac{\Phi}{S}$。

（5）磁路欧姆定律：在磁路中，磁通与产生磁通的磁通势 NI（磁源）成正比，与磁路的磁阻 R_m 成反比，即 $\Phi = NI/R_\mathrm{m}$。

应当指出，运用磁路欧姆定律进行实际计算比较困难，一般只做定性分析。

2. 磁场对电流的作用

磁场对通电直导体产生作用力 $F = BIL\sin\alpha$，直导体的受力方向可用左手定则来判断；磁场对通电线圈产生转动力矩，使通电线圈产生转动，转矩 $T = NBIS\cos\alpha$；磁场使通电的半导体产生电压的现象，称为霍尔效应。

3. 电磁感应现象

导体在磁场中做切割磁感线运动时，导体中产生感应电动势，在闭合回路中产生电流，称为电磁感应，感应电流或感应电动势的方向可用楞次定律和右手螺旋定则判别。自感和互感这些电磁感应现象，在现代生产实际中得到了广泛的应用。

4. 铁心线圈

（1）交流铁心线圈　交流铁心线圈的电压与磁通的关系为 $U = 4.44fN\Phi_\mathrm{m}$，当频率 f、匝数 N 一定时，Φ_m 由 U 决定。若 U 一定，则 Φ_m 保持不变。当 Φ_m 不变时，由磁路欧姆定律可知，励磁电流的大小由磁阻决定。

交流铁心线圈的损耗由线圈上的铜损 P_Cu 和铁心上的铁损 P_Fe 两部分组成。铜损 $P_\mathrm{Cu} = I^2R$，铁损 $P_\mathrm{Fe} = P_\mathrm{h} + P_\mathrm{e}$。

（2）直流铁心线圈　励磁电流 I 由电源电压 U 和线圈电阻 R 决定，与磁路无关。当 U 和 R 一定时，I 不变。

直流铁心线圈的损耗仅有铜损即 $P_{Cu}=I^2R$，而没有磁滞损耗和涡流损耗，故其铁心可用块状的铸钢或软钢制成，而不需叠片。

直流继电器、电磁铁和电磁阀是直流铁心线圈在汽车上的典型应用，它们的基本结构、工作原理基本相同，所不同的是控制对象不同。直流继电器的衔铁运动所带动的是触点的打开或闭合，而电磁铁的衔铁运动所带动的是一定的机械传动机构完成一个规定动作，电磁阀的铁心运动所带动的是某个流体管路中的阀球或阀片的打开或关闭。

5. 变压器

变压器具有变化电压、电流和阻抗三种作用，可用如下公式表示。

$$\frac{U_1}{U_{20}}=\frac{N_1}{N_2}=K$$

$$\frac{I_1}{I_2}=\frac{N_2}{N_1}=\frac{1}{K}$$

$$|Z|=\frac{U_1}{I_1}=\frac{U_2K}{I_2/K}=K^2|Z_L|$$

变压器的主要额定值：额定电压 U_{1N} 和 U_{2N}，额定电流 I_{1N} 和 I_{2N}；额定容量 $S_N=U_{2N}I_{2N}$；效率 $\eta=\dfrac{P_2}{P_1}\times100\%$，其中 P_2 为输出功率；P_1 输入功率；额定频率 f。

练　习　题

3-1　什么是磁场？它有什么特性？如何表示它？

3-2　判断通电直导线的磁场方向和判断通电螺旋线圈的磁场方向都用右手螺旋定则，两者有什么区别？

3-3　什么是电流的磁效应？它在汽车上有哪些应用？

3-4　试用右手螺旋定则判断图 3-55 所示线圈通电后磁场的磁极或通电电流的方向。

3-5　试判定图 3-56 所示各图中通入电流的方向或受力的方向。

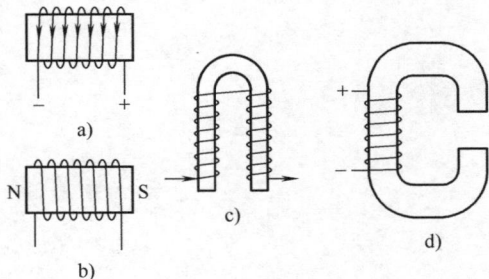

图 3-55　习题 3-4 图　　　　图 3-56　习题 3-5 图

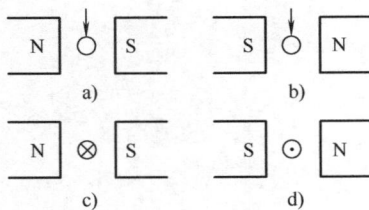

3-6　霍尔效应有何特点？在汽车上具体应用在哪些场合？

3-7　什么是电磁感应现象？计算公式是什么？

3-8　根据楞次定律和右手螺旋定则，判别图 3-57 中各线圈的感应电动势和感应电流的方向并说明为什么二者有同向关系。

3-9　什么是自感？自感电动势的大小和哪些因素有关？其作用和用途是什么？

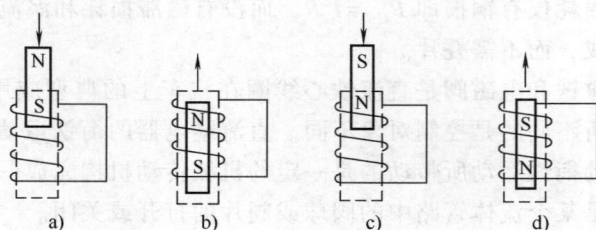

图 3-57　习题 3-8 图

3-10　什么是互感？互感电动势的大小和哪些因素有关？

3-11　有人说："因为自感电动势的方向总是企图阻止电流的产生，所以自感电动势的方向总是和电流方向相反的，这种说法对吗？为什么？

3-12　汽车电器中点火线圈是利用什么原理制成的？

3-13　说明铁磁材料的磁性能及硬磁材料和软磁材料的概念。

3-14　交流铁心线圈运行中有哪些损耗？它们与哪些因素有关？

3-15　说出几种常用的汽车电磁器件，并简述其结构与工作原理。

3-16　有一台变压器，$U_1 = 360\text{V}$，$U_2 = 36\text{V}$，如果二次侧接入一个 36V、72W 的白炽灯泡，问一、二次侧的电流各是多少？相当于在一次侧接入了一个多大的电阻？

第4章
电动机与发电机

📝 **学习目标：**

- 理解并掌握各种电机的结构和工作原理。
- 了解直流电动机的分类、机械特性以及反转、调速的方法。
- 了解永磁电动机在汽车上的典型应用。
- 了解汽车交流发电机的励磁方式。
- 掌握汽车交流发电机的型号命名方法。
- 了解转子永磁式步进电动机在汽车上的典型应用。

电动机和发电机都是能量转换装置，电动机能将电能转换成机械能，发电机恰好相反，将机械能转换成电能。但二者的性质不同，电动机在电路中是用电器，即负载；而发电机是电源。按照功能的不同，电动机可分为普通电动机和控制电动机两类。普通电动机通常作为动力装置使用，其主要任务是能量的转换；按用电性质不同有直流和交流之分，其中直流电动机按励磁方式又有他励、并励、串励和复励四种，而交流电动机按转速又分为异步和同步电动机。控制电动机主要用于自动控制和检测系统中作为控制装置使用，其主要任务是信号的转换和传递，能量的转换是次要的。控制电动机常见的有伺服电动机和步进电动机。发电机也有直流和交流两种，其中因交流用电设备数量多、用途广，因此交流发电机比较常见，如发电厂的发电机、汽车上的发电机等。直流发电机只在一些对供电质量和可靠性要求比较高的场合，或没有交流电源的场合使用，如化学工业中的电解、电镀等设备，直流电焊机和某些大型同步电动机的励磁电源等。

虽然电机的种类繁多，但只有一部分用在汽车上，如直流电动机、交流发电机、伺服电动机、步进电动机和三相异步电动机等。本章介绍它们的结构、工作原理、机械特性等，重点是结构和工作原理。

4.1　直流电动机

4.1.1　直流电动机的结构

直流电动机主要由三部分组成：磁极、电枢和换向器，如图 4-1a 所示。

1. 磁极

如图 4-1b 所示，磁极的作用是在电动机中产生磁场，它分成极心和极掌两部分。极心上放置励磁绕组，如果给绕组通以直流电流，则在极心上会产生闭合的磁力线（磁场），其方向用右手螺旋定则判定。为了使电动机空气隙中磁力线（磁感应强度）分布最为合适并且挡住励磁绕组以确保绕组稳固，极心顶部装有极掌。磁极是用钢片叠成的，固定在电动机机座上。机座也是磁路的一部分，通常用铸钢制成。磁极是静止的，常称为定子。在小型直流电动机中，也有用永久磁铁作为磁极的。

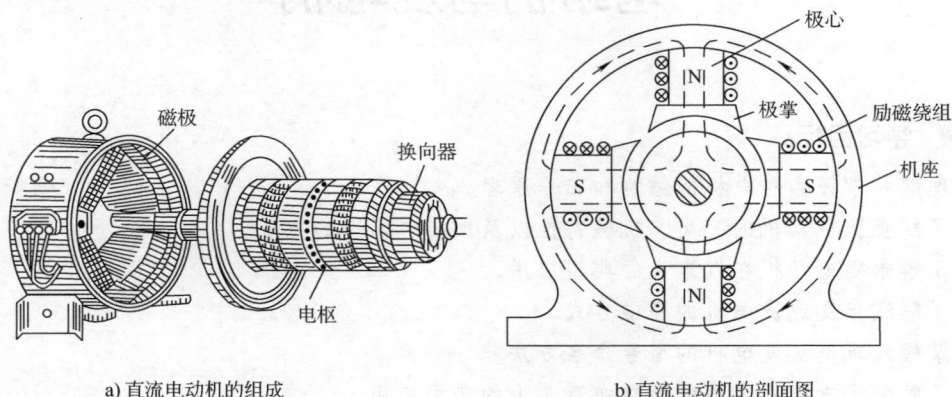

a) 直流电动机的组成　　　　　　　　b) 直流电动机的剖面图

图 4-1　直流电动机的组成部分

2. 电枢

电枢是电动机的转子部分，电枢铁心呈圆柱状，用硅钢片叠成，表面冲有槽，槽中放置电枢绕组，如图 4-2 所示，电枢绕组的作用是产生感应电动势和电流，进而产生电磁力。它与磁极上的励磁绕组不同，励磁绕组产生的是磁场，二者不应混淆。

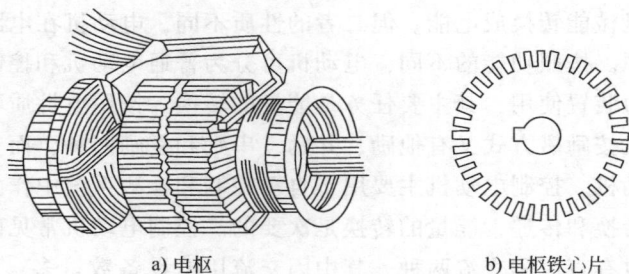

a) 电枢　　　　　　　　b) 电枢铁心片

图 4-2　电枢构造

3. 换向器

换向器是直流电动机中的特殊装置，其外形如图 4-3a 所示。图 4-3b 是换向器的剖面图，它是由楔形铜片组成的，每片之间用云母片绝缘，换向铜片（即楔形铜片）放置在套筒上，

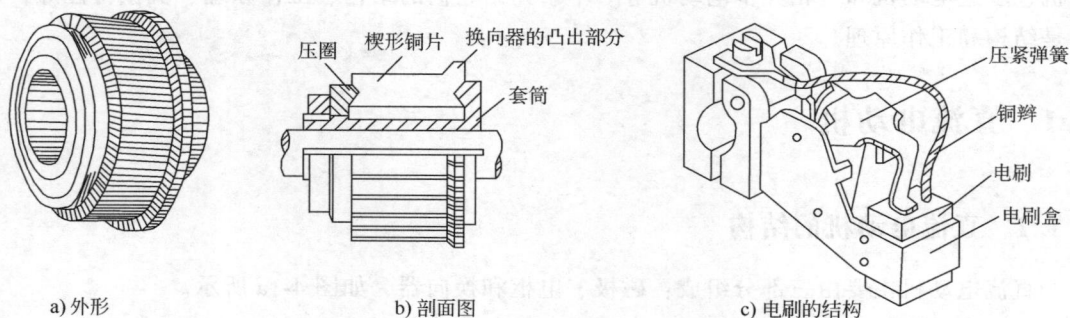

a) 外形　　　　　　　b) 剖面图　　　　　　　c) 电刷的结构

图 4-3　换向器的组成

用压圈固定，压圈本身又用螺母固紧，换向器装在转轴上。电枢绕组的导线按一定规则与换向铜片相连接，换向器的凸出部分用来焊接电枢绕组。

换向器的表面用弹簧压着固定的电刷，如图 4-3c 所示，使转动的电枢绕组得以同外电路连接起来。

4.1.2　直流电动机的工作原理

1. 转动原理

图 4-4 为直流电动机的工作原理图。为分析方便，磁极只画出一对，上为 N，下为 S，电枢绕组只有一个线圈 abcd，线圈的两端分别接在两个换向铜片上，换向铜片上压着电刷 A、B，当电枢转动时，它们与换向铜片保持滑动接触。

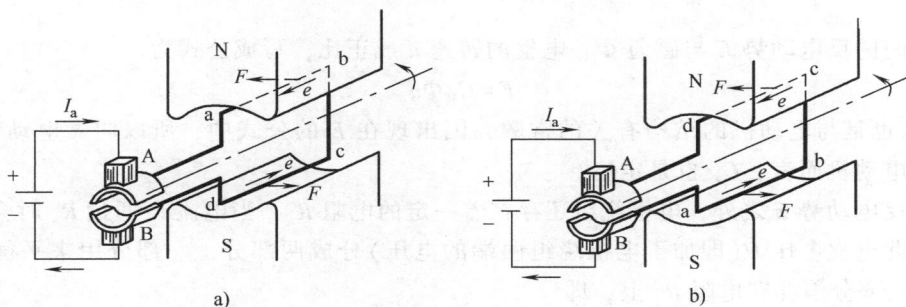

图 4-4　直流电动机的工作原理图

当直流电源接到电刷两端时，电流通入电枢绕组，电枢绕组在图 4-4a 位置时，ab 边的换向片接电源正极(+)，cd 边接电源负极(−)，因此电枢电流 I_a 在绕组中沿着 a→b→c→d 的方向流动。通电的电枢绕组在磁场中会受到电磁力的作用，运用左手定则可知，ab 边受力向左，cd 边受力向右，这一对电磁力形成的电磁转矩使电枢逆时针旋转。经过半周以后，绕组 ab 边的换向片接电源负极(−)，cd 边接电源正极(+)，绕组中电流方向改变了。电枢电流 I_a 沿着 d→c→b→a 的方向流动。这时绕组的两条边受力的方向仍旧使电枢逆时针旋转。可见，由于换向器的作用，电源的直流电流 I_a 在电枢绕组中转换成了交流，保证了同一磁极下的导体受力方向不变，电枢转动方向也不变，从而使得电枢能不停地旋转下去，通过转轴便可带动其他工作机械，实现电源的电能到机械能的转换，这就是电动机的工作原理。

直流电动机在转动时会产生两个非常重要的物理量：电磁转矩和反电动势，了解它们的公式，对于正确理解电动机的运行特性十分有用。

2. 电磁转矩与反电动势

（1）电磁转矩　由电动机工作原理可知，直流电动机的电磁转矩是由电枢绕组通入直流电流后在磁场中受力形成的，因此电磁转矩 T 与磁通 Φ、电枢电流 I_a 有关，常用下式表示：

$$T = C_T \Phi I_a \tag{4-1}$$

式中，C_T 称为转矩常数，取决于电动机的结构，对同一台电动机，C_T 是定值。电磁转矩 T 的单位是 N·m(牛·米)。

可以看出，电磁转矩 T 与磁通 Φ 和电枢电流 I_a 的乘积成正比，二者的乘积越大，电磁转矩越大。其方向也由 Φ 与 I_a 决定，只要改变其中一个量的方向，电磁转矩的方向也随之改变，而电动机的转向也就改变。

电动机运行时，本身机械摩擦等原因产生的阻转矩称为空载损耗转矩，用 T_0 表示。电动机拖动的生产机械的负载转矩用 T_L 表示。因此只有当电磁转矩 T 与空载损耗转矩 T_0 和负载转矩 T_L 相平衡时，电动机才能稳定运行，即

$$T = T_L + T_0$$

该式称为直流电动机的转矩平衡方程式。

（2）反电动势　在直流电动机转动时，电枢绕组因切割磁力线而在绕组中产生感应电动势，由右手定则决定，该电动势的方向与电枢电流的方向相反，故称为反电动势，如图4-4所示。

电刷间的反电动势 E 与磁通 Φ、电枢的转速 n 成正比，写成公式为

$$E = C_E \Phi n \tag{4-2}$$

式中，C_E 也是与电动机的结构有关的常数，因出现在 E 的公式中，所以叫做电动势常数。对同一台电动机而言，C_E 也是定值。

除了反电动势 E 之外，电枢绕组还存在着一定的电阻 R_a，当电流 I_a 通过 R_a 时会产生电压降，因此电枢电压 U（即加于电枢绕组两端的电压）分成两部分，一部分用来平衡反电动势 E，另一部分消耗在电阻 R_a 上，即

$$U = E + I_a R_a \tag{4-3}$$

上式为电动机运转时必须满足的基本条件，称为电动机电压平衡方程式。

由电压平衡方程可推知，电枢电流 I_a 为

$$I_a = \frac{U - E}{R_a} = \frac{U - C_E \Phi n}{R_a}$$

当电动机负载增大时，电枢轴上的阻力转矩增大，电枢转速降低，反电势随之减小，电枢电流增大，因此电磁转矩将随之增大，直至电动机的电磁转矩增加到与阻力转矩相等为止，此时电动机将在比原转速低的速度上稳定运行。反之，当电动机负载减小时，电枢轴上的阻力转矩减小，电枢转速升高，反电动势增大，电枢电流减小，电磁转矩随之减小，直至电动机的电磁转矩减小到等于阻力转矩为止，这时电动机将在比原转速较高的速度上平稳运行。

可见，当负载发生变化时，电动机的转速、电流和转矩将自动发生相应的变化，以满足负载变化的需要，这就是直流电动机的转矩自动调节过程。

4.1.3　直流电动机的分类与机械特性

1. 分类

直流电动机磁场（或磁通）的产生方式称为励磁方式。按励磁方式不同，直流电动机可分为他励、并励、串励和复励四种，每一种都有自身的特点，它们的接线图如图4-5所示。

他励电动机的励磁绕组与电枢绕组相互独立，分别用一个直流电源供电，如图4-5a所示。其特点是，励磁电流 I_f 及磁通 Φ 仅取决于励磁电压 U_f 和励磁回路的总电阻，与电枢电压 U 无关。

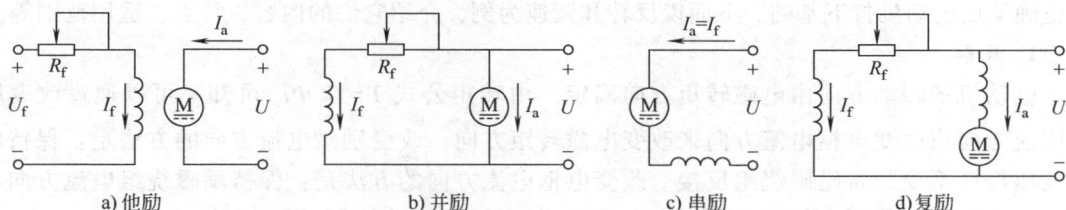

图 4-5　直流电动机的分类接线图

并励电动机的励磁绕组和电枢绕组并联后用一个直流电源供电，如图 4-5b 所示。其特点是，电源电压 U 既是励磁电压又是电枢电压，因此当电枢电压 U 改变时，励磁电流 I_f 及磁通 Φ 也随之改变。由于励磁绕组承受着电枢两端的全部电压，其值较高，为了减小铜损耗，要求励磁绕组应具有较大电阻值。

串励电动机的励磁绕组和电枢绕组串联后用一个直流电源供电，如图 4-5c 所示。其特点是，励磁电流 I_f 等于电枢电流 I_a，数值较大，因此为了减小励磁绕组的电压降和铜损耗，要求励磁绕组应具有较小的电阻值。

复励电动机的励磁绕组有两个，与电枢绕组串联的部分称为串励绕组，与电枢绕组并联的部分称为并励绕组，在图 4-5d 中，串励绕组与电枢绕组串联后再与并励绕组并联，当然也可以先并联后再串联。当两个励磁绕组产生的磁通方向相同时，称为积复励电动机；方向相反时，称为差复励电动机。积复励和差复励电动机的磁通都与电枢电流 I_a 有关，但变化趋势相反：积复励电动机的磁通随电枢电流 I_a 的增大而加强，差复励电动机的磁通随电枢电流 I_a 的增大而减弱。

不同励磁方式的直流电动机，机械特性差别很大，适用于不同的场合，汽车用起动电动机要求起动转矩大，因而采用串励式直流电动机。

2. 机械特性

直流电动机的机械特性是指转速与转矩的关系 $n = f(T)$。并励、串励电动机的机械特性是最基本的特性，其他电动机的机械特性都可以用它们表示，因此这里重点讨论并励、串励电动机的机械特性。

（1）并励电动机的机械特性

① 电磁转矩与电枢电流成正比，$T \propto K_b I_a$。

② 起动转矩、起动电流较小。

③ 转速基本不受负载变化的影响，是一种恒定转速的电动机。

它适用于拖动负荷轻、转速变化不大的设备，如汽车上的风扇、泵等小型设备。

（2）串励电动机的机械特性

① 电磁转矩与电枢电流的平方成正比，$T \propto K_c I_a^2$。

② 起动转矩、起动电流较大。

③ 转速受负载变化的影响大，负载变化时，电动机转速会快速下降。

它适用于拖动负荷重、转速变化较大的设备，如汽车上的发动机等。

4.1.4　直流电动机的反转与调速

机械特性的学习为我们正确选择直流电动机提供了帮助，除此之外，还应了解其他特性，为正确使用电动机打下基础。下面以反转和调速为例，介绍它们的内容、特点、适用范围等。

1. 反转

电动机的转动方向由电磁转矩方向确定。由转矩公式 $T = C_T \Phi I_a$ 可知，可以通过改变励磁电流方向或改变电枢电流方向来改变电磁转矩方向。改变励磁电流方向的方法是：保持电枢电压极性不变，将励磁绕组反接。改变电枢电流方向的方法是：保持励磁绕组电流方向不变，把电枢绕组反接。如果两电流方向同时改变，电磁转矩方向将不改变。

由于他励和并励电动机励磁绕组匝数较多，电感较大，在励磁绕组反接断开瞬间，绕组中将产生很大的自感电动势，可能造成绝缘击穿，所以他励和并励电动机通常采用改变电枢电流的方向使转矩反向。其他直流电动机没有此种限制。

2. 调速

用人为的方法使电动机在同样的负载下得到不同的转速，叫做调速。

根据式(4-2)、式(4-3)可得转速公式为

$$n = \frac{U - I_a R_a}{C_E \Phi}$$

由上式可知，当负载不变时，改变电枢回路电阻 R_a、电枢电压 U 及磁通 Φ，转速 n 均可发生变化，因此电动机的调速方法有三种。

（1）电枢回路串联电阻调速

① 电能损耗大，效率低。

② 调速范围窄，最高转速与最低转速比为 1.5：1。

这种方法多用于对调速性能要求不高的设备，如汽车、电车等行走机械。

（2）改变电枢电压调速

① 电能损耗小，效率高。

② 调速范围宽，最高转速与最低转速比为 10：1 以上。

改变电枢电压调速多用于对调速性能要求较高的设备，如汽车上伺服直流电动机，工业上的轧钢机、龙门刨床、造纸机等。

（3）改变磁通 Φ 调速

① 控制方便，易于从低速往高速方向调节。

② 调速效率高，经济性好。

③ 电动机运行较平稳。

④ 调速范围窄，一般调速比为 1.5：1 或 2：1。

在某些大型车床、镗床、刨床上都采用这种调速方法。

4.1.5 永磁式直流电动机在汽车上的应用

直流电动机除了磁极和电枢的双绕组结构外，还有磁极使用永久磁铁的单绕组结构，称为永磁式直流电动机，简称永磁电动机，永磁电动机在汽车上应用比较广泛。

1. 刮水电动机

刮水电动机是电动刮水器的动力装置，用于驱动刮水片来回摆动以清除风窗玻璃上的雨水、积雪或灰尘。从结构上看，它是永磁式双速电动机，其定子磁极是永久磁铁，转动的电枢上用弹簧压着三个电刷，利用三个电刷改变正负电刷之间串联的绕组线圈数，即可获得两

种不同的转速。

刮水电动机工作原理如图 4-6 所示。N、S 为永久磁极，B_1、B_2、B_3 是三个电刷，它们之间有六个电枢绕组，三个电刷通过控制开关接到外部电源上。

当开关拨到 L 位置时，B_1 接电源正极为正电刷，B_3 接电源负极为负电刷，正负电刷之间形成两条对称的支路，一条由绕组 1、6、5 组成，另一条由绕组 2、3、4 组成。当绕组流过电流时，在磁场作用下产生电磁力并形成转矩，推动电枢转动。在转动过程中，绕组切割磁场

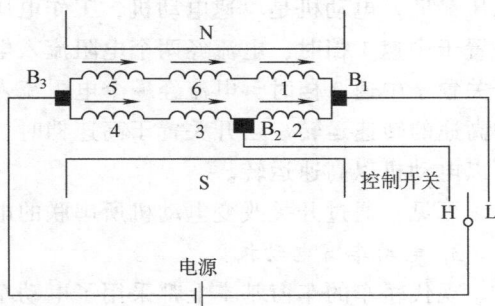

图 4-6　刮水电动机的工作原理

产生反电动势，因为各绕组是完全相同的，所以产生的反电动势大小相等、方向相同。此时正负电刷之间有三个反电动势与电源电压相平衡，所以，电动机便以较低的转速稳定运转，并拖动刮水片慢速摆动。

当开关拨到 H 位置时，B_2 接电源正极为正电刷，B_3 接电源负极为负电刷，正负电刷之间形成两条不对称的支路，一条由绕组 3、4 组成，另一条由 2、1、6、5 共四个绕组组成。因为绕组 1、6、5 的反电动势的方向与绕组 2 相反，所以它们中的一个要被绕组 2 的反电动势抵消，剩余的两个作用在正负电刷之间。由于只有两个反电动势与电源电压相平衡，因此需要增大单个绕组的反电动势，这就要求电枢的转速必须提高。可见，当开关拨到 H 位置时，电动机将以较高的转速稳定运转，并拖动刮水片快速摆动。

总之，利用三个电刷改变正负电刷之间串联的线圈数即可获得不同的转动速度。

2. 鼓风电动机

鼓风电动机是汽车空调上专用的一种电动机，其作用是促进空调内外气体的交换，达到制冷、供暖、除霜和通风的目的。为了便于调节转速，它通常采用永磁式单速电动机，多数安装在暖风机总成内，与其安装在一起的还有调速电阻总成，如图 4-7 所示。鼓风电动机的控制开关安装在空调控制面板上，通过开关改变电动机所串联的电阻值即可达到改变转速的目的(图 4-8)。

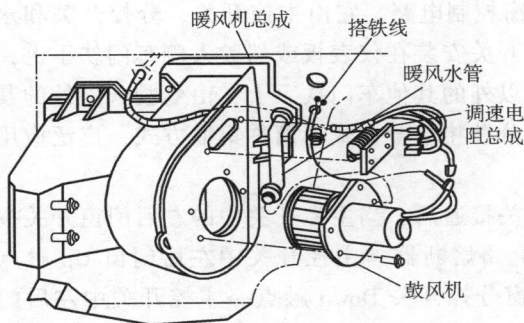

图 4-7　鼓风电动机的安装位置

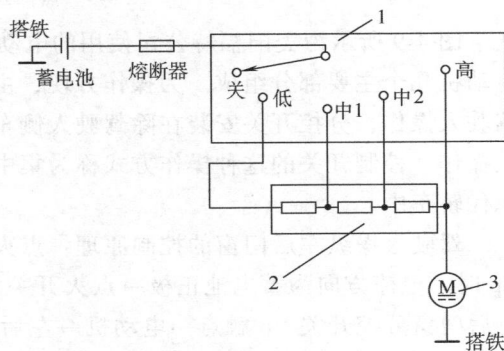

图 4-8　鼓风电动机的控制电路
1—鼓风机开关　2—调速电阻总成　3—鼓风电动机

由图4-8可知,当开关置于低速档时,电流经三个电阻流入电动机,电动机得到的工作电压最低。电动机是单速电动机,工作电压越低,转速越低,因此,电动机以低速运转。开关置于中速1档时,电流经两个电阻流入电动机,电动机得到的电压升高,以中低速运转。开关置于中速2档时,电流经一个电阻流入电动机,电动机所得到的电压进一步升高,它以中高速的转速运转。当开关置于高速档时,蓄电池电压全部加在电动机上,因为电压最高,所以电动机以高速运转。

可见,通过开关改变电动机所串联的电阻值即可达到改变转速的目的。

3. 电动车窗电动机

现代轿车的车窗基本上都采用了电动车窗。电动车窗的电动机,一般采用能双向转动永磁电动机,通过控制电流的方向,使其正反向转动,达到升降车窗玻璃的功能。现以图4-9为例说明其工作原理。

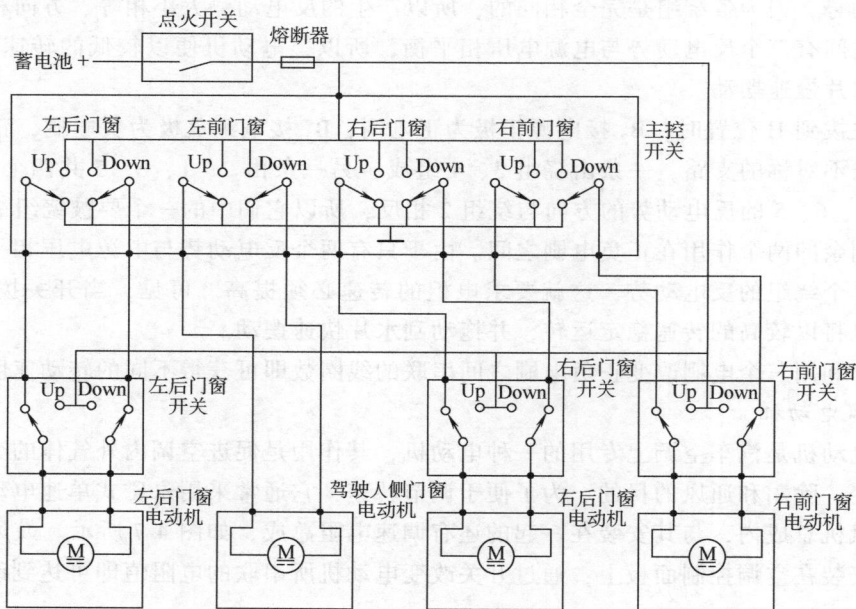

图4-9 福特公司电动门窗控制电路

图4-9所示为美国福特公司使用的电动门窗控制电路,它由主控开关、分控开关和永磁电动机几个主要部分组成。为操作方便,主控开关安装在仪表板或驾驶人侧车门扶手上,由驾驶人操作,分控开关安装在除驾驶人侧车门以外的其他车门扶手上,由驾驶人以外的其他人操作。控制开关的这种操作方式称为集中和分散相结合方式,简称集散方式,广泛应用于现代轿车中。

驾驶人操纵左后门窗的控制原理:点火开关接通后,当主控开关中的左后门窗开关拨到Up时,电流方向为蓄电池正极→点火开关→电路熔断器→主控开关中左后门窗Up触点→左后门窗分控开关Up触点→电动机→左后门窗分控开关Down触点→主控开关中左后门窗Down触点→搭铁。电动机旋转,带动左后门窗玻璃上升。

在点火开关接通时,当主控开关中的左后门窗开关拨到Down时,电流方向为蓄电池正极→点火开关→电路熔断器→主控开关中左后门窗Down触点→左后门窗分控开关Down触点→电动机→左后门窗分控开关 Up 触点→主控开关左后门窗 Up 触点→搭铁。因电流反向，电动机反向旋转，带动左后门窗玻璃下降。

可见，通过开关控制电动机的电流方向，使其正反向转动，从而实现升降玻璃的功能。与此类似，双向永磁电动机也被利用到电动后视镜、电动座椅、电动天窗等系统的控制电路中，在开关控制下，带动部件实现两个方向的运动。

4. 电动门锁电动机

电动门锁是一个电气系统，具有锁门和开门功能，当钥匙开关转到锁止位置时，所有车门同时锁住，当钥匙开关转到开锁位置时，所有车门同时打开。因为一把钥匙可以控制全车的车门，所以也称为中央控制门锁系统。电动门锁系统的电动机一般采用双向永磁电动机，如图 4-10 所示，利用门锁开关控制电动机的电流方向，使连接杆做推拉动作，控制车门的锁止或打开。下面以锁门控制电路为例，说明其工作过程。

图 4-11 所示为美国福特公司采用的门锁控制电路，由门锁开关、继电器和永磁电动机等组成。其中门锁开关是钥匙开关，是可以转动的，转动到不同位置，将使不同的触点闭合。门锁继电器由线圈、触点组成，触点的状态由线圈是否有电流决定，如锁止线圈通电时，触点 5 闭合、触点 6 断开，断电时，触点 5 断开、触点 6 闭合。各门锁电动机是并联在一起的，通电时同时转动，断电时同时停止，步调协调一致。

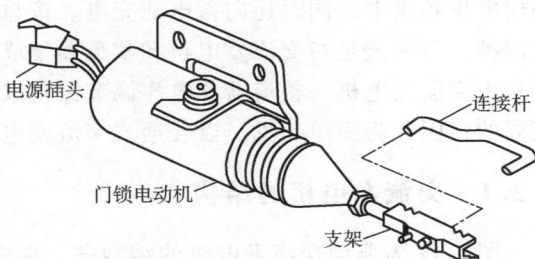

图 4-10　永磁式电动门锁电动机

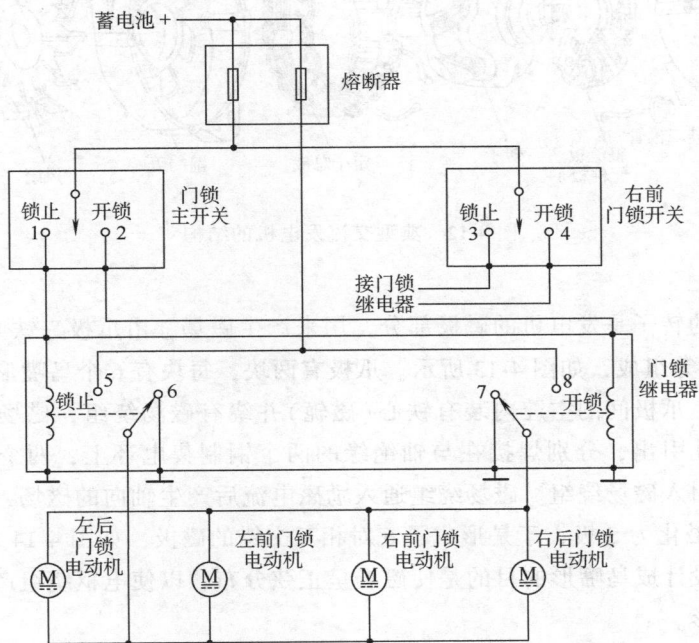

图 4-11　福特公司采用的电动门锁控制电路

锁门的控制过程如下：当门锁主开关转到锁止位置时，触点1闭合，门锁继电器的锁止线圈通电，触点5闭合。这时，各门锁电动机通电，其电流方向为蓄电池正极→门锁继电器触点5→各门锁电动机→门锁继电器触点7→搭铁，电动机旋转并拉动连接杆，将车门锁上。

4.2 汽车交流发电机

交流发电机是汽车的主要电源，其功用是发动机在怠速转速以上运转时，向起动机以外的用电设备供电，同时还向蓄电池充电。按总体结构不同，交流发电机可分为普通式和整体式两种：普通式是指交流发电机和整流器集成在一起组成的发电机系统；而整体式交流发电机是由交流发电机、整流器和电压调节器集成在一起组成的发电机系统。二者的基本组成是相同的，因此为简单起见，以普通式交流发电机为例进行讨论。

4.2.1 交流发电机的结构

图4-12为典型交流发电机的结构图，由图可知，交流发电机由转子、定子、整流器和整流板（或称元件板、散热板）、前后端盖、电刷装置、风扇等组成。

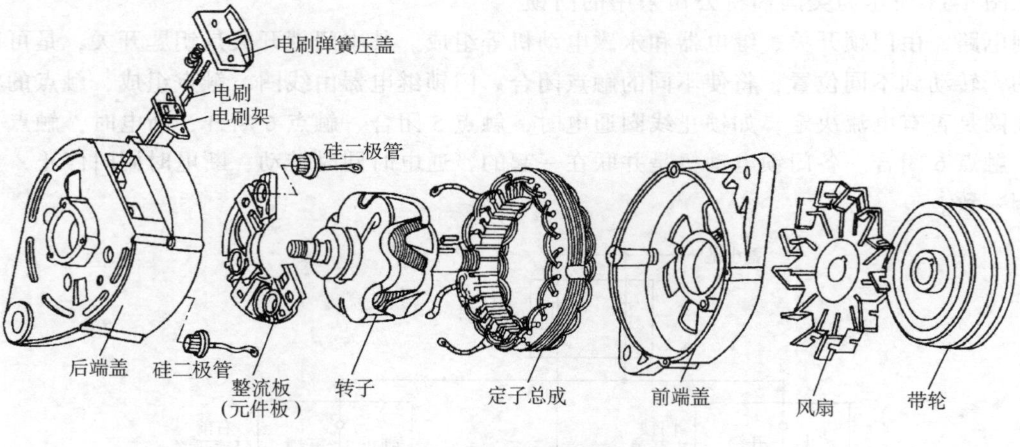

图4-12 典型交流发电机的结构

1. 转子

交流发电机的转子是发电机的磁极部分，用来产生磁场，由爪极、铁心和磁场绕组（励磁绕组）、集电环等组成，如图4-13所示。爪极有两块，每块有6个鸟嘴形磁极，两块爪极压装在转子轴上。爪极间的空腔内装有铁心（磁轭）并绕有磁场绕组，磁场绕组的两端通过内侧爪极上的小孔引出，分别焊接在与轴绝缘的两个铜制集电环上，两个电刷与集电环接触，将直流电源引入磁场绕组。磁场绕组通入励磁电流后产生轴向的磁场，使一块爪极磁化为N极，另一块磁化为S极，于是形成了6对相互交错的磁极，如图4-14所示。

将转子爪极设计成鸟嘴形的目的是使磁场呈正弦分布，以使电枢绕组产生的感应电动势有较好的正弦波形。

2. 定子

交流发电机的定子是发电机的电枢部分，用来产生感应电动势，由定子铁心和对称的三

图 4-13 转子的结构

相电枢绕组组成，如图 4-15 所示。定子铁心由内圆带条形槽的环状硅钢片叠成，各硅钢片之间互相绝缘。三相电枢绕组嵌放在铁心槽内并联结成星形，此时三相绕组引出 4 个接线端，其中 3 个是三相绕组的首端，还有一个是中性点，中性点是由三相绕组的末端接在一起形成的。

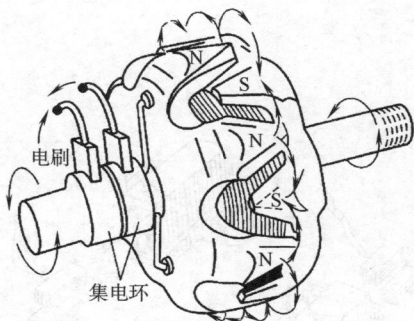

图 4-14 转子的磁场

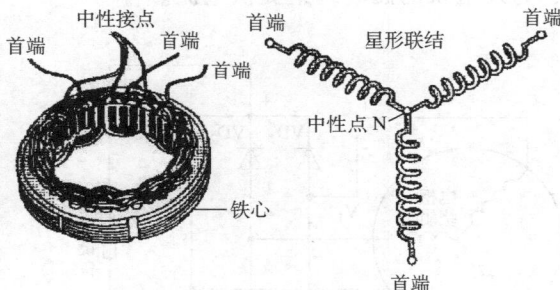

图 4-15 定子结构

为了保证三相电枢绕组产生大小相等、频率相同、相位差 120°（电角度）的对称电动势，三相绕组的绕制和嵌放应遵守以下原则：①每相绕组的线圈个数和每个线圈的匝数应完全相等；②每个线圈的宽度必须相同；③三相绕组的首端在定子槽内的排列必须相隔 120° 电角度。

3. 整流器

交流发电机整流器的作用是将电枢绕组产生的三相交流电变换为直流电，一般是由 6 只专用的整流二极管组成，如图 4-16 所示。在 6 只整流管中，3 只为正极管，另外 3 只为负极管。

正极管的引出极是正极，管壳为负极，管壳底部一般涂有红色标记。在负极搭铁的交流发电机中，3 只正极管的外壳压装在整流板的座孔内，共同组成发电机的正极，并通过固定在整流板上的螺栓引出，作为正极接线柱，标记为 "B"（或 "+""电枢" 等字样）。

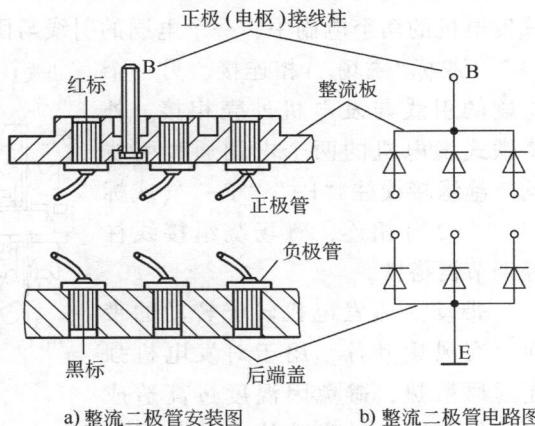

a) 整流二极管安装图　　b) 整流二极管电路图

图 4-16 交流发电机整流器结构示意图

3 只负极管的引出极是负极，管壳为正极，管壳底部涂有黑色标记。3 只负极管的外壳压装在后端盖的座孔内，和发电机外壳一起组成发电机的负极，标记为"E"（或"－"）。

将 3 只正极管的正极与 3 只负极管的负极一一对应连接，就组成了三相桥式整流电路，如图 4-17 所示，它将三相绕组的交流电变换为 12V 的直流电。整流器的工作原理将在第 5 章介绍。

4. 端盖与电刷装置

交流发电机的前后端盖一般由铝合金铸成，因为铝合金为非导磁材料，可减少漏磁，并具有重量轻、散热性好的优点。在前后端盖的轴承孔内嵌有钢套，以提高轴承孔的机械强度和耐磨性。

电刷装置安装在后端盖上，包括电刷、电刷架和电刷弹簧。电刷架有两种形式：外装式和内装式。外装式电刷架拆装方便，只要从发电机的外部拆下电刷弹簧盖板即可拆下电刷，如图 4-18a 所示。而内装式电刷架拆装不便，必须拆开发电机才能拆下电刷，如图 4-18b 所示，因此这种结构将逐渐淘汰。电刷装在刷架内，靠弹簧的压力与转子轴上的集电环保持接触，为发电机的磁场绕组提供电流。

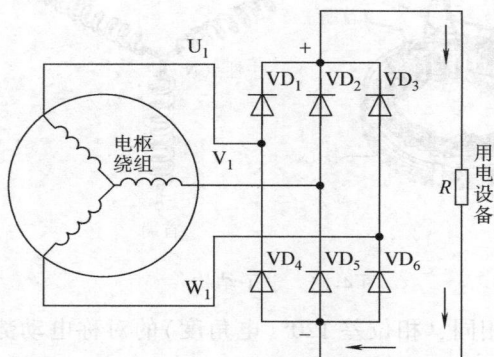

图 4-17 三相桥式整流电路

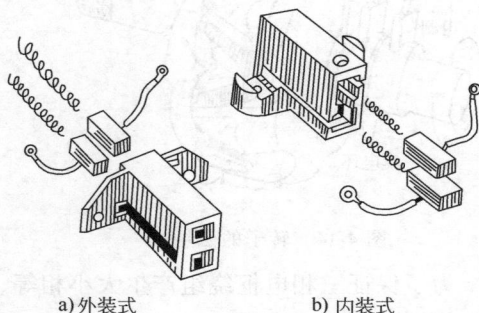

a) 外装式　　　　b) 内装式

图 4-18 发电机电刷装置

电刷引线的接法与交流发电机的类型有关，不同类型的交流发电机其接法不同。内搭铁式发电机的两个电刷中，一个电刷的引线与固定在发电机端盖上并与端盖绝缘的磁场接线柱"F"（或标"磁场"）相连接，另一个电刷的引线与发电机外壳相接。外搭铁式发电机的两个电刷通过引线均与绝缘接线柱"F+""F－"（或标"F1""F2"）相连，磁场绕组接线柱经调节器搭铁。

带动交流发电机转子转动的带轮上有风扇叶片，用于对发电机强制通风散热，避免因温度过高造成发动机烧毁。风扇叶片有外装式和内装式两种，如图 4-19 所示。外装

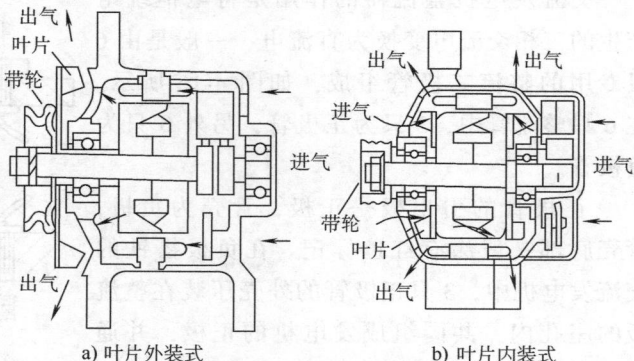

a) 叶片外装式　　　　b) 叶片内装式

图 4-19 交流发电机的通风方式

式叶片安装在发动机壳的外部，并固定在转子轴上。内装式叶片设置在转子上，有利于提高发电机的效率、缩小体积。一般体积大、效率要求不高的发电机采用外装式，体积小、结构紧凑、效率要求较高的发电机，采用内装式。

4.2.2 交流发电机的工作原理与励磁方式

1. 工作原理

三相同步交流发电机的工作原理如图 4-20 所示，发电机的转子为磁极，磁极绕组通过电刷和集电环引入直流电而产生磁场。发电机的定子为电枢，三相电枢绕组按一定的规律分布在定子的槽中，彼此相差 120°电角度。

当转子旋转时，产生一个旋转的磁场，使得相对静止的电枢绕组切割磁力线而产生感应电动势。通过对磁极铁心的特殊设计使磁场近似于正弦规律分布，因此三相电枢绕组产生的感应电动势按正弦规律变化：

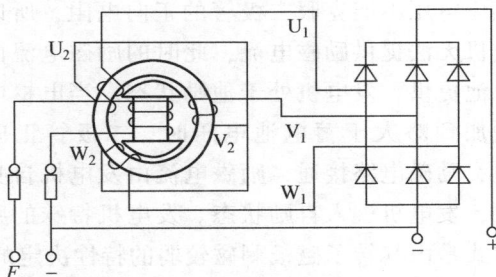

图 4-20 三相同步交流发电机的工作原理

$$e_U = E_m \sin(\omega t) = \sqrt{2} E \sin(\omega t)$$

$$e_V = E_m \sin(\omega t - 120°) = \sqrt{2} E \sin(\omega t - 120°)$$

$$e_W = E_m \sin(\omega t - 240°) = \sqrt{2} E \sin(\omega t - 240°)$$

式中，E 为每相电动势的有效值（V），数值为

$$E = 4.44 K f N \Phi$$

式中，K 为绕组系数，采用整距集中绕组时，$K=1$，整距绕组是指每相绕组的每个线圈宽度等于相邻两磁极中心线的宽度，集中绕组是指每极下每相的所有线圈边都集中在一个槽内；$f = \dfrac{pn}{60}$ 为感应电动势的频率（Hz），其中 p 为磁极对数，n 为发电机转速（r/min）；N 为每相绕组的匝数；Φ 为每极磁通（Wb）。

由上式可推知：

$$E = C_E \Phi n$$

在忽略电阻压降的情况下，每相的感应电压 U 为

$$U \approx E = C_E \Phi n$$

式中，$C_E = 4.44 K N \dfrac{p}{60}$，称为结构常数。

上式表明，在结构常数一定时，每相绕组产生的电压、电动势与转速和磁通量乘积成正比，转速越高、磁通量越大，电压、电动势也越高；相反，电压、电动势越小。掌握这一特点，有利于理解发电机的励磁方式。

交流发电机的另一个部分是整流器，它的工作原理在半导体器件一章中再作介绍。

2. 励磁方式

励磁方式就是发电机磁场产生的方式，汽车发电机采用从他励变换为自励的方式。他励

是指由蓄电池提供的励磁电流产生磁场的方式，自励是指励磁电流由发电机自身提供的方式。为便于理解，以发电机励磁回路为例说明。

励磁回路如图 4-21 所示，它由发电机、蓄电池、调节器组成，发电机的电枢（正极）接线柱经电压调节器接磁场绕组。在发电机低速运转时，因为转子磁极的剩磁很弱，电枢产生的感应电压不能克服二极管的正向电阻，所以发电机无法提供励磁电流，此时的励磁电流由蓄电池提供，发电机处于他励状态。当电枢电压增加到略大于蓄电池电压时，二极管正向导通，励磁电路接通，励磁电流由发电机自身提供，发电机进入自励状态。发电机特殊的励磁方式是由其转子磁极剩磁较弱的特性决定的。

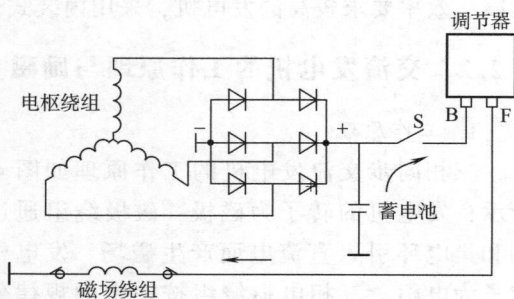

图 4-21　交流发电机的励磁回路

4.2.3　交流发电机的型号

根据我国汽车行业推荐标准 QC/T 73—1993《汽车电气设备产品型号编制方法》的规定，汽车交流发电机的型号由五部分组成：

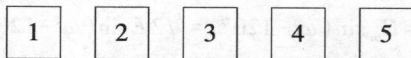

| 1 | 2 | 3 | 4 | 5 |

1）产品代号。由字母表示，有 JF、JFZ、JFB、JFW 4 种，分别表示普通交流发电机、整体式交流发电机、带泵交流发电机和无刷交流发电机。

2）电压等级代号。用一位阿拉伯数字表示，1—12V、2—24V、6—6V。

3）电流等级代号。用一位阿拉伯数字表示，各代号表示的电流等级见表 4-1。

表 4-1　电流等级代号

电流等级代号	1	2	3	4	5	6	7	8	9
电流范围/A	~19	20~29	30~39	40~49	50~59	60~69	70~79	80~89	≥90

4）设计序号。用 1~2 位阿拉伯数字表示产品的顺序。

5）变型代号。用字母表示，交流发电机是以调整臂位置作为变形代号，从驱动端看，Y——右边、Z——左边，无字母则表示在中间位置。

例如，桑塔纳、奥迪轿车用 JFZ1913Z 型交流发电机是电压等级为 12V、电流等级为大于 90A、第 13 次设计、调整臂在左边的整体式交流发电机。

4.3　伺服电动机

伺服电动机是一种利用电压信号控制其转动的电动机。电动机的转速和转向受电压信号的控制，当电压信号的大小和极性改变时，电动机的转速和转向也随之改变，因此又称为电压控制型电动机。

相比于一般电动机，伺服电动机具有可控性好，运行平稳，反应敏捷、快速等优点，在自动控制系统中获得了广泛使用。在汽车上，伺服电动机常用于发动机的节气门开度控制、自动离合器的离合控制等。

- 名词解释：①可控性好是指伺服电动机的转速和转向完全由输入电压的大小、极性决定。②运行平稳是指在较宽的速度范围内，转速随转矩均匀变化。③反应敏捷、快速是指电动机在接到输入电压时能快速起动，失去电压时能迅速停止，不会有自转现象。输入电压为零时电动机继续转动的现象称为自转。

伺服电动机按电源的性质分为直流和交流两种。直流伺服电动机在汽车上经常使用，因此本节重点讨论直流伺服电动机的结构和工作原理。

4.3.1 传统直流伺服电动机

传统直流伺服电动机的结构、工作原理与一般直流电动机基本相同。从结构上看，也包括静止的磁极、转动的电枢和换向器三大部分。从工作原理上看，也是通过电枢电流与磁场相互作用产生电磁转矩，进而驱动电动机旋转。但是直流伺服电动机毕竟是一种特殊电机，在结构、工作原理上有自身的特点。在结构上，相比一般直流电动机，直流伺服电动机的体积较小，为了减少转动惯量，电枢做得细长一些。在工作原理上，直流伺服电动机采用电枢控制方式，即把控制电压加在电枢绕组上而励磁电压保持恒定，当控制电压升高时，电动机的转速随之升高；反之，降低控制电压，电动机的转速随之降低。若控制电压为零，则电动机就停转。这是因为传统的直流伺服电动机只有永磁式和他励式两种，永磁式电动机的磁场由永磁体产生，无法人为调整；而他励式电动机的磁场由励磁电流产生，虽然可以调节，但是在这种方式下，电动机励磁和电枢绕组同时通电运行，损耗较大。此外，励磁绕组电感大，电动机的转速和转向响应励磁电压的变化较慢，因此磁场控制方式很少使用。可见，采用电枢控制方式是由电动机的结构特点和性能要求决定的。

传统直流伺服电动机都带有换向器，其换向时产生的火花会引起电磁干扰，而且换向器的制造工艺复杂，电刷与换向片要定期清理和维护，影响了电动机的可靠性。近年来随着电子技术和传感技术的发展，出现了用电子开关和位置传感器取代换向器的新型无刷直流电动机。

4.3.2 新型无刷直流电动机

无刷直流电动机的结构原理如图 4-22 所示，它由电动机本体、位置传感器和电子开关三部分组成。电动机的定子绕组有三相：U_1U_2、V_1V_2、W_1W_2，分别放置在三个定子上，转子是具有一对磁极的永磁体。三相绕组的首端 U_1、V_1、W_1 相连并接电源的正极，末端 U_2、V_2、W_2 分别接三个开关 a、b、c。三个开关的另一端相连并接电源负极。开关的状态受位置传感器 F 的控制，位置传感器 F 与转子同轴旋转。

当转子处于图示位置时，假定开关 a 闭合，U 相绕组由首端通入的电流，在定子上产生一个 N 极磁场，它吸引转子，使转子 S 极与 U_2 对齐，转子逆时针旋转 $120°$。位置传感器 F 检测到转子的位置变化后，断开 a 开关，同时将 c 开

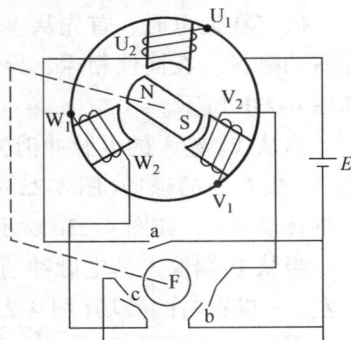

图 4-22 无刷直流电动机
结构原理

关闭合，W 相的电流在定子上仍产生 N 极磁场，它使转子再转过 120°。可见，在位置传感器的控制下，三相绕组轮流通电而在定子上产生一个旋转磁场，驱动转子旋转。

电动机的逆时针旋转假定为反转，则顺时针旋转称为正转。由反转变换为正转，只要改变电源的极性即可。由图可知，当电源反接时，三相绕组的电流反向，旋转磁场也反向，在其作用下，电动机由反向切换到正向转动。因为反转方便且快速，所以无刷直流电动机常用于汽车自动离合器的控制。当电源电压为某一极性时，使电动机反转并驱动离合器分离；当极性相反时，电动机正转使离合器接合。

另外，无刷直流电动机因为没有换向器和电刷，转速较快，可达 7200r/min 以上，所以特别适合做高速电动机。而且不需要维护，可靠性高，因此具有广阔的应用前景。

4.4　步进电动机

步进电动机是一种利用电脉冲控制其转动的电动机，每输入一个电脉冲，步进电动机就转过一个固定的角度或走一段直线距离。改变电脉冲的输入顺序，步进电动机的转向或走向也随之改变，因此又称为脉冲控制型电动机。每输入一个电脉冲步进电动机所转过的角度称为步进角（步距角），它的大小取决于电动机的结构，当结构一定时，步进角是一个定值，因此步进电动机的角度移动或直线移动的精确度极高。又因为其具有调速范围大、起动、反转及制动控制灵活等优点，所以在数字控制系统中，得到了越来越广泛的应用。在汽车上步进电动机用于空气阀的开度控制，如桑塔纳 2000、3000 型，捷达 AT、GTX 型和切诺基吉普车等。

步进电动机按运动方式可分为旋转式和直线式两大类；按结构可分为转子永磁式和磁极永磁式；按励磁的相数分为二相、三相、四相、五相等。

步进电动机的种类虽然很多，但工作原理大致相同，都是利用同性相斥、异性相吸的原理。下面以汽车上常用的转子永磁式步进电动机为例，简要介绍其结构和工作原理。

4.4.1　转子永磁式步进电动机的结构和工作原理

图 4-23a 是转子永磁式步进电动机的结构原理图。由图可见，转子是一个有一对磁极（N 极和 S 极）的永磁体，定子的磁极上绕有两相绕组：UU$_1$、VV$_1$，其中 U、V 为首端，U$_1$、V$_1$ 为末端。

假定在通电时，首先从 V$_1$ 输入一个电脉冲，在其作用下绕组产生一个 S 极在左、N 极在右的磁场。在同性相斥、异性相吸原理作用下，转子由 U 相位置沿逆时针方向转动 90°，如图 4-23b 所示。

当从 V$_1$ 输入的电脉冲消失后，再从 U 端输入另一个脉冲信号时，绕组产生一个 N 极在上、S 极在下的磁场（图 4-23b）。在同性相斥、异性相吸原理作用下，转子就会沿逆时针方向再转动 90°，如图 4-23c 所示。

当从 U 端输入的电脉冲消失后，再从 V 端输入另一个脉冲信号时，绕组产生一个 N 极在左、S 极在右的磁场（图 4-23c）。在同性相斥、异性相吸原理作用下，转子就会沿逆时针方向再转动 90°，如图 4-23d 所示。

当从 V 端输入的电脉冲消失后，再从 U$_1$ 输入另一个脉冲信号时，绕组产生一个 N 极在

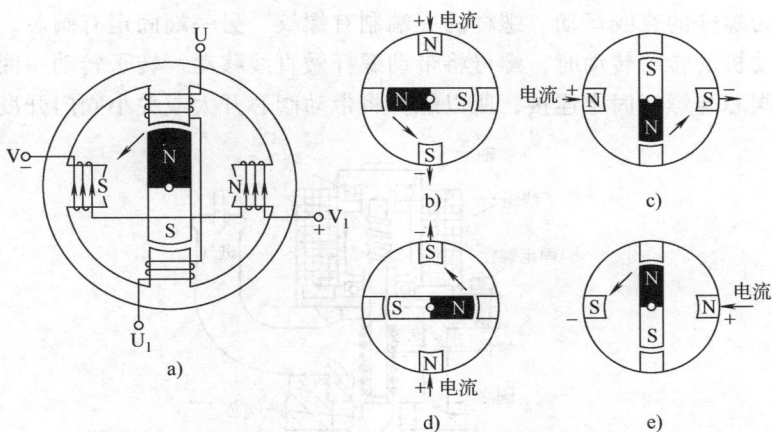

图 4-23　转子永磁式步进电动机的结构原理图

下、S 极在上的磁场（图 4-23d）。在同性相斥、异性相吸原理作用下，转子就会沿逆时针方向再转动 90°，如图 4-23e 所示。

如果依次按 V₁→U→V→U₁ 的顺序向绕组输入 4 个脉冲信号，电动机就会沿逆时针方向转动一圈。同理，如果依次按 V₁→U₁→V→U 的顺序里输入 4 个脉冲信号，电动机就会沿顺时针方向转动一圈。

可见，步进电动机的转角和转向受电脉冲的控制，输入的电脉冲越多，转角越大，改变电脉冲的输入顺序，则电动机的转向也随之改变。所以步进电动机是脉冲控制型电动机。

步进电动机每输入一个电脉冲所转过的角度叫步进角（步距角）。步进角的大小与步进电动机的结构有关，具体而言，与定转子的磁极数有关，二者成反比关系，磁极数越多，步进角越小，但控制精度越高。常用步进电动机的磁极数通常较多，因此它们的步进角一般较小。其他常见步进角有 30°、15°、11.25°、7.5°、3.75°、2.5°、1.8°等。

除了步进角之外，步进电动机的转速也与控制脉冲有关，转速与控制脉冲的频率成正比，频率越高，转速越快。

上述分析只是定性分析，如果需要定量分析应使用计算公式。步进角 θ_b 的计算公式为

$$\theta_b = \frac{360°}{mp}$$

转速 n 的计算公式为

$$n = \frac{60f\theta_b}{360°} = \frac{60f}{mp}$$

式中，f 为电脉冲的频率；m 为步进电动机的拍数，定子绕组每变化一次通电方式称为一拍，在一个通电循环中通电方式变化 m 次称为 m 拍；p 为转子极对数。

4.4.2　转子永磁式步进电动机的应用

转子永磁式步进电动机在汽车上常用于控制空气阀的开度即开启程度，其控制原理以步进电动机式怠速控制阀为例说明。

图 4-24 是步进电动机式怠速控制阀的结构原理图，控制阀由步进电动机和空气阀组成。其中空气阀包括螺母、螺杆、阀芯和阀座。螺母与转子制成一体，它与螺杆配合可将转子的

旋转运动转变为螺杆的直线运动。螺杆的一端制有螺纹，另一端固定有阀芯。

当步进电动机的转子转动时，螺母将带动螺杆做直线移动。转子转动一圈，螺杆移动一个螺距。因为阀芯与螺杆固定连接，所以螺杆将带动阀芯开大或关小阀门开度。

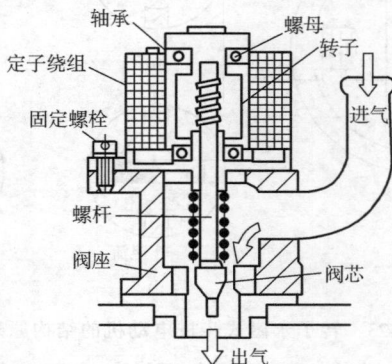

图 4-24　步进电动机式怠速控制阀的结构原理

4.5　三相异步电动机

三相异步电动机又称三相感应式电动机，是一种交流电动机，其功能是将电能转换成机械能。按照转子结构不同，分为三相笼型异步电动机和三相绕线型异步电动机两种，因为三相笼型异步电动机相比于三相绕线型异步电动机具有结构简单、使用方便、运行可靠、成本低廉等优点，所以它在新兴的电动汽车上获得了广泛使用，如我国企业以及欧美企业生产的电动大客车首选三相笼型异步电动机驱动系统。此外，三相笼型异步电动机在汽车制造企业和汽车维修企业使用也很广泛，如汽车制造企业中的各种机床、车身悬挂输送系统，汽车维修企业的举升机、天车、电动葫芦等设备大多使用三相笼型异步电动机拖动系统。本节重点介绍三相笼型异步电动机的结构及工作原理。

4.5.1　三相异步电动机的基本结构

三相笼型异步电动机的结构如图 4-25 所示，它由定子和转子两部分组成。定子、转子之间有一个很小的间隙，称为气隙，中小型异步电动机的气隙一般在 $0.2\sim2\text{mm}$。此外，还有端盖、接线盒、风扇及风扇罩等部件。

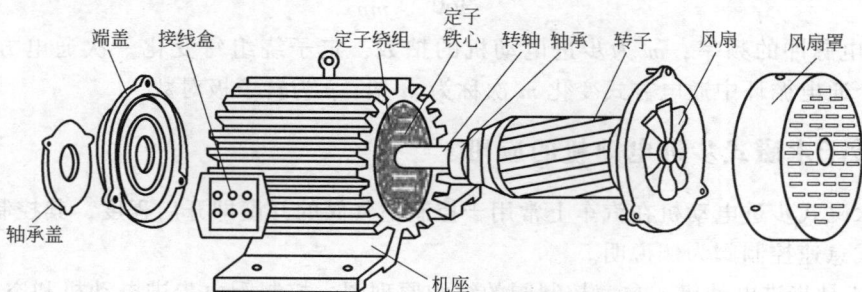

图 4-25　三相笼型异步电动机的结构

1. 定子

定子是电动机的静止部分，主要由机座、定子铁心和定子绕组三部分组成。

机座的作用有两个：一是固定定子铁心与前后端盖，二是防护与散热。为了增强散热能力，在机座外表面通常设有许多散热筋。机座通常为铸铁件，大型异步电动机采用钢板焊接机座，而微型异步电动机采用铸铝机座。

定子铁心的作用也有两个：一是作为电动机定子的磁路部分，二是安放定子绕组。为了减少旋转磁场在铁心中引起的涡流损耗与磁滞损耗，定子铁心用导磁性能好、表面有绝缘层的硅钢片叠压而成。为了安放定子绕组，在定子铁心内表面开有许多均匀分布的槽，常见的槽形有半闭口槽、半开口槽和开口槽三种。定子铁心的外形、叠片及槽形如图 4-26 所示。

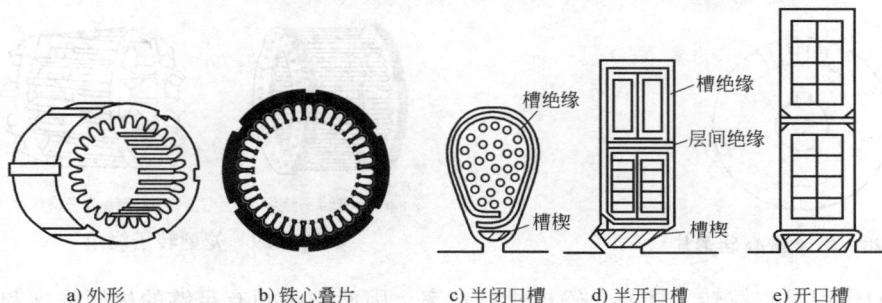

a) 外形   b) 铁心叠片   c) 半闭口槽   d) 半开口槽   e) 开口槽

图 4-26 定子铁心

定子绕组是电动机定子的电路部分，由 3 个完全相同的绕组（匝数、形状、尺寸均相同）组成，称为三相对称绕组，记为 U 相、V 相和 W 相，每相首末端分别用 U_1 和 U_2、V_1 和 V_2、W_1 和 W_2 表示。三相对称绕组嵌放在铁心内表面的槽中，在空间相隔 120°电角度。为了连接电源，三相对称绕组的 6 个出线端都引到位于机座外侧的接线盒内，与 6 个接线柱相接，连接情况如图 4-27a 所示。在接线盒中，若三相绕组末端 W_2、U_2、V_2 用金属片短接，首端 U_1、V_1、W_1 接三相电源，则三相绕组接成星形（丫形）；若三相绕组首末端依次相连，即 W_2 与 U_1、U_2 与 V_1、V_2 与 W_1 用金属片短接，并外接三相电源，则三相绕组接成了三角形（△形）。两种接法如图 4-27b、图 4-27c 所示。

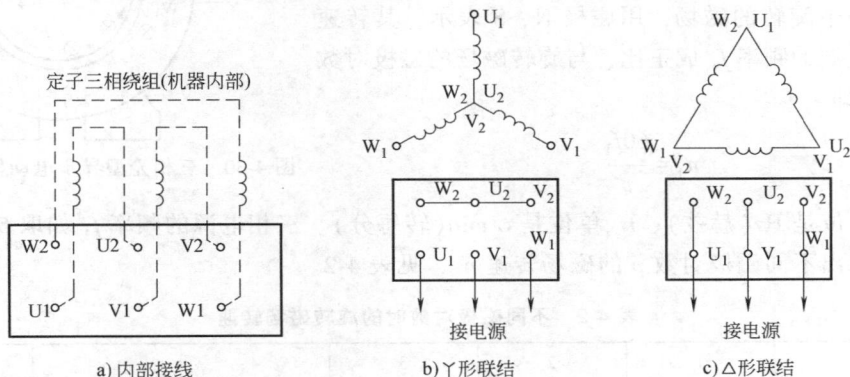

a) 内部接线   b) 丫形联结   c) △形联结

图 4-27 接线

2. 转子

转子是电动机的转动部分，主要由转子铁心、转子绕组和转轴三部分组成。

转子铁心的作用是作为电动机转子的磁路及安放转子绕组。转子铁心是由圆形的硅钢片（图 4-28）叠压而成，通过中央的通孔固定在转轴上。在铁心外表面均匀分布着许多槽，用于嵌放转子绕组。

转子绕组是转子的电路部分。按照制造工艺不同，转子绕组有两种：铜排转子绕组和铸铝转子绕组，如图 4-29 所示，因两种绕组的形状像一个松鼠笼子，故统称为笼型转子绕组。笼型铜排绕组是用铜条插入转子槽，铜条两端再用铜环焊接起来制成的；而笼型铸铝绕组是采用浇注铝液的方式，将绕组的导条和端环以及风扇的叶片一次铸成。高压和大功率异步电动机常用铜排转子绕组，而中、小功率的异步电动机，为简化工艺、降低价格，采用铸铝转子绕组。

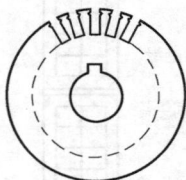

图 4-28　转子铁心硅钢片

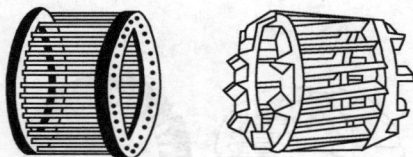

a) 铜排转子绕组　　　b) 铸铝转子绕组

图 4-29　笼型转子绕组

转轴的作用是支撑转子铁心、输出机械功率，因此它必须有足够的机械强度和刚度，以防断裂。转轴一般用中碳钢制成，做成细长的圆柱形，在轴端有键槽，以固定带轮或联轴器。

4.5.2　三相异步电动机的工作原理

图 4-30 是三相异步电动机的工作原理，定子三相绕组 U（U_1U_2）、V（V_1V_2）、W（W_1W_2），每相绕组两端相隔 180°电角度，而三相绕组在空间彼此相差 120°电角度。设三相绕组接成星形，当通入三相对称电流（大小相等、频率相同、相位差为 120°的三相电流）时，理论分析表明，在电动机内部空间将产生一个旋转的磁场，用磁极 N、S 表示，其转速 n_1 与三相电源的频率 f_1 成正比、与旋转磁场的磁极对数 p 成反比，即

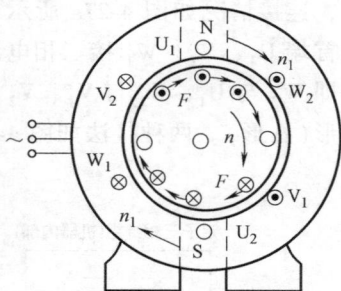

图 4-30　三相笼型异步电动机工作原理

$$n_1 = \frac{60f_1}{p}$$

式中，f_1 单位是 Hz（赫兹）；n_1 单位是 r/min（转每分）。三相电源的频率 f_1 如取 50Hz，则根据上式可求出不同磁极对数 p 的磁场转速 n_1，见表 4-2。

表 4-2　不同磁极对数时的旋转磁场转速

p	1	2	3	4	5	6
$n_1/$（r/min）	3000	1500	1000	750	600	500

旋转磁场的转向由通入定子绕组的三相电流的相序决定，所谓相序是指三相电流达到正最大值的时间顺序。设定子三相电流的相序为 U→V→W，波形如图 4-31 所示，则旋转磁场

顺时针旋转；若改变三相电流的相序为 U→W→V，则旋转磁场变为逆时针旋转。在实际中，用对调三根电源线中任意两根的方法来改变三相电流相序。

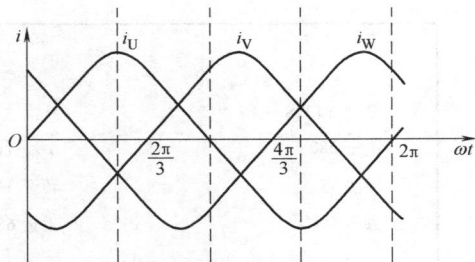

图 4-31　三相电流的相序

旋转磁场以转速 n_1 顺时针旋转后，根据相对运动原理，转子导体将逆时针方向切割磁力线而产生感应电动势和感应电流。用右手定则判定其方向，在转子导体上半部分流出纸面（用 ⊙ 表示），下半部分流入纸面（用 ⊗ 表示）。载流的转子导体在旋转磁场中要受到电磁力的作用。用左手定则判定，转子上半部分导体所受电磁力 F 的方向向右；下半部分导体所受电磁力 F 的方向向左。这两个电磁力对转子转轴形成电磁转矩，使转子沿磁场方向（顺时针）旋转，转速为 n。

转子的转动方向与磁场旋转方向虽然相同，但其转速却小于磁场转速，即 $n<n_1$。因为，如果二者相等，则转子导体与旋转磁场间就没有相对运动，转子导体就不再切割磁力线，转子感应电动势、感应电流和电磁转矩就不复存在。这样，转子就不可能继续以磁场速度转动。因此，转子转速与磁场转速必须要有差异，这就是"异步"名称的由来。

为了衡量转子转速与磁场转速的差异程度，引出了转差率的概念。转差率 s 定义为磁场转速 n_1 与转子转速 n 之差（称为转差）Δn 与磁场转速 n_1 之比，即

$$s=\frac{\Delta n}{n_1}=\frac{n_1-n}{n_1}$$

在电动机起动初始瞬间，转子尚未转动，$n=0$，$s=1$，达到最大值；随着转速 n 的上升，转差率 s 逐步下降；当转速 $n=n_N$（额定转速）时，转差率 s_N 降到很小的数值，一般为 $0.01\sim0.05$，转差率取值范围为 $0\leqslant s<1$。

例 4-1　某三相异步电动机，额定转速 $n_N=1460\text{r/min}$，电源频率 $f_1=50\text{Hz}$，求该电动机的旋转磁场转速 n_1、磁极对数 p 和额定转差率 s_N。

解：在额定负载下，转差率很小，额定转速接近磁场转速，但又小于磁场转速，由此可推知磁场转速 $n_1=1500\text{r/min}$。

磁极对数

$$p=\frac{60f_1}{n_1}=\frac{60\times50}{1500}=2$$

额定转差率

$$s_N=\frac{n_1-n_N}{n_1}=\frac{1500-1460}{1500}\approx0.027$$

4.5.3　三相异步电动机的铭牌数据

每台电动机的外壳上都装有一块金属牌，称为铭牌，铭牌上面标明这台电动机的型号、主要技术参数等，是正确、合理地使用电动机的主要依据。对从事汽车专业的人员的要求是，必须能看懂铭牌。现以 Y132S—4 型三相异步电动机的铭牌（图 4-32）为例，说明各部分的意义。

三相异步电动机

型号 Y132S—4	功率 5.5kW	防护等级 IP44
电压 380V	电流 11.6A	功率因数 0.84
接法 △	转速 1440r/min	绝缘等级 B
频率 50Hz	重量 68kg	工作方式 S1

×××电机厂

图4-32 Y132S—4型三相异步电动机的铭牌

1. 型号

```
Y  132  S—4
```
- 磁极数
- 机座长度代号(S—短机座；M—中机座；L—长机座)
- 中心高度(单位：mm)
- 三相异步电动机

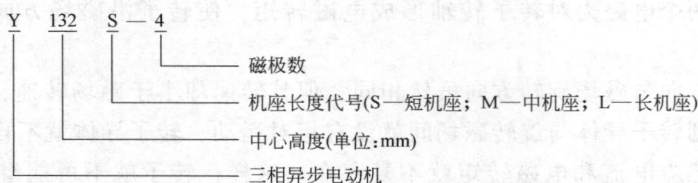

异步电动机的产品名称、代号及其意义见表4-3。

表4-3 异步电动机产品名称、代号及其意义

产品名称	代号	意义
异步电动机	Y,Y2,Y3	异
绕线转子异步电动机	YR	异绕
防爆型异步电动机	YB	异爆
高起动转矩异步电动机	YQ	异起

小型Y系列笼型异步电动机是20世纪80年代初开始生产的产品，封闭自冷式，定子绕组为铜线，功率0.55~90kW。

Y2和Y3系列是三相异步电动机的第2次和第3次更新产品，比Y系列节能、效率高、起动转矩大、绝缘等级高(采用F级绝缘)。

2. 额定电压

额定电压 U_N 是指电动机在额定运行时定子绕组上应加的线电压值。一般规定电动机的电源电压不应高于或低于额定值的5%。

当电源电压高于额定值时，磁通将增大(因 $U_1 \approx 4.44f_1N_1\Phi$)。若所加电源电压相对额定电压高出许多，将使励磁电流大大增加，电流超过额定值，使绕组过热。同时，由于磁通的增大，铁损耗(与磁通平方成正比)也随之增大，使定子铁心过热。

但常见的是电源电压低于额定值。这时引起转速下降、电流增加。如果满载或近似满载，电流增加之后会超过额定值，使绕组过热。还必须注意，在低于额定电压下运行时，和电压(U_1)平方成正比的最大转矩 T_{max} 会显著下降，这对电动机的运行也是不利的。

三相异步电动机的额定电压有380V、3000V及6000V等多种。

3. 接法

铭牌上的接法是指定子三相绕组的接法，有星形(Y)和三角形(△)两种。电动机接成哪

一种，视额定电压的种类而定，若额定电压只有一种，则接法就只有一种；若额定电压有两种，则接法就有两种。比如 Y 系列的电动机额定电压 U_N 只有 380V 一种，当 $P_N \leqslant 3kW$ 时，定子绕组都是丫形联结；当 $P_N \geqslant 4kW$ 时，定子绕组都是△形联结。又比如，有些电动机额定电压有 380V/220V 两种，其接法对应的也有丫和△两种。其中，额定电压为 380V 时，定子三相绕组接成丫形；当额定电压为 220V 时，定子三相绕组应接成△形。

4．额定电流

额定电流 I_N 是指电动机在额定运行时定子绕组的线电流值。额定电流种类的数量与定子绕组的接法相对应，若电动机只有一种接法，则额定电流值也只有一种；如果有两种接法，则额定电流值就有两个。比如，Y132S—4 型电动机中，定子绕组的接法只有△形一种，故额定电流只有 11.6A 一个。当某些电动机的接法有丫形和△形两种时，则对应的额定电流分别为 6.3A 和 10.9A，它表示定子绕组接成丫形时线电流值为 6.3A，定子绕组接成△形时线电流值为 10.9A。

5．额定功率因数

额定功率因数 $\cos\varphi_N$ 是指电动机在额定运行时定子电路的功率因数，一般为 0.7～0.9。

6．额定功率与效率

额定功率 P_N 定义为电动机在额定运行时转轴上输出的机械功率。因为电动机在运行中会产生各种功率损耗（铜损耗、铁损耗及机械损耗等），所以输出功率 P_{2N} 是小于输入功率 P_{1N} 的。输出功率 P_{2N} 与输入功率 P_{1N} 之比定义为效率 η_N，即

$$\eta_N = \frac{P_{2N}}{P_{1N}} \times 100\%$$

以 Y132S—4 型电动机为例：

输出功率 $P_{2N} = 5.5kW$

输入功率 $P_{1N} = \sqrt{3} U_L I_L \cos\varphi = \sqrt{3} \times 380 \times 11.6 \times 0.84kW \approx 6.4kW$

效率 $\eta_N = \dfrac{P_{2N}}{P_{1N}} = \dfrac{5.5}{6.4} \approx 86\%$

一般异步电动机在额定运行时的效率 $\eta_N = 72.5\% \sim 94.5\%$。

异步电动机的效率高低与负载轻重有关，当电动机处于满载或接近满载状态时，效率最高，即 $\eta = \eta_N$；而轻载或空载状态下运行时，η 很低。因此，在使用电动机时，一是要创造条件使电动机工作在满载或接近满载状态；二是力求缩短空载运行时间。

7．额定转速

额定转速 n_N 是指电动机额定运行时的转子转速，单位为 r/min（转每分）。它接近但略低于旋转磁场转速，如 Y132S—4 型电动机的额定转速 $n_N = 1440r/min$，磁场转速为 $n_1 = 1500r/min$，n_N 略低于 n_1。

8．工作方式

电动机的工作方式有 10 种，分别用字母 S1～S10 表示。常见的有连续工作方式（S1）、短时工作方式（S2）和断续周期性工作方式（S3）。

9．绝缘等级

绝缘等级是电动机绕组所用的绝缘材料的耐热等级，它决定了电动机工作时允许的最高

温度。表4-4列出了绝缘等级和极限温度。

表4-4 绝缘等级和极限温度

绝缘等级	130（B）	155（F）	180（H）
极限温度/℃	130	155	180

10. 防护等级

防护等级是电动机外壳防护形式的分级。按照国家标准（GB/T 4942.1—2006《旋转电机整体结构的防护等级（IP代码）分级》，"IP44"中的IP是国际防护标准的表征字母，第一个4表示本台电动机可防止大于1mm的固体异物进入，第二个4表示电机可防止水滴溅入。

除上述铭牌数据外，异步电动机还有过载系数、起动能力等技术数据，可通过电工手册和产品目录查找。

4.5.4 三相异步电动机驱动系统在电动汽车中的应用

以前，几乎所有的车辆牵引电动机均为直流电动机，这是因为直流牵引电机具有起动加速时驱动力大、调速控制简单、技术成熟等优点。但是近30年来，由于电力电子器件及其技术的迅速发展，具有三相异步电动机(以下简称异步电机)驱动系统的电动汽车，其研制开发不断取得新突破。下面简单介绍异步电机驱动系统的组成与原理。

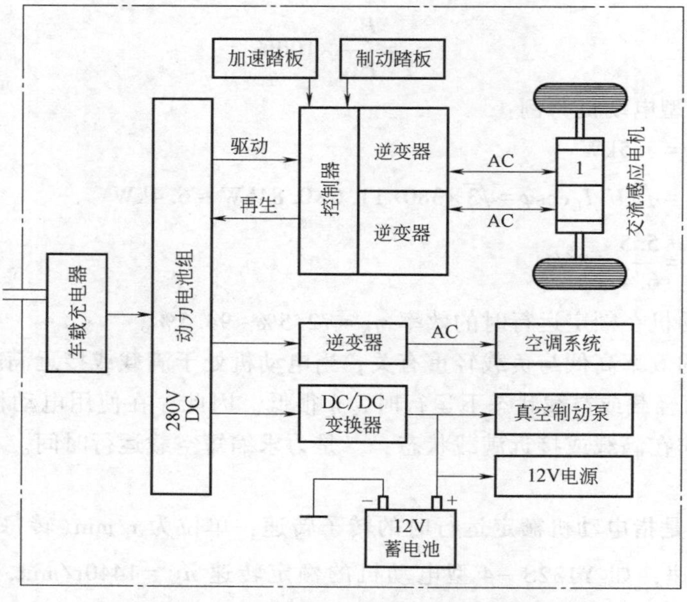

图4-33 电动汽车异步电机驱动控制系统框图

图4-33是典型的电动汽车异步电机驱动控制系统，它主要由四个子系统组成：驱动子系统、冷却子系统、车身控制子系统和能量管理子系统。驱动子系统中，动力电池组的电流经动力分配单元送入系统控制器，系统控制器将直流电逆变成交流电驱动电机旋转，电机输出的转矩经机械传动装置带动车轮前进或后退。当汽车制动减速时，车轮带动电机转动，通

过矢量控制使电机成为发电机产生电能，经系统控制器逆变成直流电后向动力电池组充电，这一过程称为再生制动，具有再生制动的电动汽车使一次充电后的续驶里程增加 10% ~ 15%。对于异步电机驱动系统，动力电池组电压一般为 300~400V。

本 章 小 结

（1）直流电动机由磁极、电枢和换向器三部分组成。电枢通电后在磁场中受力而转动，电枢转动的同时会产生反电动势。直流电动机有四种励磁方式：他励、并励、串励和复励，不同励磁方式的直流电动机，机械特性差别很大，适用于不同的场合，汽车用起动电动机要求起动转矩大，因而采用串励式直流电动机。

（2）汽车发电机是一个三相交流发电机，由定子和转子两部分组成，转子在发动机带动下转动并产生旋转磁场，定子三相绕组切割磁力线而产生三相交流电。三相交流电经整流后变为直流电，供给汽车电器使用。

（3）伺服电动机是一种利用电压信号控制其转动的电动机，具有可控性好、运行平稳、反应敏捷、快速等优点，在汽车上常用于发动机的节气门开度控制和自动离合器的控制等。

（4）步进电动机是一种利用电脉冲控制其转动的电动机，每输入一个电脉冲，步进电动机就转过一个固定的角度或走一段直线距离。改变电脉冲的输入顺序，步进电动机的转向或走向也随之改变。其位移和定位精确度极高，调速范围大，起动、反转及制动控制灵活，因而得到了越来越广泛的应用，在汽车上常用于空气阀的开度控制。

（5）三相异步电动机基本组成是定子和转子，定子主要由机座、定子铁心和定子绕组组成，转子主要由转子铁心、转子绕组和转轴组成。

三相异步电动机转动原理就是磁场与电流相互作用原理。定子绕组通入三相电流产生一个在电动机内部空间旋转的磁场，它切割转子导体产生感应电流，该电流与磁场相互作用形成电磁转矩，在电磁转矩的驱动下，转子沿磁场方向转动起来。异步电动机的转速低于磁场转速，二者相差的程度用转差率 s 表示，即

$$s = \frac{\Delta n}{n_1} = \frac{n_1 - n}{n_1}$$

式中，n_1 为定子磁场转速；n 为电动机转子转速。

三相异步电动机的铭牌数据是正确、合理地使用电动机的重要依据。本节通过一个具体的铭牌说明了各部分的意义。

典型的电动汽车异步电机驱动控制系统主要由四个子系统组成：驱动子系统、冷却子系统、车身控制子系统和能量管理子系统。驱动子系统中，动力电池组的电流经动力分配单元送入系统控制器，系统控制器将直流电逆变成交流电驱动电机旋转，电机输出的转矩经机械传动装置带动车轮前进或后退。当汽车制动减速时，车轮带动电机转动，使电机成为发电机产生电能，经系统控制器逆变成直流电后向动力电池组充电，这一过程称为再生制动。

练 习 题

4-1　当负载增加时，直流电动机的电磁转矩是如何平衡的？

4-2　串励式直流电动机有哪些特点？为什么汽车起动机要用串励式直流电动机？

4-3　直流电动机在起动的瞬间为什么电流最大？

4-4 若使直流电动机反转，应采取何种措施？

4-5 用转速公式说明，直流电动机的调速方法有几种、特点如何、适用什么场合？

4-6 分析图 4-11 电路，说明车门开锁的工作原理。

4-7 以普通汽车交流发电机为例，说明其组成及各部分的作用。

4-8 汽车交流发电机的硅二极管有正负之分，如何加以区分？请画出它们组成的三相整流电路的接线图。

4-9 汽车用交流发电机的定子和转子与一般直流电动机的定子和转子的作用是否相同？为什么？

4-10 汽车用交流发电机励磁方式是什么？为什么采用此种励磁方式？

4-11 请说明 JFZ1813Z 型汽车交流发电机的型号意义。

4-12 传统直流伺服电动机的转速 n 大小取决于哪几个因素？当磁通 Φ 和转矩 T 一定时，转速 n 由谁决定？

4-13 当传统直流伺服电机的励磁电压 U_f 和控制电压 (电枢电压) U_c 不变时，如将负载转矩减小，试问这时电枢电流 I_a、电磁转矩 T 和转速 n 如何变化？

4-14 步进电动机因何而得名？步进角是如何定义的，其大小取决于哪些因素？步进电动机的转速与哪些因素有关？如何改变其转向？

4-15 说明三相异步电动机中笼型与绕线型结构上有何不同。

4-16 三相异步电动机旋转磁场是由谁产生的？其大小和方向与哪些因素有关？

4-17 已知某三相异步电动机，额定转速 $n_N = 1430 \text{r/min}$，电源频率 $f_1 = 50 \text{Hz}$，求旋转磁场转速 n_1、磁极对数 p、转速差 Δn 及额定转差率 s_N。

4-18 电动机的功率是指输出机械功率还是输入电功率？额定电压是指线电压还是相电压？额定电流是指定子绕组的线电流还是相电流？功率因数 $\cos\varphi$ 的 φ 角是定子相电流与相电压间的相位差还是线电流与线电压间的相位差？功率因数和效率在电动机何种运行状态下最低？又如何预防？

4-19 在电源电压不变的情况下，如果电动机的三角形联结误接成星形联结，或者星形联结误接成三角形联结，其后果如何？

4-20 说明异步电机驱动系统的优点，并举出几个使用该系统的汽车实例。

第 5 章
半导体器件及应用

✏️ **学习目标：**

- 理解半导体的概念及特性，了解其晶体结构和导电方式；理解 PN 结的概念和特性；了解二极管的结构、符号和主要参数的意义，掌握其伏安特性、检测方法及在汽车电子电路中的应用；了解特殊二极管符号、工作原理、特性及在汽车电子电路中的应用。
- 了解晶体管的结构、工作原理和主要参数的意义，掌握其伏安特性和检测方法；了解晶体管基本放大电路的组成、工作原理、性能指标的意义、各类放大电路的特点及在汽车上的应用；掌握晶体管的开关条件和特点，学会分析汽车开关电路；了解其他半导体器件的结构、符号、工作原理、特性及在汽车上的应用。
- 掌握集成运放工作在线性区及非线性区的特点，学会分析其线性和非线性应用电路，了解其在汽车电子电路中的应用。

半导体器件种类很多，常用的有二极管、晶体管、集成运算放大器等，在各种电子电路中使用广泛。同时，一些具有特殊功能的半导体器件在电子电路中也起着非常重要的作用。因此，本章从半导体的基础知识入手，介绍常用二极管、晶体管的结构、原理、特性和应用，特殊半导体器件的特性及应用，集成运算放大器的特点及应用，为今后学习汽车专业课打好基础。

5.1 半导体基础知识

5.1.1 半导体

传导电流的能力简称导电能力。凡是导电能力介于导体和绝缘体之间的物质，统称半导体。如硅(Si)、锗(Ge)、硒(Se)、砷化镓(GaAs)以及大多数的金属氧化物和硫化物等都是半导体。其中硅、锗是常用的半导体。

相比于其他物质，半导体具有热敏性、光敏性和掺杂性三种特殊的导电性质。热敏性是指一些金属氧化物(钴、锰、镍等的氧化物)半导体对温度十分敏感，环境温度升高时，它们的导电能力明显增强。光敏性是指一些硫化物与硒化物(镉、铅等的硫化物与硒化物)半导体对光照十分敏感，光照增强时，其导电能力随之增强；无光照时，又变得像绝缘体一样不导电。掺杂性是一种更重要的特性，指在纯净的半导体中掺入微量的有用杂质，使半导体导电能力大大增强的特性。半导体的上述三种特性是十分有用的，在实际中，利用这三种特性，生产了许多电子器件。如电子电路中使用的热敏器件、光电(光敏)器件，二极管、晶体管、场效应管及晶闸管等都是利用上述特性生产出来的。

为什么半导体具有这些特殊的导电性质呢？根本原因在于物质内部的特殊性，包括结构上的特殊性和导电原理的特殊性。下面简单介绍一下这方面的内容。

1. 本征半导体

图5-1a和图5-1b分别是硅和锗原子结构示意图，它们最外层都有四个电子，称为价电子，因此都是四价元素。价电子直接影响半导体的导电性能，因此常常把完整的原子结构用简化图形表示，如图5-1c所示。

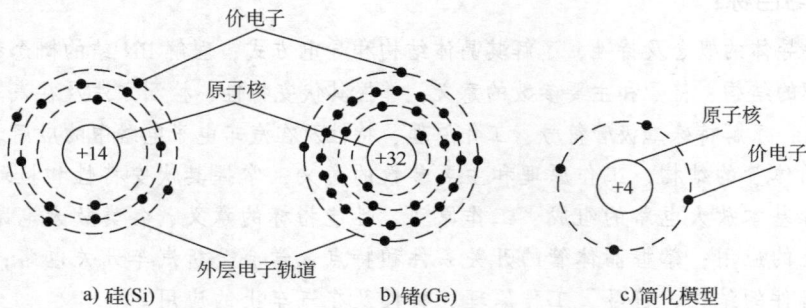

a) 硅(Si)　　　　　　　b) 锗(Ge)　　　　　　　c) 简化模型

图5-1　硅和锗的原子结构

在硅和锗的晶体中，原子按一定的规律整齐地排列着，每一个原子都与相邻的四个原子结合，并且距离相等，如图5-2所示。由于距离很近，最外层的价电子不仅受自身原子核的束缚，而且受相邻原子核的吸引，成为共有价电子。两个相邻原子共有一对价电子的现象称为共价键结构。在硅和锗的晶体中，每个原子和相邻的四个原子就是靠共价键紧密而牢固地结合在一起。因此，半导体晶体的结构就是共价键结构。共价键结构是半导体晶体在结构上的本质特征，因此又称为本征半导体。

具有共价键结构的本征半导体有下述特点：

1）本征半导体的共价键对价电子的束缚力较强，不像自由电子那样活泼，因此本征半导体的导电性能不如导体。

2）共价键中的少量价电子在温度升高或光照的激励下，获得足够的动能，将挣脱共价键的束缚成为自由电子，如图5-3所示。自由电子带负电荷，在外电场的作用下，逆着电场方向做定向运动，形成电子电流。因此，自由电子是本征半导体的载流子之一。

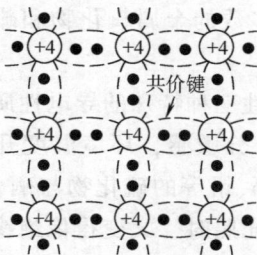

图5-2　硅和锗晶体的共价键结构

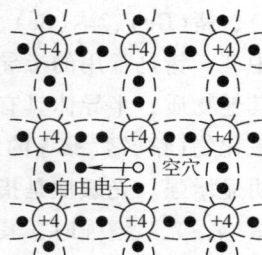

图5-3　热激发产生自由电子和空穴

3）价电子在成为自由电子后，在其原来的位置上留下一个空位，称空穴。空穴具有吸引电子的作用，因此被认为带有正电荷。在外电场的作用下，相邻原子的价电子很容易挣脱共价键的束缚来填补空穴，从而在相邻原子的共价键中产生一个新空穴。该空穴也可以由相邻原子的价电子填补，从而在相邻原子中又产生一个空穴。如此继续下去，在半导体中就产生了空穴运动。因空穴运动能形成空穴电流，所以，空穴是本征半导体的载流子之二。

本征半导体中有两种载流子(自由电子和空穴)同时参与导电，这是本征半导体区别于金属导体的一个重要特性。但是在常温下，本征半导体中载流子很少，导电能力很弱。如果在其中掺入微量的有用杂质，这将使掺杂后的半导体的导电性能大大增强。

2. 杂质半导体

杂质半导体就是在本征半导体中掺入微量的有用杂质后形成的半导体。因掺入杂质的性质不同，杂质半导体可分为 P 型和 N 型两大类。

（1）P 型半导体　P 型半导体是在硅（或锗）晶体中掺入微量的三价元素硼（或铝等）形成的半导体。在这种半导体中，晶体的某些硅原子将被硼原子取代。因为硼原子只有三个价电子，它与周围的四个硅原子组成共价键时，因缺少一个价电子而产生一个空穴。该空穴很容易被附近共价键的价电子填补。这时，硼原子成为负离子，而原来价电子处形成一个空穴，如图 5-4a 所示。注入三价元素越多，空穴越多。

可见，掺入三价元素后，空穴数量大大增加，远远超过由于热激发而产生的自由电子数。因此，在 P 型半导体中，空穴为多数载流子，简称多子；自由电子为少数载流子，简称少子，我们将这种杂质半导体称为空穴型半导体。

（2）N 型半导体　N 型半导体是在硅（或锗）晶体中掺入微量的五价元素磷（或锑等）形成的半导体。在这种半导体中，晶体的某些硅原子将被磷原子取代。因为磷原子有五个价电

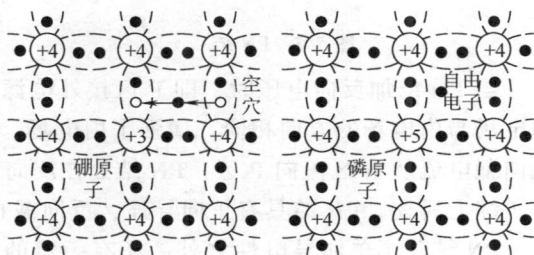

a) P型半导体　　　　　　b) N型半导体

图 5-4　杂质半导体

子，其中四个与周围的硅原子组成共价键，多余的一个电子不受共价键束缚，只受自身原子核吸引，由于束缚力比较微弱，在常温下即可成为自由电子，如图 5-4b 所示。磷原子失去多余的价电子后，并不产生空穴，而是成为正离子。注入五价元素越多，自由电子数量越大。

可见，掺入五价元素后，增加了大量额外的自由电子，使得自由电子数大大超过硅晶体本身由于热激发而产生的空穴数。所以自由电子为多数载流子，简称多子；而空穴为少数载流子，简称少子，这种杂质半导体称为电子型半导体，即 N 型半导体。

综上所述，无论是 P 型还是 N 型半导体，其中多数载流子都是掺入杂质造成的，尽管杂质含量微乎其微，却能使其导电性能大大改善。而它们的少数载流子，都是由于热激发产生的。虽然少子浓度很低，但对温度非常敏感，其浓度随温度的升高而增大，因此温度是影响半导体性能的一个重要因素。

由于杂质半导体具有良好的导电性，在实际中常用来生成 PN 结。PN 结具有单一型（P 型或 N 型）半导体所不具备的新特性，利用此特性制造出了各种半导体器件，推动了电子技术的发展。

5.1.2　PN 结

如果通过掺杂使一块晶体的一边形成 P 型半导体，另一边形成 N 型半导体，则在这两种半导体的交界面处将形成一个特殊性质的薄层，称为 PN 结，如图 5-5 所示。

当 PN 结无外加电压时(图 5-5)，其宽度基本上是固定的，并且空穴和自由电子都基本上耗尽了，因此 PN 结又称为耗尽层。耗尽层中有一个内电场，其方向如图 5-5 所示。

当 PN 结加正向电压时，即 P 区接外电源的正极，N 区接负极，如图 5-6 所示。这时外加电场与内电场的方向相反，削弱了内电场，PN 结变窄，它呈现的电阻很低，形成了从 P 区流向 N 区的正向电流，PN 结处于正向导通状态。

图 5-5　PN 结

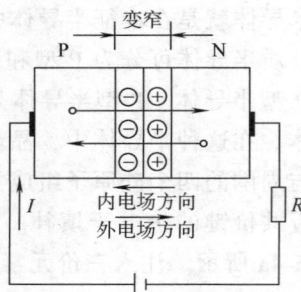

图 5-6　PN 结加正向电压

当 PN 结加反向电压时，即 P 区接外电源的负极，N 区接正极，如图 5-7 所示，这时外加电场与内电场的方向相同，增强了内电场，PN 结变宽，它呈现的电阻很高，只有很小的反向漏电流从 N 区流向 P 区，PN 结处在反向截止状态。

综上所述，PN 结具有正向导通，反向截止的单向导电性。

PN 结除了单向导电性之外，还有一定的电容量，称为结电容。由图 5-5 可知，PN 结的结构类似于平板电容器。PN 结两侧的 P 区和 N 区的导电率相对较高，相当于导体，而 PN 结内缺少导电的载流子，导电率很低，相当于介质，PN 结内的正、负离子相当于其存储的电荷，因此，PN 结具有一定的结电容。结电容数值很小，在低频电路中，相当于开路，不用考虑其影响；但在高频电路中，容抗减小，对 PN 结的电流有影响，必须加以考虑。

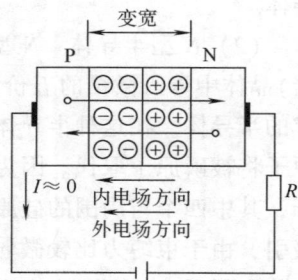

图 5-7　PN 结加反向电压

PN 结是各种半导体器件的工作基础，有了这个基础之后就可以接着学习半导体器件了。半导体器件也称为电子器件。

5.2　二极管及其应用

5.2.1　二极管的结构与分类

二极管是指具有一个 PN 结的半导体器件，它是由一个 PN 结加上电极引线，再用外壳封装制成的。由 P 区引出的电极称为正极或阳极，由 N 区引出的电极称为负极或阴极，其结构和符号如图 5-8 所示。

　　根据 PN 结接触面的大小，二极管可分为点接触型与面接触型。点接触型二极管结构如图 5-9a 所示，它的特点是 PN 结的面积小，不能通过大电流。但其结电容也小，常用于高频检波和脉冲数字电路里的开关器件，也可用作小电流整流。使用时要注意，它不能承受较高的反向电压和大电流。面接触型二极管如图 5-9b 所示，它的 PN 结的面积大，可以通过的正向电流比点接触型的二极管大得多，常用作整流管，但其结电容也大，只适用于低频电路。

图 5-8　二极管结构及符号

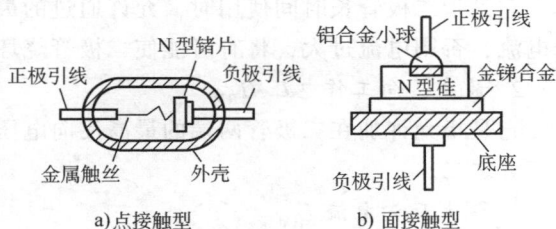

a) 点接触型　　b) 面接触型

图 5-9　两种类型的二极管

　　按照所用的半导体材料，二极管又可分为硅管和锗管。硅管使用硅晶体作材料，锗管用锗晶体作材料。一般硅管做成面接触型结构，锗管做成点接触型结构。另外，二极管还有普通管和特殊管之分。

5.2.2　二极管的伏安特性

　　二极管伏安特性是指二极管上的电压与流过二极管的电流之间的关系。在工程上，通常用伏安特性曲线直观地进行描述。图 5-10 给出了较为典型的硅管的伏安特性曲线，横轴表示电压，纵轴表示电流。读图时要注意图中正反向电流的单位是不同的。

　　由图 5-10 可见，当外加正向电压低于某一数值 U_{th} 时，正向电流很小，几乎为零，这段区域称为死区，U_{th} 称为"死区电压"，其大小与材料及环境温度有关。一般来说，硅管 $U_{th} = 0.5V$，锗管 $U_{th} = 0.1V$。当正向电压超过 U_{th} 时，正向电流迅速增加，二极管进入导通状态。二极管导通后，其电流变化很大，而电压的变化极小，硅管约为 $0.6 \sim 0.7V$，锗管约为 $0.2 \sim 0.3V$。为了计算方便，通常认为二极管正向导通后电压固定在某个值，这个值被称为导通电压，以后我们在计算时，统一取硅管的导通电压为 0.7V，锗管的导通电压为 0.3V。

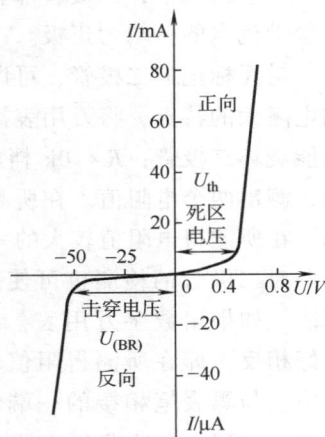

图 5-10　二极管的伏安特性曲线

　　当外加反向电压（即电压为负）时，由图 5-10 可见，反向电流很小（硅管在几十微安以下，锗管较大，在几十到几百微安），二极管进入截止状态。当外加电压过高超过某一值时，反向电流将突然增大，二极管失去了单向导电性，这种现象称为反向击穿，反向击穿开始发生时管子上施加的反向电压就称为反向击穿电压 $U_{(BR)}$。一般的二极管反向击穿后将因反向电流过大而损坏，因此正常工作时，一般的二极管不允许反向击穿。

由伏安特性的讨论可知，二极管具有正向导通、反向截止的单向导电性。

5.2.3 二极管的主要参数

二极管的特性除用伏安特性曲线表示外，还可用它的参数来说明，二极管的主要参数有以下四个。

1. 最大整流电流 I_{FM}

它是指二极管长时间使用时，允许通过的最大正向平均电流。使用时工作电流要小于这个电流，否则电流过大，将有可能使二极管烧坏。

2. 最高反向工作电压 U_{RM}

它是指允许加在二极管两端的最高反向电压，最高反向工作电压一般为击穿电压的一半或三分之二。

3. 最大反向电流 I_{RM}

它是指二极管加最高反向工作电压时的反向电流值。反向电流值越小，管子的单向导电性能越好。其值随着温度的上升而显著增加，因此温度会影响二极管的性能。

4. 最高工作频率 f_M

它是指保证二极管具有单向导电作用的最高工作频率。当工作频率过高时，二极管的单向导电性能就会变差，甚至失去单向导电性。点接触型锗管其最高工作频率可达几百兆赫，而面接触型硅整流管，其最高工作频率只有 3000Hz。

5.2.4 二极管的检测

一般情况下，二极管都有一定的标注，塑料封装二极管有标记环的一侧是负极；国产二极管带色点的一端为正极。

对无标记的二极管，可以用万用表电阻档来判断正、负极。根据二极管正向电阻小、反向电阻大的特点，将万用表拨到 $R×1k$ 档(不能用 $R×1$ 和 $R×10k$ 档，因为 $R×1$ 档电流太大，可能烧坏二极管；$R×10k$ 档电压太高，可能击穿二极管)。用表笔分别与二极管的两极相接，测出两个电阻值。在所测得阻值较小的一次中，与黑表笔相接的一端为二极管正极。同理，在所测得电阻值较大的一次中，与黑表笔相接的是二极管负极，如图 5-11 所示。

对二极管的检测也可使用数字万用表。如果用数字万用表，表笔情况正好相反，即在所测得阻值较小的一次中，与黑表笔相接的一端为二极管负极。同理，在所测得电阻值较大的一次中，与黑表笔相接的是二极管正极。

利用万用表还可以判断二极管的好坏。如果测得的正、反向电阻值均

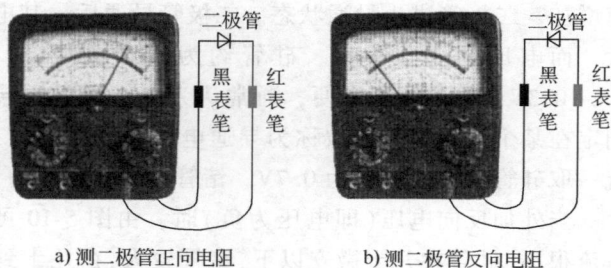

a)测二极管正向电阻　　　b)测二极管反向电阻

图 5-11 二极管的检测

很小，说明二极管内部短路；若正、反向电阻值均很大，说明二极管内部开路，这两种情况下，二极管都不能使用。

以上是普通二极管的检测方法，汽车交流发电机上的整流二极管就可以按照上述方法进

行检测。

- **操作**：用万用表检测汽车交流发电机整流板上的正极管、负极管。

5.2.5　二极管在汽车电子电路中的应用

二极管在汽车电子电路中应用范围很广，利用其单向导电性可实现整流、检波、限幅、钳位、元器件保护等多种作用。为简化分析，电路中的二极管视为理想二极管，其正向导通压降及反向截止电流均为零。

1. 整流电路

（1）单相半波整流电路　整流就是将交流电变成单向脉动直流电的过程，完成这一转换的电路称为整流电路。图 5-12a 是最简单的整流电路，称为单相半波整流电路，它由整流变压器 T、整流二极管 VD、负载电阻 R_L 组成，各电压方向为参考方向。设变压器二次电压为

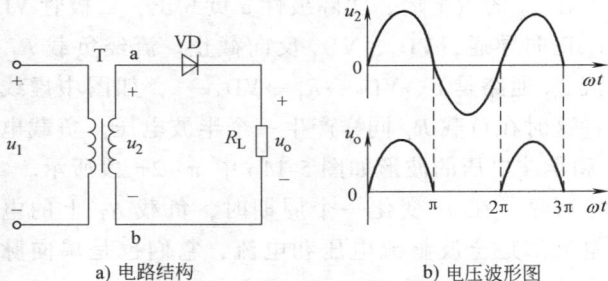

a) 电路结构　　　　　　b) 电压波形图

图 5-12　单相半波整流电路

$$u_2 = \sqrt{2}\,U_2 \sin\omega t$$

式中，U_2 为二次电压 u_2 的有效值；ω 为二次电压 u_2 的角频率，其波形如图 5-12b 所示。

当 u_2 为正半周时，其实际极性与参考极性相同，上正下负，a 点电位高于 b 点电位，二极管 VD 因承受正向电压而导通，若忽略二极管的正向导通压降，则负载电压 $u_o = u_2$。

当 u_2 为负半周时，其实际极性与参考极性相反，上负下正，a 点电位低于 b 点电位，二极管 VD 因承受反向电压而截止，若忽略二极管的反向截止电流，负载没有电流流过，负载电压 $u_o = 0$。

于是在 u_2 变化一个周期时，负载 R_L 上得到一个半波整流电压（图 5-12b）u_o，它是一个单向脉动的直流电压。

（2）单相桥式整流电路　单相半波整流的缺点是只利用了 u_2 的半个周期，同时整流电压的脉动程度较大。为了克服这些缺点，常采用全波整流电路，其中最常用的是单相桥式全波整流电路。

图 5-13a 所示为单相桥式全波整流电路，图 5-13b 和图 5-13c 是另外两种画法。它由四个二极管连成电桥的四臂，一对角若接交流电源，另一对角则接负载，故称桥式整流电路。它也是利用二极管的单向导电性来完成整流功能。下面分析其工作情况。

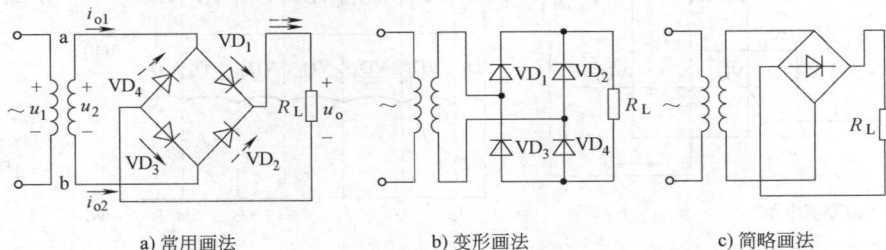

a) 常用画法　　　　　b) 变形画法　　　　　c) 简略画法

图 5-13　单相桥式全波整流电路

由图 5-13a 可见，在变压器二次电压 u_2 的正半周，实际极性 a 正 b 负，二极管 VD_1、VD_3 因承受正向电压而导通，VD_2、VD_4 因承受反向电压而截止。流经负载 R_L 的电流 i_{o1} 通路是 $a \rightarrow VD_1 \rightarrow R_L \rightarrow VD_3 \rightarrow b$，如图 5-13a 实线所示，这时在负载 R_L 产生一个半波电压。负载电流 i_{o1} 和半波电压的波形如图 5-14b 中 $0 \sim \pi$ 段所示。

在 u_2 的负半周，实际极性 a 负 b 正，二极管 VD_2、VD_4 正向导通，VD_1、VD_3 反向截止。流经负载 R_L 的电流 i_{o2} 通路是 $b \rightarrow VD_2 \rightarrow R_L \rightarrow VD_4 \rightarrow a$，如图中虚线所示，这时在负载 R_L 同样产生一个半波电压。负载电流 i_{o2} 和半波电压的波形如图 5-14b 中 $\pi \sim 2\pi$ 段所示。

可见，在 u_2 变化一个周期时，负载 R_L 上的电压和电流都是全波整流电压和电流，它们也是单向脉动的直流电。

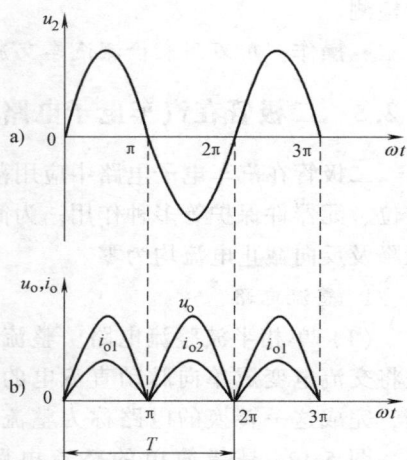

图 5-14 桥式全波整流电路的电压、电流波形

不难看出，全波桥式整流电路提高了 u_2 的利用率，同时大大降低了脉动程度。理论计算证明，反映整流电压 u_o 脉动程度的纹波系数，全波桥式整流电路是半波整流电路的 1/4 左右。

（3）三相桥式整流电路　图 5-15a 是汽车交流发电机专用的三相桥式整流电路，由三只正极管和三只负极管组成。三只正极管 VD_1、VD_2、VD_3 的负极通过整流板连接在一起，它们的正极则分别与三相绕组的首端 U_1、V_1、W_1 相连。因为负极等电位，所以它们的导通条件是：在某一瞬间，与三相绕组中电位最高的一相相连的正极管导通。同样，三只负极管 VD_4、VD_5、VD_6 正极连在一起，而负极也分别同三相绕组的首端 U_1、V_1、W_1 相连。因正极等电位，所以它们的导通条件是：在某一瞬间，与三相绕组中电位最低的一相相连的负极管导通。

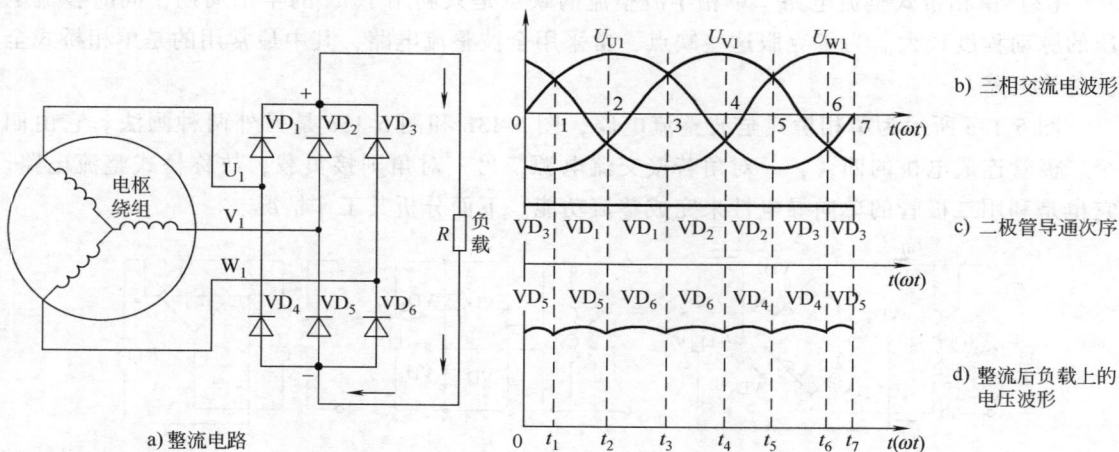

图 5-15　汽车交流发电机的整流电路和电压波形

设三相绕组输出的电压为三相对称电压，其波形如图 5-15b 所示。为便于分析，现将一个周期的时间等分成六个小区间加以说明。

在 $t_1 \sim t_2$ 时间内，U_1 相电压最高，V_1 相电压最低，根据正负极管导通条件，U_1 相对应的正极管 VD_1 以及 V_1 相对应的负极管 VD_5 均导通，电流从 U_1 相出发，经 VD_1、负载 R、VD_5，回到 V_1 相构成回路。因二极管导通电压很小，可忽略不计，所以 U_1、V_1 之间的电压加在负载上。

在 $t_2 \sim t_3$ 时间内，U_1 相电压仍然最高，W_1 相电压变为最低，所以 U_1 相对应的正极管 VD_1 和 W_1 相对应的负极管 VD_6 导通，U_1、W_1 之间的电压加到负载上。

在 $t_3 \sim t_4$ 时间内，VD_2、VD_6 导通，V_1、W_1 之间的电压加在负载上。

按照正极管 VD_1—VD_2—VD_3、负极管 VD_5—VD_6—VD_4 的顺序轮流导通，在负载端便得到一个较平稳的直流电压。电压波形如图 5-15d 所示。

有些汽车交流发电机为了提高发电功率、提高电压调节精度等功能，采用的整流电路有八管、九管和十一管等几种，这几种电路将在汽车电器课程中讲授。

2. 限幅电路

将输出电压的幅值限制在某一数值称为限幅。在图 5-16a 中，设输入电压 $u_i = 20\sin\omega t V$，$E = 10V$，$R_1 = R_2 = 10k\Omega$，VD_1、VD_2 为理想二极管（它们的正向压降及反向电流均为零）。

当 $u_i > 0$ 时，VD_1 导通，$u_{ab} = u_i$；当 $u_i < 0$ 时，VD_1 截止，$u_{ab} = 0$。u_{ab} 波形如图 5-16b 所示。

当 $0 \leq u_{ab} \leq E$ 时，VD_2 截止，R_2 中无电流流过，$u_o = u_{ab} = u_i$；当 $u_{ab} > E$ 时，VD_2 导通，$u_o = E$。由此得到输出电压 u_o 的波形，如图 5-16b 所示。

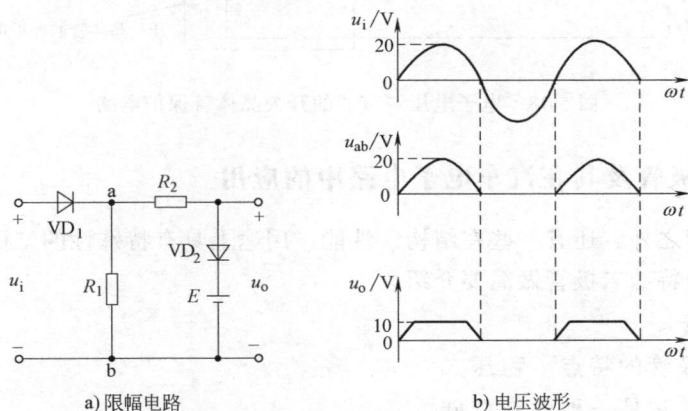

a) 限幅电路　　　　b) 电压波形

图 5-16　限幅电路

VD_1 能将交流电压 u_i 整流成半波电压 u_{ab}，为半波整流元件，而 VD_2 起限幅作用，将 u_o 的大小限制在 10V 范围内。

3. 钳位电路

把某点的电位钳制在某一数值称为钳位。在图 5-17 中，VD_1 和 VD_2 视为理想二极管，输入端 A 的电位 $V_A = 3V$，B 的电位 $V_B = 0V$，两个二极管的负极通过电阻 R 接在 $-12V$ 的电源上。

由于 $V_A > V_B$，所以 VD_1 优先导通，$V_F = 3V$。当 VD_1 导通后，VD_2 上加的是反向电压，

因而截止。在这里 VD_1 起钳位作用，把输出端 F 的电位钳制在 3V，而 VD_2 起隔离作用，把输入端 B 和输出端 F 隔离开来。

4. 保护电路

在汽车电子电路中，常用二极管来保护开关晶体管免受过电压的损害。图 5-18 的虚线框所示就是开关管 VT_2 和 VT_3 的保护电路。

开关管 VT_2 和 VT_3 在电子调压器中用来控制发电机的励磁线圈的通断。当晶体管断开励磁绕组时，励磁绕组就会产生一个较高的反向电动势，这个电动势叠加到电源电压上，如果作用于开关管 VT_2 和 VT_3 上，将对它们造成很大冲击，甚至烧毁晶体管。当并联上二极管 VD_4 后，这个反向电动势经过 VD_4 产生放电电流，使励磁线圈储存的能量释放，避免了反向电动势对晶体管的冲击。在这种电路中，二极管起到了对开关器件的保护作用，因此称为保护二极管。

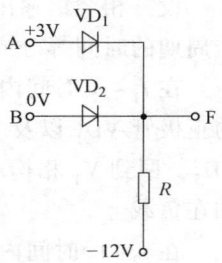

图 5-17 钳位电路

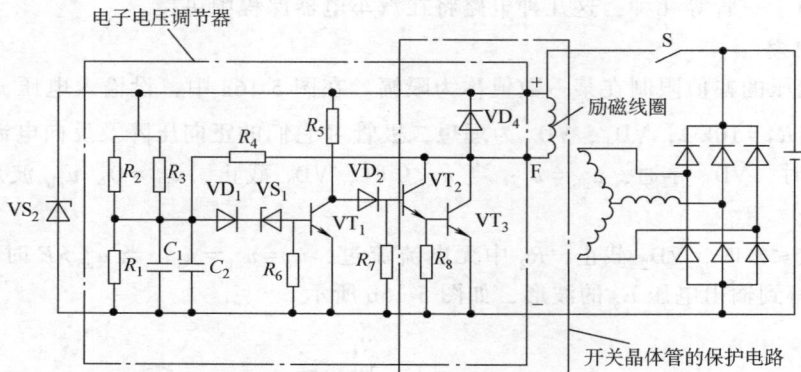

图 5-18 电子电压调节器的开关晶体管保护电路

5.2.6 特殊二极管及其在汽车电子电路中的应用

除普通二极管之外，还有一些在结构、性能、用途上具有特殊性的二极管，统称特殊二极管。下面对常用特殊二极管做简要介绍。

1. 稳压二极管

（1）稳压二极管的特点　稳压二极管简称稳压管，它是一种面结型硅二极管，在电路中能起稳定电压的作用，故称为稳压管。其外形、符号和伏安特性曲线如图 5-19 所示。

稳压管的外形和内部结构与普通二极管相似，也有两个电极（正极和负极）。但其结面积大于普通二极管，允许通过较大的反向电流，因此稳压管能够安全工作于反向击穿状态。

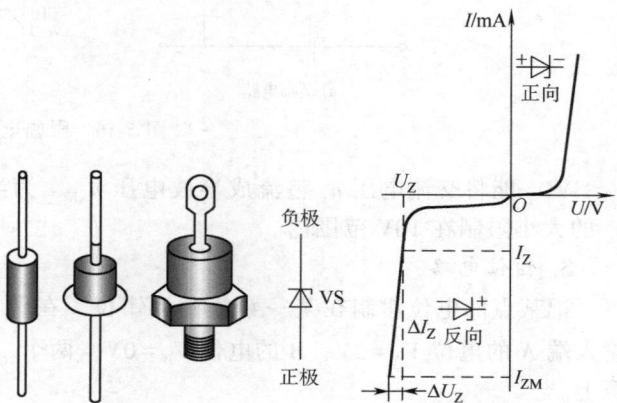

图 5-19 稳压二极管的外形、符号及伏安特性曲线

从特性曲线来看，其正向特性和普通二极管一样，而反向击穿特性曲线很陡，因此稳压管工作于击穿状态时，虽然电流变化很大，但其两端电压变化很小，呈现出电压稳定的特性。利用这一特性稳压管在电路中能起稳压作用。

归纳起来，稳压管的特点有两个：

1）稳压管能够安全工作于反向击穿状态。

2）稳压管工作于反向击穿状态时，其两端电压不受电流变化的影响，保持基本稳定。

为了发挥稳压管的稳压作用，在使用时要注意以下几点：

1）稳压管使用时必须加反向电压，即正极接低电位、负极接高电位。

2）稳压管在电路中应与被稳压的负载并联连接。

3）为防止稳压管反向工作电流超过最大值 I_{ZM} 而过热损坏，使用时必须串联限流电阻。

（2）稳压管的主要参数　稳压管的电压稳定特性除了用特性曲线表示以外，还可用参数说明。主要参数有：

1）稳定电压 U_Z。稳定电压 U_Z 是稳压管反向击穿后稳定工作的电压，该电压一般在几十伏以下。因为稳定电压与反向击穿电压有近似相等的关系，所以稳定电压有时也称为反向击穿电压。

2）最大稳定电流 I_{ZM}。稳压管反向击穿后所允许的最大反向电流值，一般为几十毫安，超出此值，稳压管会过热而损坏。为保护稳压管，在使用时，要串接限流电阻。

3）动态电阻 r_Z。稳压管反向击穿后，其两端的电压变化量 ΔU_Z 与电流变化量 ΔI_Z 之比，即

$$r_Z = \frac{\Delta U_Z}{\Delta I_Z}$$

此值为十几至几十欧（姆），r_Z 值越小，管子的反向击穿特性越陡，稳压效果越好。

（3）稳压管在汽车电子电路中的应用　稳压管在汽车电子电路中应用广泛，利用其电压基本稳定的特性可实现稳压、限幅等多种作用。下面举例说明。

1）稳压电路。图 5-20 是汽车仪表的稳压电路。由于受各种因素的影响，蓄电池的电压会出现波动，而汽车仪表要求稳定的电压，于是在仪表两端并联一只稳压管，为仪表提供一个稳定的电压。电阻在电路中起限流作用，为限流电阻。电路的稳压原理是：当蓄电池电压上升时，稳压管的反向电压略有增大，根据反向击穿特性可知，其反向电流大大增加。这将引起限流电阻的电

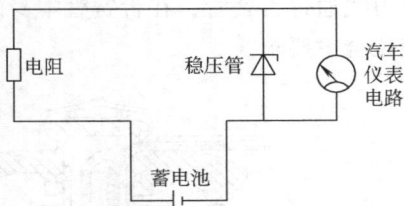

图 5-20　汽车仪表稳压电路

流和电压增加，若电阻选择合适，则其电压的增量将抵消掉蓄电池电压的增量，使仪表上的电压基本不变。相反，当蓄电池电压减小时，限流电阻上的电压减小，保证了仪表上的电压基本不变。可见，稳压管反向电流随蓄电池电压变化是电路实现稳压的关键，即蓄电池电压变化时，稳压管反向电流也随之变化，通过限流电阻产生抵消电压，从而使仪表电压基本稳定。

2）限幅电路。在图 5-18 中，稳压管 VS_2 为限幅二极管，在电路中起限制电压幅度的作用。其工作原理是：当电路开关 S 接通时，在电压调节器两端会产生瞬间高压，稳压管 VS_2 反向击穿导通，将电压限制在一定范围内，避免了瞬间高压损坏电压调节器。

2. 发光二极管（LED）

发光二极管是一种能够发光的特殊二极管，英文缩写 LED（Light-Emitting Diode），它是由砷、磷、镓、铝的化合物制成的。内部结构是一个 PN 结，具有单向导电性。在外加反向电压时，PN 结截止，不发光；当外加正向电压时，PN 结两边的多子扩散到对方，并与对方的多子复合。电子和空穴复合时会释放出能量，产生光子，使二极管发出一定颜色的光来。

发光二极管的发光颜色以红、黄、绿、白等可见光为主，还有能发出不可见光（如红外线）的发光二极管以及能发出三种不同颜色的发光二极管。发出三种颜色的发光二极管是由两只不同的发光二极管封装在同一壳体内制成的。发光二极管的外形和符号如图 5-21 所示。

发光二极管的正常发光电压为 1.5~3V，正常发光电流从几毫安到十几毫安，具有体积小、反应快、光度强、寿命长等优点，在汽车电路中得到广泛应用。如安装在汽车组合仪表板上各种指示灯、警告灯都是发光二极管组成的。下面通过液位传感器加深对发光二极管报警功能的认识。

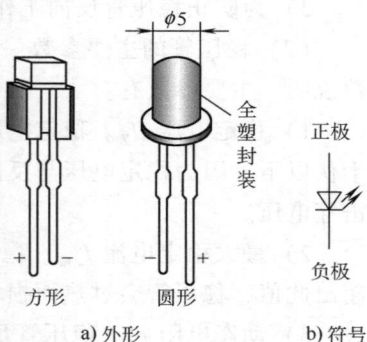

图 5-21　发光二极管的外形和符号

图 5-22 所示为舌簧管开关式液位传感器电路，其功能为检测制动液液位、发动机机油液位、洗涤液液位、散热器冷却液液位以及沉淀物内的含水量的高低，若液位低于规定值，将发出报警信号。图 5-22a 所示为液位传感器的结构，这种传感器是由树脂软管制成的轴和沿轴上下移动的环状浮子组成的。在软轴内装有易磁化的强磁性材料制成的触点（舌簧管），浮子内嵌有永久磁铁。当液位低于规定值时，舌簧管与浮子的位置关系如图 5-22b 中无阴影区域的浮子位置所示，此时永久磁铁接近舌簧管，使磁力线从舌簧管中通过，舌簧管的触点闭合，报警二极管电路被接通，报警二极管发光，提示驾驶人液位已经低于规定值。当液位达到规定值时，浮子上升到规定位置，如图 5-22b 中阴影区域所示，没有磁力线通过舌簧管，在舌簧管本身的弹力作用下，舌簧管触点打开，报警二极管熄灭，表示液位合乎要求。

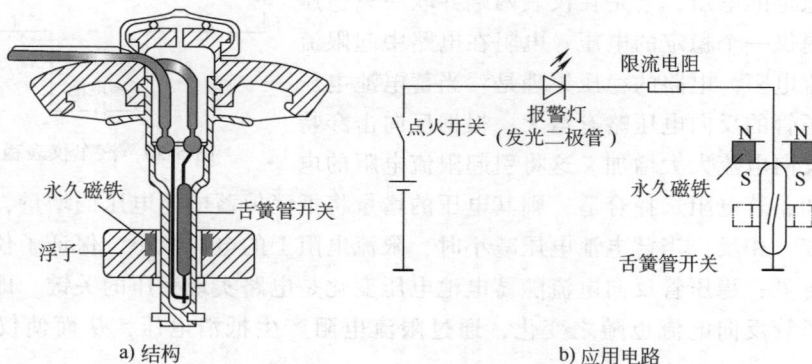

a) 结构　　　　　　　　　　　　　　b) 应用电路

图 5-22　舌簧管开关式液位传感器

发光二极管还可以组成数码显示器和点阵显示器。图 5-23 是由八只发光二极管组成的一位数码显示器，用于显示 1 位数字和小数点。设定不同的发光二极管发光，可显示出 0~9

十个不同数字。

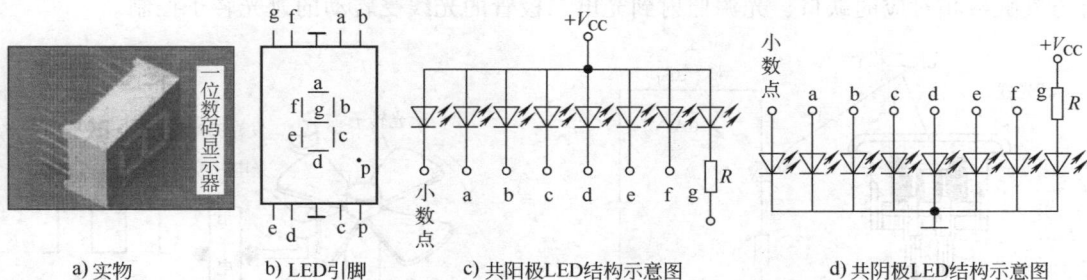

a) 实物　　b) LED引脚　　c) 共阳极LED结构示意图　　d) 共阴极LED结构示意图

图 5-23　一位数码显示器

　　八只发光二极管的连接方法有共阳极和共阴极两种。图 5-23c 所示为共阳极连接，八只发光二极管的正极（阳极）接电源正极上，当负极通过电阻 R 接低电平时，发光二极管发光；在图 5-23d 中，八只发光二极管的负极（阴极）接地或接到电源负极，称为共阴极接法，当正极通过电阻 R 接电源的正极时，该管发光。

　　● 提示：发光二极管有自身缺陷，在较暗的环境下，显示效果较好，在阳光直射下很难辨别发光与否；如果要增大亮度，势必需要大电流，增加功耗。因此发光二极管及其构成的数码显示器在汽车上的使用是受到限制的。

　　在汽车上用于显示的电子器件除了发光二极管和数码显示器以外，还有液晶显示器（LCD）、真空荧光显示器（VFD）、阴极射线管显示器（CRT）和石英指针式显示器。这些均可在现代汽车电子仪表板上见到。

　　● 操作：观察电子仪表板实物，在教师指导下，分辨各种类型的显示器。

　　3. 光电二极管

　　光电二极管是一种能够实现光电转换的二极管，图 5-24 是其外形、符号和伏安特性曲线。结构特征：PN 结用顶部有玻璃窗口的金属材料封装或用透明树脂封装，以便于 PN 结接受光的照射。使用特点：光电二极管使用时，加反向电压，而且反向电流的数值随着光照的增强而上升。无光照时，反向电流（称为暗电流）很小；有光照时，反向电流（称为光电流）急剧增加，且光照得越强，反向电流越大。利用这一特性可以将许多光电二极管组成光电板，作为电源使用，称为光电池或太阳能电池板。另外，光电二极管在汽车上作为传感器的光信号检测器件得到了广泛的应用。

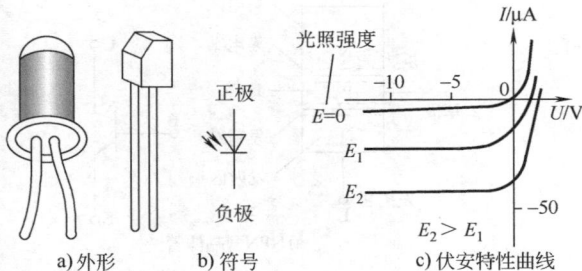

a) 外形　　b) 符号　　c) 伏安特性曲线

图 5-24　光电二极管

　　图 5-25 是汽车自动空调系统中使用的日照强度传感器的结构和等效电路，该传感器由壳体、滤光器与内部的光电二极管组成。其作用是通过光电二极管检测日光照射量的变化，并把这种变化转换成电流值输出。车内空调计算机对这种变化进行检测，并根据电流的变化控制执行机构调节排风口的风量和温度，达到调节车内温度的目的。

　　图 5-26 是汽车光电式点火信号发生器原理示意图，它主要由发光二极管、光电二极管

和遮光转子组成。发光二极管通入电流后产生光源，光电二极管受光后产生电压，遮光转子有与气缸数相对应的缺口，光源照射到光电二极管的光线受转动的遮光转子控制。

图 5-25　日照强度传感器的结构和等效电路　　图 5-26　光电式点火信号发生器原理示意图

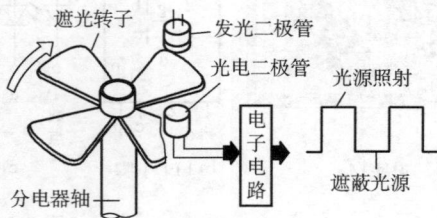

当遮光转子随分电器轴转动时，遮光转子缺口周期性地通过光线，使光电二极管周期性受光，光电二极管便产生了与曲轴位置相对应的电压脉冲，即点火触发信号。

5.3　晶体管

晶体管由两个 PN 结构成，由于两者间相互影响，晶体管表现出单个 PN 结不具备的功能——电流放大作用，使 PN 结的应用发生质的飞跃。本节围绕晶体管的电流放大作用这一核心问题来讨论它的结构、工作原理、特性曲线及主要参数。

5.3.1　晶体管的结构与符号

根据结构不同，晶体管可分为 NPN 型和 PNP 型两大类，图 5-27 是它们的结构和图形符号，文字符号为 VT。由图可以看出，管子的内部都是由三层半导体构成，分别称为发射区、基区和集电区；由三个区各引出一个电极，分别称为集电极（C）、基极（B）和发射极（E）；三层半导体形成两个 PN 结，分别称为发射结和集电结。

a) NPN型晶体管　　　　　　　　　　b) PNP型晶体管

图 5-27　晶体管的结构和图形符号

晶体管制造工艺特点是发射区掺杂浓度高，基区掺杂浓度低且很薄，集电区面积大。这种内部结构和工艺特点是保证晶体管具有电流放大作用的内因。

5.3.2　晶体管的电流分配与放大原理

晶体管能够放大信号，除了内部结构和工艺特点满足要求外，还必须具备一定的外部条件，即给晶体管的发射结加正向电压（习惯称正向偏置，简称正偏），集电结加反向电压（习惯称反向偏置，简称反偏）。为了了解晶体管的电流分配和电流放大作用，以 NPN 型晶体管为例，按图 5-28 所示电路做一个实验。

在图 5-28 所示电路中，$U_{CC}>U_{BB}$，电源极性如图所示。这样就保证了晶体管发射结正向偏置、集电结反向偏置的外部工作条件。调节电位器 RP，基极电流 I_B、集电极电流 I_C、发射极电流 I_E 都会发生变化，测量结果见表 5-1。

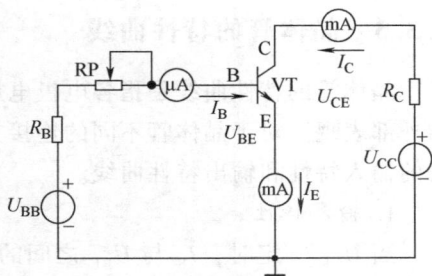

图 5-28　电流放大作用测试电路

表 5-1　测试结果

电流 ＼ 次数	1	2	3	4
$I_B/\mu A$	10	30	40	60
I_C/mA	0.99	2.16	2.96	4.56
I_E/mA	1	2.19	3	4.62

由实验数据可得出如下结论：

1）发射极电流等于基极电流与集电极电流之和，即

$$I_E = I_B + I_C$$

此结果符合基尔霍夫电流定律。

2）I_C 要比 I_B 大得多。从第 3 次、第 4 次的测试数据可知 I_C 与 I_B 的比值分别为

$$\frac{I_C}{I_B} = \frac{2.96}{0.04} = 74 \qquad \frac{I_C}{I_B} = \frac{4.56}{0.06} = 76$$

即 I_C 要比 I_B 大数十倍。

3）I_B 的小变化引起 I_C 的大变化。比较第 3、4 次所测数据，基极电流和集电极电流的相对变化为

$$\frac{\Delta I_C}{\Delta I_B} = \frac{4.56-2.96}{0.06-0.04} = 80$$

由此得出一个极为重要的结论：基极电流较小的变化可以引起集电极电流较大的变化。这种利用基极电流的微小变化使集电极电流产生较大变化的控制作用，就是晶体管"以小控大，以弱控强"的电流放大作用。

晶体管的电流放大作用也可用晶体管内部载流子的运动规律来解释。由于发射结加了正向电压，发射区的多数载流子(自由电子)很容易越过发射结扩散到基区，并由电源不断向发射区补充电子，形成发射极电流 I_E。由于基区很薄而且空穴浓度很低，扩散到基区的电子仅有少部分与空穴相遇复合掉，电源 U_{BB} 再从基区拉走相应的电子，形成基极电流 I_B。大多数的电子在浓度差作用下继续向集电结扩散，因为集电结反向偏置，所以从基区扩散来的电子很容易漂移过集电结而到达集电区，被集电区收集而形成集电极电流 I_C。所以 I_B 远小于 I_C，而 I_C 近似等于 I_E。

5.3.3 晶体管的特性曲线

晶体管的特性曲线是指各电极电压与电流之间的关系曲线，它是晶体管内部载流子运动的外部表现。对于晶体管不同的连接方式，有不同的特性曲线，下面讨论最常用的共射极接法的输入特性和输出特性曲线。

1. 输入特性

当 U_{CE} 一定时，I_B 与 U_{BE} 之间的关系曲线称为晶体管的输入特性，即

$$I_B = f(U_{BE})\Big|_{U_{CE}=常数}$$

输入特性通常可用晶体管特性测试仪测出，图 5-29a 是硅 NPN 型晶体管的输入特性曲线。

由图可知，晶体管的输入特性曲线是非线性的，与二极管正向特性相似，也有一段死区电压（硅管约 0.5V，锗管约 0.1V）。当晶体管正常工作时，发射结压降变化不大，该压降称为导通电压（硅管约 0.6~0.8V，锗管约 0.2~0.3V）。特别应该指出，当 U_{CE} 增大时，输入特性曲线会略向右平移，但 U_{CE} 大于 1V 以后，输入特性曲线基本不再向右平移而趋于重合。

2. 输出特性

当 I_B 一定时，I_C 与 U_{CE} 之间的关系曲线称为晶体管的输出特性，即

$$I_C = f(U_{CE})\Big|_{I_B=常数}$$

输出特性通常可用晶体管特性测试仪测出，图 5-29b 是硅 NPN 型晶体管的输出特性曲线，对应于 I_B 的每一个确定值均有一条输出特性曲线，所以输出特性曲线是个曲线族。

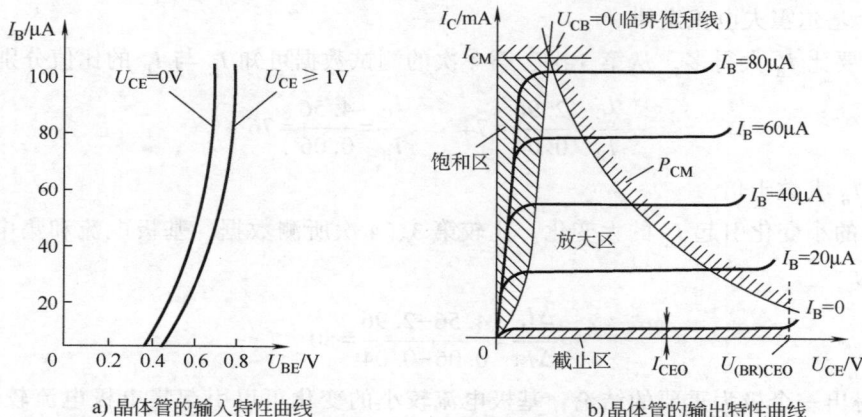

a) 晶体管的输入特性曲线 b) 晶体管的输出特性曲线

图 5-29 晶体管的特性曲线

观察晶体管的输出特性曲线，它大致分为三个区域。

1) 截止区。$I_B = 0$ 的曲线以下区域称为截止区。$I_B = 0$ 时，$I_C = I_{CEO} \approx 0$。对 NPN 型硅管而言，当 $U_{BE} < 0.5V$ 时即开始截止，但为了可靠截止，常在发射结上加反向电压。因此，截止的外部条件是发射结和集电结均反向偏置。

2) 放大区。输出特性曲线近似水平部分是放大区。在此区域内，I_C 的变化基本上与 U_{CE} 无关，I_C 只受 I_B 控制，反映了晶体管的电流放大特性。晶体管工作在放大状态时，发射结处于正向偏置，集电结处于反向偏置。

3) 饱和区。曲线靠近纵轴的区域是饱和区。此时发射结与集电结均处于正向偏置，这

时的 I_C 已达到饱和程度，不受 I_B 的控制，晶体管失去了电流放大作用。饱和时集电极与发射极之间的压降称为饱和压降 U_{CES}，其值很小（硅管约为 0.3V，锗管约为 0.1V）。

晶体管三个区的特点是十分有用的，利用它可判别晶体管是否工作在放大状态以及管子的类型。

例 5-1　试根据图 5-30 所示管子的对地电位，判断管子是硅管还是锗管？处于何种工作状态？

解：管子的类型根据电压 U_{BE} 的值确定，硅管 $|U_{BE}| = 0.6 \sim 0.7V$，锗管 $|U_{BE}| = 0.2 \sim 0.3V$。

管子的工作状态根据三个区的特点判定。

① 在图 5-30a 中，$|U_{BE}| = 0.7V$，管子为硅管。$V_B > V_E$，发射结正偏；$V_B < V_C$，集电结反偏，故管子处于放大状态。

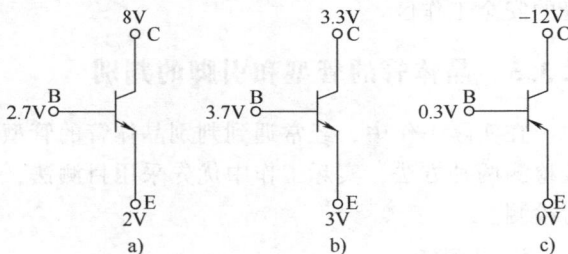

② 在图 5-30b 中，$|U_{BE}| = 0.7V$，管子为硅管。$V_B > V_E$，发射结正偏；$V_B > V_C$，集电结正偏，故管子处于饱和状态。

③ 在图 5-30c 中，$|U_{BE}| = 0.3V$，管子为锗管。$V_B > V_E$，发射结反偏；$V_B > V_C$，集电结反偏，故管子处于截止状态。

图 5-30　例 5-1 图

5.3.4　晶体管的主要参数

1. 共射电流放大系数

1）直流电流放大系数 $\bar{\beta}$（或 h_{FE}）：静态时，I_C 与 I_B 的比值，即 $\bar{\beta} = I_C / I_B$。

2）交流电流放大系数 β（或 h_{fe}）：动态时，集电极电流的变化量与基极电流变化量的比值，即 $\beta = \Delta I_C / \Delta I_B$。

$\bar{\beta}$ 和 β 虽然定义不同，但两者数值较为接近。一般在工作电流不十分大的情况下，可以认为 $\bar{\beta} \approx \beta$，故常混用。通常中小功率晶体管的 β 为 20～200，大功率晶体管的 β 为 10～50。

2. 极间反向电流

1）I_{CBO}：指发射极开路，集电结反偏时流过集电结的反向饱和电流。小功率硅管一般在 0.1μA 以下；锗管为几微安至十几微安。

2）I_{CEO}：指基极开路，集电结反偏和发射结正偏时的集电极电流，习惯称穿透电流，且

$$I_{CEO} = (1 + \bar{\beta}) I_{CBO}$$

它是衡量晶体管质量好坏的重要参数之一，其值越小越好。

3. 极限参数

1）集电极最大允许电流 I_{CM}：当 I_C 过大时，电流放大系数 β 值将下降，将 β 下降至正常值的 2/3 时的 I_C 值，定义为集电极最大允许电流 I_{CM}。

2）集电极最大允许耗散功率 P_{CM}：与晶体管的工作温度和散热条件有关，晶体管不能

超温使用。使用时，应当保证 $P_C<P_{CM}$，否则将导致热损坏。

3）集-射极反向击穿电压 $U_{(BR)CEO}$：当基极开路时，集电极与发射极之间最大允许电压。当加在管子的 U_{CE} 值超过 $U_{(BR)CEO}$ 时，I_C 急剧增加，造成管子击穿。为可靠工作，使用时 U_{CC} 可取 $U_{(BR)CEO}$ 的 1/2 或 1/3。

除上述主要参数以外，还有其他参数，需要时可查阅有关手册。图 5-29 中标出了晶体管的安全工作区。

5.3.5　晶体管的管型和引脚的判别

在实际工作中，经常遇到判别晶体管的管型、引脚问题。判定的方法主要有目测和万用表检测两种方法，实际工作中优先采用目测法，在目测不能做出准确判断时，再用万用表进行检测。

1. 目测法

（1）管型的判别　一般情况下，管型是 NPN 还是 PNP 可从管壳上标注的型号来判别。依照国家标准的规定，晶体管型号的第二位字母表示器件的材料和极性，其中 A、C 表示 PNP 管；B、D 表示 NPN 管。例如：

3AX、3CG、3AD、3CA 等均表示为 PNP 型晶体管。

3BX、3DG、3DD、3DA 等均表示为 NPN 型晶体管。

其他各位的字符的意义是：晶体管型号中的第一位数字 3，表示三极管（晶体管）；第三位字母表示晶体管的类别，如 X、G 分别表示低频和高频小功率管，D、A 分别表示低频和高频大功率管；第四位数字表示序列号，如 3DG6 中的 6 就是序号，更详细内容请参考晶体管手册。

此外国际流行的 9011～9018 系列晶体管，除 9012 和 9015 为 PNP 管外，其余均为 NPN 管。

（2）引脚的判别　常用的小功率晶体管有金属圆壳封装和塑料封装（半圆柱型）等，引脚排列如图 5-31a 所示。大功率晶体管的外形有金属壳封装（扁柱型），引脚排列如图 5-31b 所示，以及塑料封装（扁平、管脚直列）等形式。

对于小功率晶体管，图 5-31a 中列出了引脚排列方式，为便于记忆，总结如下。

金属圆壳封装："引脚向上，它们组成半圆位于上部，按顺时针方向依次为 EBC"。

塑料半圆柱封装："头在上，平面向自己，左起 EBC"。

对于大功率晶体管，金属壳扁柱型封装按照图 5-31b 所示的引脚排列方式判别即可；塑料扁平封装、引脚直列型，没有统一形式，要经过万用表检测判别。

2. 用万用表电阻档判别

操作时，指针式万用表应使用 R×100 档或 R×1k 档，数字式使用 200k 档。其中黑表笔接万用表负接线柱，红表笔接万用表正接线柱。因为晶体管由两个 PN 结组成，所以利用 PN 结正向电阻小、反向电阻大的特点，用万用表电阻档来判别管子类型和引脚。

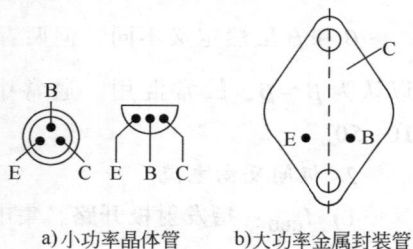

a)小功率晶体管　　b)大功率金属封装管

图 5-31　常用晶体管的封装形式和引脚判别

（1）基极的判别　判别引脚时应首先确认基极，一般情况下，基极排列在三个电极的中间（大功率金属壳扁平型封装除外）。

用指针式万用表的黑表笔接假定的基极，用红表笔分别接触另外两个极。若测得电阻都较小，约为几百欧至几千欧，将红黑表笔对调，测得电阻都较大，约为几百千欧以上，这个管子就是 NPN 管，最初黑表笔接的就是基极。

用指针式万用表的黑表笔接假定的基极，用红表笔分别接触另外两个极。若测得电阻都较大，约为几百千欧以上，将红黑表笔对调，测得电阻都较小，约为几百欧至几千欧，这个管子就是 PNP 管，最初黑表笔接的就是基极。

（2）集电极和发射极的判别　对于 NPN 管，确定基极后，用指针式万用表的两个表笔分别接触另两个引脚，同时用手指轻触基极，观察万用表指针摆动情况；将两个表笔对调，重复上述过程。取指针摆动较大一次的表笔接触位置，黑表笔接触的是集电极 C，红表笔接触的是发射极 E。

对于 PNP 管，确定基极后，用指针式万用表的两个表笔分别接触另两个引脚，同时用手指轻触基极，观察万用表指针摆动情况；将两个表笔对调，重复上述过程。取指针摆动较大一次的表笔接触位置，黑表笔接触的是发射极 E，红表笔接触的是集电极 C。

需要注意：数字式万用表的正极与表内电源正极相连，负极与表内电源负极相连；而指针式万用表的正极是与表内电源负极相连的，负极是与表内电源正极相连的。因此，当用数字式万用表检测晶体管时，判定结果与指针式正好相反。

另外，在有些万用表（部分指针式和所有数字式）上，具有 h_{FE} 档，利用这一功能，将晶体管的三个引脚插入测试插孔内，当能测出较大的放大倍数时，插孔边标注的 E、B、C 即是插孔内晶体管引脚的名称。

- 操作：对于各种封装形式的晶体管，目测管子的型号和引脚判别，并用万用表验证是否正确。

5.4　晶体管基本放大电路

晶体管的主要用途之一就是利用其放大作用组成放大电路。放大电路的功能就是将话筒、天线、传感器等信号源输出的微弱电信号放大到足够的程度，以驱动功率较大的负载工作。例如，使扬声器发声、电动机旋转、继电器动作、仪表指针偏转等。按照制作工艺的不同，放大电路有分立元件放大电路与集成放大电路两种，由于集成放大电路体积小、重量轻、省电、可靠性高，在放大电路的应用中已占主导地位，而分立元件放大电路的应用已不多见。虽然如此，但是分立元件组成的基本放大电路是所有模拟集成电路的基本单元，为更好地学习后续内容，掌握一些基本放大电路的概念是非常必要的。本节定性分析基本放大电路的组成、工作原理、性能指标以及几种常用的基本放大电路的特点和应用。

5.4.1　基本放大电路的组成和工作原理

在放大电路中，晶体管有共发射极、共集电极和共基极三种接法，即三种组态，如图 5-32 所示。共射组态中发射极是输入和输出信号的公共端（或输入和输出回路的公共端），共集组态中集电极是输入和输出信号的公共端（或输入和输出回路的公共端），共基组态中基极是输入和输出信号的公共端(或输入和输出回路的公共端)。与晶体管的接法相对应，放大电路也有共射、共集和共基三种电路结构，其中共射电路应用最多，因此以共射电路为例，介绍基本放大电路的组成和工作原理。

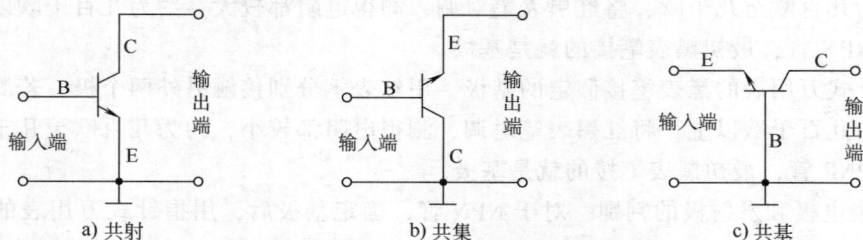

图 5-32　晶体管在电路中的三种接法(或组态)

1. 基本放大电路的组成

图 5-33a 是共射接法的基本放大电路，由晶体管、电阻、电容及直流电源等元器件组成。A0 端为放大电路的输入端，用来接收待放大的信号 u_i。输入信号 u_i 一般是由天线、传感器、正弦信号发生器等信号源提供。B0 端为输出端，用来输出放大后的信号 u_o。接在输出端的等效电阻 R_L 用来表示放大电路的负载，它可以是扬声器、继电器、电动机、测量仪表，也可以是下一级放大电路。图中符号"⊥"表示输入和输出信号的公共端，也称为"地端"，但并非真正接大地，而是表示接机壳或接底板。必须指出，"⊥"表示电路中的参考零电位，电路中的其他各点电位都是相对"⊥"而言。为了分析方便，通常规定，电压的正方向是以公共端为负端，其他各点为正端。图中标出的"+""-"分别表示各电压的参考极性，电流的参考方向如图中的箭头所示。

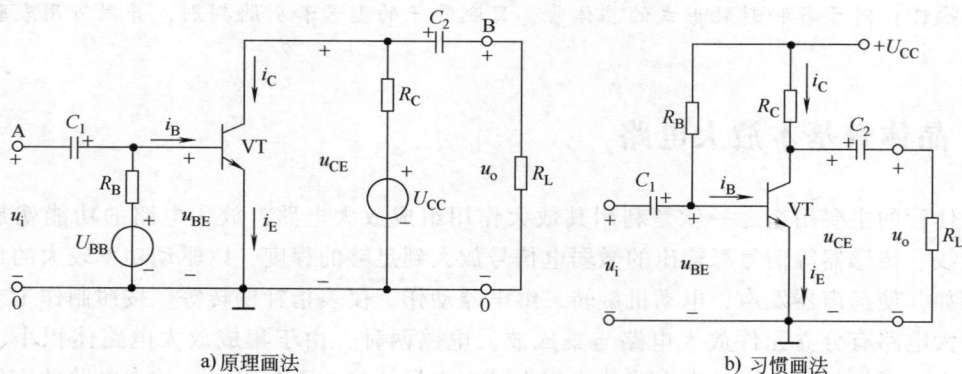

图 5-33　共射极基本放大电路

放大电路中各元器件的作用如下：

晶体管 VT 是放大电路中的放大器件，起电流放大作用。

基极电源 U_{BB} 和基极电阻 R_B 的作用是给发射结加上正向电压，并给基极提供合适的直流电流 I_B，使晶体管有合适的静态工作点。R_B 的取值通常为几十千欧到几百千欧。

集电极电源 U_{CC} 和集电极负载电阻 R_C：电源 U_{CC} 除为输出信号提供能量外，还通过 R_C 给集电结加上反向电压，使三极管处于放大状态。U_{CC} 一般为几伏到几十伏。集电极负载电阻 R_C 简称集电极电阻，它的作用是将集电极电流的变化变换为电压的变化，以实现电压放大。R_C 的阻值一般为几千欧到几十千欧。

隔直耦合电容 C_1 和 C_2 在电路中起隔离直流信号、传送交流信号的作用。我们知道，对于直流信号，电容器的容抗为无穷大，相当于开路元件，因此直流信号无法通过电容器。利用 C_1 和 C_2 的隔直作用隔断了信号源与放大电路之间、放大电路与负载之间的直流联系，使它们互不影响。对于交流信号，由于电容器的容量选得很大，通常为几微法到几十微法，在交流信号的频率范围内容抗很小，交流信号几乎无衰减地通过电容器。利用 C_1 和 C_2 通交流的作用，保证了交流信号能毫无损失地通过放大电路。需要注意的是，隔直耦合电容 C_1 和 C_2 使用的是极性电容器，连接时要注意其极性，即正极接高电位端、负极接低电位端。

在实际电路中，基极回路一般不使用单独的电源，而是通过基极电阻 R_B 直接取自集电极电源来获得基极直流电压。此外，在画电路图时，为了简化电路，往往不画电源的图形符号，而只在连接其正极的一端标出它对"地"的电压值 U_{CC} 和极性（"+"或"−"）。如忽略电源内阻，则用 U_{CC} 表示 V_{CC}。因此，通常的画法如图 5-33b 所示。

2. 基本放大电路的工作原理

放大电路的工作原理就是交流信号的放大原理，为了方便起见，假定放大电路输出端开路。由图 5-33b 可知，当交流电压信号 u_i 通过电容 C_1 加到晶体管的基极和发射极之间时，将产生一个变化的电压 u_{be}。因其幅度很小，一般为毫伏级，所以晶体管基-射极回路可等效为一个交流电阻 r_{be}，这样变化的电压 u_{be} 在基极上产生一个变化的电流 i_b。因为集电极电流与基极电流有正比关系，变化的基极电流 i_b 必然在集电极上产生变化的电流 i_c，但由于晶体管的电流放大作用，集电极电流 i_c 比基极电流 i_b 要大几十倍。变化的集电极电流 i_c 流过集电极电阻 R_C 产生变化的集电极电压 u_{ce}，该电压通过电容 C_2 送到输出端成为输出电压 u_o。一般地说，只要电路的参数选择适当，输出电压 u_o 可以比输入电压 u_i 大许多倍，从而实现电压放大作用。上述过程（指交流而言）可以简明地表示如下：

$$u_i \xrightarrow{C_1} u_{be} \longrightarrow i_b \xrightarrow{\beta} i_c \xrightarrow{R_C} u_{ce} \xrightarrow{C_2} u_o$$

5.4.2　放大电路的性能指标

为了衡量放大电路性能的高低，人们给放大器规定了若干技术指标。其中常用的有放大倍数、输入电阻、输出电阻等，它们的意义可用图 5-34 来说明。

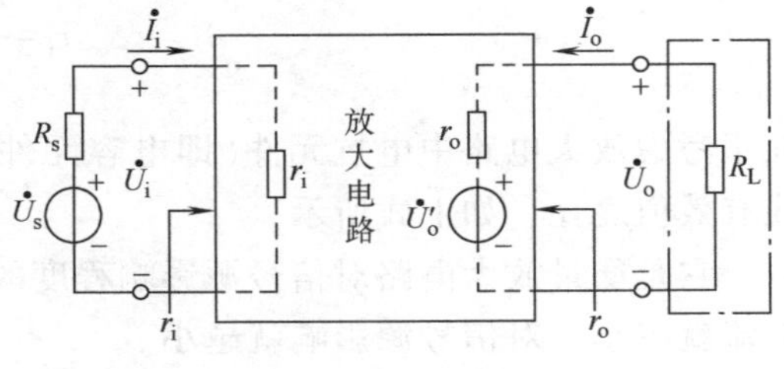

图 5-34　放大电路框图

1. 放大倍数

放大倍数又称增益，是衡量电路放大能力的一项指标，定义为输出信号与输入信号之比。由于输出、输入信号有电压和电流两种，相应地，放大倍数也有电压放大倍数和电流放大倍数两种形式。

（1）电压放大倍数 A_u　定义为输出电压与输入电压的相量之比，即

$$A_u = \frac{\dot{U}_o}{\dot{U}_i}$$

在不考虑放大电路中电抗元件（即电容元件和电感元件）的影响时，A_u 可写成交流瞬时值或有效值之比，即

$$A_u = \frac{u_o}{u_i} = \frac{U_o}{U_i}$$

在后面的讨论中，如无特殊需要，均使用上述这种表达式。

（2）电流放大倍数 A_i 定义为输出电流与输入电流的相量之比，即

$$A_i = \frac{\dot{I}_o}{\dot{I}_i}$$

同样，在不考虑放大电路中电抗元件（即电容元件和电感元件）的影响时，A_i 也可写成交流瞬时值或有效值之比，即

$$A_i = \frac{i_o}{i_i} = \frac{I_o}{I_i}$$

（3）功率放大倍数 A_p 定义为输出功率 P_o 与输入功率 P_i 之比，即

$$A_p = \frac{P_o}{P_i} = \frac{U_o I_o}{U_i I_i} = |A_u A_i|$$

工程上常用分贝值（dB）来表示放大倍数的大小，常用的有

$$A_u(dB) = 20\lg|A_u|$$
$$A_i(dB) = 20\lg|A_i|$$
$$A_p(dB) = 10\lg A_p$$

用分贝值表示放大倍数可以化大数为小数、化乘法为加法、化除法为减法。基于这些原因，分贝表示法在工程计算中获得了广泛应用。

2. 输入电阻 r_i

输入电阻是从放大电路的输入端往里看进去的等效电阻（图5-34）。定义为输入电压与输入电流的相量之比，即

$$r_i = \frac{\dot{U}_i}{\dot{I}_i} = \frac{u_i}{i_i} = \frac{U_i}{I_i}$$

在不考虑放大电路中电抗元件（即电容元件和电感元件）的影响时，r_i 也可写成交流瞬时值或有效值之比，如上式所示。

它是衡量放大电路对信号源影响程度的一个指标。其值越大，放大电路从信号源索取的电流就越小，对信号源影响就越小。

3. 输出电阻 r_o

输出电阻是从放大电路的输出端看进去的等效电阻。定义为，当输入端信号电压 $\dot{U}_S$ 等于零（但保留信号源内阻 R_S），输出端开路，即负载电阻 R_L 为无穷大时，外加输出电压与相应输出电流的相量之比，即

$$r_o = \frac{\dot{U}_o}{\dot{I}_o}\bigg|_{\dot{U}_S=0,\,R_L=\infty} = \frac{u_o}{i_o}\bigg|_{\dot{U}_S=0,\,R_L=\infty} = \frac{U_o}{I_o}\bigg|_{\dot{U}_S=0,\,R_L=\infty}$$

在不考虑放大电路中电抗元件（即电容元件和电感元件）的影响时，r_o 也可写成交流瞬时值或有效值之比，如上式所示。

输出电阻是描述放大电路带负载能力的一项技术指标。通常放大电路的输出电阻越小越好，r_o 越小，说明放大电路带负载能力越强。

4. 最大输出功率 P_{om} 和效率 η

P_{om} 是指在输出信号基本不失真的情况下电路所能输出的最大功率。效率 η 为 P_{om} 与直流电源提供的功率 P_u 之比，即

$$\eta = \frac{P_{om}}{P_u} \times 100\%$$

放大电路的性能指标还有很多，如最大输出幅度、失真系数、通频带、温度漂移、抗干扰能力等，后面用到时再进行介绍。

5.4.3 基本放大电路的类型和特点

在生产实践中基本放大电路放大的信号往往不只是正弦交流信号，还有缓慢变化的直流信号；同时，不只是放大电压信号，有时还需要放大电流和功率。为了完成不同信号的放大，需要有不同的结构。按照结构和功能的不同，基本放大电路可分为以下几种类型。

1. 共射放大电路

（1）结构特点 共射电路的结构特点是信号的输入回路和输出回路都以发射极为公共端。前面所介绍的基本放大电路（图 5-33）就是共射电路的典型形式。该电路输入信号由基极对发射极输入，输出信号由集电极对发射极输出。

（2）性能特点 共射电路常用于电压信号的放大，有较高的电压放大倍数。但由于其输入电阻较低而输出电阻较高，所以只在对输入、输出电阻没有特殊要求的电路中采用，如在多级放大电路的中间级常采用共射电路，用于提高放大倍数。

2. 共集放大电路

（1）结构特点 共集放大电路如图 5-35a 所示，图 5-35b 是它的交流通路。所谓交流通路是指在交流电压 u_i 作用下，交流电流的通路。电容器对交流短路，直流电源忽略内阻时因交流电流的压降为零，也视为短路，从而得到交流通路。由交流通路可知，信号的输入回路和输出回路都以集电极为公共端，故称为共集电极放大电路，简称共集电路。因输出信号由发射极对地输出，又称为射极输出器。

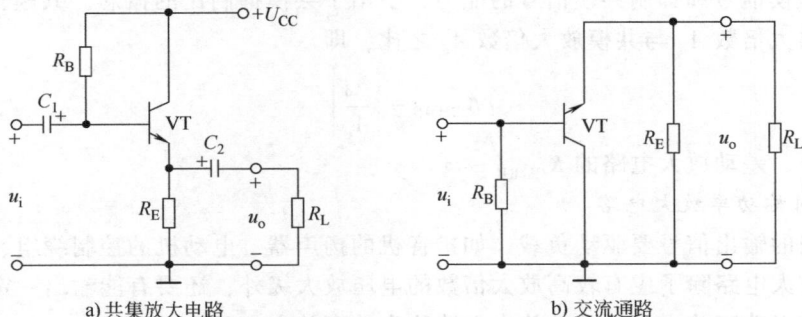

a）共集放大电路   b）交流通路

图 5-35 共集放大电路及其交流通路

（2）性能特点 射极输出器的输出与输入的关系：$u_o = u_i - u_{be} \approx u_i$，因此其输出电压跟随输入电压变化，电压跟随性能好。此外，它还有输入电阻很高，而输出电阻很低的优点，

因此在实际中获得了广泛应用，如多级放大电路的输入级、中间级和输出级等都使用了射极输出器。

3. 差动放大电路

（1）结构特点 差动放大电路通常用于直流放大电路（放大直流信号）的输入级，如图 5-36 所示。结构特点：①电路对称，即要求左右两边的元器件特性及参数尽量一致；②双端输入，可以分别在两个输入端与地之间接输入信号 u_{i1}、u_{i2}；③双电源，即除了集电极电源 U_{CC} 外，还有一个发射极电源 U_{EE}，一般取 $|U_{CC}| = |U_{EE}|$。

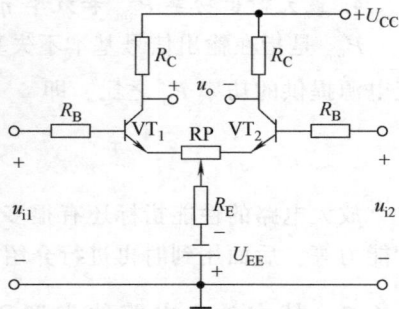

图 5-36 差动放大电路

差动放大电路的两个输入信号 u_{i1} 与 u_{i2} 间存在三种可能：①u_{i1} 与 u_{i2} 大小相等，方向相同，称为共模输入；②u_{i1} 与 u_{i2} 大小相等，方向相反，称为差模输入；③u_{i1} 与 u_{i2} 既非共模，又非差模时，称为任意输入。任意输入时，可将输入信号分解为一对共模信号 u_{ic} 和一对差模信号 $\pm u_{id}$，即

$$u_{ic} = \frac{u_{i1} + u_{i2}}{2}$$

$$u_{id} = \pm \frac{u_{i1} - u_{i2}}{2}$$

（2）性能特点 差动放大电路对共模信号有很强的抑制作用，理想情况下的共模放大倍数 $A_c = \dfrac{u_{oc}}{u_{ic}} = 0$；对差模信号有很好的放大作用，差模放大倍数 $A_d = \dfrac{u_{od}}{u_{id}}$ 较大。差动放大电路实际上是将两个输入端信号的差放大后输出到负载上，即差动放大电路的输出 $u_o = A_u(u_{i1} - u_{i2})$。当 $u_{i2} = 0$ 时，u_{i1} 与 u_o 同相位，称 u_{i1} 对应的输入端为同相输入端。当 $u_{i1} = 0$ 时，u_{i2} 与 u_o 反相位，称 u_{i2} 对应的输入端为反相输入端。

对差动放大电路而言，差模信号是有用的信号，通常要求对它有较大的放大倍数；而共模信号则是由于温度变化或干扰产生的无用信号，需要对它进行抑制。为了全面反映直流放大电路放大差模信号和抑制共模信号的能力，引出了共模抑制比的概念。共模抑制比 K_{CMRR} 定义为差模放大倍数 A_d 与共模放大倍数 A_c 之比，即

$$K_{CMRR} = \left| \frac{A_d}{A_c} \right|$$

在理想情况下，差动放大电路的 $K_{CMRR} \to \infty$。

4. 互补对称功率放大电路

放大电路的输出信号要驱动负载，如扩音机的扬声器、电动机的控制绕组、继电器的线圈等。多级放大电路除了应有较高放大倍数的电压放大级外，还要有能输出一定信号功率的输出级。这种以功率放大为目的的放大电路称为功率放大电路。

（1）结构特点 图 5-37 是互补对称功率放大电路的原理，图中，一对晶体管的类型不同（一个是 NPN 管，另一个是 PNP 管），但特性参数完全相同，称为对称管。对称管都从发射极输出信号，是两个射极输出器，因此功放电路由两个射级输出器组成。当有信号输入

时，在信号的正半周，NPN 管导通，PNP 管截止，负载上的输出波形为正半周；当信号处于负半周时，PNP 管导通，NPN 管截止，负载上的输出波形为负半周。由于两管对称，工作时，轮流工作，互相补充，故称为互补对称电路。

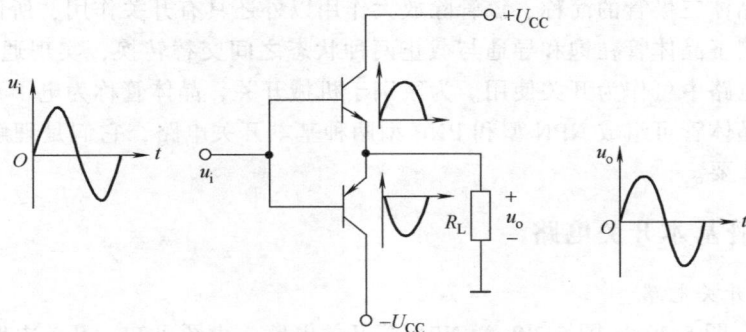

图 5-37　互补对称功率放大电路

（2）性能特点　因为互补对称电路在无信号输入时，$I_B = 0$，$I_C \approx 0$，管子本身的损耗很小，所以电路的效率高；有信号输入时，两管交替工作，并且管子往往在接近极限运用状态下工作，输出功率大；两管都是射极输出，所以输出电阻低也是它的主要特点。

5.4.4　基本放大电路在汽车检测中的应用

汽车在行驶过程中，由于颠簸、振动等原因，电气线路与车体发生摩擦而造成绝缘层损坏，出现接地（短路）故障，这就需要及时地发现并发出声光报警信号，以提醒驾驶人员注意，避免发生更大的事故。图 5-38 就是一种为适应接地故障的快速检测而制作的故障探测电路，它由传感器、两级放大电路、声光报警装置及直流电源等组成。

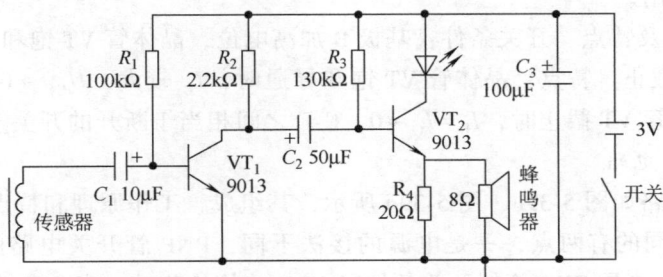

图 5-38　汽车电气线路接地探测器

探测器工作原理：当导线接地后，在接地点就会产生短路电流，短路点就会向周围发出高频电磁信号，这个信号被由线圈和铁心构成的传感器接收到，并转换成交流电信号输出，交流信号很微弱，经过晶体管 VT_1 放大后，在它的集电极就会得到放大了的交流信号，再送入 VT_2 的基极进行二次放大，使接在 VT_2 集电极的发光二极管闪烁发光，接在发射极的蜂鸣器发出声响。传感器越接近故障点，接收到的信号越强，经过放大后，发光二极管越亮，蜂鸣器发出的声响越强。根据发光二极管亮度变化和蜂鸣器声音变化，就能快速找到故障点。

5.5 晶体管开关电路

晶体管是晶体三极管的简称，该管除放大作用以外还具有开关作用，所谓开关作用是指在电信号的控制下晶体管在饱和导通与截止两种状态之间交替转换，实现通断电路的目的，因此晶体管在电路中可作为开关使用。为区别于机械开关，晶体管称为电子开关。作为电子开关使用时，晶体管可组成 NPN 型和 PNP 型两种基本开关电路，它们是理解复杂开关电路的基础，十分重要。

5.5.1 晶体管基本开关电路

1. NPN 管开关电路

（1）组成　图 5-39a、图 5-39b 为 NPN 管开关电路，由图可知，开关电路由晶体管 VT、电阻 R_B 和 R_C 以及电源 U_{CC} 组成。其中，VT 是 NPN 管，共发射极接法（简称共射接法），在电路中起开关作用；R_B 为基极限流电阻，防止基极电流过大；R_C 是集电极电阻，用于防止晶体管饱和导通时电源短路；在实际开关电路中，R_C 由被控电子元件取代。U_{CC} 的作用是向电路提供电能。

（2）工作原理　在晶体管 VT 的基极 B 加上高电位（高电平）时，基极的电流 I_B 较大，满足 $I_B>I_{BS}$（I_{BS} 是基极 B 的临界饱和电流），晶体管 VT 饱和导通，集电极 C 与发射极 E 之间的电位差 U_{CE} 几乎为零，C-E 之间相当于闭合的开关，接通集电极回路，如图 5-39a 所示。当基极 B 上的高电位信号撤离后，给它加上低电位（低电平），此时基极的电流 I_B 几乎为零，晶体管 VT 截止，集电极 C 与发射极 E 之间几乎没有电流流过，C-E 之间相当于断开的开关，切断了集电极回路，如图 5-39b 所示。因此只要在基极输入高低电位信号就可以实现通断电路的作用。

（3）开关条件及特点　开关条件：基极 B 加高电位，晶体管 VT 饱和导通；基极 B 加低电位，晶体管 VT 截止。特点：晶体管 VT 饱和导通时，I_B 较大，$U_{CE} \approx 0$，C-E 之间相当于闭合的开关；晶体管 VT 截止时，$I_B = I_C \approx 0$，C-E 之间相当于断开的开关。

2. PNP 管开关电路

PNP 管开关电路如图 5-39c、图 5-39d 所示，其组成、工作原理和特点与 NPN 管开关电路基本一致。所不同的有两点，一是电源的接法不同，PNP 管开关电路的电源接到晶体管 VT 的发射极 E 上。二是 PNP 管的开关条件与 NPN 管恰恰相反，当 PNP 管的基极 B 加上低电位时，管子饱和导通；当 PNP 管的基极 B 加上高电位时，管子截止。因为 PNP 管的基极 B 加上低电位时，发射结正偏电压较大，使基极的电流较多，所以管子饱和导通；而 PNP 管基极 B 加上高电位时，发射结正偏电压迅速减小，使基极的电流极少，因此管子截止。

5.5.2 晶体管开关电路在汽车上的应用

晶体管开关电路在汽车上的应用相当广泛，汽车上的各种信号报警电路、电子电压调节器、电子点火器、无触点电子闪光器等多种电器都是实用的晶体管开关电路。

1. 蓄电池液位报警电路

与许多信号报警电路一样，蓄电池液位报警电路的基本原理也是通过某个点的电位变化

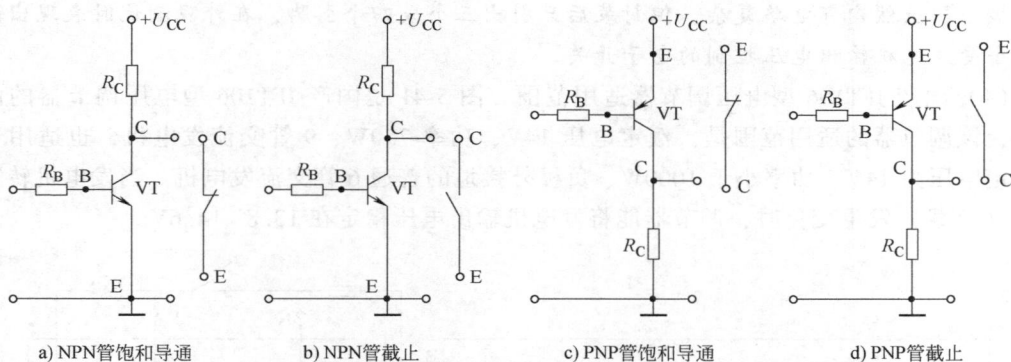

a) NPN管饱和导通　　b) NPN管截止　　c) PNP管饱和导通　　d) PNP管截止

图 5-39　NPN 管和 PNP 管的开关电路

来控制晶体管的开关，从而发出声音或光的报警信号。图 5-40 为蓄电池液位报警电路。报警电路的传感器是装在蓄电池盖子上的铅棒。当蓄电池液位符合规定要求时，如图 5-40a 所示，铅棒浸在蓄电池液中，铅棒（相当于正极）与蓄电池的负极之间产生电压，电阻 R_2 上的分压使晶体管 VT_1 的基极有较大电流，VT_1 饱和导通，VT_1 的 C-E 之间的电位几乎相等，A 点电位几乎为零，晶体管 VT_2 截止，警告灯（即图中的发光二极管 LED）不亮。当蓄电池液位低于规定要求时，如图 5-40b 所示，铅棒未能浸入蓄电池液中，铅棒与蓄电池的负极之间不能产生电压，晶体管 VT_1 的基极没有电流，VT_1 截止，A 点电位上升，晶体管 VT_2 的基极 B 流入较大电流，VT_2 饱和导通，警告灯点亮，通知驾驶人蓄电池液量不足，应及时补充。

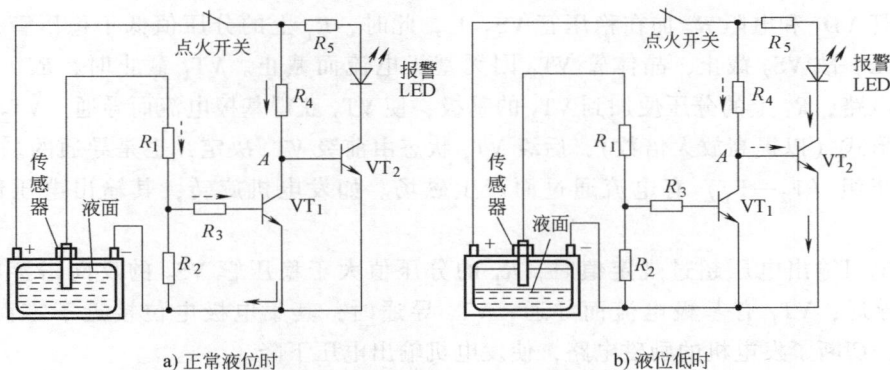

a) 正常液位时　　　　　　　　　　　　b) 液位低时

图 5-40　蓄电池液位报警电路

2. 电子电压调节器

汽车交流发电机的输出电压会随着发动机转速和负荷（负载）的变化而产生波动，无法满足汽车用电设备的工作要求，因此汽车发电机必须配置电压调节器。电压调节器的基本功能就是调节发电机的输出电压，使输出电压在发动机所有工况下基本保持恒定。调节器调压的基本原理：利用晶体管的开关作用控制励磁线圈电路的通断，使励磁电流的大小随之改变，进而实现调节发电机输出电压的目的。

● **提示：** ①汽车交流发电机的输出电压是与励磁线圈的电流成正比的，控制励磁线圈的通断即可控制励磁电流的平均大小，进而使发电机输出电压基本稳定在一个定值上；②电子电压调节器虽然内部电路复杂，但封装后只引出三个或四个引脚，在外观测试时表现出的就是一个受发电机输出电压控制的电子开关。

（1）国产 JFT106 型电压调节器适用范围　图 5-41 是国产 JFT106 型电压调节器的内部电路，该调节器的适用范围是，额定电压 14V、功率 750W、9 管交流发电机，也适用于其他额定电压为 14V、功率小于 1000W、负极外接地的普通 6 管交流发电机。当发电机转速和负荷（负载）发生变化时，调节器能将发电机输出电压稳定在 13.8～14.6V。

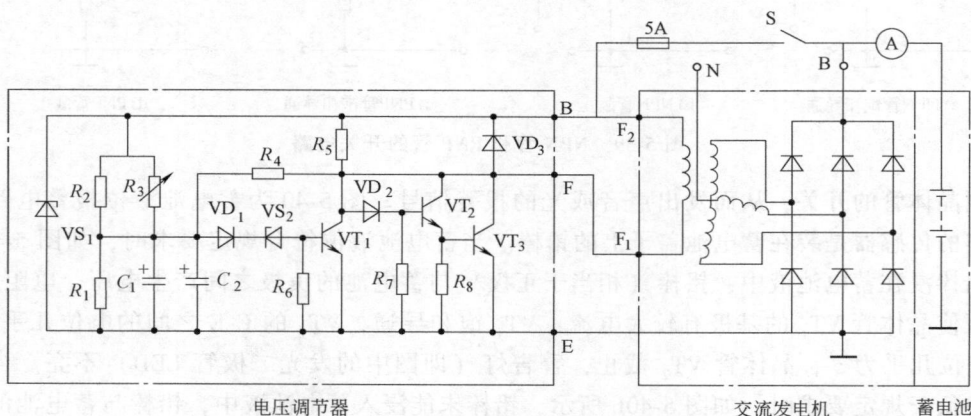

图 5-41　JFT106 型电压调节器内部电路

（2）国产 JFT106 型电压调节器工作过程　电阻 R_2 和 R_3 并联后与 R_1 串联构成分压电路，接通点火开关 S（也可用 SW 表示）时，蓄电池电压加到该分压电路上，R_1 上的分压值经二极管 VD_1 和电阻 R_6 加在稳压管 VS_2 上，此时，R_1 上的分压值低于稳压管 VS_2 的反向击穿电压，故 VS_2 截止，晶体管 VT_1 因无基极电流而截止。VT_1 截止时，R_5、VD_2、R_7 构成分压电路，R_7 上的分压便加到 VT_2 的基极，使 VT_2 获得基极电流而导通。VT_2、VT_3 接成复合管形式（以提高放大倍数），后级 VT_3 状态由前级 VT_2 决定，也是导通的。VT_3 导通时，励磁绕组（F_2—F_1）有电流通过而产生磁场。如发电机旋转，其输出电压便会迅速升高。

当发电机输出电压超过规定值时，R_1 的分压值大于稳压管 VS_2 的反向击穿电压，则 VS_2 击穿导通，VT_1 有基极电流而导通，VT_1 导通时，其集电极电位接近于零而使 VT_2、VT_3 截止，切断了发电机的励磁电路，使发电机输出电压下降。

当发电机输出电压小于规定值时，稳压管 VS_2 重又截止，VT_1 也截止，VT_2、VT_3 重新导通，使励磁电路接通，发电机输出电压重新升高。如此反复，发电机输出电压便被稳定在规定值。

名词解释：复合管就是连接在一起的两只晶体管（三极管），又称达林顿管，它的放大倍数是两只晶体管放大倍数的乘积。如图 5-42 所示，晶体管 VT_1 用作前级（前置）放大管，它产生推动 VT_2 的基极电流，VT_2 是后级（末级）放大管，它将电流继续放大以驱动负载部件。在分析电路时可将复合管看作一只大功率晶体管（三极管）。汽车点火系统的控制模块大多采用复合管作为控制输出端。

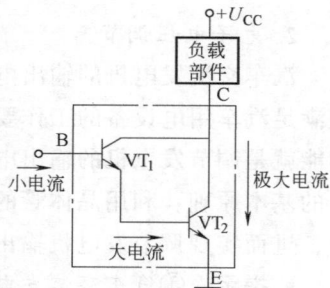

图 5-42　复合管结构

3. 无触点电子闪光器

无触点电子闪光器简称无触点闪光器或电子闪光器，其功能就是控制汽车转向信号灯（简称转向灯）按一定的频率闪烁发光，以提醒道路上行驶的其他车辆驾驶人注意。其基本原理是利用电容的充放电过程控制晶体管的开关，实现转向灯闪烁发光的目的。

图 5-43 是一种国产的无触点闪光器内部电路，其工作原理如下：汽车转弯时，接通转向灯开关，R_2 支路电流和 C 的充电电流同时注入 VT_1 的基极，VT_1 饱和导通。VT_1 导通后，VT_2 的基极电位很低（仅 0.3V 左右），于是复合管 VT_2、VT_3 截止。此时转向灯仅有 VT_1 的导通电流流过，因数值较小（仅 60mA），故转向灯较暗。

随着电容器 C 的不断充电，充电电流逐渐减小，VT_1 的基极电流也随之减小，VT_1 由导通变截止，于是 VT_2 的基极电位上升，复合管

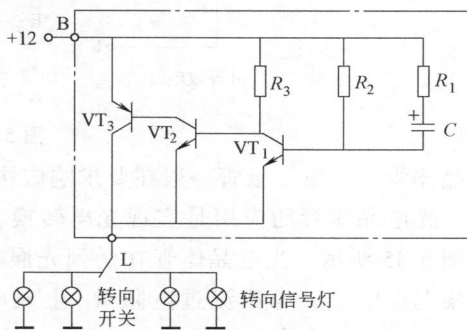

图 5-43 无触点电子闪光器

VT_2、VT_3 进入导通状态。导通后其发射极电流较大，流过转向灯时，使灯变亮。与此同时，C 经 R_1、R_2 放电（其路径为 $C—R_1—R_2—C$），使 VT_1 仍保持截止，转向灯继续点亮。放电结束后，C 又重新充电，VT_1 又导通，VT_2、VT_3 又截止，转向灯又变暗。如此反复，使转向灯发出明暗交替的闪烁光。

转向灯的闪光频率由电容器 C 充放电的时间常数决定。而充电时间常数 $\tau = R_1 C$，放电时间常数 $\tau = (R_1 + R_2) C$，因此调节 R_1 和 R_2 就可以调节闪光频率。我国国家标准规定闪光器闪光频率为每分钟 60~120 次。

5.6 其他半导体器件

5.6.1 光电晶体管

1. 光电晶体管

光电晶体管与普通晶体管相同也有两个 PN 结和三个电极，但其集电结采用光电二极管结构。它的等效电路、外形和符号如图 5-44a～图 5-44c 所示。基极电流由光电二极管提供，因此基极一般没有外引线（个别产品为了调整方便,基极设有外引线），从外观上看，只有集电极和发射极两个电极。

光电晶体管是一种光控器件，其集电极电流受光照强度控制。如果在光电晶体管的集电极和发射极之间加上正向电压，在没有光照时，C、E 间几乎没电流。有光照射时，基极产生光电流，同时在 C、E 间形成集电极电流，大小在几毫安至几百毫安之间。光电晶体管通常用其输出特性曲线表示其光控特性，如图 5-44d 所示，图中 E 为光照强度，简称照度；P_{CM} 为集电极最大功耗。

光电晶体管与光电二极管相比灵敏度比较高，制成复合管（达林顿管）形式时，能输出较大的电流而直接驱动某些继电器，因此在要求灵敏度高、带负载能力强的电路中应选用光

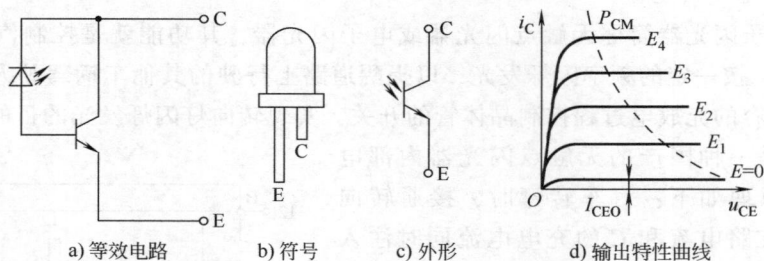

a) 等效电路　　b) 符号　　c) 外形　　d) 输出特性曲线

图 5-44　光电晶体管

电晶体管。光电二极管一般在要求响应快、对温度敏感小的电路中使用。

　　光电晶体管的应用是实现光电转换，其基本应用电路如图 5-45 所示，光电晶体管在受到光照时，将光信号转变为集电极电流，电流流过电阻 R_L 生成电压，使输出端 A 的电位随外界光线的照射而发生变化，实现了光电转换。

　　光电晶体管在汽车上主要应用于多种传感器中，实现空气流量检测、转向角度检测、车速测量、位置测量等功能。

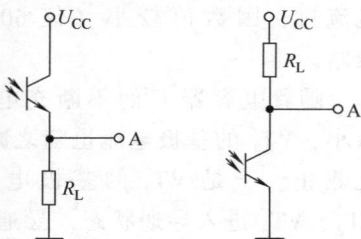

图 5-45　光电晶体管的基本应用

　　2. 光电式传感器

　　（1）空气流量传感器　空气流量传感器又称空气流量计，是用来检测发动机进气量大小的传感器，其作用是将进气量信息转换成电信号输入电子控制单元（Electronic Control Unit，ECU），由 ECU 计算出进气量的大小，以确定发动机的喷油时间和点火时间。

　　空气流量计的种类很多，有歧管压力传感器、翼片式、量芯式、涡旋式、热线式与热膜式空气流量计等，这里介绍涡旋式空气流量计。

　　涡旋式空气流量计是根据卡门涡旋理论测量空气流量的一种传感器，在进气道的中央设置一锥形涡旋发生器，当空气通过时，在涡旋发生器的后面就会产生一系列十分规则的空气旋涡，称为卡门涡旋。单位时间内通过涡旋发生器后方某一点的卡门涡旋数量，即涡旋频率 f 与空气流速 v 成正比，即

$$f = S_t \frac{v}{d}$$

式中，S_t 是斯特罗巴尔系数；d 是涡旋发生器外径。

这样，只要测出卡门涡旋频率 f，就可知道空气的流速 v，再乘以空气通道的截面积便可获得空气的流量。

　　根据卡门涡旋频率的测量方法不同，涡旋式空气流量计有反光镜检测式和超声波检测式两种，图 5-46 是反光镜检测式的结构原理图，由图可知，反光镜检测式空气流量计主要由涡旋发

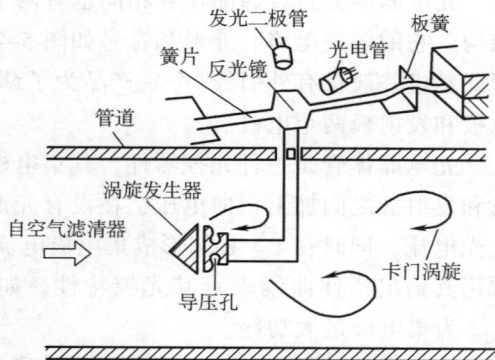

图 5-46　反光镜检测式卡门涡旋空气流量计

生器、导压孔和反光镜检测装置组成。反光镜检测装置是由反光镜、簧片、发光二极管和光电晶体管组成。反光镜固定在簧片上，可随簧片一起振动，它用于将发光二极管投射的光束反射到光电晶体管上，以控制其导通和截止。涡旋频率的测量是通过涡旋发生器、导压孔和反光镜检测装置三者的配合实现的。原理是，当管道中进气量变化时，涡旋发生器后面的涡旋压力就会发生变化，涡旋压力的变化经导压孔作用到簧片上使簧片产生振动，其振动频率与涡旋频率相同。由于反光镜随簧片一同振动，所以反光镜将光束反射到光电晶体管上的反射频率与涡旋频率 f 相同。因为光电晶体管受到光束照射时导通，不受光束照射时截止，所以光电晶体管的导通和截止频率与涡旋频率相同。ECU 根据光电晶体管的导通和截止的频率即可计算出涡旋频率及空气流量。

反光镜检测式涡旋空气流量计输出的信号是数字信号，因此输入到汽车 ECU 时无须进行模数转换。此外，由于无可动部件，信号反应灵敏，测量精度也比较高。但其制造成本高，一般只在高档轿车上使用，如丰田系列高档轿车。

（2）转角传感器 转角传感器是用来检测转向器主轴的转动角度和转动方向的传感器，它主要有光电式和磁电式两种，目前汽车上使用较多的为光电式传感器，其结构和电路如图 5-47 所示，由图 5-47a 可知，该传感器由遮光盘和夹在其两侧的两组发光二极管和光电晶体管组成。每一组称为一个光耦合器，因此传感器有两个光耦合器。

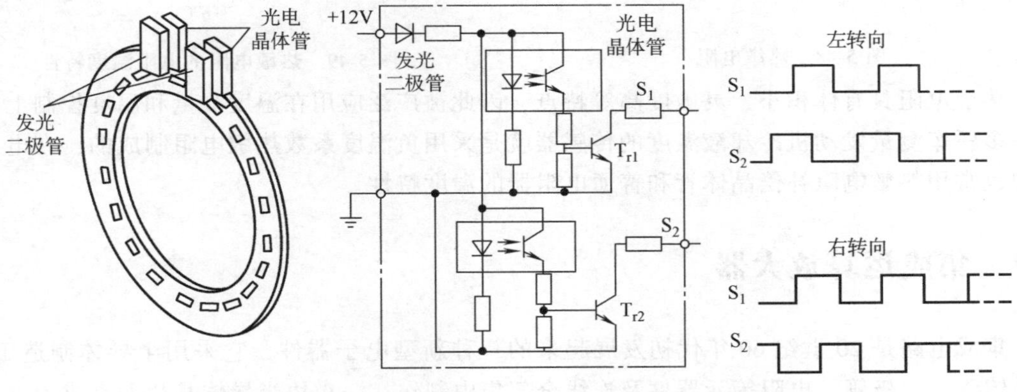

a) 传感器结构　　　　　　　　　　　b) 电路图

图 5-47　转角传感器

遮光盘固定在转向器主轴上（简称转向轴），当转向轴转动时，它也随之转动。在遮光盘的整个圆周上均匀分布有许多透光槽，当其在转向轴带动下转动时，发光二极管发出的光线时而通过透光槽作用于光电晶体管上，使晶体管导通；时而被遮光盘遮挡，从而使晶体管截止。每截止一次，就输出一个电压脉冲，汽车 ECU 根据电压脉冲的个数即可判断出转向轴转过的角度。

设置两组发光二极管和光电晶体管的目的是为了让汽车 ECU 能辨别转向轴的转动方向。由图 5-47b 可见，两个光电晶体管输出的电压脉冲 S_1 和 S_2 的宽度相同，但相位上相差 90°，汽车 ECU 可根据 S_1 脉冲从高电平转为低电平（即下降沿）时，S_2 脉冲是高电平还是低电平来判断转向。如果 S_1 在下降沿时，S_2 是低电平，则为左转向；如果 S_1 在下降沿时，S_2 是高电平，则为右转向。

5.6.2 热敏电阻

热敏电阻是半导体元件，它是将锰、镍、钴、铜和钛等金属氧化物按一定比例混合后压制成形，在高温（1000℃左右）下烧结而成的。其外形有片状、圆柱状等多种，如图 5-48 所示。

热敏电阻的主要特性是阻值随温度的改变而迅速变化，阻值随温度升高而减小者，称为负温度系数热敏电阻；阻值随温度升高而增大者，称为正温度系数热敏电阻；若温度为某一值时，阻值发生跃变，则称为临界温度系数的热敏电阻。因此，热敏电阻有负温度系数型（NTC）、正温度系数型（PTC）和临界温度系数型（CTR）三种，图 5-49 给出了它们的电阻温度特性。

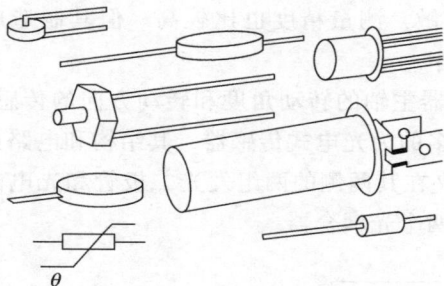

图 5-48　热敏电阻

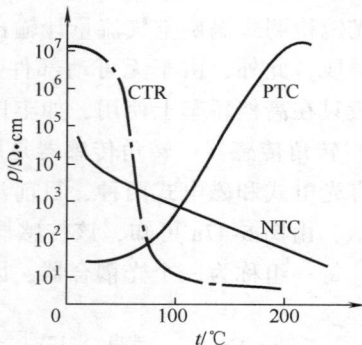

图 5-49　热敏电阻的电阻温度特性

热敏电阻具有体积小、灵敏度高等特点，因此被广泛应用在温度测量和温度控制上。现代许多轿车测量发动机冷却液温度的传感器就是采用负温度系数热敏电阻制成的，在电子电路中也常用热敏电阻补偿晶体管和普通电阻器的温度特性。

5.7　集成运算放大器

集成电路是 20 世纪 60 年代初发展起来的一种新型电子器件，它采用半导体制造工艺，将晶体管、二极管、电阻等元器件及连线全部集中制作在一小块半导体基片上，成为一个完整的固体电路，实现了元器件、电路和功能的三结合。与分立元器件电路相比较，集成电路体积小、重量轻、耗电小、可靠性高，因此已取代分立元器件电路成为电子电路的主要形式。

集成电路按功能不同有模拟集成电路和数字集成电路两大类：模拟集成电路是用来产生、放大、处理各种模拟信号的集成电路，其种类很多，包括集成运算放大器、集成稳压器、集成功率放大器、集成模拟乘法器以及各种专用集成电路等；数字集成电路则是用来产生和处理各种数字信号的集成电路，有关它的应用将在后续章节中介绍。

在模拟集成电路中，集成运算放大器是应用最为广泛的器件。在发展初期主要用于模拟电子计算机中实现数学运算，故称集成运算放大器，简称集成运放。目前，集成运放的应用已远远超出了模拟运算的范围，广泛应用于信号的处理和测量、信号的产生和转换以及自动控制等诸多方面。同时，许多具有特定功能的模拟集成电路在电子技术领域中得到了广泛的应用。

本节主要介绍集成运算放大器的基本组成、特性及应用。

5.7.1　集成运算放大器概述

1. 组成与封装

集成运算放大器是一种放大倍数很高、能放大直流信号的多级放大电路，其内部电路由输入级、中间级、输出级和偏置电路四个基本组成部分，如图 5-50 所示。

输入级与信号源相连，通常要求其输入电阻高、静态电流小、差模放大倍数高、抑制零点漂移和共模干扰信号的能力强。输入级常采用差动放大电路，它有同相和反相两个输入端。

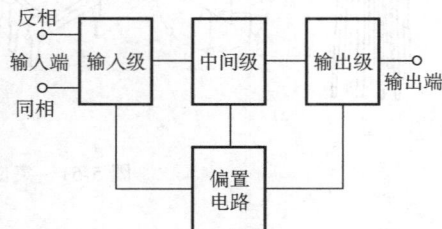

中间级主要进行电压放大，要求它的电压放大倍数高，一般由共发射极放大电路构成，其放大管常采用复合管，以提高电流放大系数；集电极电阻常采用晶体管恒流源代替，以提高电压放大倍数。

图 5-50　集成运放的内部电路方框图

输出级与负载相接，要求其输出电阻低，带负载能力强，能输出足够大的电压和电流，一般由互补功率放大电路或射极输出器构成。

偏置电路的作用是为上述各级电路提供稳定和合适的偏置电流，决定各级的静态工作点，一般由各种恒流源电路构成。

集成运放常见的封装有两种：圆壳式和双列直插式，其外形如图 5-51a、图 5-51b 所示。圆壳式各引脚排列规律是：引脚向下，管键(凸出的金属片)左侧第 1 脚为 "1 号"，其他引脚按逆时针方向依次排列。双列直插式各引脚排列规则是：半圆形缺口下方第 1 脚为 "1 号"，其他引脚按逆时针方向顺序排列。

在应用集成运算放大器时，需要知道它的几个引脚的用途以及放大器的主要参数，至于它的内部电路结构如何一般是无关紧要的。图 5-51c 给出了 F007 符号图，F007 是第二代通用型集成运放的典型产品，国外产品的对应型号为 μA741(LM741)。它通过 7 个引脚与外电路相接，各引脚的功能如下：

1) 2、3 分别为反相和同相输入端，由反相端接输入信号时，输出信号与输入信号反相(或两者极性相反)；若由同相端接输入信号，则输出信号和输入信号同相(或两者极性相同)。

2) 4、7 分别为负电源和正电源端，接 -15V 和 $+15$V 两个稳压电源。6 为输出端。

3) 1 和 5 为外接调零电位器(通常为 10kΩ)的两个引脚，用于调整运放输出的零点。

2. 主要参数

集成运放的性能可用一些参数表示。为了合理地选用和正确地使用集成运放，必须了解各主要参数的意义。

(1) 开环差模电压放大倍数 A_{ud}　开环是指输出端与输入端之间不接任何元器件时放大电路的工作状态。开环差模电压放大倍数 A_{ud} 是指在输出端开路时，输出电压与两个输入端信号电压之差的比值(倍或 dB)，即

$$A_{ud} = \frac{u_o}{u_+ - u_-}$$

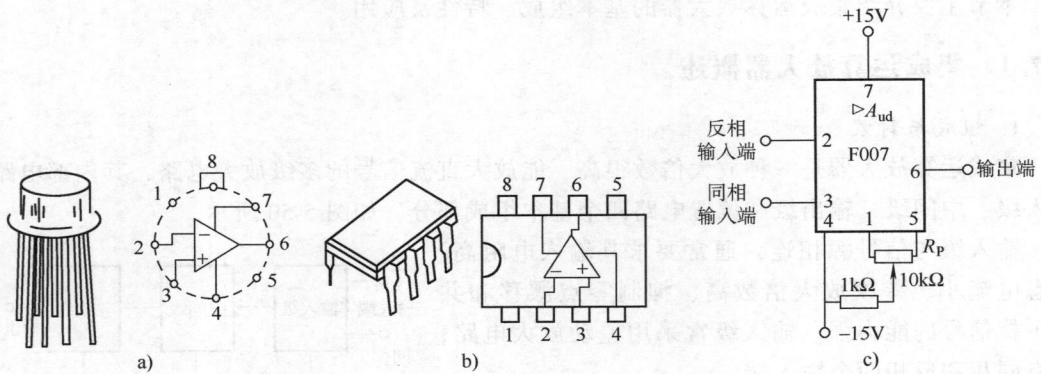

图 5-51　集成运放的两种外形、引脚和符号

$$A_{ud} = 20\lg \frac{u_o}{u_+ - u_-}$$

开环电压放大倍数是衡量集成运放运算精度的参数，A_{ud} 值越高，运算精度就越高。集成运放的 A_{ud} 可达几万至几十万倍，理想的开环电压放大倍数视为 ∞。

（2）开环差模输入电阻 r_{id}　开环差模输入电阻 r_{id} 是指在开环状态下，运放的两个输入端之间对差模信号的动态电阻。r_{id} 是衡量集成运放从信号源取用电流大小的参数。其值越大，从信号源取用的电流越小，运算精度越高。集成运算放大器的 r_{id} 值一般为几百千欧到几兆欧，国产高输入阻抗型运放目前可达 $10^{12}\Omega$。

（3）开环输出电阻 r_o　开环输出电阻 r_o 是指在开环状态下，输出端对地的电阻值。r_o 是衡量集成运放带负载能力的参数，输出电阻 r_o 越小，集成运放带负载能力越强，一般为几十到几百欧。

（4）共模抑制比 K_{CMR}　共模抑制比 K_{CMR} 是集成运放差模电压放大倍数与共模电压放大倍数之比的对数值，即 $K_{CMR} = 20\lg \left| \dfrac{A_{ud}}{A_{uc}} \right|$。$K_{CMR}$ 是衡量集成运放抑制干扰信号能力大小的参数，K_{CMR} 数值越大，抑制干扰信号能力越强。一般集成运放 K_{CMR} 在 80dB 以上，高精度低漂移运放可达 120dB，换算成倍数就是 10^6。

（5）最大输出电压幅度 U_{OPP}　最大输出电压幅度是指集成运放加上额定电源电压、输出端开路时，集成运放能输出的基本不失真的最大峰-峰值电压，一般 U_{OPP} 在额定电源电压的 ±70% 以上。

除上述主要参数外，还有输入失调电压、输入失调电流、最大差模输入电压、最大共模输入电压等参数。

3. 理想运放及其分析方法

（1）理想运放　理想运放是指将各项技术指标理想化的集成运放。其参数值如下：

1）开环差模电压放大倍数 $A_{ud} = \infty$。

2）差模输入电阻 $r_{id} = \infty$。

3）输出电阻 $r_o = 0$。

4）共模抑制比 $K_{CMR} = \infty$。

理想运放的电路符号如图 5-52 所示，图 5-52a 为新国标符号，图 5-52b 为旧国标符号。由图 5-52a 可见，理想运放有两个输入端和一个输出端。反相输入端标上 "−" 号，同相输入端和输出端标上 "+" 号。它们对 "地" 的电压（即各端的电位）分别用 u_-、u_+、u_o 表示。三角形 "▷" 表示信号传输方向，"∞" 表示开环差模电压放大倍数为无穷大。

实际运放的技术指标接近理想值，如果将实际运放用理想运放代替所引起的误差并不严重，在工程上是允许的，这样却会使分析过程大大简化。因此，在分析实际运放的应用电路时，通常将实际运放视为理想运放。

（2）分析方法　集成运放的输出电压 u_o 与其输入电压 $u_+ - u_-$ 之间的关系曲线称为电压传输特性。由图 5-53 可知，电压特性是由三段直线组成的折线，其中倾斜的直线段表示输出电压随输入电压线性变化，称为线性区。在该区间内运放具有放大功能，也称为放大区。两条水平的直线组成了非线性区，在该区间内输出电压不再随输入电压变化，达到饱和，$+U_{o(sat)}$ 和 $-U_{o(sat)}$ 为正负饱和值，故非线性区也称为饱和区。

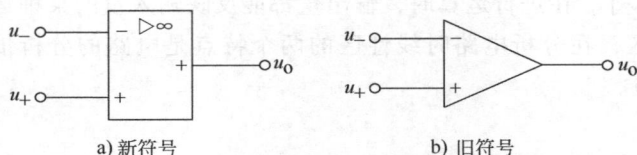

图 5-52　理想运放的电路符号

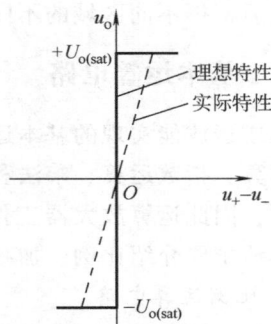

图 5-53　集成运放的传输特性

当实际运放理想化以后，非线性区位置不变，线性区位置与纵轴重合，如图 5-53 所示。理想运放既可以工作在线性区，也可以工作在非线性区，但特点不同。

1）工作在线性区的特点

① 同相输入端与反相输入端的电位相等，即 $u_+ = u_-$，称为 "虚短"。

由图 5-53 不难看出，理想运放工作在线性区时，输入电压 $u_+ - u_- = 0$，故有 $u_+ = u_-$。$u_+ = u_-$ 是短路特征，但两输入端之间并没有真的短路，因此称为虚假短路，简称 "虚短"。

② 同相输入端与反相输入端的电流等于零，即 $i_+ = i_- = 0$，称为 "虚断"。

因为理想运放的输入电阻 $r_{id} = \infty$，所以同相输入端与反相输入端流入运放的电流应为零，即 $i_+ = i_- = 0$。$i_+ = i_- = 0$ 是断路特征，但两输入端之间并没有真的断路，因此称为虚假断路，简称 "虚断"。

另外，在分析电路时经常会碰到 "虚地" 的概念。运放的某个输入端不接地，但却具有接地端的电位，则该端称为虚地端。例如，在图 5-54 所示的电路中，同相端为接地端 $u_+ = 0$，若运放工作在线性区，则 $u_- = u_+ = 0$，因此反相端虽不接地，

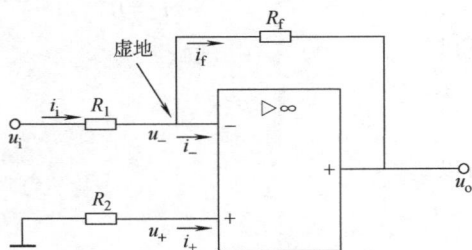

图 5-54　运放中的 "虚地"

但却有接地端的电位，故为"虚地"端。

2）工作在非线性区的特点

① 理想运放的输出电压 u_o 的值只有两种可能：或者为正向饱和值 $+U_{o(sat)}$，或者为负向饱和值 $-U_{o(sat)}$。

当 $u_+ > u_-$ 时，$u_o = +U_{o(sat)}$。

当 $u_+ < u_-$ 时，$u_o = -U_{o(sat)}$。

在非线性区内，"虚短"现象不复存在。

② 理想运放的同相与反相输入端电流等于零，即 $i_+ = i_- = 0$。

理想运放的输入电阻 r_{id} 与工作区间无关，永远为无穷大即 $r_{id} = \infty$，所以 $i_+ = i_- = 0$。

另外，运放工作在非线性区时，$u_+ \neq u_-$，其净输入电压 $u_+ - u_-$ 的大小取决于电路的实际输入电压及外接电路的参数。

总之，在分析运放的应用电路时，一般将它看成理想运放，首先判断集成运放的工作区域，然后根据不同区域的不同特点分析电路输出与输入的关系。

5.7.2 基本运算电路

集成运放能实现的基本运算有比例运算、加法运算、减法运算、积分运算、微分运算、对数运算、指数运算、乘法和除法运算等。在进行运算时，输出量都能反映输入量的某种运算结果，因此运算放大器工作在线性区，在分析电路时线性区的两个特点是电路的分析依据。本节主要介绍比例、加减运算电路。

1. 比例运算电路

比例运算电路的输出与输入电压之间存在比例关系，因此称为比例运算电路，它是各种运算电路的基础。根据输入信号接法的不同，比例运算电路有三种基本形式：反相输入、同相输入和差动输入比例运算电路。

（1）反相比例运算电路 图 5-55 所示为反相比例运算电路，外加输入信号 u_i 通过电阻 R_1 加到运放的反相输入端，而同相输入端通过电阻 R_2 接地，因此称为反相输入方式。为使放大器工作在线性区，在运放的输出与输入端之间接有电阻 R_f，它起将信号从输出端反馈到输入端的作用，即信号的反馈作用，称为反馈电阻。因反馈电阻 R_f 两端的电压极性相反，故这种连接为负反馈。

由前述线性区的两个基本特点可知：

$$i_- = 0$$

所以

$$i_i = i_- + i_f = i_f$$

$$u_- = u_+ = 0$$

所以

$$\frac{u_i}{R_1} = -\frac{u_o}{R_f}$$

由此得出

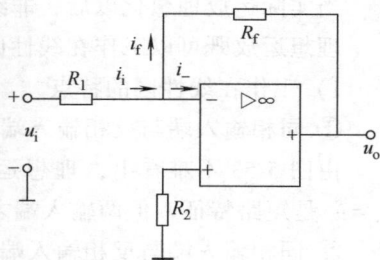

图 5-55 反相比例运算电路

$$u_o = -\frac{R_f}{R_1}u_i$$

上式表明，输出电压与输入电压成比例，比例系数为"$-R_f/R_1$"，"$-$"表示 u_o 与 u_i 反相。当 $R_f = R_1$ 时，比例系数为"-1"，$u_o = -u_i$。这说明输出与输入电压大小相等、相位相反，此时电路称为反相器。

在图 5-55 中，电阻 R_2 称为平衡电阻，其作用是为了保证运放的两个输入端处于静态平衡的状态，避免因电阻不平衡时，偏置电流引起的失调。它的求法是，令运放电路中所有信号电压为零，使从同相端和反相端向外看对地的电阻相等，即

$$R_2 = R_1 /\!/ R_f$$

例 5-2 图 5-55 电路中，已知 $u_i = -1V$、$R_f = 20k\Omega$、$R_1 = 2k\Omega$，求 u_o。

解：

$$u_o = -\frac{R_f}{R_1}u_i = -\frac{20}{2}\times(-1)V = 10V$$

（2）同相比例运算电路 同相比例运算电路如图 5-56 所示，外加输入信号 u_i 通过电阻 R_2 加在集成运放的同相输入端，而反相输入端没有外加输入信号，只有反馈信号，故称其为同相输入方式。为使运算放大器工作在线性区，在电路的输出端通过反馈电阻 R_f 加到反相输入端以实现负反馈。电阻 $R_2 = R_1 /\!/ R_f$，起平衡补偿作用。

由于运放工作在线性区，因此有

$$u_- = \frac{R_1}{R_1 + R_f}u_o$$

因为

$$u_- = u_+ = u_i$$

所以电路的输出电压为

$$u_o = \left(1 + \frac{R_f}{R_1}\right)u_i$$

图 5-56 同相比例运算电路

可见，同相比例运算电路的比例系数大于 1，其值为 $1 + R_f/R_1$。特别指出，当 $R_1 = \infty$（或 $R_1 = \infty$，且 $R_f = 0$）时，$u_o = u_i$，电路成为电压跟随器。

例 5-3 图 5-56 电路中，已知 $u_i = 1V$、$R_f = 20k\Omega$、$R_1 = 2k\Omega$，最大输出电压 $U_{opp} = \pm12V$，求 u_o，并判断运放的工作区域。

解： $u_o = \left(1 + \frac{R_f}{R_1}\right)u_i = \left(1 + \frac{20}{2}\right)\times1V = 11V$。因 $u_o < U_{opp}$，故工作在线性区。

例 5-4 试计算图 5-57 中 u_o 的大小。

解： 图 5-57 是一电压跟随器，电源 +15V 经两个 15kΩ 的电阻分压后在同相输入端得到 7.5V 的输入电压，故 $u_o = 7.5V$。

由本例可见，u_o 只与电源电压和分压电阻有关，其精度和稳定性较高，可作为基准电压。

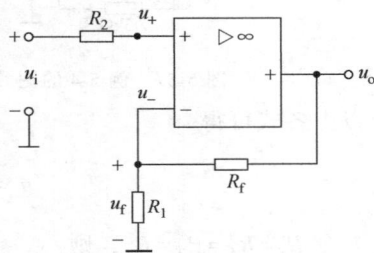

2. 加减运算电路

（1）加法运算电路 能实现加法运算的电路称为加法器或求和电路。根据信号输入方式的不同，加法器有反相输入式和同相输入式之分。图5-58是反相加法运算电路，运放工作在线性区，且反相端为"虚地"，即 $u_- = u_+ = 0$。因此有

$$i_1 = \frac{u_{i1}}{R_1}, \quad i_2 = \frac{u_{i2}}{R_2}, \quad i_3 = \frac{u_{i3}}{R_3}, \quad i_f = -\frac{u_o}{R_f}$$

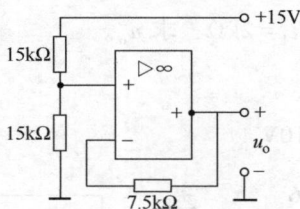

$$i_f = i_1 + i_2 + i_3$$

图 5-57 例 5-4 的图

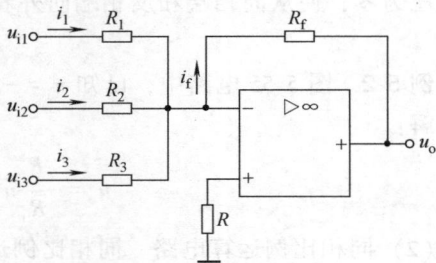

图 5-58 反相加法运算电路

由以上各式可得

$$u_o = -i_f R_f = -\left(\frac{R_f}{R_1}u_{i1} + \frac{R_f}{R_2}u_{i2} + \frac{R_f}{R_3}u_{i3}\right)$$

令 $R_f = R_1 = R_2 = R_3$，则

$$u_o = -(u_{i1} + u_{i2} + u_{i3})$$

图5-58中，电阻 R 为平衡电阻，取

$$R = R_1 // R_2 // R_3 // R_f$$

该电路的突出优点是各路输入电流之间相互独立，互不干扰。

例 5-5 在图5-58电路中，设输出与输入的关系 $u_o = -(4u_{i1} + 2u_{i2} + 0.5u_{i3})$，$R_f = 100\text{k}\Omega$，试确定各输入电路的电阻和平衡电阻。

解：

$$R_1 = \frac{R_f}{4} = \frac{100}{4} = 25\text{k}\Omega$$

$$R_2 = \frac{R_f}{2} = \frac{100}{2} = 50\text{k}\Omega$$

$$R_3 = \frac{R_f}{0.5} = \frac{100}{0.5} = 200\text{k}\Omega$$

$$R = R_1 // R_2 // R_3 // R_f \approx 13.3\text{k}\Omega$$

（2）减法运算电路 减法运算是指电路的输出电压与两个输入电压之差成比例，基本电路如图5-59所示。外加输入信号 u_{i1} 和 u_{i2} 分别通过电阻加在运放的反相输入端和同相输入端，称为差动输入方式。为了保证运放两个输入端对地电阻平衡，通常有 $R_1 = R_2$，$R_f = R_3$。对于这种电路，用叠加原理求解比较简单。叠加定理是指多个电源共同作用的线性电路中，各支路的电流（或电压）是各电源单独作用时在该支路产生的电流（或电压）的代数和。

设 u_{i1} 单独作用时输出电压为 u_{o1}，此时应令 $u_{i2}=0$，电路为反相比例运算电路，即

$$u_{o1}=-\frac{R_f}{R_1}u_{i1}$$

设 u_{i2} 单独作用时输出电压为 u_{o2}，此时应令 $u_{i1}=0$，电路为同相比例运算电路，即

$$u_+=\frac{R_3}{R_2+R_3}u_{i2}$$

图 5-59　减法运算电路

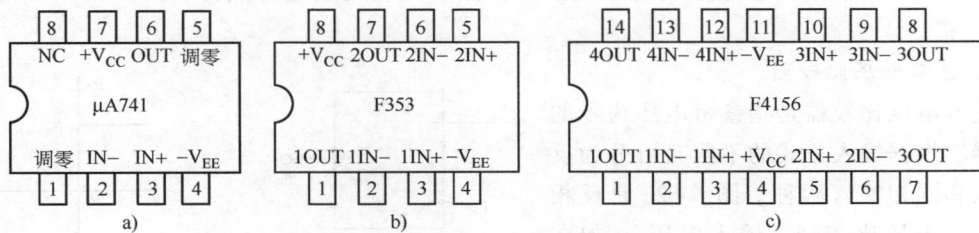

$$u_{o2}=\left(1+\frac{R_f}{R_1}\right)u_+=\left(1+\frac{R_f}{R_1}\right)\left(\frac{R_3}{R_2+R_3}\right)u_{i2}$$

当 u_{i1}、u_{i2} 同时作用于电路时

$$u_o=u_{o1}+u_{o2}$$
$$=\left(1+\frac{R_f}{R_1}\right)\left(\frac{R_3}{R_2+R_3}\right)u_{i2}-\frac{R_f}{R_1}u_{i1}$$

当 $R_1=R_2$、$R_f=R_3$ 时

$$u_o=\frac{R_f}{R_1}(u_{i2}-u_{i1})$$

可见，差动输入运放能实现两个信号的减法运算。

例 5-6　在图 5-59 的电路中，设 $R_f=R_1=R_2=R_3$，$u_{i1}=1\text{V}$，$u_{i2}=3\text{V}$，求输出电压 u_o。

解：因有 $R_f=R_1=R_2=R_3$，故得

$$u_o=(u_{i2}-u_{i1})=(3-1)\text{V}=2\text{V}$$

在实际中，能实现上述各种运算的集成放大器有三种：单运算放大器电路 μA741，如图 5-60a 所示（图中 NC 表示空脚）；双运算放大器电路 F353，如图 5-60b 所示；四运算放大器电路 F4156，如图 5-60c 所示，它们的电源电压均为 ±15V。

图 5-60　三种常用集成运放的引脚图

3. 运算放大器在汽车传感器中的应用

由集成运放组成的运算电路除了有运算能力外，还有放大能力，因此也称为运算放大器。它在汽车温度、压力传感器中有着广泛应用。

为了确定喷油时间和最佳点火时刻，在汽车上必须对空气流量进行测量，进气压力传感器就是用于测量空气流量的主要传感器之一。这种传感器广泛用于美国通用汽车公司、日本丰田汽车公司生产的轿车上，国产桑塔纳 2000Gli 型轿车也采用了该传感器，图 5-61 为压敏电阻式进气压力传感器的结构示意图和工作原理示意图。

a) 结构示意图　　　　　　　　　　　　　b) 工作原理示意图

图 5-61　压敏电阻式进气压力传感器

由图可知，该传感器主要由压力转换元件和集成电路组成，压力转换元件由硅膜片和附着在膜片上的四个应变电阻组成，其中应变电阻接成电桥电路，当其阻值随压力而改变时，电桥产生电压输出，集成电路是一个差动放大器，用来放大电桥输出的信号。

进气量的测量原理是：进气压力通过进气口作用到压力转换元件上，使应变电阻的阻值发生改变，电桥输出电压信号。该信号经过差动放大器放大后送给电子控制单元计算出进气量的大小。

5.7.3　电压比较器

集成运放除用于运算电路外，还可用于电压比较器，所谓电压比较器是指能比较输入电压和参考电压大小的电路。这种电路的集成运放工作在开环状态或者正反馈状态（即反馈电阻两端的电压同极性的状态），因放大倍数很高，故两输入端之间只要有一个微小的差值信号，就会使输出电压达到极限值，高电平或者低电平，这使运放工作在非线性区。因此，电压比较器的分析依据是理想运放的非线性区特点。现利用这些特点分析几种常用的电压比较器。

1. 过零电压比较器

过零电压比较器是指参考电压为零的比较器。根据输入方式的不同又可分为反相输入和同相输入两种，图 5-62a 是反相输入过零电压比较器，输入电压 u_i 加在反相端，同相输入端接地，运放处于开环状态。当 $u_i < 0$ 时，$u_o = +U_{o(sat)}$；当 $u_i > 0$ 时，$u_o = -U_{o(sat)}$。当 $u_i = 0$ 时，输出 u_o 发生跳变，据此可做出如图 5-62b 所示的电压传输特性。

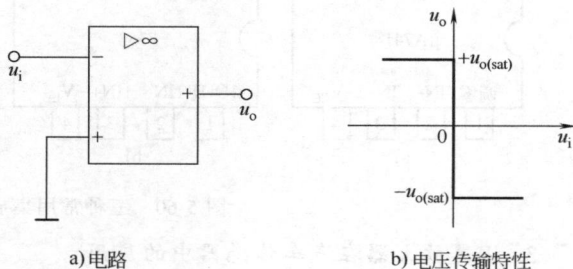

a) 电路　　　　　　　b) 电压传输特性

图 5-62　反相输入过零电压比较器

有时为了与输出端的数字电路的电平配合，需要将比较器的输出电压限定在某一特定的数值上，这就需要在比较器的输出端接上限幅电路，图 5-63a 为一电阻 R 和双向稳压管 VS 构成的限幅电路，输出电压值限制在 $u_o = \pm U_Z$ 范围之内。在实用电路中，有时在比较器的输出端与反相输入端之间跨接一个双向稳压管进行双向限幅，如图 5-63b 所示。假设稳压管 VS 截止，则集成运放必工作在开环状态，其输出不是 $+U_{o(sat)}$ 就是 $-U_{o(sat)}$。所以双向稳压管总工作在稳压状态，故输出电压 $u_o = \pm U_Z$，达到限幅的目的。

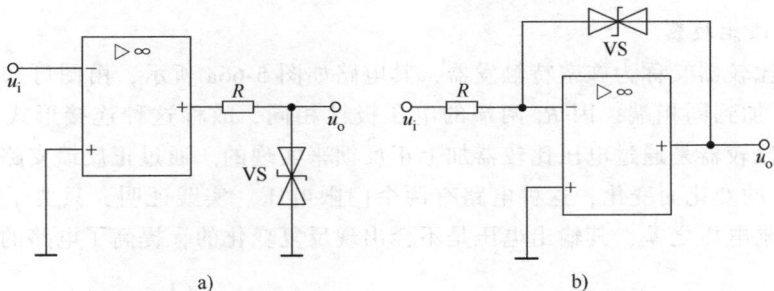

a) 　　　　　　　　b)

图 5-63　双向限幅电路

过零电压比较器除用于电压比较、电压限幅之外，还具有波形变换的功能。如果 u_i 波形为正弦波，则 u_o 波形为矩形波，如图 5-64 所示。

除参考电压 $U_R = 0$ 的电压比较器之外，还有参考电压 U_R 可以取任意数值的电压比较器，称为任意电压比较器。

2. 任意电压比较器

任意电压比较器也有反相和同相两种。图 5-65a 是反相输入任意电压比较器，输入电压 u_i 作用在反相端，参考电压 U_R 作用在同相输入端，运放仍处于开环状态。当 $u_i < U_R$ 时，$u_o = +U_{o(sat)}$；当 $u_i > U_R$ 时，$u_o = -U_{o(sat)}$。当 $u_i = U_R$ 时，输出 u_o 发生跳变，其电压传输特性如图 5-65b 所示。电压传输特性输出电压发生跳变时的输入电压称为门限电压 U_{th}，显然，任意电压比较器的门限电压就是参考电压 U_R。因只有一个门限电压，故又称单限电压比较

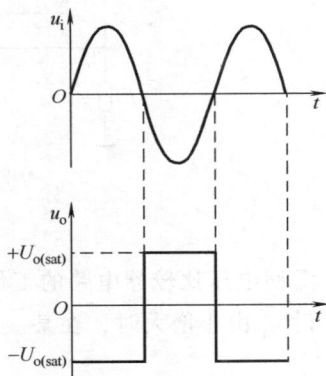

图 5-64　过零电压比较器将正弦波电压变换为矩形波电压

器。当门限电压 $U_{th} = 0$ 时，任意电压比较器的特性与过零电压比较器相同，说明它成为了过零电压比较器。过零电压比较器是任意电压比较器的一种特例。

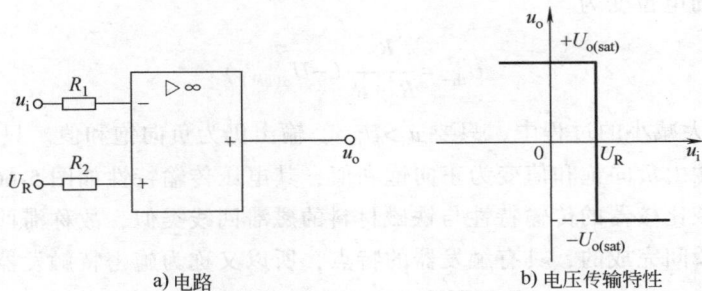

a) 电路　　　　　　　　b) 电压传输特性

图 5-65　反相输入任意电压比较器

任意电压比较器虽然电路比较简单、灵敏度高，但它的抗干扰能力却很差。当输入信号受到干扰而在 U_R 处上下波动时，电路会出现多次翻转，时而为 $+U_{o(sat)}$，时而为 $-U_{o(sat)}$，输出波形不稳定。用这样的输出信号去控制继电器，是不允许的，采用滞回电压比较器可以消除这种现象。

3. 滞回电压比较器

滞回电压比较器又称为施密特触发器，其电路如图 5-66a 所示，由图可知，输出电压通过反馈电阻 R_f 加到同相端，因 R_f 两端的电压极性相同，故称这种连接形式为正反馈。可见，滞回电压比较器是通过电压比较器加上正反馈来实现的。通过正反馈支路，门限电压就随输出电压 u_o 的变化而变化，这种电路有两个门限电压。实践证明，只要干扰信号的变化不超过两个门限电压之差，其输出电压是不会出现反复变化的，提高了电路的抗干扰能力。

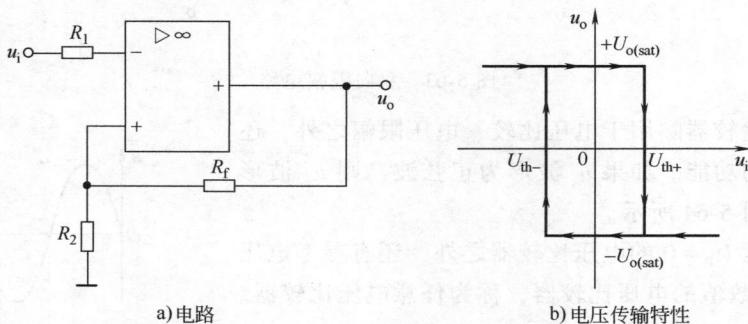

a) 电路　　　　　　　　　b) 电压传输特性

图 5-66　滞回电压比较器

滞回电压比较器电路的工作原理分析如下。

设 u_i 由小增大时，在某一瞬间运算放大器输出为正向饱和值，即

$$u_o = +U_{o(sat)}$$

此时同相输入端的电位为

$$U_{th+} = \frac{R_2}{R_2 + R_f} U_{o(sat)}$$

若输入电压 $u_i < U_{th+}$，则输出仍维持在正向饱和值。当 $u_i > U_{th+}$ 时，输出跳变到负向饱和值，即

$$u_o = -U_{o(sat)}$$

此时同相输入端的电位变为

$$U_{th-} = \frac{R_2}{R_2 + R_f}(-U_{o(sat)})$$

以后 u_i 在由大减小的过程中，只要 $u_i > U_{th-}$，输出仍为负向饱和值。只有当 u_i 减小到小于 U_{th-} 时，输出才由负向饱和值变为正向饱和值，其电压传输特性如图 5-66b 所示。

可以看出，该比较器的传输特性与铁磁材料的磁滞回线类似，故称滞回比较器。因为输出状态的改变是瞬间完成的，具有触发器的特点，所以又称为施密特触发器。

在传输特性上，U_{th+} 和 U_{th-} 是门限电压：U_{th+} 称为上限电压，U_{th-} 称为下限电压，二者之差称为回差电压，即

$$\Delta U_{\text{th}} = U_{\text{th+}} - U_{\text{th-}} = 2\frac{R_2}{R_2 + R_f}U_{\text{o(sat)}}$$

上式表明，回差电压与 R_2、R_f 有关，但与输入信号无关。因此，回差电压的抗干扰能力很强。不仅如此，由于回差电压的存在，也提高了电路的抗干扰能力。只要干扰量不超过回差电压，则输出电压的状态就不会改变。

如同前两种比较器一样，滞回比较器也有波形变换的功能，可将正弦波、三角波变换成具有高低电平的矩形波。正弦波、三角波是随时间连续变化的模拟信号，而矩形波的高低电平可用数字"1"和"0"表示，是数字信号，因此波形变换的功能也称为模数转换功能。此外，如果滞回比较器的输出带有限幅电路，也可用于模拟电路和数字电路的接口元件。所以滞回比较器的应用还是比较广泛的。

例 5-7　图 5-67a 是带有限幅电路的滞回比较器，$R_1 = 10\text{k}\Omega$，$R_2 = R_f = 20\text{k}\Omega$，$R_3 = 2\text{k}\Omega$，设输入信号是幅值为 10V 的三角波，双向稳压管的稳定电压值 $U_Z = 8\text{V}$，要求：

① 画出比较器的电压传输特性；

② 对应画出输入和输出波形。

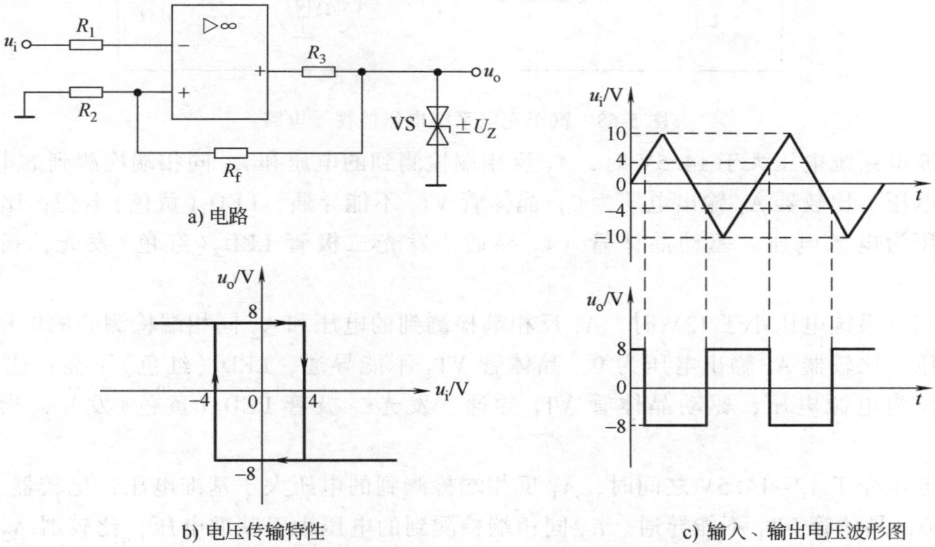

a) 电路

b) 电压传输特性

c) 输入、输出电压波形图

图 5-67　例 5-7 图

解：上、下限电平为

$$U_{\text{th+}} = \frac{R_2}{R_2 + R_f}U_Z\text{V} = 4\text{V}$$

$$U_{\text{th-}} = \frac{R_2}{R_2 + R_f}(-U_Z)\text{V} = -4\text{V}$$

据此可画出电路的电压传输特性，如图 5-67b 所示。由电压传输特性可画出输出波形，如图 5-67c 所示。

4. 电压比较器在汽车电子电路中的应用

图 5-68 是汽车充电系统电压监视器电路，其功能是监视汽车充电系统的电压，当电压

过低或过高时，报警器发出警报。

电路的主要组成部分是由运放构成的两个电压比较器。基准电压由 R_1 和 VS 组成的稳压电路提供，电压的稳压值 6V。基准电压分别接在 A_1 的同相端和 A_2 的反相端，E 接在汽车充电系统电源上。

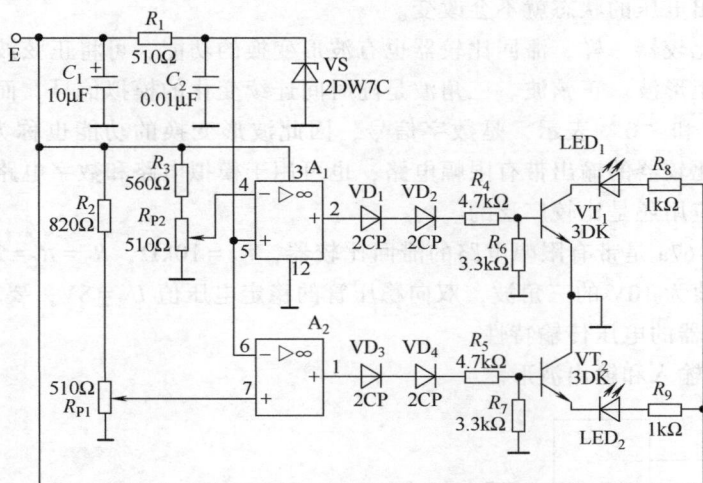

图 5-68　汽车充电系统电压监视器电路

当充电系统电压大于 14.5V 时，A_1 反相端检测到的电压和 A_2 同相端检测到的电压都大于基准电压，比较器 A_1 输出电压为 0，晶体管 VT_1 不能导通，LED_1（黄色）不亮；比较器 A_2 输出电压为电源电压，驱动晶体管 VT_2 导通，发光二极管 LED_2（红色）发光，指示电压过高。

当充电系统电压小于 12V 时，A_1 反相端检测到的电压和 A_2 同相端检测到的电压都小于基准电压，比较器 A_2 输出电压为 0，晶体管 VT_2 不能导通，LED_2（红色）不亮；比较器 A_1 输出电压为电源电压，驱动晶体管 VT_1 导通，发光二极管 LED_1（黄色）发光，指示电压过低。

当电压介于 12~14.5V 之间时，A_1 反相端检测到的电压大于基准电压，比较器 A_1 输出电压为 0，晶体管 VT_1 不能导通。A_2 同相端检测到的电压小于基准电压，比较器 A_2 输出电压为 0，晶体管 VT_2 不能导通。LED_1（黄色）和 LED_2（红色）都不亮，指示电压正常。

电路调试时，先用 14.5V 的电压做电源电压，调整电位器 R_{P2}，使比较器 A_2 正好翻转。然后改用 12V 电源，调整电位器 R_{P1}，使比较器 A_1 正好翻转。

5.7.4　汽车巡航控制系统

汽车巡航控制系统（Cruise Control System，CCS）是汽车上安装的一种车速自动调节系统，利用它可保证汽车以一定的速度匀速行驶，实现减轻驾驶人的劳动强度、提高行车安全、提高乘员的乘坐舒适性以及提高燃油使用的经济性和排放性的目的。

1. 巡航控制基本原理

图 5-69 是汽车巡航控制系统的控制原理。在图中，巡航控制单元（CCS ECU）内部有四个运算放大器应用电路，其中，A_1 为电压比较器，A_2 为比例运算电路，A_3 为积分运算

电路，A_4 为运算放大器组成的放大驱动电路。该单元有两路输入信号：巡航车速指令信号和实际车速信号，其中，巡航车速指令信号由驾驶人通过转向盘附近的一个手柄上的巡航开关设定，而实际车速信号由车速传感器采集实际车速后反馈回来。当实际车速信号与巡航车速信号有差别时，由比较器 A_1 输出一个误差信号，经 A_2 比例运算和 A_3 积分运算后，再经过 A_4 放大处理，就得到节气门控制信号，该信号用于节气门的开度控制。CCS ECU 将此控制指令发送给执行机构，执行机构就可驱动节气门拉索调节节气门开度大小，将实际车速迅速调节到驾驶人设定的巡航速度上，实现恒速控制（即实现巡航控制）。

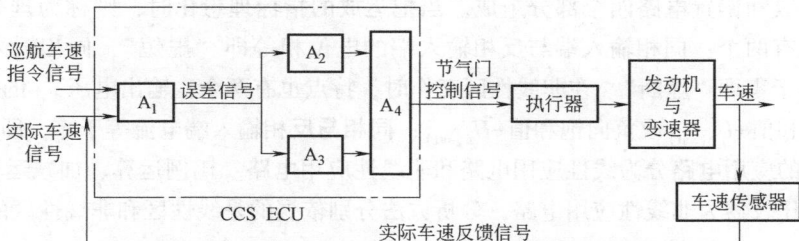

图 5-69 汽车巡航控制系统的控制原理

2. 巡航控制过程

当实际车速低于驾驶人设定的巡航车速值时，巡航电控单元将向执行机构发出增大节气门开度的指令，使实际车速升高到巡航车速。反之，当实际车速高于驾驶人设定的巡航车速值时，巡航电控单元将向执行机构发出减小节气门开度的指令，使实际车速降低到巡航车速，从而使实际车速基本保持在驾驶人设定的巡航车速值不变。

本 章 小 结

（1）半导体是指导电能力介于导体和绝缘体之间的物质，如硅、锗等，具有热敏性、光敏性和掺杂性。它具有共价键结构和电子、空穴共同导电的特性。PN 结是 P 型和 N 型半导体的结合面附近的特殊薄层，具有单向导电性。

（2）二极管以 PN 结为基础，把一个 PN 结引出两个电极，然后封装起来就是一只最简单的二极管。二极管具有单向导电特性，利用这一特性，可以构成整流、保护电路等。稳压管是一种特殊二极管，工作于反向击穿区，可用于稳压电路、限幅电路中。发光二极管和光电二极管也是特殊二极管，在汽车传感器电路中发挥着重要作用。

（3）晶体管是一种具有放大作用的器件。所谓放大作用是指基极电流对集电极电流的控制作用。利用放大作用，晶体管可组成各种放大电路，实现电信号的放大。此外，晶体管还具有开关作用，可组成多种开关电路，实现某种逻辑功能。

（4）共射接法的基本放大电路由晶体管、电阻、电容及直流电源等组成。工作原理是：$u_i \xrightarrow{C_1} u_{be} \longrightarrow i_b \xrightarrow{\beta} i_c \xrightarrow{R_c} u_{ce} \xrightarrow{C_2} u_o$。放大电路的性能指标中，应重点了解电压放大倍数、输入电阻、输出电阻的概念。在生产实践中基本放大电路要完成多种不同的任务，具有多种不同的结构。常见结构有：共射、共集、差动、功放等。不同的结构特点不同，应用场合也不同。

（5）晶体管开关电路有 NPN 管开关电路和 PNP 管开关电路两种基本形式。它们的组成与工作原理相似，但晶体管的开关条件及特点不同。NPN管的开关条件：基极B加高电位时，晶体管饱和导通；基极B加低电位时，晶体管截止。NPN管的特点：晶体管饱和导通时，I_B较大，$U_{CE} \approx 0$，C-E之间相当于闭合的开关；晶体管截止时，$I_B = I_C \approx 0$，C-E之间相当于断开的开关。PNP管的开关条件与NPN管恰恰相反，当PNP管的基极B加低电位时，晶体管饱和导通；当PNP管的基极B加高电位时，晶体管截止。运用NPN管和PNP管开关条件能分析出许多汽车上使用的实际开关电路的原理。

（6）集成运算放大器是一种高放大倍数，能放大直流信号的多级放大电路，由输入级、中间级、输出级和偏置电路四个部分组成。当把运放的指标理想化时，则称为理想运放。它在线性区的特点有两个：同相输入端与反相输入端的电位相等即"虚短"，同相输入端与反相输入端的电流等于零即"虚断"。在非线性区工作时，特点也有两个：输出电压u_o的值只有两种可能，即正向饱和值$+U_{o(sat)}$或负向饱和值$-U_{o(sat)}$；同相与反相输入端电流等于零，即$i_+ = i_- = 0$。集成运算放大器的应用电路分为线性应用电路和非线性应用电路。比例运算、加减运算属于线性应用电路，电压比较器为非线性应用电路，分析方法分别依据的是线性区和非线性区的特点。

练 习 题

5-1　什么是本征半导体、P型半导体和N型半导体？

5-2　什么是PN结正向偏置、反向偏置和单向导电性？

5-3　什么是二极管的正向偏置、反向偏置和单向导电性？

5-4　二极管的正极（阳极）电位是-10V，负极（阴极）电位是-5V，则该二极管处于什么状态？

5-5　怎样用万用表判断二极管的正负极以及管子的好坏？

5-6　用万用表识别二极管极性时，使用指针式万用表和数字式万用表时需要注意什么问题？

5-7　在图5-70中，设二极管的正向压降忽略不计，试求出下列几种情况下输出端F点的电位V_F和各元器件（R、VD_A、VD_B）中流过的电流。

（1）$V_A = V_B = 0$；

（2）$V_A = 0$，$V_B = 3V$。

5-8　稳压管的稳压条件是什么？稳压时与负载的连接方法如何？在汽车上用在什么地方？举一例说明。

5-9　发光二极管的发光条件是什么？在日常生活中以及汽车上都用在什么地方？各举一例说明。

图5-70　习题5-7用图

5-10　光电二极管的正常工作条件是什么？反向耐压值一般是多少？举一例说明它在汽车上的应用。

5-11　晶体管放大的外部条件是什么？此条件是否同时适用于NPN管和PNP管？

5-12　晶体管的$I_E = 1.36mA$，$I_C = 1.33mA$，则$I_B = ?$，$\beta \approx \bar{\beta} = ?$。$\beta$、$\bar{\beta}$是否越大越好？为什么？

5-13　在电路中用万用表测出的各晶体管的三个电极对地电位如图5-71所示，设图中PNP型为锗管，NPN型为硅管，试判断各晶体管处于何种工作状态？

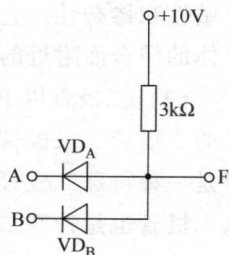

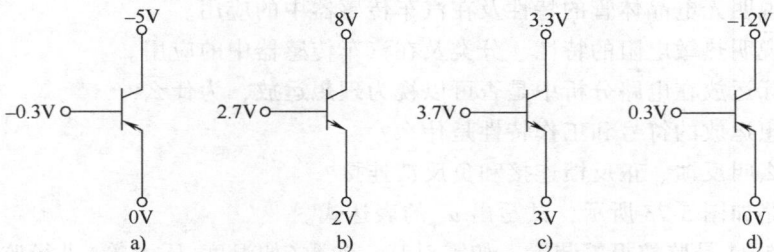

图 5-71　习题 5-13 用图

5-14　判别 3AX31、3DG6 的类型并说明用万用表检测三个引脚的简单方法。

5-15　什么是放大电路的静态工作点？为什么在放大电路中必须设置合适的静态工作点？

5-16　通常希望放大电路的输入电阻大一些还是小一些？为什么？通常希望放大电路的输出电阻大一些还是小一些？为什么？

5-17　单级放大电路的电压放大倍数如何计算？

5-18　对于一个多级放大电路来说，第一级应主要考虑什么指标？选择何种类型的放大电路比较合适？末级应主要考虑什么指标？选择何种类型的放大电路比较合适？中间级应主要考虑什么指标？选择何种类型的放大电路比较合适？

5-19　放大直流信号电路的输入级为什么采用差动放大电路？

5-20　放大直流信号的电路可以放大交流信号吗？

5-21　试判别图 5-72 中各放大电路的类型。

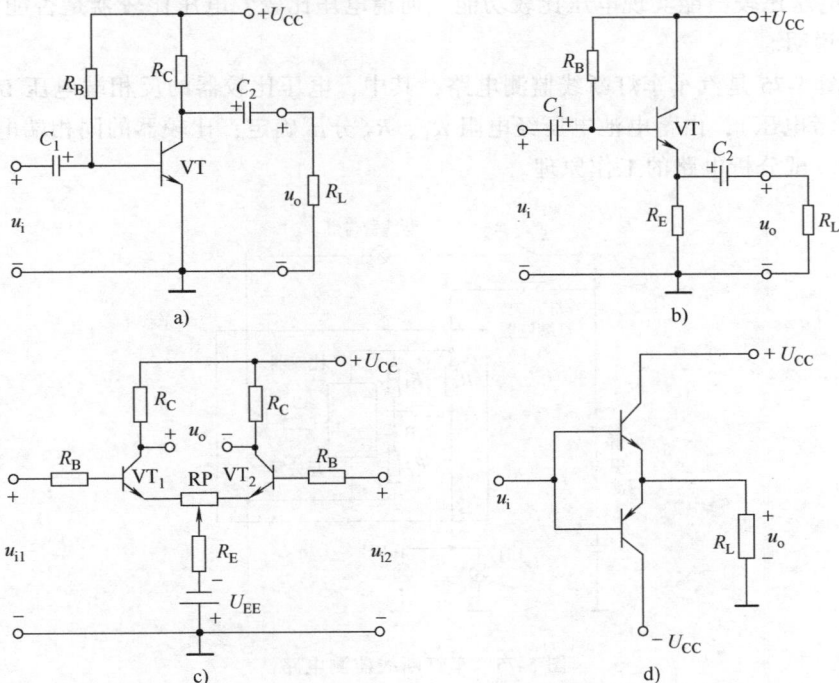

图 5-72　判断电路的类型

5-22　试说明光电晶体管的特性及在汽车传感器中的应用。

5-23　试说明热敏电阻的特性、分类及在汽车传感器中的应用。

5-24　实际运放在电路分析中是否可以视为理想运放，为什么？

5-25　理想运放的符号和工作特性是什么？

5-26　什么叫反馈、正反馈连接和负反馈连接？

5-27　电路如图 5-73 所示，试写出 u_o 的表达式。

5-28　图 5-74 是监控报警装置，如需对某一参数（如温度、压力等）进行监控时，可由传感器取得监控信号 u_i，U_R 是参考电压。当 u_i 超过 U_R 时，警告灯亮，试说明其工作原理。二极管 VD 和电阻 R_3 在此起何作用？

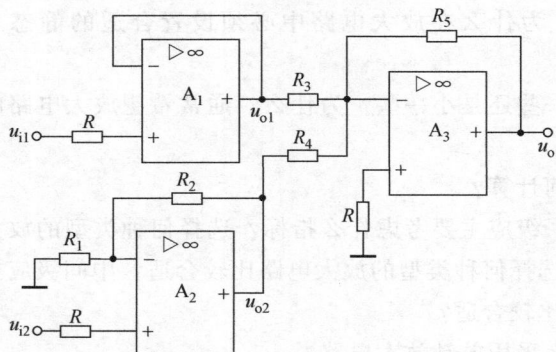

图 5-73　习题 5-27 用图

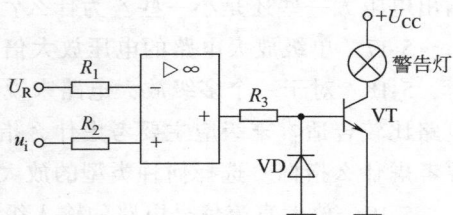

图 5-74　习题 5-28 用图

5-29　电压比较器能实现电压比较功能，何谓电压比较？电压比较器是否能实现波形变换？请举例说明。

5-30　图 5-75 是汽车车灯断线监测电路，其中，电压比较器的反相端电压 U_B 是基准电压（也称参考电压），由蓄电池电压经电阻 R_1、R_2 分压确定；比较器的同相端电压 U_A 由车灯电流决定。试分析电路的工作原理。

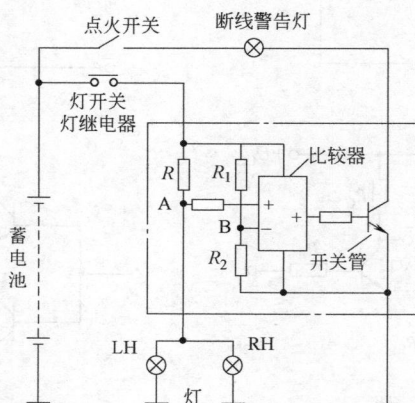

图 5-75　车灯断线监测电路

第6章

数字电路

学习目标：

- 了解数字电路的基本概念和特点；掌握数制和码制的基本知识。
- 掌握逻辑门电路的逻辑功能、逻辑符号和逻辑表达式；了解门电路在汽车电子电路中的应用。
- 掌握 RS、JK、D 触发器的逻辑功能、符号和触发方式；了解寄存器和计数器的工作原理。
- 掌握 555 定时器工作原理，单稳态触发器和多谐振荡器的工作原理及在汽车电子电路中的应用。

本章介绍数字电路的基本概念、门电路和触发器的逻辑功能及在汽车电子电路中的应用，然后讨论单稳态触发器和无稳态触发器的工作原理以及在汽车电子电路中的应用。这些电路是学习汽车电控技术的基础，是工程技术人员处理实际问题必备的基础知识。

6.1 数字电路的基本概念

6.1.1 数字信号和数字电路

电子电路的工作信号分为两大类：一类是随时间做连续变化的信号称为模拟信号，如正弦波信号，模拟温度、压力、流量的非正弦电压信号等；另一类是随时间做不连续变化的信号，称为数字信号，如矩形脉冲信号，图 6-1 所示为典型的模拟信号和数字信号。所谓脉冲是指在很短的时间间隔内幅度会发生突然变化的电压或电流，数字信号本质上是一种脉冲信号。

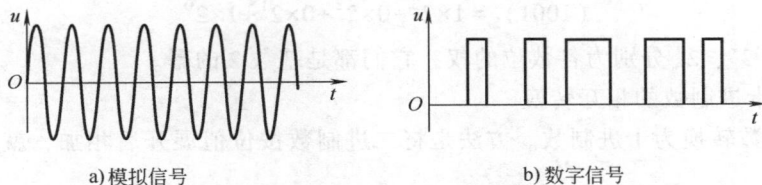

a) 模拟信号　　　　　　　　　　　　b) 数字信号

图 6-1　模拟信号和数字信号

在数字电路中，数字信号往往表现为突变的电压或电流，并且只有两种可能的状态，即高电平和低电平，可以用 0 和 1 来表示数字信号。这里的 0 和 1 不代表数值的大小，只反映两种对立的工作状态。规定用 1 来表示高电平，用 0 来表示低电平，这种表示方法为正逻辑表示法；反之，用 0 来表示高电平，用 1 来表示低电平，这种表示方法为负逻辑表示法。本书未做特别说明均采用正逻辑表示法。

与上述两种信号相对应，电子电路也分为模拟电路和数字电路两大类：用来产生、处理模拟信号的电子电路称为模拟电路；用来产生、处理数字信号的电子电路称为数字电路。

数字电路有以下两个特点。

1. 数字电路有利于集成化

数字电路中，数字信号只有高、低电平两种状态，在其作用下，半导体二极管和晶体管多数工作在开关状态。所以数字电路的基本单元电路比较简单，对元器件的精度要求不高，允许有一定的误差，这就使得数字电路适宜于集成化、大批量生产。

2. 数字电路的抗干扰能力强

数字信号用两个相反的状态来表示，只有环境干扰很强时，才会使数字信号发生变化。因此，数字电路的抗干扰能力很强，工作稳定可靠。

当今汽车检测电路广泛采用了数字电路。

6.1.2 数制和码制

1. 数制

数制是指数的表示方法。常用的数制有十进制和二进制两种。

（1）十进制　在表示数值大小时，允许使用的数字符号的个数称为基数。十进制在表示数值大小时允许使用 0~9 十个数字符号，因此其基数是 10。以 10 为基数，进位规则是"逢十进一"的数制就称为十进制。

十进制数可用各位数值之和的形式表示，例如：

$$(1860)_{10} = 1 \times 10^3 + 8 \times 10^2 + 6 \times 10^1 + 0 \times 10^0$$

$$(555)_{10} = 5 \times 10^2 + 5 \times 10^1 + 5 \times 10^0$$

十进制数字在不同的数位上表示的数值不同，其中乘数 10^2、10^1、10^0 是根据数字所在的位置得到的，称为该位的"权"。十进制数的位权都是基数 10 的幂。

（2）二进制　二进制在表示数值大小时只能使用 0 和 1 两个数字符号，因此其基数是 2。以 2 为基数，进位规则是"逢二进一"的数制就称为二进制。

与十进制数相同，二进制数也可用各位数值之和的形式表示。例如：

$$(1001)_2 = 1 \times 2^3 + 0 \times 2^2 + 0 \times 2^1 + 1 \times 2^0$$

其中，2^3、2^2、2^1、2^0 分别为各数位的权，它们都是基数 2 的幂。

（3）二—十进制数的相互转换

① 二进制数转换为十进制数。方法是将二进制数按位值展开后相加，就得到等值的十进制数。

如：$(1001)_2 = 1 \times 2^3 + 0 \times 2^2 + 0 \times 2^1 + 1 \times 2^0 = (9)_{10}$

② 十进制数转换为二进制数。方法是除 2 取余法。

例 6-1　将 $(13)_{10}$ 转换为二进制数。

解：

$$2 \underline{|13} \quad \cdots\cdots\cdots 余1 \quad \text{低位}$$
$$2 \underline{|6} \quad \cdots\cdots\cdots 余0$$
$$2 \underline{|3} \quad \cdots\cdots\cdots 余1$$
$$2 \underline{|1} \quad \cdots\cdots\cdots 余1 \quad \text{高位}$$
$$0$$

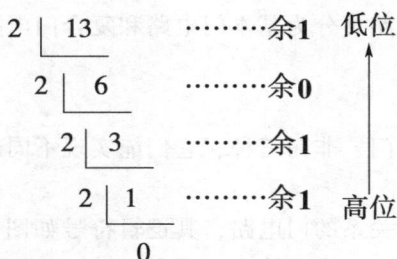

所以 $(13)_{10} = (1101)_2$

2. 码制

数字电路只认识二进制数，不认识十进制数、字母、非数字符号、图形和文字等信息。为了用数字电路处理这些信息，需要用二进制数表示。这些有特定意义的二进制数就称为二进制代码，用二进制代码表示信息的方法称为码制。

在数字电路中最常用的码制是 8421BCD 码，简称 8421 码。它用 4 位二进制数的前 10 种组合来表示 1 位十进制数，对应关系见表 6-1。这种对应关系与四位二进制数与十进制数的对应关系相同。

由表 6-1 可见，这种代码每一位的权都是固定不变的，属于恒权代码。它和四位二进制数一样，从高位到低位各位的权分别是 8、4、2、1，故称为 8421 码。每个代码的各位数值之和就是它所表示的十进制数。它便于记忆，应用也比较普遍。

表 6-1 8421 码与十进制数的对应关系表

十进制数	8421 码			
	位权 8	位权 4	位权 2	位权 1
0	0	0	0	0
1	0	0	0	1
2	0	0	1	0
3	0	0	1	1
4	0	1	0	0
5	0	1	0	1
6	0	1	1	0
7	0	1	1	1
8	1	0	0	0

6.2 门电路

数字电路的输出信号和输入信号之间具有一定的逻辑关系即因果关系，因此数字电路又称逻辑电路。逻辑电路的基本单元有两个：门电路和触发器。掌握它们的逻辑功能和表示方法，是学习其他复杂电路的基础，十分重要。本节介绍门电路。

门电路起着"门"的作用，在满足一定条件时，允许信号通过，否则就不能通过，故此得名。因为输入信号与输出信号之间往往存在一定的逻辑关系，所以可用门电路实现某种逻辑关系。

按逻辑关系的不同，门电路可分为基本门电路和复合门电路。

6.2.1 基本门电路

基本门电路包括与门、或门、非门三种，它们能实现不同的逻辑关系。

1. 与门

与门是指能够实现与逻辑关系的门电路，其逻辑符号如图6-2所示。它有两个输入端A和B，一个输出端Y。符号"&"表示输出Y是输入A、B的逻辑与，可表示为

$$Y = A \cdot B = AB$$

称为逻辑表达式。

与逻辑关系又称为与运算或逻辑乘法运算，是指输入端中至少有一个为低电平"0"时，则输出为低电平"0"；只有当两个输入端都为高电平"1"时，输出才为高电平"1"。把输入与输出状态对应起来，可得到逻辑真值表或称逻辑状态表，见表6-2。

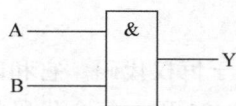

图6-2 与门逻辑符号

表6-2 与逻辑真值表

A	B	Y
0	0	0
0	1	0
1	0	0
1	1	1

逻辑真值表简称真值表，是指由0和1组成的、反映某种逻辑关系的表格。对照表6-2，与逻辑的基本运算如下：

$$0 \cdot 0 = 0 \qquad 0 \cdot 1 = 0 \qquad 1 \cdot 0 = 0 \qquad 1 \cdot 1 = 1$$

与门的输入端可以不止两个，但逻辑关系相同，可概括为"有0出0，全1出1"。

目前常用的与门集成电路有74LS08，其外引脚和逻辑符号如图6-3所示。

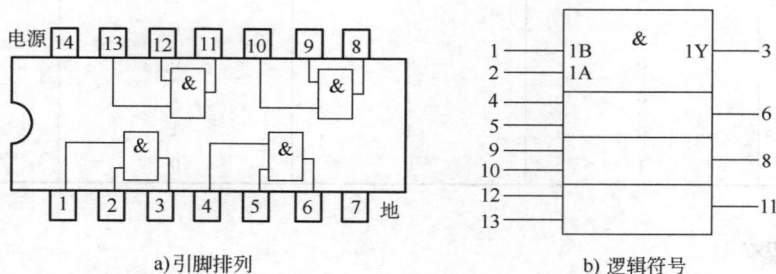

a) 引脚排列

b) 逻辑符号

图6-3 74LS08的引脚和逻辑符号

2. 或门

或门是指能够实现或逻辑关系的门电路，其逻辑符号如图6-4所示。它有两个输入端A和B，一个输出端Y。符号"≥1"表示输出Y是输入A、B的逻辑或，可表示为

$$Y = A + B$$

或逻辑关系又称为或运算或逻辑加法运算，是指输入端中至少有一个为高电平"1"

时，则输出为高电平"1"；只有当两个输入端都为低电平"0"时，输出才为低电平"0"。把输入与输出状态对应起来，可得到或逻辑的真值表，见表 6-3。

表 6-3　或逻辑真值表

A	B	Y
0	0	0
0	1	1
1	0	1
1	1	1

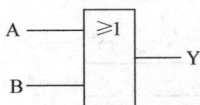

图 6-4　或门逻辑符号

对照表 6-3，或逻辑的基本运算如下：

$$0+0=0 \qquad 0+1=1 \qquad 1+0=1 \qquad 1+1=1$$

或门的输入端可以不止两个，但逻辑关系相同，可概括为"有 1 出 1，全 0 出 0"。

常用的或门集成电路有 74LS32，它的内部有四个 2 输入的或门电路，其外引脚和逻辑符号如图 6-5 所示。

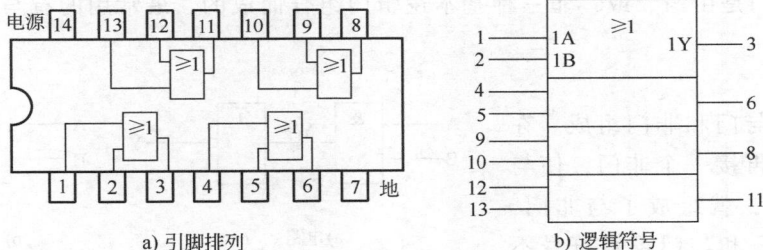

a) 引脚排列　　　　　　　　　　b) 逻辑符号

图 6-5　74LS32 的引脚和逻辑符号

3. 非门

非门是指能够实现非逻辑关系的门电路，其逻辑符号如图 6-6 所示。它有一个输入端 A 和一个输出端 Y。输出端的小圆圈"○"表示输出 Y 是输入 A 的逻辑非，可表示为

$$Y=\overline{A}$$

非逻辑关系又称为非运算或反运算，是指输入低电平"0"时，输出为高电平"1"；输入高电平"1"时，输出为低电平"0"。输入与输出状态总是相反的，故非门也称为反相器。把输入与输出对应起来，得到非逻辑真值表，见表 6-4。

表 6-4　非逻辑真值表

A	Y
0	1
1	0

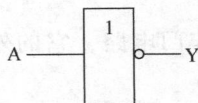

图 6-6　非门逻辑符号

对照表 6-4，非逻辑的基本运算如下：

$$\overline{0} = 1 \qquad \overline{1} = 0$$

非门的逻辑关系可概括为"有 0 出 1，有 1 出 0"。

常用的非门电路有 74LS04，它由六个非门电路组成，其外引脚和逻辑符号如图 6-7 所示。

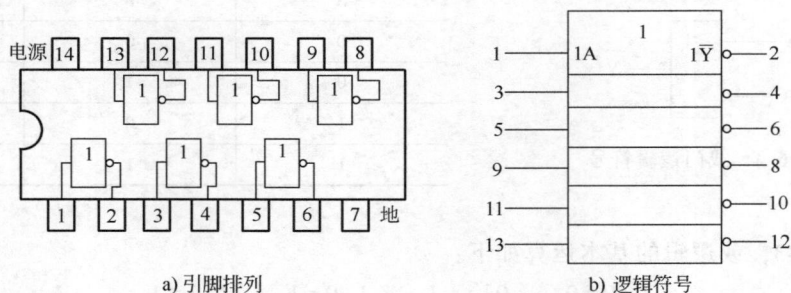

| a) 引脚排列 | b) 逻辑符号 |

图 6-7　74LS04 六反相器

6.2.2　复合逻辑门

复合逻辑门是由与、或、非三种基本逻辑门组合而成的。最常用的有与非门和或非门两种。

1. 与非门

与非门由与门和非门组成。在与门的输出端再接一个非门，使与门的输出反相，就组成了与非门，如图 6-8 所示。和与门逻辑符号不同的是在电路输出端加一个小圆圈"○"表示逻辑非。

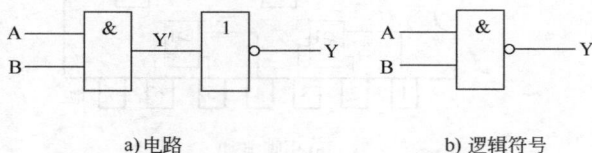

a) 电路　　　　b) 逻辑符号

图 6-8　与非门电路及逻辑符号

与非门逻辑表达式为

$$Y = \overline{AB}$$

与非门逻辑关系简记为"有 0 出 1，全 1 出 0"，真值表见表 6-5。

表 6-5　与非门的真值表

A	B	Y	A	B	Y
0	0	1	1	0	1
0	1	1	1	1	0

常用的集成与非门电路有 74LS00，它内部有四个与非门电路，它的外引脚和逻辑符号如图 6-9 所示。

2. 或非门

或非门由或门和非门组成。在或门的输出端再接一个非门，使或门的输出反相，就组成了或非门，如图 6-10 所示。和与非门相似，或非门在输出端也加一个小圆圈"○"表示逻辑非。

或非门逻辑表达式为

$$Y = \overline{A+B}$$

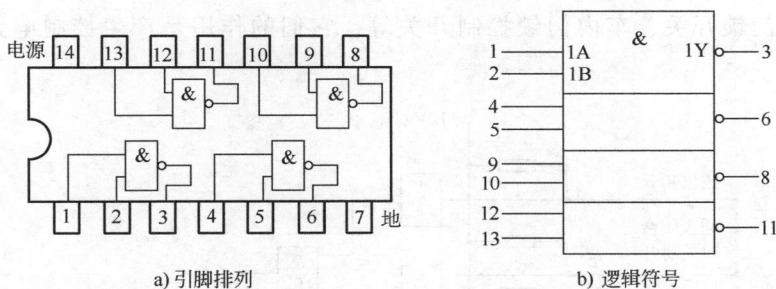

a) 引脚排列　　　　　　　　　　b) 逻辑符号

图 6-9　74LS00 四 2 输入与非门

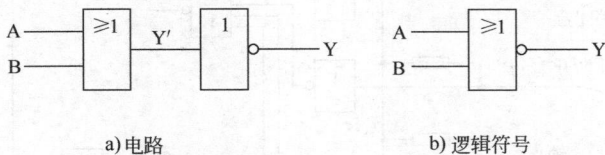

a)电路　　　　　　　　　　b) 逻辑符号

图 6-10　或非门电路及逻辑符号

或非逻辑关系简记为"有 1 出 0，全 0 出 1"，真值表见表 6-6。

表 6-6　或非门的真值表

A	B	Y	A	B	Y
0	0	1	1	0	0
0	1	0	1	1	0

常用的集成或非门电路有 74LS02，它内部有四个或非门电路，它的外引脚和逻辑符号如图 6-11 所示。

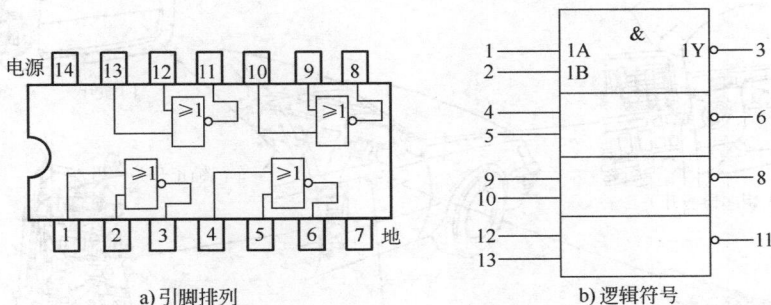

a) 引脚排列　　　　　　　　　　b) 逻辑符号

图 6-11　74LS02 四 2 输入或非门

6.2.3　门电路在汽车电子电路中的应用

为了开关车门及发生异常情况时提醒驾驶人注意，现代轿车专门设计了门锁控制系统。该系统由控制电路和执行机构组成，图 6-12 所示为门锁控制系统的控制电路部分，图 6-13 是该电路的主要开关布置，包括点火钥匙检测开关、车门状态检测开关、解锁位置检测开关、门锁开关、车内门锁控制开关等，它们的作用是产生控制电路所需要的输入信号。

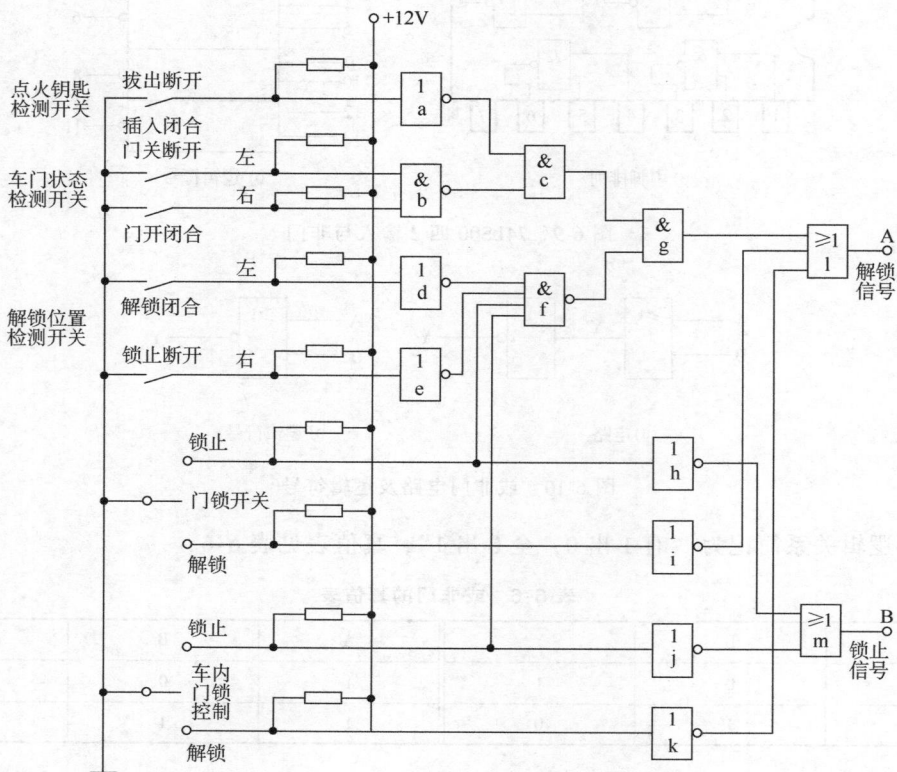

图 6-12　门锁控制系统的控制电路

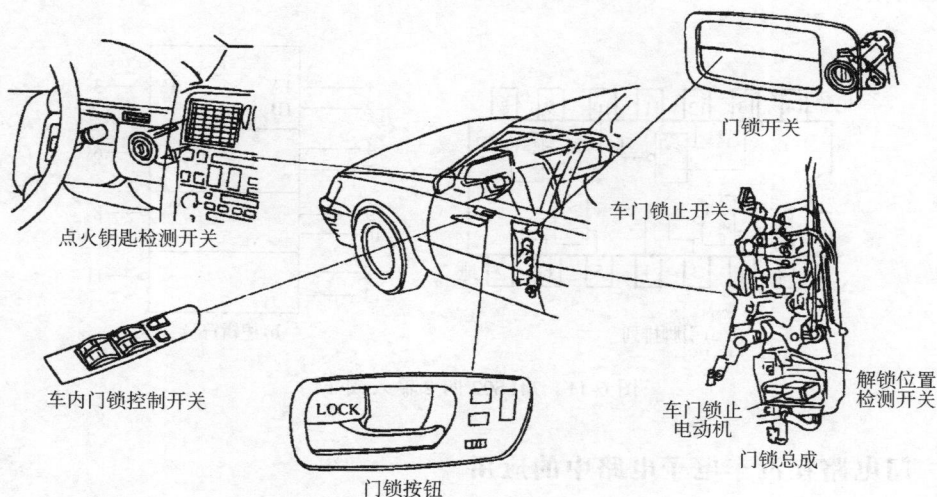

图 6-13　控制电路开关布置

由图 6-12 可见，控制电路由非门、与门、与非门和或门电路组成，输入信号由多个开关产生。以点火钥匙检测开关为例，当点火钥匙插入点火开关锁孔时，开关闭合，非门 a 输入接地，引入低电平信号；当点火钥匙拔出时，开关断开，非门 a 输入接 +12V，引入高电平信号。其他开关也都具有相似的功能，这里不再详述。解锁和锁止信号为电路的输出信号，均为高电平信号。

工作原理分两种情况讨论。

1）正常开关车门。在正常情况下，当驾驶人拔出点火钥匙，准备锁车时，点火钥匙检测开关断开，非门 a 输入高电平、输出低电平，使与门 c、g 均输出低电平，输出门 l、m 的状态完全由门锁开关或车内门锁控制开关决定。当门锁开关插入钥匙并旋向锁止位置时，非门 h 输入低电平、输出高电平；或门 m 输出高电平，发出锁止信号，驱动门锁电动机将车门锁死。相反，当车门钥匙旋向解锁位置时，非门 i 输入低电平、输出高电平；或门 l 输出高电平，发出解锁信号，驱动电动机将车门打开。与此相似，当车内门锁控制开关被扳向锁止或解锁位置时，或门 m 和 l 也会发出相应的锁止信号和解锁信号，并驱动电动机开关车门。

2）异常情况发生时提醒驾驶人注意。当驾驶人将点火钥匙遗忘在点火开关内，准备锁车时，点火钥匙检测开关闭合，非门 a 输入低电平、输出高电平，在其他开关均正常时，与门 c、g 均输出高电平，或门 l 输出高电平，发出解锁信号，车门不能关闭，提醒驾驶人钥匙被遗忘在车内。

6.3　触发器

触发器与门电路一样也是数字电路的基本逻辑单元，与门电路不同的是它具有记忆功能，即保持或存储功能，因此在实际中可用于存储二进制数据和信息。

为了实现记忆功能，触发器必须具备以下基本特点：

1）具有两个稳定状态即 0 态和 1 态，因此触发器又称为双稳态触发器。

2）在触发信号的作用下，能从一个稳态翻转到另一个稳态，因此取名触发器。

3）在触发信号消失以后，能将获得的新状态保存下来，因此触发器具有记忆功能。

具备上述特点的触发器电路有许多种：

1）根据电路结构的不同，可将触发器分成基本触发器、同步触发器、主从触发器、边沿触发器。

2）根据逻辑功能的不同，可将触发器分成 RS 触发器、D 触发器、JK 触发器、T 和 T′ 触发器。

3）根据是否有时钟脉冲输入端，可将触发器分成基本触发器和钟控触发器。

4）根据触发方式的不同，可将触发器分成电平触发器、主从触发器和边沿触发器。

下面以逻辑功能分类为顺序，分析触发器的逻辑功能。

6.3.1　RS 触发器

1. 基本 RS 触发器

（1）电路结构和符号　基本 RS 触发器有时简称基本触发器，可由与非门或者或非门组成,图 6-14a 是由两个与非门交叉连接组成的基本 RS 触发器,图 6-14b 是逻辑符号。$\bar{S}$、$\bar{R}$ 为信号输入端,分别称为直接置 0 端、直接置 1 端,低电平有效,即加低电平 0 时触发器的输出状态发生翻转,用 $\bar{S}$ 和 $\bar{R}$ 上的短横线表示,在逻辑符号中用输入端的小圆圈表示。Q、$\bar{Q}$ 为信号互补输出端,在触发器正常工作时,它们的状态相反,当 Q = 0,则 $\bar{Q}$ = 1,反之亦然。通常规定 Q 端为触发器的状态端,Q = 0 和 Q = 1 为触发器的两个稳定状态。

(2)功能分析

1)当 $\bar{S}$ = 0、$\bar{R}$ = 1 时,由与非门的逻辑功能可知 G_1 输入低电平,输出 Q = 1,反馈到 G_2 的输入端,使 G_2 的输入均为高电平,$\bar{Q}$ = 0,触发器为 1 态。输入端 $\bar{S}$ 称为直接置 1 端,也称直接置位端,低电平有效。

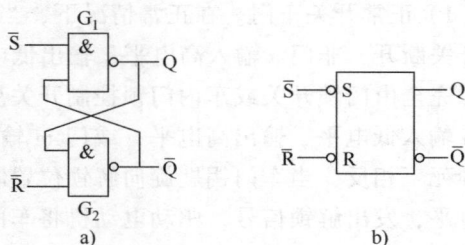

图 6-14 与非门组成的基本 RS 触发器

2)当 $\bar{S}$ = 1、$\bar{R}$ = 0 时,同理可得 Q = 0、$\bar{Q}$ = 1,触发器为 0 态。输入端 $\bar{R}$ 称为直接置 0 端,也称直接复位端,低电平有效。

3)当 $\bar{S}$ = $\bar{R}$ = 1 时,触发器的状态维持不变。设触发器原来的状态为 Q = 0、$\bar{Q}$ = 1,Q 端的低电平加到 G_2 的输入端,使 $\bar{Q}$ 维持在 1 态,该信号回送到 G_1 的输入端,则 G_1 的输入均为高电平,使 Q 端维持在 0 态。如触发器原来所处状态 Q = 1、$\bar{Q}$ = 0,也有类似的工作过程。这种保持原来状态的功能就称为记忆功能。

4)当 $\bar{S}$ = $\bar{R}$ = 0 时,触发器两个输出端都为高电平即 Q = $\bar{Q}$ = 1,这违反了 Q 与 $\bar{Q}$ 状态必须相反的规定。而且,当 $\bar{S}$、$\bar{R}$ 的低电平同时撤销时,由于两个与非门的平均延迟时间并不知道,触发器恢复为 0 态还是 1 态无法判定,因此在应用时,严格禁止在 $\bar{S}$、$\bar{R}$ 端同时加低电平信号。

把以上所讲的触发器的输入与输出关系一一对应起来,就得到了真值表,见表 6-7。

表 6-7 基本 RS 触发器的真值表

$\bar{S}$	$\bar{R}$	Q^n	Q^{n+1}	逻 辑 功 能
0	1	0 1	1	置 1
1	0	0 1	0	置 0
1	1	0 1	0 1	保持
0	0	0 1	未定义	禁用

表中 Q^n 为触发信号输入前电路的状态,称为现态(或称原来的状态);Q^{n+1} 为触发信号输入后电路的状态,称为次态(或称新的状态)。因为触发器的次态 Q^{n+1} 不仅与输入状态有关,而且还与现态 Q^n 有关,所以把 Q^n 也当作一个输入变量引入了真值表。

基本 RS 触发器的逻辑功能还可用特性方程表示,特性方程是指次态 Q^{n+1} 的逻辑式,即

$$\begin{cases} Q^{n+1} = S + \overline{R}Q^n \\ \overline{S} + \overline{R} = 1 \end{cases}$$

式中,$\overline{S} + \overline{R} = 1$ 称为约束方程,它表明了 RS 触发器正常工作时必须满足的条件,即 $\overline{S}$、$\overline{R}$ 不能同时为 0。

2. 同步 RS 触发器

基本 RS 触发器没有时钟控制端,当多个触发器一起工作时,很难保证协调一致。为此,在基本 RS 触发器的基础上增加了控制电路和控制信号,当控制信号到来时,触发器状态翻转,具有这种特征的称为同步触发器或钟控触发器。同步触发器种类很多,这里重点介绍同步 RS 触发器。

(1)电路结构和符号 图 6-15a 是同步 RS 触发器的逻辑图,图 6-15b 为逻辑符号。由逻辑图可见,同步 RS 触发器是在基本 RS 触发器的基础上,增加两个与非门 G_3、G_4 作为控制门,再增加时钟控制端 CP 组成的。S、R 是数据输入端,S 称为置 1 端,R 称为置 0 端,均为高电平有效;$\overline{S}_D$、$\overline{R}_D$ 为控制端,$\overline{S}_D$ 称为直接置 1 端,$\overline{R}_D$ 为直接置 0 端,均为低电平有效,正常运行时,$\overline{S}_D$、$\overline{R}_D$ 应接高电平。

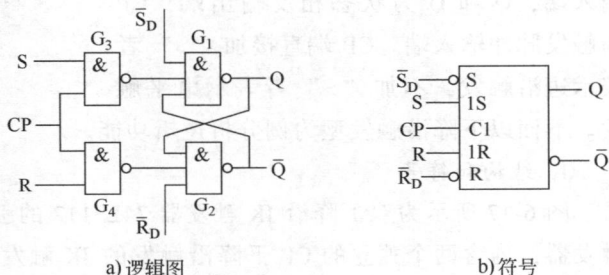

a)逻辑图　　　　b)符号

图 6-15　同步 RS 触发器

(2)功能分析 该触发器的特点是:CP = 0,G_1、G_2 的输入为 1,触发器将保持不变,而 CP = 1 时,G_1 的输入是 $\overline{S}$,G_2 的输入是 $\overline{R}$,其功能和基本 RS 触发器一致,真值表见表 6-8。

表 6-8　同步 RS 触发器的真值表

CP	S	R	Q^n	Q^{n+1}	逻辑功能
1	1	0	0 1	1	置 1
	0	1	0 1	0	置 0
	0	0	0 1	0 1	保持
	1	1	0 1	未定义	禁用

特性方程:

$$\begin{cases} Q^{n+1} = S + \overline{R}Q^n \\ SR = 0 (\text{约束条件}) \end{cases} \quad (\text{CP} = 1 \text{ 时有效})$$

同步 RS 触发器在时钟信号 CP = 1 期间,输出随输入变化,若输入信号受到干扰发生多次错误变化,输出也会发生多次错误翻转,称为触发器的空翻现象。因此,同步 RS 触发器主要用于数据的寄存,不能用于计数、移位寄存和存储器等电路中。为了解

决空翻问题，要求触发器只能在时钟信号的边沿到来时翻转，于是产生了边沿触发器。

6.3.2 边沿 JK 触发器

边沿 JK 触发器是在时钟信号 CP 的边沿到来时，按输入信号的状态翻转的触发器。它有下降沿触发型和上升沿触发型两种，逻辑符号如图 6-16 所示。图 6-16a 中 CP 输入端加"＞"并且加"。"，表示下降沿触发；图 6-16b 中 CP 不加"。"，表示上升沿触发。其中，S_D 为直接置 1 端，R_D 为直接置 0 端，低电平有效，J 和 K 为数据输入端，Q 和 $\overline{Q}$ 为状态相反输出端，CP 为触发脉冲输入端。CP 端直接加"＞"者表示边沿触发，不加"＞"者表示电平触发。下面以下降沿触发型为例分析逻辑功能。

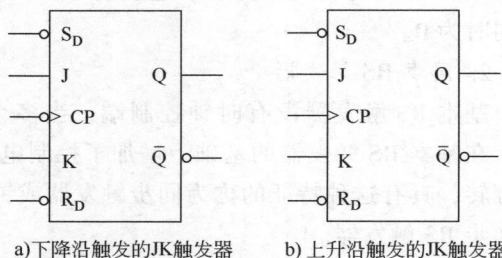

a)下降沿触发的JK触发器　　b)上升沿触发的JK触发器

图 6-16　JK 触发器

1. 结构和符号

图 6-17 所示为双下降沿 JK 触发器 74LS112 的引脚排列图及逻辑符号。该触发器为集成触发器，内含两个独立的 CP 下降沿触发的 JK 触发器，每个触发器都有独立的数据输入端 J、K，直接置 1 端 $\overline{S}_D$、直接置 0 端 $\overline{R}_D$，时钟触发端 $\overline{CP}$ 和数据输出端 Q、$\overline{Q}$，且用单电源 U_{CC} 供电。该集成触发器有 16 个引脚，左侧半圆形缺口下方为 1 号，其他引脚按逆时针顺序排列。

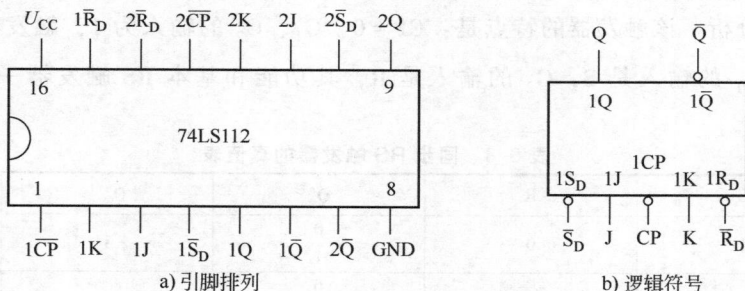

a)引脚排列　　　　　　b)逻辑符号

图 6-17　集成 JK 触发器 74LS112

2. 功能分析

反映 JK 触发器功能的特性方程为

$$Q^{n+1}=J\overline{Q^n}+\overline{K}Q^n（CP 下降沿时有效）$$

当 CP 下降沿到来时，

① 若 J＝K＝0，则 $Q^{n+1}=Q^n$，触发器保持原有状态。

② 若 J＝0、K＝1，则 $Q^{n+1}=0$，触发器置 0，故 K 为置 0 输入端。

③ 若 J＝1、K＝0，则 $Q^{n+1}=1$，触发器置 1，故 J 为置 1 输入端。

④ 若 J＝K＝1，则 $Q^{n+1}=\overline{Q^n}$，触发器翻转。

由此得到真值表，见表 6-9。可见，JK 触发器是一种功能最齐全的触发器，具有四种功能。

表 6-9　JK 触发器的真值表

J	K	Q^n	Q^{n+1}	逻 辑 功 能
0	0	0 1	0 1	保持
0	1	0 1	0 0	置 0
1	0	0 1	1 1	置 1
1	1	0 1	1 0	翻转

例 6-2　下降沿 JK 触发器的 CP 脉冲和输入信号 J、K 的波形如图 6-18 所示，试画出 Q 端的波形。

解：由于下降沿 JK 触发器是下降沿触发，故作图时首先找出各 CP 脉冲的下降沿，再根据当时的输入信号 J、K 得出输出 Q，画出波形。由图 6-18 可得出下降沿触发器输出 Q 的变化规律：仅在 CP 脉冲的下降沿有可能翻转，如何翻转取决于当时的输入 J 和 K。

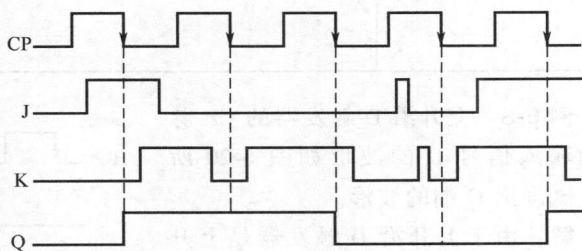

图 6-18　例 6-2 的波形图

6.3.3　边沿 D 触发器

1. 结构和符号

边沿 D 触发器也有上升沿触发型和下降沿触发型两种，其中上升沿触发型用的最多，图 6-19 为双上升沿 D 触发器 74LS74 的引脚排列图及逻辑符号。该集成芯片内含两个 D 触发器，它们具有各自独立的数据输入端 D，时钟触发端 CP 及直接置 1 端 $\overline{S}_D$、直接置 0 端 $\overline{R}_D$。芯片有 14 个引脚，排列规则与 16 脚的 JK 触发器相同。

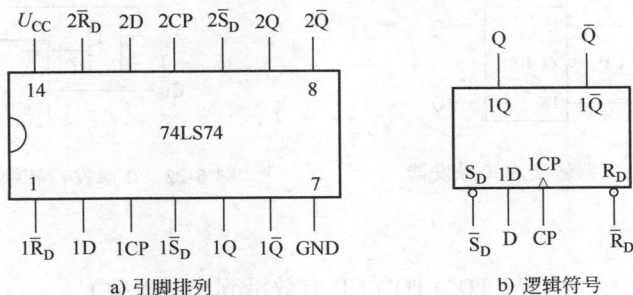

a) 引脚排列　　　　b) 逻辑符号

图 6-19　D 触发器 74LS74

2. 功能分析

反映 D 触发器功能的特性方程为

$$Q^{n+1} = D（\text{CP 上升沿时有效}）$$

当 CP 上升沿到来时，

① 若 $D = 0$，则 $Q^{n+1} = 0$，触发器置 0。

② 若 $D = 1$，则 $Q^{n+1} = 1$，触发器置 1。

所以，D 触发器具有置 0、置 1 两种功能。反映逻辑功能的真值表见表 6-10。

表 6-10   D 触发器的真值表

D	Q^n	Q^{n+1}	逻 辑 功 能
0	0 1	0	置 0
1	0 1	1	置 1

例 6-3 上升沿 D 触发器的 CP 脉冲和输入信号 D 的波形如图 6-20 所示，试画出 Q 端的波形。

解：由于上升沿 D 触发器是上升沿触发，故作图时首先找出各 CP 脉冲的上升沿，再根据当时的输入信号 D 得出输出 Q，画出波形。由图 6-20

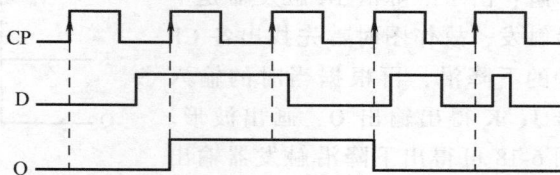

图 6-20   例 6-3 的波形图

可得出上升沿触发器输出端 Q 的变化规律：仅在 CP 脉冲的上升沿有可能翻转，如何翻转取决于当时的输入端 D。

6.3.4   T 和 T′ 触发器

1. T 触发器

在 CP 时钟脉冲有效沿作用下，具有保持和翻转功能的触发器称为 T 触发器，它无单独的产品，通常可用 JK 或 D 触发器转换而成，方法如图 6-21 和图 6-22 所示。

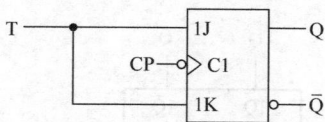

图 6-21   JK 触发器转换成 T 触发器

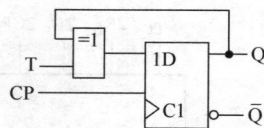

图 6-22   D 触发器转换成 T 触发器

特性方程为

$$Q^{n+1} = T\overline{Q^n} + \overline{T}Q^n（\text{CP 有效沿到来时有效}）$$

不难分析，T 触发器具有保持和翻转功能，真值表见表 6-11。

表 6-11　T 触发器真值表

T	Q^n	Q^{n+1}	逻 辑 功 能
0	0 1	0 1	保持
1	0 1	1 0	翻转

2. T'触发器

在 CP 时钟脉冲有效沿作用下,只有翻转功能的触发器称为 T'触发器。与 T 触发器相似,它也没有单独的产品,通常用 JK 或 D 触发器转换而成,方法如图 6-23 和图 6-24 所示。

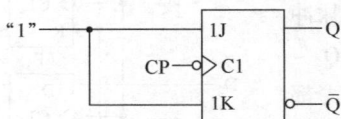

图 6-23　JK 触发器转换为 T'触发器　　　　图 6-24　D 触发器转换为 T'触发器

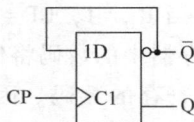

特性方程为

$$Q^{n+1} = \overline{Q^n}\,(\text{CP 有效沿时有效})$$

不难分析,T 触发器 CP 信号每有效作用一次,触发器状态就翻转一次,处于计数状态,其真值表见表 6-12。

表 6-12　T 触发器真值表

Q^n	Q^{n+1}	逻 辑 功 能
0 1	1 0	翻转

6.3.5　触发器在汽车电子电路中的应用

1. 寄存器

数字电路中,为了方便地调用参与运算的二进制信息和中间运算结果,需要把它们暂时寄存起来,具有这种寄存功能的电路称为寄存器,在各类数字系统和计算机中使用非常普遍,是一种重要的数字逻辑部件。

一般寄存器都是借助时钟脉冲的作用把信息存放到触发器中,因此寄存器是由各种触发器组合起来构成的。对寄存器中使用的触发器只要求具有置 1、置 0 的功能,因而可用 RS 触发器、D 触发器、JK 触发器组成寄存器。

寄存器按功能分为数码寄存器和移位寄存器两种,区别在于有无移位功能。

(1) 数码寄存器　数码寄存器也称锁存器,是存放二进制数码的电路。由于触发器具有记忆功能,因而它是数码寄存器的基本组成单元。现以集成 4 位数码寄存器 74LS175 为例来理解数码寄存器的电路结构和功能。

图 6-25 所示为 4 位数码寄存器 74LS175 的逻辑电路图，其内部是 4 个上升沿 D 触发器组成，$D_3 \sim D_0$ 为并行输入数码端，CP 为寄存脉冲控制端，$\overline{R}_D$ 为电路清零端，$Q_3 \sim Q_0$ 为并行输出数码端。

4 位数码寄存器具有如下功能：

① 清零。在 $\overline{R}_D$ 加低电平清零信号，寄存器中原存放的内容被清除，$Q_3Q_2Q_1Q_0 = 0000$。

② 存入数码。$\overline{R}_D$ 在清零之后加高电平，使清零功能不起作用，当寄存脉冲上升沿到来时，加在并行输入端的 4 位数码被存入寄存器，如 $D_3D_2D_1D_0 = 1001$ 存入之后寄存器的状态为 $Q_3Q_2Q_1Q_0 = 1001$。

③ 保持。当 $\overline{R}_D = 1$，CP = 0 时，即清零信号和寄存脉冲不起作用，寄存器中的数码将保持不变，此时从输出端 $Q_3 \sim Q_0$ 可并行输出寄存的数码。因为数码的输入、输出方式都是并行工作方式，故又称为并行输入、并行输出寄存器。

（2）移位寄存器　移位寄存器具有数码寄存和移位两个功能。所谓移位是指每来一个有效的移位脉冲，寄存器中的数码依次向左移动或向右移动一位。由于移位寄存器的功能丰富，在汽车电控单元中获得了广泛使用。

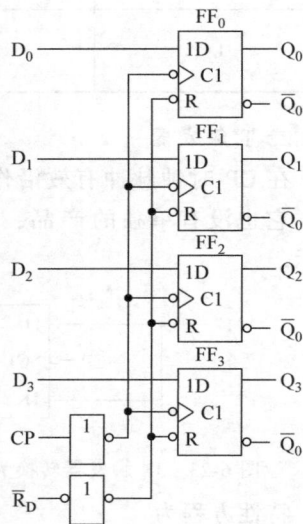

图 6-25　74LS175 逻辑电路图

按照移位功能的不同，有单向移位寄存器和双向移位寄存器，分析方法是相似的，为简单起见，以单向移位寄存器为例理解电路的结构和功能。

图 6-26 所示由 4 个 D 触发器组成 4 位右移寄存器，这 4 个触发器低位的输出接至相邻高位的 D 输入端，共用一个移位脉冲信号，数码由 FF_0 的 D 端串行输入。

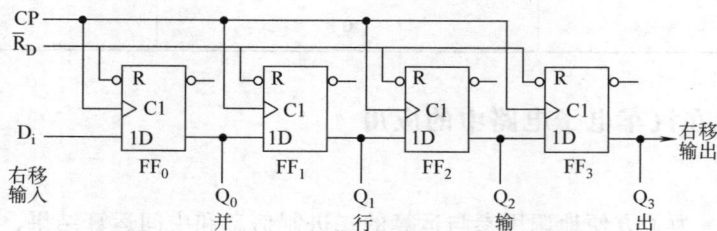

图 6-26　4 位右移寄存器

设寄存器的初态为零，即 $Q_0Q_1Q_2Q_3 = 0000$，寄存的数码为 $D_i = 1101$。在第一个移位脉冲上升沿到来时，寄存器的状态右移一位，数码 D_i 的最高位 1 存入 FF_0，寄存器的状态为 $Q_0Q_1Q_2Q_3 = 1000$；第二个移位脉冲上升沿到来时，寄存器的状态再右移一位，数码 D_i 的次高位 1 存入 FF_0，寄存器的状态为 $Q_0Q_1Q_2Q_3 = 1100$；依次类推，第四个移位脉冲上升沿到来时，数码 D_i 的最低位 1 存入 FF_0，寄存器的状态为 $Q_0Q_1Q_2Q_3 = 1011$。这时，可从寄存器的 $Q_0 \sim Q_3$ 端并行输出寄存的 4 位数码。如果再经过四个移位脉冲，则所存的数码 1101 逐位从 Q_3 端串行输出。寄存器的工作过程见表 6-13。

表 6-13　4 位右移寄存器真值表

移位脉冲 CP	输入数码	输出状态				说　明
		Q_0	Q_1	Q_2	Q_3	
0		0	0	0	0	清零 (初态)
1	1	1	0	0	0	右移一位
2	1	1	1	0	0	右移一位
3	0	0	1	1	0	右移一位
4	1	1	0	1	1	右移一位

2. 计数器

计数器就是能累计 (累加或累减) 时钟脉冲个数的逻辑电路。它不仅能计数，还有分频、定时等功能，成为数字系统和计算机的基本逻辑部件。

计数器的种类很多，按触发器的翻转是否同时进行，可分为同步计数器和异步计数器两种。在同步计数器中，时钟信号有效沿到来时各个触发器的翻转是同时进行的，而在异步计数器中，当时钟信号有效沿到来时各个触发器的翻转有先有后，是异步的。

按计数的进制分有二进制计数器、十进制计数器和任意进制计数器。按计数时数字的增减分类，有加法、减法和可逆计数器。随着计数脉冲 (即时钟脉冲) 的不断输入作递增计数的叫加法计数器，作递减计数的叫减法计数器，既能作递增计数又能作递减计数的叫可逆计数器。

虽然计数器的分类方法及规格品种都很多，但其工作特点、基本分析过程大同小异。因此以异步二进制加法计数器为例说明计数器的分析方法。

图 6-27a 是异步二进制加法计数器的电路图，它由 3 个上升沿 D 触发器组成。每个 D 触发器的 D 输入端与 $\overline{Q}$ 输出端连接构成 T′触发器，因此每个触发器的触发脉冲上升沿到来时，触发器的状态就翻转一次。FF_0 的触发脉冲来源于外部输入的计数脉冲，FF_1、FF_2 的触发脉冲均来自相邻低位触发器的 $\overline{Q}$ 端。因触发脉冲来源不同，导致各触发器的状态翻转有先有后，是异步的，因此该计数器属于异步计数器。

假设 4 个触发器的初态均为 0。由于外部计数脉冲加于 FF_0 的 CP 端，每来一个计数脉冲上升沿，FF_0 的输出就翻转一次，得 Q_0 波形；而 Q_0 输出又作为 FF_1 的触发脉冲，因此 Q_0 每输出一次脉冲上升沿，FF_1 的输出就翻转一次，得 Q_1 的波形；依次类推，可得此计数器的工作波形，如图 6-27b 所示。

由波形图可见：

① 每个触发器都是每输入两个触发脉冲输出一个脉冲，符合逢二进一的规律，因此计数器为二进制计数器。

② 随着计数脉冲的输入，3 个触发器的状态 $Q_2Q_1Q_0$ 所表示的二进制数依次加 1，故称其为加法计数器。

③ Q_0 波形的频率是 CP 的二分之一，从 Q_0 输出时称为 2 分频；Q_1 波形的频率是 CP 的四分之一，从 Q_1 输出时称为 4 分频；Q_2 波形的频率是 CP 的八分之一，从 Q_2 输出时称为 8 分频。显然，计数器可以做分频器使用。

归纳上述分析可得异步计数器的分析方法：

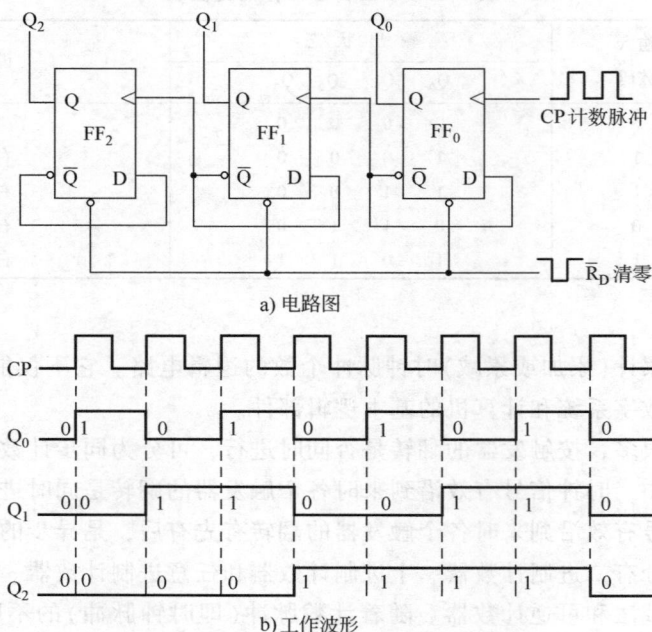

a) 电路图

b) 工作波形

图 6-27　异步二进制加法计数器的工作波形

① 分析各触发器的翻转条件。

② 用波形图(时序图)或状态图记录状态转换过程。

③ 根据波形图或状态图归纳出计数器的功能。

6.4　单稳态触发器和无稳态触发器

上节所讲的都是双稳态触发器,它有两个稳定状态,从一个稳定状态翻转为另一个稳定状态必须靠信号脉冲触发,脉冲消失后,稳定状态能一直保持下去。单稳态触发器与此不同,在触发信号未加之前,触发器处于稳定状态,经信号触发后,触发器翻转,但新的状态只能暂时保持(暂稳态),经过一定时间(由电路参数决定)后自动翻转到原来的稳定状态。触发器只有一个稳定状态,这是"单稳态"名称的由来。而无稳态触发器没有稳定状态,同时无须外加触发脉冲,就能输出一定频率的矩形脉冲(自激振荡)。因为矩形波含有丰富的谐波,故也称为多谐振荡器。

两种触发器常见的组成单元是 555 定时器,因此首先对它进行讨论。

6.4.1　555 定时器

555 定时器是一种混合集成电路,由数字电路与模拟电路结合而成。根据内部组成的不同,有 TTL 型(晶体管组成)和 CMOS 型(场效应管组成)两类,前者驱动能力强,最大输出电流可达 200mA,可直接驱动发光二极管、扬声器、继电器等负载;后者的输入阻抗高、功耗低,二者各有所长。

此外,555 定时器的电源电压范围很宽,TTL 型的为 5 ~ 16V,CMOS 型的为 3 ~ 18V。

555 定时器使用灵活、方便，只需在其外部连接少量的阻容元件，就可以构成单稳态触发器、多谐振荡器和施密特触发器，实现定时、整形、脉冲信号的产生、检测和控制等功能，是一种使用非常广泛的集成电路产品。在汽车电子电路中，主要用于汽车转向闪光器、刮水器间歇控制器、防盗报警器、发动机转速表、自动变光器电路中。

目前国内外各电子器件公司都生产了各自的 555 定时器产品，如 NE555 和 556（双）、LM555、μA555、CA 或 CB555、5G1555、7555 和 7556（双）等。这些产品虽然型号各异，但逻辑功能和引脚排列完全相同，因此现以 CB555 为例讨论定时器的功能和引脚排列情况。

1. 结构

图 6-28 是 CB555 定时器的内部电路和外引线排列图，它由三个 5kΩ 电阻组成的分压器（555 由此得名）、C_1 和 C_2 两个电压比较器、基本 RS 触发器、与非门、非门、晶体管 VT 组成。

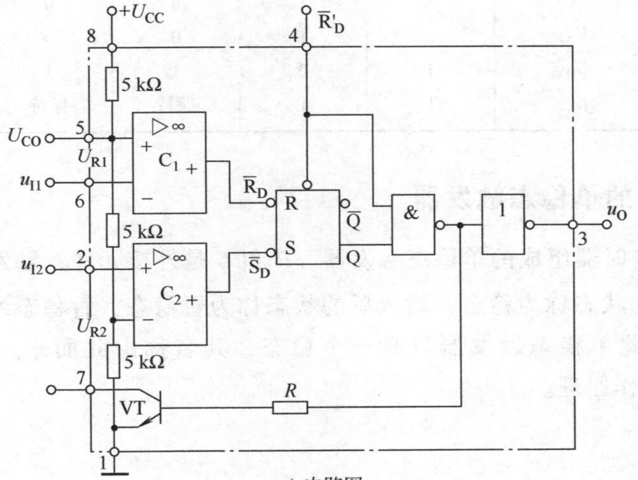

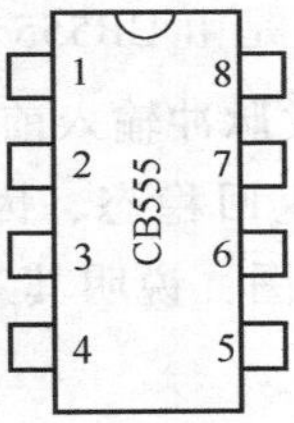

图 6-28　CB555 定时器的内部电路及引脚排列图

2. 功能分析

图 6-28 中，C_1 和 C_2 的参考电压 U_{R1} 和 U_{R2} 由电源 U_{CC} 经三个 5kΩ 电阻分压给出。在 5 端不接电压时，加在 C_1 同相端的参考电压 $U_{R1} = \frac{2}{3}U_{CC}$，加在 C_2 反相端的参考电压 $U_{R2} = \frac{1}{3}U_{CC}$。如果 5 端外接固定电压 U_{CO}，则参考电压由外接电压决定：$U_{R1} = U_{CO}$，$U_{R2} = \frac{1}{2}U_{CO}$。

若在 6 端和 2 端分别接输入电压 u_{I1} 和 u_{I2}，那么，当 $u_{I1} > U_{R1}$、$u_{I2} > U_{R2}$ 时，比较器 C_1 输出 $\overline{R}_D = 0$，比较器 C_2 输出 $\overline{S}_D = 1$，使 $Q = 0$，输出电压 $u_O = 0$，同时放电管 VT 导通。

当 $u_{I1} < U_{R1}$、$u_{I2} < U_{R2}$ 时，$\overline{R}_D = 1$、$\overline{S}_D = 0$，使 $Q = 1$、$u_O = 1$，同时放电管 VT 截止。

当 $u_{I1} < U_{R1}$、$u_{I2} > U_{R2}$ 时，$\overline{R}_D = \overline{S}_D = 1$，基本 RS 触发器保持原状态不变，输出电压和晶体管的状态也保持不变。

如果将晶体管 VT 的集电极经过一个外接电阻接到电源上，即可组成一个反相器。当

$u_O = 0$ 时，VT 导通，VT 的集电极输出（即反相器的输出）为低电平 0；$u_O = 1$ 时 VT 截止，VT 的集电极输出为高电平 1。可见，这时 VT 集电极的输出状态与输出 u_O 相同。由于放电管 VT 能承受较高的电压和较大的负载电流，CB555 定时器接成单稳态触发器或多谐振荡器时，一般都是从 VT 的集电极引回反馈信号。

除上述基本功能外，CB555 定时器还有优先置 0 功能，当在 $\overline{R}_D'$ 加上低电平时，不管比较器输出状态如何，触发器被强迫置 0，输出 u_O 也被强迫置 0，所以 $\overline{R}_D'$ 平时应接高电平。

根据上述分析，我们就得到了 CB555 的功能表，见表 6-14。

表 6-14 CB555 的功能表

$\overline{R}_D$	u_{I1}	u_{I2}	$\overline{R}_D$	$\overline{S}_D$	Q	u_O	VT
0	×	×	×	×	0	0	导通
1	$>U_{R1}$	$>U_{R2}$	0	1	0	0	导通
1	$<U_{R1}$	$<U_{R2}$	1	0	1	1	截止
1	$<U_{R1}$	$>U_{R2}$	1	1	保持	保持	保持

6.4.2 555 定时器组成的单稳态触发器

图 6-29a 是由 CB555 定时器组成的单稳态触发器。R 和 C 是外接元件，触发脉冲 u_I 由 2 端输入。触发脉冲输入前的状态称为稳态，输入后的状态称为暂稳态，暂稳态维持很短的时间后会自动返回稳态，因此单稳态触发器只有一个稳态，其名称由此而来。下面对照图 6-29b 的波形图，说明其工作原理。

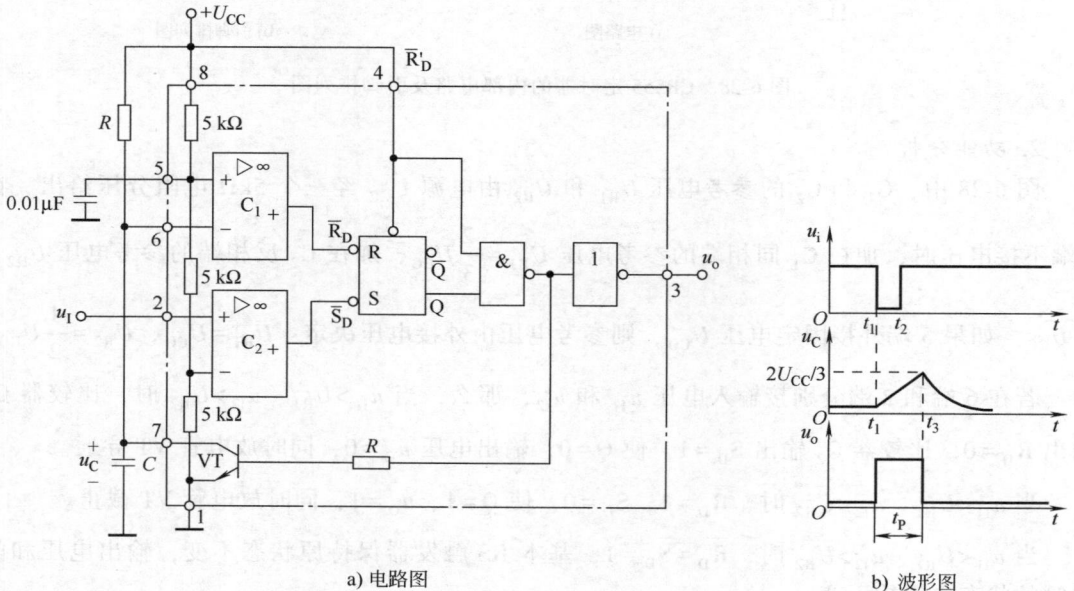

a) 电路图   b) 波形图

图 6-29 单稳态触发器

1. 单稳态触发器的工作原理

触发脉冲 u_i 为一个负脉冲(即跳变后的数值低于跳变前的数值),在 t_1 之前,触发脉冲尚未输入,u_i 为 1,其值大于 $U_{CC}/3$,故比较器 C_2 的输出为 1。若触发器的原状态 Q = 0,$\overline{Q} = 1$,则晶体管 VT 饱和导通 $u_C \approx 0.3V$,故 C_1 的输出也为 1,触发器的状态保持不变。若 Q = 1,$\overline{Q} = 0$,则 VT 截止,U_{CC} 通过 R 对电容 C 充电,当 u_C 上升到略高于 $2U_{CC}/3$ 时,比较器 C_1 的输出为 0,使触发器翻转为 Q = 0,$\overline{Q} = 1$。

可见,在稳定状态时,Q = 0,输出 $u_o = 0$。

在 t_1 时刻,输入触发负脉冲,其幅度低于 $U_{CC}/3$,故 C_2 的输出为 0,将触发器置 1,u_o 由 0 变为 1,电路进入暂稳态。这时晶体管 VT 截止,电源又对电容充电。当 u_C 上升到略高于 $2U_{CC}/3$ 时(在 t_3 时刻),C_1 的输出为 0,使触发器置 0,输出 u_o 由 1 变为 0,电路返回稳定状态。至此,暂稳态过程结束。此后电容 C 迅速放电,电路状态保持不变,为下一次触发做好准备。

单稳态触发器的输出脉冲是正脉冲(即跳变后的数值高于跳变前的数值),当脉冲到来时,其状态为高电平,把它作为门电路的定时信号可控制门电路的打开时间。例如,在图 6-30 中,单稳态触发器输出为一宽度为 t_P 的矩形脉冲,把它作为与门控制信号,只有在它存在的时间内(譬如 1s 内),与门打开,脉冲消失后,与门关闭,因此单稳态触发器可作为定时器使用。

单稳态触发器的输出脉冲宽度 t_P 取决于外接电容的充电时间,因此与充电时间常数有关,可用下式计算,即

$$t_P = RC\ln3 = 1.1RC$$

上式表明输出脉宽 t_P 与充电时间常数 RC 成正比,若时间常数一定,则脉宽 t_P 不会改变。利用这一特点可实现整形功能。例如,在图 6-31 中,单稳态触发器的输入触发脉冲的波形是不规则,边沿不陡,幅度不齐,经触发器整形后,得到幅度和宽度一定的矩形波输出脉冲。单稳态触发器输出脉冲的高低电平与输入无关,只取决于触发器自身的结构,当结构一定时,输出的高低电平不变;而输出脉冲的宽度只决定于 RC 值,也不会改变,不规则的输入脉冲波能被整形为规则的脉冲输出。

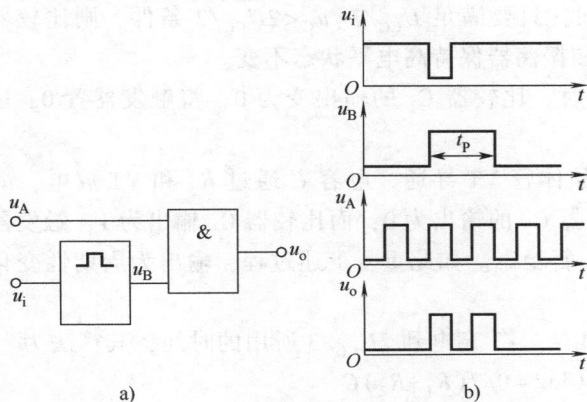

图 6-30 单稳态触发器的定时控制

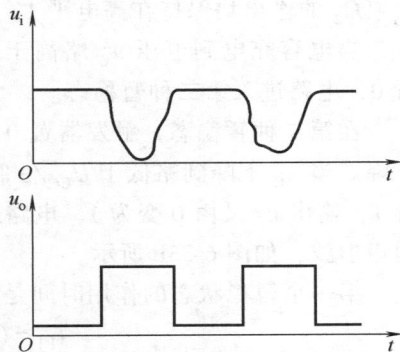

图 6-31 脉冲整形

2. 单稳态触发器在汽车电子电路中的应用

图 6-32 是电子式发动机转速表，它由 555 定时器及相应电阻和电容组成的单稳态触发器、电阻 R_1 和 VS_1 组成的限幅电路、耦合电容 C_1 等组成。转速信号取自点火线圈初级线圈 W_{IG}（或低压接线柱），当发动机转动时，断电器触点 P_0 断开产生触发脉冲，经 R_1 和 VS_1 组成的限幅电路限幅后，再经 C_1 耦合去触发单稳态电路。该电路被触发后，输出端 3 产生一个正脉冲（高电平），VD 截止，由 R_5 和 R_P 供给转速表 A 电流。发动机转速升高时，断电器触点产生的触发脉冲频率增加，相应地单稳态电路的输出脉冲的频率也增加，转速表的电流值也随之增大，因此通过转速表的示值就可知道发动机的实际转速。

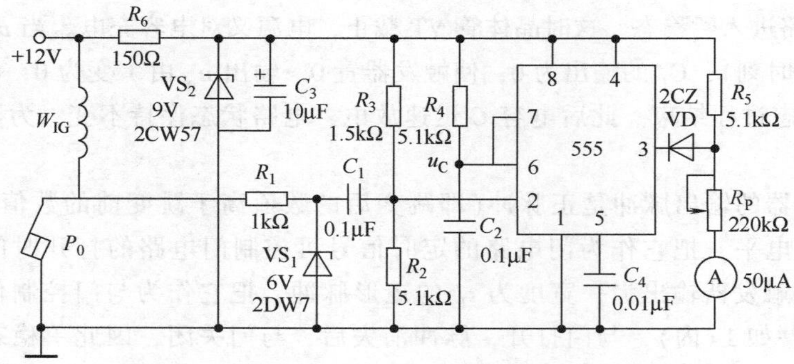

图 6-32　电子式发动机转速表

6.4.3　555 定时器组成的多谐振荡器

图 6-33a 是由 CB555 定时器组成的多谐振荡器。R_1、R_2 和 C 是外接元件。与单稳态触发器不同的是，多谐振荡器没有稳定状态，只有两个暂稳态。在无须触发的情况下，电路在两个暂稳态之间来回转换，从而在输出端产生周期性的矩形脉冲，因此在实际中常作为脉冲信号发生器使用。

1. 多谐振荡器的工作原理

假设电路接通电源 U_{CC} 后，处于第一种暂稳态，输出为 $u_o = 1$，此时，晶体管 VT 截止，电源经 R_1、R_2 对电容 C 充电。在充电期间，只要满足 $U_{CC}/3 < u_C < 2U_{CC}/3$ 条件，则比较器 C_1、C_2 的输出均保持在高电平 1，触发器和振荡器保持高电平状态不变。

当电容充电到电压 u_C 略高于 $2U_{CC}/3$ 时，比较器 C_1 的输出变为 0，将触发器置 0，u_o 置 0，电路进入第二种暂稳态。

在第二种暂稳态，触发器置 0 信号将晶体管 VT 导通，电容 C 通过 R_2 和 VT 放电，u_C 下降。当 u_C 下降到略低于 $U_{CC}/3$ 时，比较器 C_2 的输出为 0，而比较器 C_1 输出为 1，触发器置 1，输出 u_o 又由 0 变为 1，电路返回第一暂稳态。如此重复上述过程，输出为周期性变化的矩形波，如图 6-33b 所示。

第一个暂稳状态的作用时间是电容 C 由 $U_{CC}/3$ 充电到 $2U_{CC}/3$ 所用的时间，其算法为

$$t_{P1} = (R_1 + R_2)C\ln 2 = 0.7(R_1 + R_2)C$$

第二个暂稳状态的作用时间是电容 C 由 $2U_{CC}/3$ 放电到 $U_{CC}/3$ 所用的时间，其算法为

$$t_{P2} = R_2 C\ln 2 = 0.7 R_2 C$$

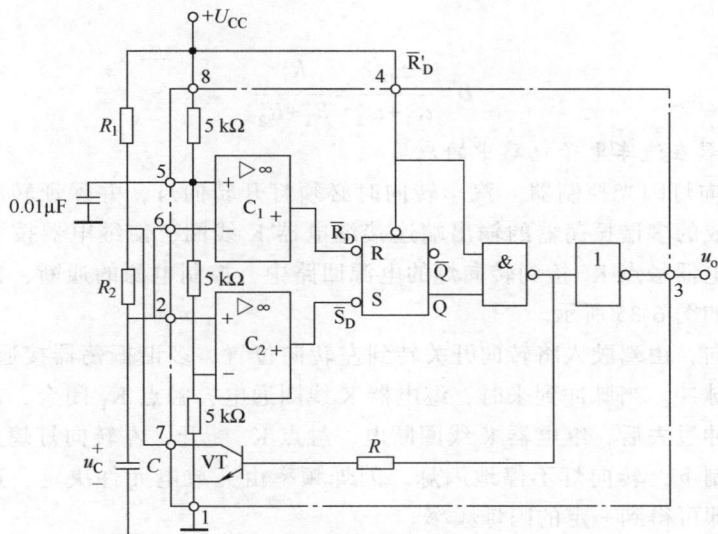

a) 电路图

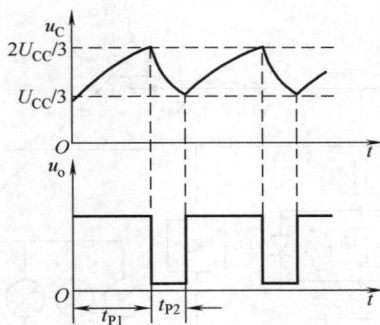

b) 波形图

图 6-33 多谐振荡器

二者之和为输出波形的振荡周期，即

$$T = t_{P1} + t_{P2} = 0.7(R_1 + 2R_2)C$$

振荡频率为

$$f = \frac{1}{T} = \frac{1.43}{(R_1 + 2R_2)C}$$

上式表明，振荡频率取决于外接阻容元件的参数，改变参数即可改变振荡频率。由 555 定时器组成的振荡器，最高工作频率可达 300kHz。

输出波形的占空比为

$$D = \frac{t_{P1}}{t_{P1} + t_{P2}} = \frac{R_1 + R_2}{R_1 + 2R_2}$$

上式表明，占空比只决定于外接电阻，如果外接电阻选为可变电阻，则占空比的大小可调。图 6-34 是

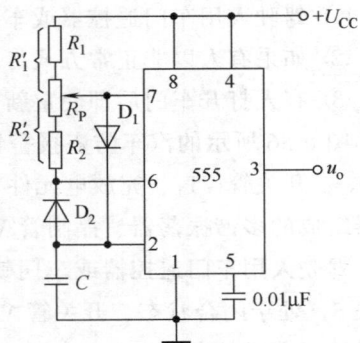

图 6-34 占空比可调的多谐振荡器

占空比可调的多谐振荡器。

占空比为

$$D = \frac{t_{P1}}{t_{P1}+t_{P2}} = \frac{R'_1}{R'_1+R'_2}$$

2. 多谐振荡器在汽车电子电路中的应用

（1）汽车转向灯闪光控制器　汽车转向时必须打开转向灯，并保证转向灯闪烁，为此在555定时器组成的多谐振荡器的输出端连接继电器K线圈，使继电器按多谐振荡器频率工作；同时，继电器触点K_1接到转向灯的电源回路中，控制电源的通断，使转向灯按一定频率闪烁，电路如图6-35所示。

设汽车左转向，由驾驶人将转向开关转到左转向位置，多谐振荡器接通电源开始工作，产生连续的矩形脉冲。当脉冲到来时，继电器K线圈通电，触点K_1闭合，左转向灯接通电源而点亮；当脉冲过去后，继电器K线圈断电，触点K_1断开，左转向灯熄灭。因此，在多谐振荡脉冲的控制下，转向灯不停地闪烁。闪烁频率由充放电元件决定，选择合适的R_A、R_B和C_1的值，即可得到一定的闪烁频率。

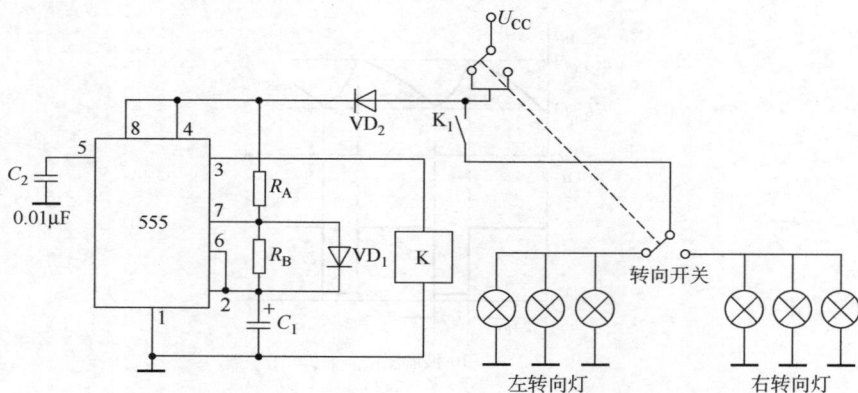

图6-35　汽车转向灯闪光控制器电路

（2）汽车防盗报警器　汽车防盗报警器是为了防止车辆被盗而设计的报警装置。一般要求有如下基本功能：

① 驾驶人用车门遥控器或车门钥匙锁好车门后，报警器处于警戒状态。

② 如果有人以非正常方式打开车门，则报警器报警。

③ 有人打开车门后即使重新关闭车门，报警声仍持续一段时间。

图6-36所示的汽车防盗报警器就是具有这些功能的报警装置，防盗报警电路由磁控开关S_{2c}、开关管VT_1、充放电元件C_1和R_3、VT_2和VT_3组成的复合管、开关管VT_4、555定时器组成的多谐振荡器、晶闸管$VT(H)$、电喇叭按钮S_2、12V电源开关S_1等组成。

驾驶人用车门遥控器或车门钥匙锁车门之前，接通12V电源开关S_1，锁门之后，磁控开关S_{2c}处于闭合状态，开关管VT_1的B、E极因短路而截止，致使后续电路均不工作，报警器处于警戒状态。

当车门被非正常打开时，磁控开关S_{2c}失去磁力的吸引而断开，VT_1导通，复合管VT_2、

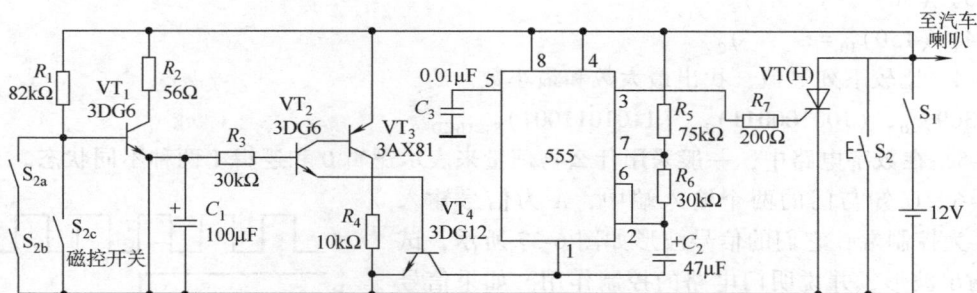

图 6-36 汽车防盗报警器电路图

VT$_3$ 因获得偏流而导通，并向 VT$_4$ 提供偏流。VT$_4$ 导通，使多谐振荡器对地接通而工作，3 脚输出频率为 1Hz 的脉冲电流，经 R$_7$ 触发晶闸管 VT(H) 导通，汽车电喇叭便发出较响亮的报警声。

即使重新关上车门，响声仍会继续，因为在 VT$_1$ 导通时 C$_1$ 充电，车门关后，VT$_1$ 截止，但 C$_1$ 仍然通过电阻 R$_3$ 放电，继续维持 VT$_2$、VT$_3$ 和 VT$_4$ 等电子开关的导通，直到 C$_1$ 放电完毕。所以改变 C$_1$、R$_3$ 的值，可以延长或缩短报警时间；改变 R$_5$、R$_6$、C$_2$ 的值，可调报警声的长短和间歇时间。

如想控制双门，可按图 6-36 将 S$_{2a}$、S$_{2b}$ 两只磁控开关串联，工作原理与上述单门控制相似，这里不详述。

本 章 小 结

（1）数字电路是指用来产生、处理数字信号的电子电路，其基本概念有数制和码制两种。数制是指数的表示方法，常用的数制有十进制和二进制，按照一定方法可以相互转换。码制用二进制代码表示信息的方法，本章介绍了最常用的码制——8421BCD 码。

（2）门电路是指能实现一定逻辑关系（功能）的电路，有基本门电路和复合门电路，本章重点介绍了它们的逻辑功能和功能的表示方法，对门电路在汽车上的应用也进行了举例说明。

（3）触发器与门电路一样，也是数字电路的基本逻辑单元，在逻辑功能上的基本特征是可以寄存一位二进制数据或信息。

触发器有双稳态触发器、单稳态触发器以及无稳态触发器三种，对它们的逻辑功能及功能的表示方法进行了介绍，最后介绍它们在汽车电子电路中的应用。

练 习 题

6-1 什么是数字信号和数字电路？

6-2 什么是数制和码制？

6-3 数制之间的转换。

（1）$(110100)_2 = ($ $)_{10}$

（2）$(10011001)_2 = ($ $)_{10}$

（3）$(36)_{10}=($ $)_2$

（4）$(150)_{10}=($ $)_2$

6-4 比较下列数值，找出最大数和最小数。

$(369)_{10}$，$(100100011)_2$，$(1101011001)_{8421BCD}$

6-5 在数字电路中，一般采用什么物理量来表示逻辑0和逻辑1两种不同状态。

6-6 已知与门的两个输入端中，A为信号输入端，B为控制端，它们的信号波形如图6-37所示，试画出输出波形，并说明门电路的控制作用。如果信号波形不变，换成或门、与非门、或非门，则输出波形又如何？

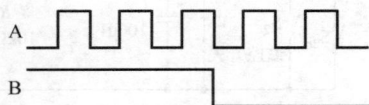

图 6-37 习题 6-6 用图

6-7 有三个门电路，输入均为A、B，输出分别为F_1、F_2、F_3，波形图如图6-38所示，根据波形图写出它们的逻辑真值表和逻辑表达式，并说明其逻辑功能。

6-8 写出图6-39电路中三个输出端Y_1、Y_2、Y_3的逻辑式。

6-9 说明与非门组成的基本RS触发器在置1或置0脉冲消失后，为什么状态保持不变。

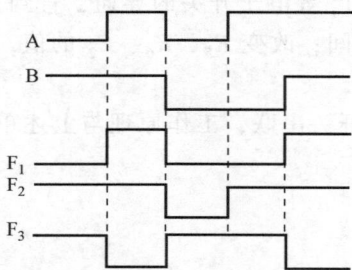

图 6-38 习题 6-7 用图

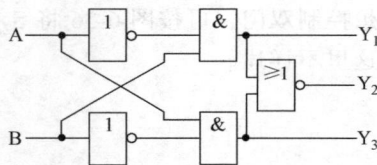

图 6-39 习题 6-8 用图

6-10 画出与非门组成的基本RS触发器符号，说明$\overline{S}_D$和$\overline{R}_D$两个输入端的作用？

6-11 试述同步RS，下降沿JK、上升沿D等触发器的逻辑功能，并用真值表表示。

6-12 将边沿JK触发器的J和K端连在一起接高电平1或悬空，分析其逻辑功能。

6-13 将边沿D触发器的反码输出$\overline{Q}$与输入D相连，分析其逻辑功能。

6-14 如图6-40所示电路，设原态$Q_1Q_2=00$，经3个CP脉冲作用后，Q_1Q_2的状态应为_____。

6-15 如图6-41所示电路，设原态$Q_1Q_2=00$，经3个CP脉冲作用后，Q_1Q_2的状态应为_____。

6-16 如图6-42所示电路，CP脉冲的频率为4kHz，则输出端Q的频率为_____。

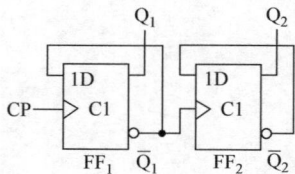

图 6-40 习题 6-14 用图

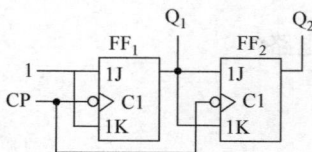

图 6-41 习题 6-15 用图

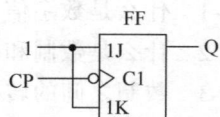

图 6-42 习题 6-41 用图

6-17　数码寄存器与移位寄存器有何区别？

6-18　什么是并行输入、串行输入、并行输出和串行输出？

6-19　什么是计数器？同步和异步计数器的区别是什么？

6-20　单稳态触发器为什么能用于定时控制和脉冲整形？

6-21　多谐振荡器的基本特征是什么？输出脉冲频率的计算公式是什么？如何调节频率？

6-22　试举例说明单稳态触发器和多谐振荡器在汽车电子电路中的应用。

第 7 章
汽车新技术简介

✎ **学习目标：**

- 了解电力电子技术的发展进程及应用领域；掌握电力电子技术的基础知识。了解电力电子技术在电动汽车中的典型应用。
- 了解车载网络基础知识和几种典型的车载网络的特点。
- 能正确判断汽车电磁环境质量的高低；了解汽车上常用的几种抗干扰措施；了解汽车电磁兼容技术的现状及未来发展趋势。

本章首先回顾电力电子技术的发展历程，并指出其常用的应用领域；在此基础上详细介绍车载网络基础知识和几种典型车载网络的特点；最后讨论汽车上常用的几种电磁兼容性技术、电磁兼容性标准，并探讨电磁兼容性技术的未来发展趋势。

7.1 汽车电力电子技术简介

7.1.1 电力电子技术概述

1. 电力电子技术的发展

电力电子技术是应用于电力（强电）领域的电子技术，具体地说，就是利用电力电子（功率电子）器件对电能进行变换与控制的一门技术。该技术的发展以电力电子器件的发展为基础，经历了晶闸管时代、全控型器件迅速发展及功率集成电路三个阶段。

（1）晶闸管时代 1957 年第一只晶闸管在美国通用电气公司（GE）问世，标志着电力电子技术的诞生。晶闸管具有可控的单向导电性，因此又被称为可控硅（SCR）。其最初的功能是整流，即实现交流到直流（AC—DC）的变换，此后，直流到交流（DC—AC）变换、交流到交流（AC—AC）的变换以及直流到直流（DC—DC）的变换功能相继被开发出来。到了 20 世纪 70 年代，在普通晶闸管的基础上，又派生出快速晶闸管、逆导晶闸管、双向晶闸管、不对称晶闸管等器件，形成了一个晶闸管大家族。与此同时，各类晶闸管的电压、电流、断态电压临界上升率、通态电流临界上升率等参数定额都有很大提高，开关特性也有很大改善，到此时，传统的电力电子技术已发展得比较成熟。尽管晶闸管具有优良的性能，但存在两个根本性问题：一是工作频率上的欠缺（因为它们立足于分立元件结构，工作频率难有较大提高）；二是通过控制信号只能控制其开通，关断则需要依靠电网电压等外界条件，属于半控型器件，因此其应用受到一定的限制。

（2）全控型器件迅速发展　20 世纪 70 年代后期，以门极可关断晶闸管（GTO）、功率晶体管（GTR）、功率场效应晶体管（功率 MOSFET）为代表的全控型器件迅速发展。这些器件既可控制开通，又可控制关断，并且开关速度高于晶闸管。这种控制方式与数字电子技术和计算机技术相结合，进一步促进了电力电子技术的快速发展。

20 世纪 80 年代以后，利用复合工艺将各类具有优势的器件复合在一起，推出了一系列性能更加优越的全控器件，如绝缘栅双极晶体管（IGBT）、集成门极换流晶闸管（IGCT）等。IGBT 是功率场效应晶体管和功率晶体管的复合，兼有功率场效应晶体管驱动功率小、速度快和功率晶体管通态压降小、载流能力强的优点，性能优越，已成为现代电力电子技术（特点是使用全控型器件、开关速度快）主导器件之一。集成门极换流晶闸管是功率场效应晶体管和门极可关断晶闸管的复合，兼具这两种器件的优点：功率大、通态损耗小、驱动方便等，因此在大功率场合有望取代门极可关断晶闸管，成为非常有发展前景的器件。目前，市场化的集成门极换流晶闸管的容量已达到 6500V、4000A，展现了良好的发展态势。

（3）功率集成电路阶段　在 IGBT 发展的同时，随着其应用领域的扩大，集成化问题也提上议事日程。利用集成制造工艺将 IGBT、驱动电路及保护电路等封装在一起组成的电路模块称为智能功率模块（IPM）。采用智能功率模块可以提高电路的功率密度、简化安装工艺、对器件的过电流和短路保护更为可靠，从而提高电力电子装置的使用性能。自 20 世纪 80 年代问世以来，智能功率模块制造技术的发展十分迅速，已成为电力电子技术的重要发展方向。

功率集成电路（PIC）最新的发展趋势是电力电子积木（PEBB）。该"积木"是一个中规模集成模块，相比智能功率模块这样的小规模模块集成度更高、功能更强。由于电力电子积木已经模块化、标准化和通用化，能很方便地组成一个电力电子系统，其方便性就像组装一台计算机一样。今后电力电子积木是一个很有前途的技术发展方向。

电力电子技术经过几十年的发展取得了显著进步，未来仍有巨大的发展潜力。在应用方面，电力电子技术会向着数字化、节能、环保的方向发展。在器件方面，基于新材料的电力电子器件（如碳化硅器件）的研发及应用将成为未来电力电子技术的一个主要方向，并会极大地推动电力电子技术的进步。

2. 电力电子技术的应用

电力电子技术的应用十分广泛，它不仅应用于一般工业，也广泛应用于交通、电力、国防和民用等各个领域，其典型应用见表 7-1。

表 7-1　电力电子技术在各行各业中的典型应用

运用领域		工业	交通运输	电力系统	国防	民用
电力电子技术	电力传动	伺服系统、数控机床、鼓风设备、起重机、干燥机、空气压缩机、电机软启动、开采设备	轨道车辆牵引传动系统、磁浮列车、电动汽车、太空车运动系统		炮塔随动控制系统、排爆机器人、无人战斗机、常规动力潜艇水下电驱系统	空调、冰箱、电动自行车、电动玩具、电梯、便携式电动工具
	电能变换	工业电器、不间断电源、焊接设备、激光源、化学电镀、冶金感应加热	轨道车辆辅助供电系统、汽车车内供电系统、船舶供电系统、飞机供电系统、卫星电源系统	高压直流输电、新能源并网发电、无功功率补偿器、有源电力滤波器	电磁炮、火控雷达、声呐、通信系统	微波炉、电磁炉、电视机、音响、计算机、复印机、医疗器械、霓虹灯广告牌

7.1.2 电力电子技术基础知识

1. 绝缘栅双极晶体管

绝缘栅双极晶体管以功率晶体管和功率场效应晶体管为基础。

（1）功率晶体管 功率晶体管的结构、工作原理和参数意义与前述普通晶体管相同。所不同的是，普通晶体管的主要用途是放大小功率信号，而功率晶体管作为功率开关使用。因此对功率晶体管的要求是，足够大的容量（高电压、大电流）、较高的开关速度、较低的功率损耗、饱和压降 U_{CE} 要低、穿透电流 I_{CEO} 要小。

在使用功率晶体管时，绝对不能超过它的极限参数（极间反向击穿电压、集电极最大允许电流、集电极最大允许耗散功率以及最高允许结温），否则将损坏管子或使性能变坏。

（2）功率场效应晶体管 功率场效应晶体管有结型和绝缘栅型两种，通常所说的功率场效应晶体管是指绝缘栅型，而结型功率场效应晶体管则称作静电感应晶体管（SIT）。绝缘栅型功率场效应晶体管按其工作状态可分为增强型和耗尽型两类，每类又有 N 沟道和 P 沟道之分。增强型器件的特点是，栅极电压不为零才存在导电沟道。而耗尽型器件在栅极电压为零时，已存在导电沟道。N 沟道器件的特点是栅极电压大于零时导通；而 P 沟道器件恰好相反，栅极电压小于零时才导通。图 7-1 所示为四种功率场效应晶体管的电路符号，图中 G 是栅极，S 是源极，D 是漏极；箭头向里表示 N 沟道，箭头向外表示 P 沟道。四种功率场效应晶体管的结构分析法是相同的，这里以 N 沟道增强型功率场效应晶体管为例进行讨论。

图 7-2 所示是 N 沟道增强型功率场效应晶体管的结构示意图。三个电极安置不同，其中栅极 G、源极 S 布置在硅片上方，而漏极 D 布置在硅片下方，其目的在于提高硅片面积的利用率。栅极通过二氧化硅绝缘层（图中画斜线部分）与源极和漏极相隔离，因此称为绝缘栅，绝缘栅场效应晶体管的名称就是由此而来的。

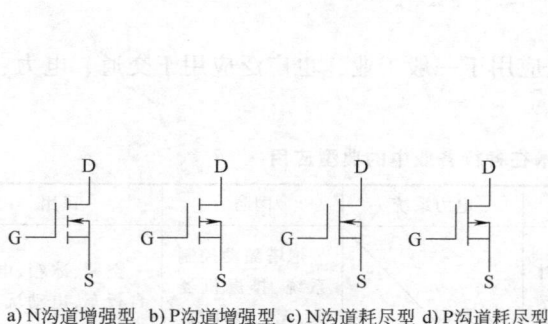

a) N沟道增强型 b) P沟道增强型 c) N沟道耗尽型 d) P沟道耗尽型

图 7-1 功率场效应晶体管的符号

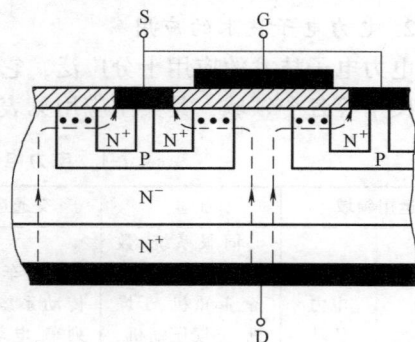

图 7-2 N 沟道增强型功率场效应
晶体管的结构示意图

N 沟道增强型功率场效应晶体管的制作工艺：用一块高掺杂的 N^+ 型硅片作为衬底，外延生长 N^- 型高阻区，两者共同组成漏区。在 N^- 型区内，扩散 P 型区，漏区与 P 型区的交界面就是漏区 PN 结。在 P 型区内又扩散 N^+ 型源区。当栅-源极电压大于管子的开启电压（$U_{GS} > U_{GS(th)}$）时，在二氧化硅绝缘层下的 P 型区表层产生反型层（图 7-2 中一串黑点表示），它就是沟通源区与漏区的 N 型导电沟道。此时，若加漏-源极电压 U_{DS}，将产生漏极电流 I_D，其路径如图 7-2 中虚线所示。

可见，增强型功率场效应晶体管是垂直导电、制作工艺使用双扩散方式，因此这类管通常称为 VDMOS 管。由其导电方式、制作工艺等所决定，VDMOS 管具有较好的电流、电压性能。

1）由于垂直导电，硅片面积得以充分利用，而且可获得较大电流，漏极电流可达几百安培。

2）由于设置高电阻率的 N^- 型区，以提高耐压水平，漏-源极电压可达千伏以上。

3）由于导电沟道缩短，能降低沟道电阻和栅电容，这有利于提高工作效率和开关速度。

还需要指出，图 7-2 只示出了增强型功率场效应晶体管的一个单元，实际上一个芯片上有成千上万个单元并联集成。

此外，源极金属电极 S 与 N^+ 源区和 P 型区连接在一起，因此 P 型区与漏区（N^- 和 N^+ 组成）形成的 PN 结就是并联在源极 S 与漏极 D 之间的寄生二极管，如图 7-3 所示。这个寄生二极管在逆变器中作为反馈二极管使用。

（3）绝缘栅双极晶体管　图 7-4 所示是绝缘栅双极晶体管结构示意图，它与图 7-2 所示的绝缘栅场效应管相比，只多了一个 P^+ 区。它有三个电极：集电极 C、发射极 E、栅极 G。IGBT 等效电路如图 7-5a 所示，后级是一个 PNP 型晶体管，R_N 是其厚基区（由 N^- 和 N^+ 组成）的体电阻，前级是一个 N 沟道增强型功率场效应晶体管，两者复合组成 IGBT。

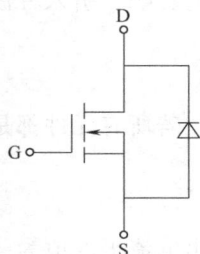

图 7-3　寄生二极管

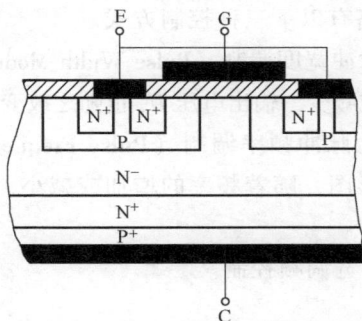

图 7-4　绝缘栅双极晶体管结构示意图

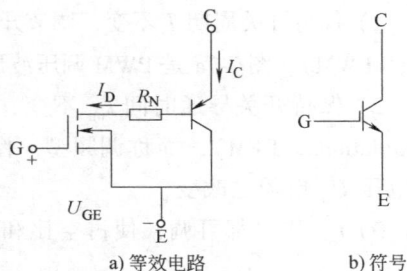

a) 等效电路　　b) 符号

图 7-5　绝缘栅双极晶体管

IGBT 的工作原理：当栅-射极电压大于开启电压（$U_{GE} > U_{GE(th)}$）时，场效应晶体管内漏-源极之间形成导电沟道，并为 PNP 管提供基极电流而使 IGBT 导通；此时 P^+ 区向 N^- 区发射空穴，对 N^- 的电导率进行调制，减小电阻 R_N，从而降低通态压降。当栅-射极电压 U_{GE} 为负或不加电压时，IGBT 立即关断。

2. 直流斩波电路工作原理

直流斩波电路又称直—直（DC—DC）变换器，其功能是将恒定的直流电压变换为可调直流电压，因此在采用直流电机驱动的地铁车辆、电动汽车和公交电车上获得广泛使用。

直流斩波电路原理如图 7-6a 所示，图中 U_d 为直流电源电压，Q 为电子开关，由电力电子器件组成，R 为负载。

直流变换原理：当开关 Q 合上时，电源直流电压加到负载 R 上并持续 t_{on} 时间；当开关 Q 断开时，负载 R 上的电压为零并持续时间 t_{off}，那么开关 Q 的工作周期 $T = t_{on} + t_{off}$。若开关 Q 连续通断，则在负载上就可获得一串脉冲电压和电流，其波形如图 7-6b 所示，可以看出，脉冲电压和电流波形为直流方波（以下简称方波）。为了描述方波脉宽对输出平均电压的影响，引入方波占空比的概念，方波占空比 k 为方波导通时间与方波周期之比，即

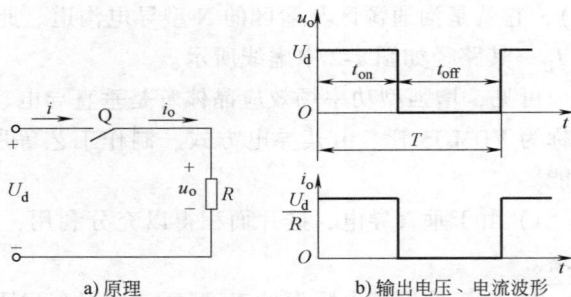
a) 原理　　　　b) 输出电压、电流波形

图 7-6　理想的直流斩波电路

$$k = \frac{t_{on}}{T}$$

若所有元件都是无损耗的，则方波输出直流电压平均值为

$$U_o = \frac{t_{on}}{T} U_d = k U_d$$

输出电流平均值为

$$I_o = \frac{U_o}{R} = k \frac{U_d}{R}$$

由此可知，只要改变开关 Q 通断时间，即改变占空比 k，就可改变输出电压和输出电流的大小，从而达到斩波电路调压的要求。

根据对输出电压平均值进行调制的方式不同，斩波电路有以下三种控制方式。

1）保持开关周期 T 不变，调节开关导通时间 t_{on}，称为脉冲宽度调制（Pulse Width Modulation，PWM）。图 7-7a 是 PWM 调压波形图，随着脉宽的增加或减少，输出电压 U_o 也随之改变。

2）保持开关导通时间 t_{on} 不变，改变开关周期 T，称为脉冲频率调制（Pulse Frequency Modulations，PFM），简称调频型。图 7-7b 是 PFM 调压波形图，随着频率的增加或减小，输出电压 U_o 也随之改变。

3）t_{on} 和 T 都可调，使占空比和频率都可改变，称为调宽调频控制。

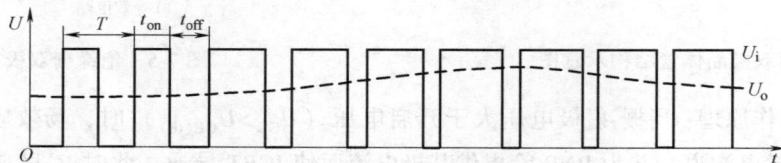
a) PWM调压波形图

b) PFM调压波形图

图 7-7　PWM 和 PFM 调压波形图

3. 逆变电路工作原理

逆变电路又称直—交（DC—DC）变换器，其功能是把直流电转变成交流电，在汽车上使用广泛。如采用交流电力驱动系统的电动汽车，三相交流电机所需要的三相电源就是由三相逆变电路提供的，这种电路不但能完成逆变，还能实现变频调压，能满足三相交流电机调速的需要，达到控制汽车变速的目的。又如在汽车车载电源中有一种电源逆变器，能够将车载蓄电池 12V 的直流电变换成与市电相同的 220V、50Hz 的交流电，供 220V 交流用电器使用，如图 7-8 所示。

单相逆变电路是所有逆变电路的基础，这里以单相桥式逆变电路为例讨论其工作原理。图 7-9a 所示是单相桥式逆变电路原理，$Q_1 \sim Q_4$ 是四个桥臂开关，它们由电力电子器件及辅助电路组成，R 是逆变器的负载。将 Q_1、Q_4 闭合，Q_2、Q_3 断开，负载 R 上得到左正右负

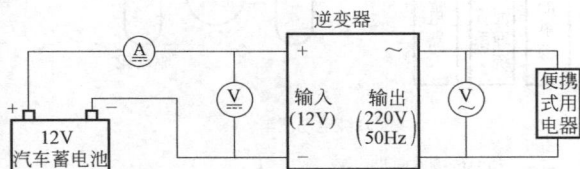

图 7-8 车载电源逆变器原理框图

的电压；间隔一段时间后，将 Q_1、Q_4 断开，Q_2、Q_3 闭合，负载 R 上得到左负右正的电压。若以频率 f 交替切换两组开关 Q_1、Q_4 和 Q_2、Q_3，则在负载 R 上就能得到交流电压，波形如图 7-9b 所示。

在逆变电路的工作过程中，存在着换流现象，所谓换流是指电流从一个支路向另一个支路转移的过程，也称为换相。在换相过程中，支路的状态会发生转变，有的支路要从通态转移到断态，有的支路要从断态转移到通态。此外，在逆变过程中，若两组桥臂开关 Q_1、Q_4 和 Q_2、Q_3 的交替切换频率不变，则逆变电路的输出交流电压频率是恒定的，这种逆变电路称为固定频率逆变电路；若两组桥臂开关 Q_1、Q_4 和 Q_2、Q_3 的切换频率不断变化，则输出交流电压频率也随之改变，此时，逆变电路在实现变压的同时也实现了变频功能，称为变频逆变电路。

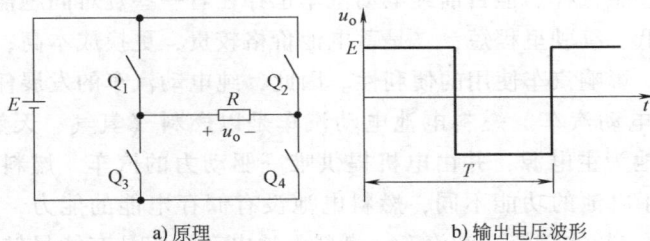

a）原理　　　　　　b）输出电压波形

图 7-9 单相桥式逆变电路

7.1.3 电力电子技术在电动汽车中的典型应用

在电动汽车中，电力电子技术得到了广泛应用和深入研究，其典型应用为 DC—AC 变换器、DC—DC 变换器、车载充电机等。这些典型应用的工作原理前面已述及，这里不再重复，只重点分析它们的结构特点。

1. 电动汽车的分类

电动汽车分为三大类：纯电动汽车、燃料电池电动汽车和混合动力电动汽车，其典型结构如图7-10所示。

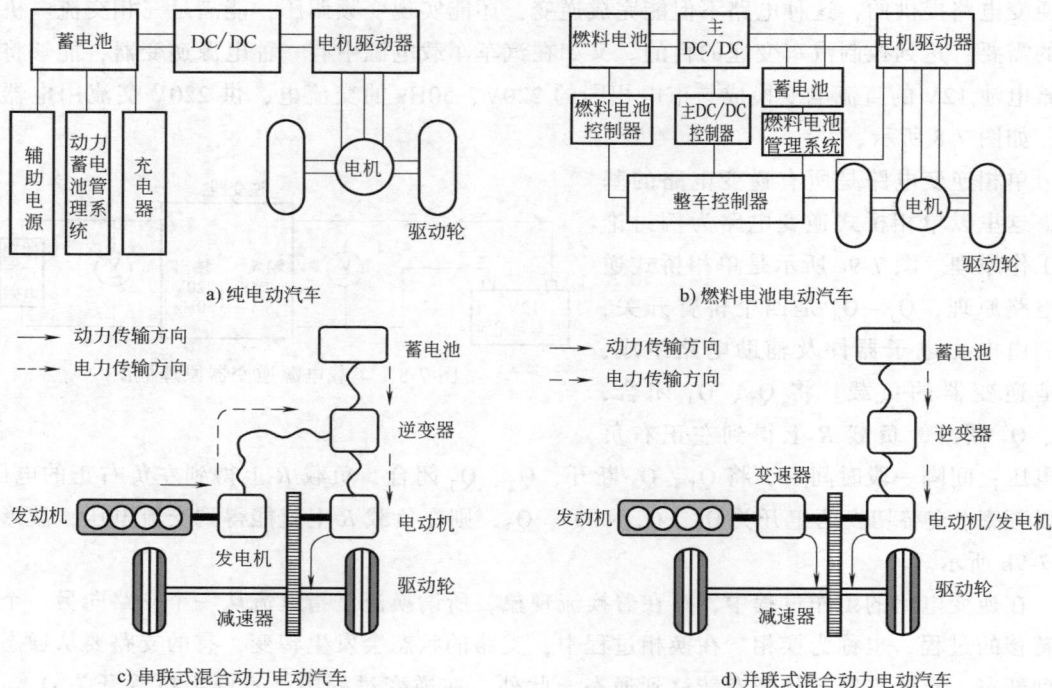

a) 纯电动汽车 　　b) 燃料电池电动汽车

c) 串联式混合动力电动汽车 　　d) 并联式混合动力电动汽车

图7-10　电动汽车典型结构

（1）纯电动汽车　纯电动汽车是指以充电电池（如铅酸蓄电池、镍镉蓄电池、镍氢蓄电池或锂离子蓄电池等）为主电源，并由电机提供唯一驱动力的汽车。纯电动汽车结构简单、操作性好、效率高，而且它本身不排放污染大气的有害气体，噪声也远比传统燃油汽车小，是未来交通的理想选择。但目前纯电动汽车也存在着一些疑难问题需要解决：一是动力蓄电池能量密度较低，续驶里程短；二是蓄电池价格较贵，更换成本高；三是充电站、充电桩的数量远远不够，影响汽车使用的便利性。因此，纯电动汽车的发展任重而道远。

（2）燃料电池电动汽车　燃料电池电动汽车是以燃料（氢气、天然气、甲醇、甲烷、液化石油气等）电池为主电源，并由电机提供唯一驱动力的汽车。燃料电池电动汽车与纯电动汽车的区别在于电池的功能不同，燃料电池没有储存电能的能力，它只是一个"发电厂"，用于产生电能。较之传统燃油汽车，燃料电池电动汽车具有能量转化效率高（是燃油汽车的2~3倍）、不污染环境（燃料电池在化学反应中不产生有害物质）、使用寿命长等不可比拟的优势。但目前燃料电池技术和研究还没有取得重大突破，燃料电池电动汽车的发展也受到了限制，而且其价格过于昂贵，需要有更进一步的突破性进展。目前燃料电池电动汽车往往采用燃料电池为主电源、蓄电池作为辅助电源的混合电源方式。

（3）混合动力电动汽车　混合动力电动汽车是为解决纯电动汽车续驶里程短而提出的一种折中方案。它有两个动力源：发动机和电机，两者可单独使用，也可混合起来使用，十分灵活。

较之传统的燃油汽车，混合动力电动汽车有两个主要优点：一是改善了发动机的工作状况，具有很高的燃油利用率，从而实现汽车的高效率行驶；二是在人口稠密的商业区、居民区等地可用纯电动方式驱动车辆，实现零排放。但由于增加了一套电力驱动系统，其驱动系统的复杂性增加。根据动力系统的结构不同，混合动力汽车可分成串联式、并联式和混联式三种。

1）串联式混和动力电动汽车采用电机驱动车辆，另一个动力源发动机并不负责车辆的驱动，而是负责驱动发电机发电，产生的电能一部分给蓄电池充电，另一部分送到电动机转换为机械能。因发动机输出动力与电动机输出动力是直线排列的，所以称串联式混和动力电动汽车。串联式混和动力系统因为发动机、发电机、驱动电机三大总成体积、质量较大，所以常用于大型客车。

2）并联式混和动力电动汽车采用发动机和电机两套独立驱动系统驱动车辆的模式，在该模式下可以根据不同情况使用两种驱动力。当汽车加速爬坡时，发动机和电动机能够同时向汽车提供动力；一旦汽车车速达到巡航速度，汽车将仅依靠发动机维持该速度。因发动机和电动机产生的驱动力各自独立、并行，所以称并联式混和动力电动汽车。并联式混和动力系统因为发动机、驱动电机/发电机两大总成体积、质量较小，因此常用于小型轿车。

3）混联式混和动力电动汽车综合了串联式和并联式两种驱动系统，可以根据不同情况分别使用两种系统。当汽车低速行驶时，驱动系统主要以串联方式工作；当汽车高速行驶时，驱动系统则以并联工作方式为主。混联式驱动系统充分发挥了串联式和并联式的优点，能够使发动机、发电机、电动机三大总成进行更多的优化匹配，从而在结构上保证了在更复杂的工况下使系统在最优状态下工作，因此更容易实现排放和油耗的控制目标。

2. 燃料电池电动汽车驱动系统主电路

目前燃料电池电动汽车绝大多数采用的是混合式燃料电池驱动系统，将燃料电池与辅助电源相结合，燃料电池可以只满足持续功率要求，借助辅助电源提供加速、爬坡等所需的峰值功率，而且在制动时可以将回馈的能量存储在辅助电源中。辅助电源可由蓄电池、超大容量电容器或它们的组合组成，使用何种组成视燃料电池汽车设计方案而定。

混合式燃料电池电动汽车驱动系统如图 7-11 所示，其主电路包括 DC—DC 变换器和 DC—AC 变换器两部分，现分析其结构特点。

（1）DC—DC 变换器

DC—DC 变换器有升压和减压两种结构，图 7-12 所示为燃料电池乘用车升压变换器电路，包括两个不同类型的电容器 C_1 和 C_2（C_1 有极性，C_2 无极性）、电感器 L_s、二极管 VD_s，其中电容器 C_1 和 C_2 并联于主电路，而二极管 VD_s 和电感器 L_s 串联于主电路；在主电路上还连有两个功率开关 VT_1 和 VT_2，VT_1 和 VT_2 的集电极、发射极和栅极分别与电感器 L_s、主电路负极和控制电路相连。控制电路由电压电流检测电路、控制环节和驱动电路组成。功率开关 VT_1 和 VT_2 为绝缘栅双极晶体管。在 VT_1 和 VT_2 的集电极与发射极之间还设有 RC 换相过电压抑制器和并联于主电路输入端的过电压抑制器 RV。

图 7-13 所示为燃料电池乘用车降压变换器主电路，与图 7-12 所示的升压变换器不同的是：功率开关器件 VT_1 和 VT_2 并联后串联于主电路，其集电极接主电路正极，而发射极接

电感器 L_s，此外，二极管 VD_s 并联于主电路上，电感器 L_s 移动到功率开关器件 VT_1 和 VT_2 之后串联于主电路中。

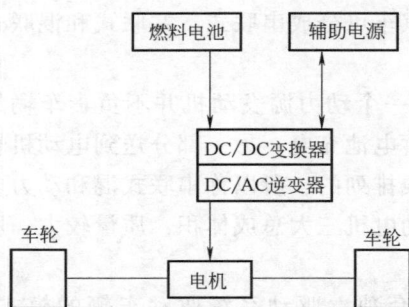

图 7-11　混合式燃料电池电动汽车
驱动系统框图

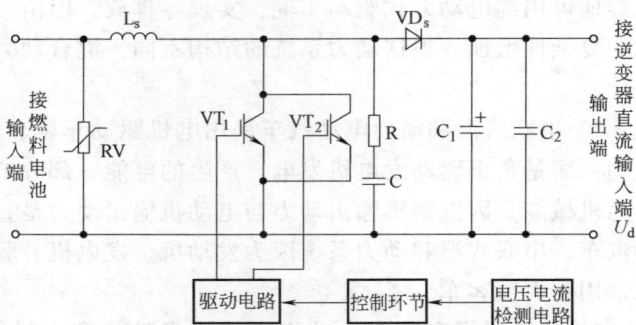

图 7-12　燃料电池乘用车升压变换器电路

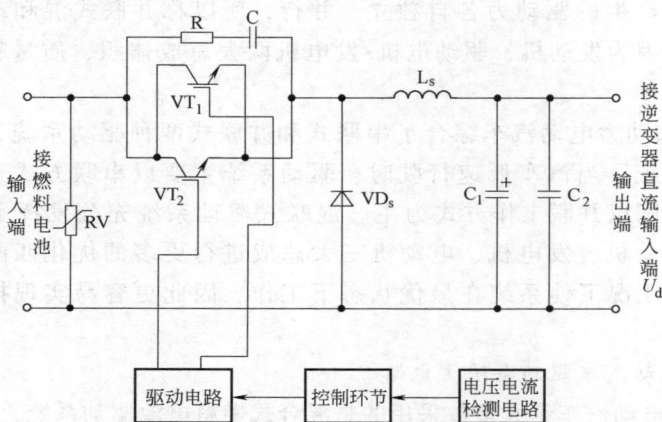

图 7-13　燃料电池乘用车降压变换器电路

（2）DC—AC 变换器

DC—AC 变换器简称逆变器，燃料电池输出的电能通过 DC—DC 变换后作为逆变器的直流电源，逆变器根据整车控制指令，输出电压和频率可调的三相交流电，驱动牵引电机运行。用于电动汽车的电机和逆变器的主电路原理如图 7-14 所示。

图中，U_d 为直流回路电源（V）；C_d 为中间直流回路滤波电容（F）；$VT_1 \sim VT_6$ 为六个开关管，$VD_1 \sim VD_6$ 是六个开关管相对应的续流二极管，每两个开关管和两个续流二极管组成一个功率桥臂，并共同组成三相逆变电路；位置传感电路用于实时监测永磁无刷电机的转子位置，相电流采样电路用于检测永磁无刷电机三相电流；温度采样电路用于对控制器温度和电机温度分别进行处理，其中控制器温度信号采用功率模块安装基板温度，电机温度采用定子绕组温度；模块故障处理电路用于将三相功率模块输出的故障信号进行"线与"后输出一路综合故障信号；电压信号检测（处理）电路用于检测直流母线电压；电机控制单元根据转子位置信号、电流采样信号、控制器温度和电机温度信号、电压信号以及来自电机通信控制单元的转矩指令、电机使能信号、电机转向信号和牵引/制动信号控制输出六路 PWM 信号；六路 PWM 信号经过驱动信号隔离电路送三相功率模块，驱动三相功率模块工作，输出三相电压和频率可调的三相交流电。

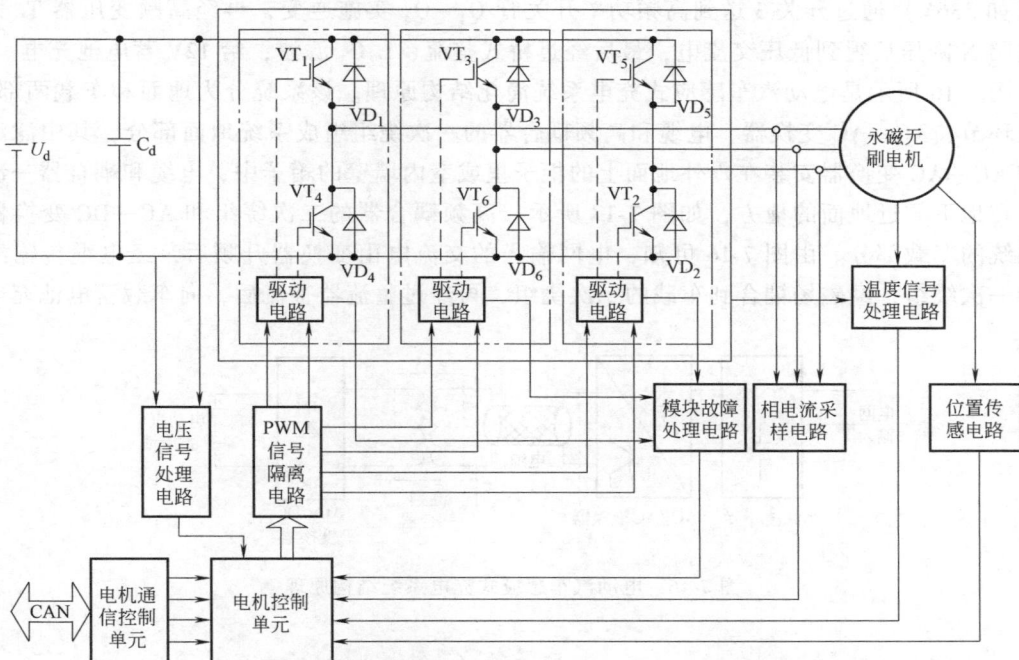

图 7-14 用于电动汽车的电机和逆变器的主电路原理框图

3. 车载充电机

车载充电机是指安装在电动汽车上的、负责对车载各蓄电池进行充电的装置。按照车载蓄电池充电时能量的传输方式不同，车载充电机可分成接触式和感应式两种。接触式充电机通过带插头的电缆与车外的交流电源插座连接，从而实现电能的传输。它具有结构简单、成本较低、电能传输效率高等特点，是目前主流的充电装置。感应式充电机是利用变压器原理将电能从离车的一次感应到车载的二次，以达到给车载蓄电池充电的目的。感应式充电机具有通用性强、操作简单、节约人力成本、节省土地资源等优点，但结构复杂、效率较低、成本较高，因此应用范围受到一定限制，目前小范围应用于公交车等公共充电领域。

图 7-15 所示是上海某企业研发的接触式集成充电机的结构原理，包括直流高压充电器与直流低压充电器两部分，它们之间的切换通过开关的通断来完成。从图中可以看出，当开关 1、开关 2闭合后，直流高压充电器开始工作，来自电网或民用插座的 220V单相交流电经过桥式整流、电容 C_1 滤波、高频功率开关 $Q_1 \sim Q_4$

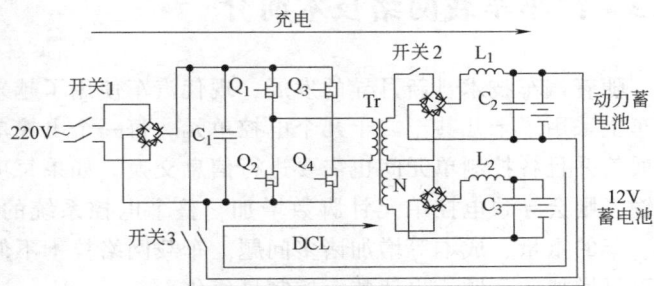

图 7-15 接触式集成充电机的结构原理

逆变、高频变压器 Tr 升压后，得到交流高压；再经桥式整流、L_1C_2 滤波后得到比较平滑的高压直流电（如 336V），给动力蓄电池充电。当电动汽车起动后，通过主控电路给出信号，断开开关1，接通开关2和开关3，直流低压充电器开始工作，动力蓄电池输出的高压直流电（如336V）通过开关3送到高频功率开关管 $Q_1 \sim Q_4$ 实施逆变，再经高频变压器 Tr 另一个线圈 N 降压后得到低压交流电，最后经过桥式整流、L_2C_3 滤波，给12V蓄电池充电。

图7-16所示是电动汽车感应式充电系统简化结构原理。该系统分为地面和车载两部分。滤波环节、AC—AC变换器、电缆和高频耦合器的一次绕组组成系统地面部分，其中滤波环节和AC—AC变换器安装在户外地面上的柜子里或室内墙壁的箱子中，电缆和耦合器一次绕组埋在地下靠近地面的地方，如图7-17所示。高频耦合器的二次绕组和AC—DC变换器组成系统的车载部分。由图7-16可知，电网输入的交流电由变换器升频后，经电缆传输给耦合器一次绕组，经磁场耦合到车载的二次绕组，再经过整流器整流后，向车载蓄电池充电。

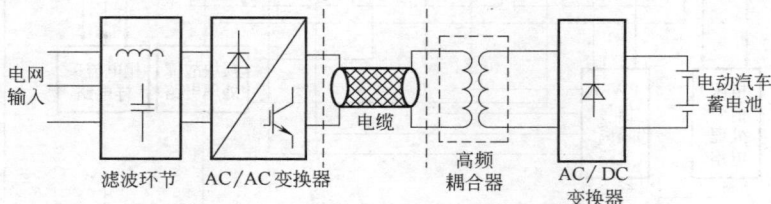

图7-16　电动汽车感应式充电系统结构原理

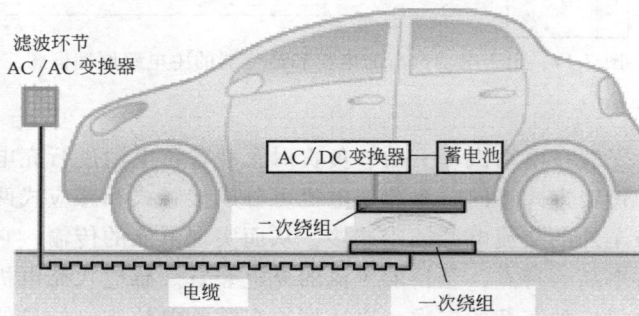

图7-17　电动汽车感应式充电系统布局

7.2　汽车车载网络技术简介

随着汽车技术日新月异的发展，现代汽车使用了越来越多的电子控制装置，许多中高级轿车上采用了十几甚至二十几个电控单元。每一个电控单元都需要与多个传感器和执行器进行通信并且各控制单元间也需要进行信息交换。如果每项信息都通过各自独立的数据线进行传输，则会导致电控单元针脚数增加，整个电控系统的线束和插接器也会增加，带来故障率、车的重量、成本等增加诸多问题。车载网络技术不但解决了成本增加和多种电子系统造成重量增加的问题，也使整车控制最优化。

7.2.1　车载网络基础知识

1. 数据通信的基本概念

（1）数据、信息及信号　数据（Data）是由数字、字符和符号等组成，用于描述任何概念和事物的形式，是信息的载体。

信息（Information）则是数据的具体内容或解释，有具体含义。两者的关系：数据是表示信息的形式，是信息的载体；信息是数据形式的内涵。如，0763-3456789 是一组数据，它表示的信息是广东省清远市的某户座机号码。

信号（Signal）是数据在传输过程中的具体物理表示形式，具有确定的物理描述，如电压、磁场强度、光等。信号一般有模拟信号和数字信号之分，模拟信号是随时间做连续变化的信号，而数字信号是能用数字 0 和 1 表示的信号。如正弦波信号就是典型的模拟信号，而脉冲信号和阶梯波信号就是数字信号。

（2）信道及其分类 信道（Channel）是信号传输的通道，包括传输线路和传输设备。

信道按传输信号不同，分为模拟信道和数字信道两种，模拟信道中传输的是模拟信号，数字信道中传输的是二进制数字脉冲信号。信道按传输介质不同，还可分为有线和无线两种类型，有线信道由双绞线、同轴电缆、光缆等有形传输介质及设备组成；无线信道由无线电、微波和红外线等无形传输介质及相关设备组成，无线信号以电磁波形式传输。

（3）数据通信 数据通信专指发送方（信源）和接收方（信宿）中数据的形式是数字的，而不论是通过数字信道传输还是模拟信道传输。

1）数据通信的主要技术指标。数据通信的任务是传输数据信息，希望达到传输速度快、出错率低、信息量大、可靠性高，并且既经济又便于使用维护。这些要求可以用下列技术指标加以描述：

① 数据传输速率（比特率）。它是指单位时间内所传送的二进制代码的有效位数，单位用比特/秒（bit/s）表示。

常用的数据传输速率单位还有千比特/秒（kbit/s）、兆比特/秒（Mbit/s）、吉比特/秒（Gbit/s）与特比特/秒（Tbit/s），单位越大表示数据传输速度越快。

② 信道容量表征一个信道传输数据的能力，单位也用比特/秒（bit/s）。

信道容量与数据传输速率的区别：信道容量表示信道的最大数据传输速率，是信道传输数据能力的极限；数据传输速率则表示实际的数据传输速率。就像道路上的最大限速值与汽车实际速度之间的关系一样，它们虽然采用相同的单位，但表征的是不同的含义。

③ 误码率，又称错误率。它是衡量数据通信系统传输可靠性的指标，定义为二进制数据位传输时出错的概率。设传输的二进制数据总数为 N 位，其中出错的位数为 N_e，则误码率表示为 $P_e = \dfrac{N_e}{N}$。计算机网络中，一般要求误码率低于 10^{-9}，即平均每传输 10^9 位数据仅允许错一位。若误码率达不到这个指标，可以通过差错控制方法进行检错和纠错。

2）数据通信的方式。在数据通信中，

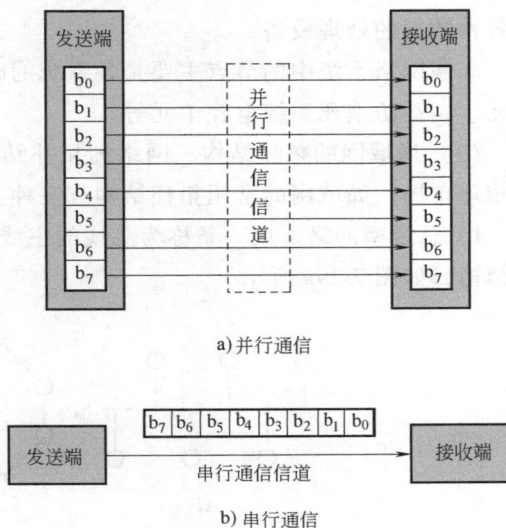

a) 并行通信

b) 串行通信

图 7-18 数据通信方式

按每次传送的数据位数，通信方式可分为并行通信和串行通信。

如图7-18a所示，并行通信时，在两数据设备（发送端与接收端）之间一次传输 n 位数据，每位数据需要1根传输线，共需要 n 根数据线。并行的数据线也叫总线，n 位总线可以并行传送 n 位数据。并行通信的优点是传输速度快、处理简单，缺点是连线多，不适合长距离传输，一般用于计算机内部数据传输或计算机间短距离数据传输。

如图7-18b所示，串行通信时，在两数据设备（发送端与接收端）之间，数据是一位一位地传输，只使用1条传输线。串行传输的优点是要用的连线条数很少，适合长距离传输，如公用电话网络普遍采用串行通信方式；缺点是传输信息速率慢。

3）数据帧和通信协议。为了可靠地传输数据，通常将原始数据分割成一定长度的数据单元，称为数据帧。一帧数据根据需要，可以有起始信息、标识信息、寻址信息、控制信息、数据信息、终止信息等。

通信协议也称传输协议，它是为了在数据设备之间有效完成数据交换而制订的一组约定和规则。通信协议具有以下三要素。

① 语法：确定通信"如何讲"，即通信数据帧的格式。

② 语义：确定通信"讲什么"，即通信数据帧的内容代表什么信息。

③ 定时规则：确定不同数据传输的优先级、传输顺序及传输速率。

2. 计算机网络的基本概念

（1）计算机网络 所谓计算机网络，就是将分散的计算机通过通信线路及网络控制设备有机地结合在一起，形成相互通信、软硬件资源共享的综合系统。计算机网络最重要的功能是资源共享，包括数据、软件和硬件。

目前已出现了各种形式的计算机网络，可归结为三大类：多机系统、局域网（Local Area Network，LAN）和广域网（Wide Area Network，WAN）。汽车车载网络属于局域网的一种。

（2）节点 节点就是网络单元，它可以是网络系统中的计算机，也可以是支持网络运行各种数据的处理设备。

车载网络系统中的节点主要是各系统的电控单元，如发动机电控单元、自动变速器电控单元、制动防抱死系统电控单元等。

（3）局域网的拓扑结构 网络的拓扑结构是指网络中通信线路、计算机以及其他组件的物理布局。局域网的常用拓扑结构有三种：总线型、环型和星型。

1）总线型网络。用一条称为总线的主线将计算机连接起来的布局方式，称为总线型拓扑结构，如图7-19a所示。

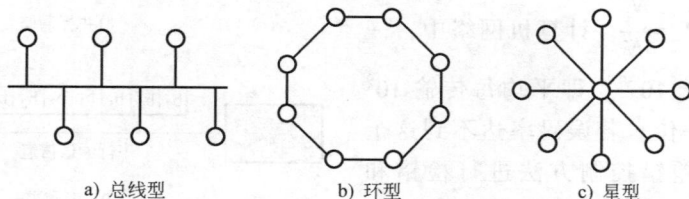

a) 总线型　　　　　b) 环型　　　　　c) 星型

图7-19　计算机网络拓扑结构

所有局域网上的计算机都通过相应的硬件接口直接连在总线上，任何一个节点的信息都可以沿着总线向两个方向传输扩散，并且能被总线中任何一个节点所接收。总线上传输信息通常以串行形式传递。每个节点均具有收、发功能。接收器负责接收总线上的串行信息，并将其转换成并行信息送到微机内；发送器将微机内的并行信息转换成串行信息发送到总线上。当总线上发送信息的目的地址与某节点的接口地址相符合时，该节点的接收器便接收信息。

总线布局的特点：结构简单灵活，非常便于扩充；可靠性高，网络响应速度快；设备量少、价格低、安装使用方便；共享资源能力强，便于广播式工作（即一个节点发送，所有节点都可接收）。

车载网络结构中以总线型网络结构应用最为广泛。

2）环型网络。环型网络如图 7-19b 所示，也是计算机局域网络的常用拓扑结构之一，适用于信息处理系统和系统自动化系统。环型网络的特点：信息在网络中沿固定方向流动，两个节点间仅有惟一的通路，大大简化了路径选择的控制。

3）星型网络。如图 7-19c 所示，星型拓扑是以中央节点为中心与各节点连接组成的，各节点与中央节点通过点到点的方式连接。中央节点（又称中心转接站）执行集中式通信控制策略，在星型网络中，任何两个节点要进行通信都必须经过中央节点控制。

（4）网关 网关又称网间连接器、协议转换器。在不同类的网络之间设一个网关，可以使不同的数据总线进行数据交换，保证不同的通信协议、数据格式和速率的网络各节点之间的通信。

7.2.2 几种典型的车载网络

国际上众多知名汽车公司积极致力于汽车网络技术的研究及应用，目前，已有多种网络标准。但是，没有一种通信网络可以完全满足汽车所有性能和成本的要求。因此，对中高档轿车，汽车制造商一般采用多种网络联网的方式实现更好的控制目的。

常用的几种典型车载网络有 CAN 总线网络、LIN 总线网络、MOST 总线网络、Bluetooth 总线网络。图 7-20 所示是某种车载网络的拓扑图，下面以该图为例简介各网络特点。

1. CAN 总线网络

CAN 总线网络简称 CAN 总线或 CAN。CAN 是控制器局域网（Controller Area Network）的英文缩写。最初是德国博世（Bosch）公司于 20 世纪 80 年代初为解决汽车上越来越多的控制器之间的通信问题而开发的一种网络。由于其优秀的性能和可靠性，受到越来越多的汽车厂商的重视，开始在轿车上大量使用。欧洲各大著名汽车厂商都将 CAN 作为轿车的标准配置，而美国和日本汽车厂商也推广使用了该网络。

CAN 采用了许多新技术和独特的设计，相比一般的通信总线网，具有突出的可靠性、实时性和灵活性。其主要特点概括如下。

1）CAN 的数据通信不分主从。它是指在总线空闲时，网络上任意一个节点均可以在任意时刻主动地向网络上的其他节点发送信息，通信方式灵活。

2）CAN 采用总线冲突仲裁技术。当多个节点同时向总线发送数据而出现冲突时，优先级低的节点会主动退出发送，而优先级高的节点可不受影响地继续发送，从而大大节省了总线冲突仲裁时间。

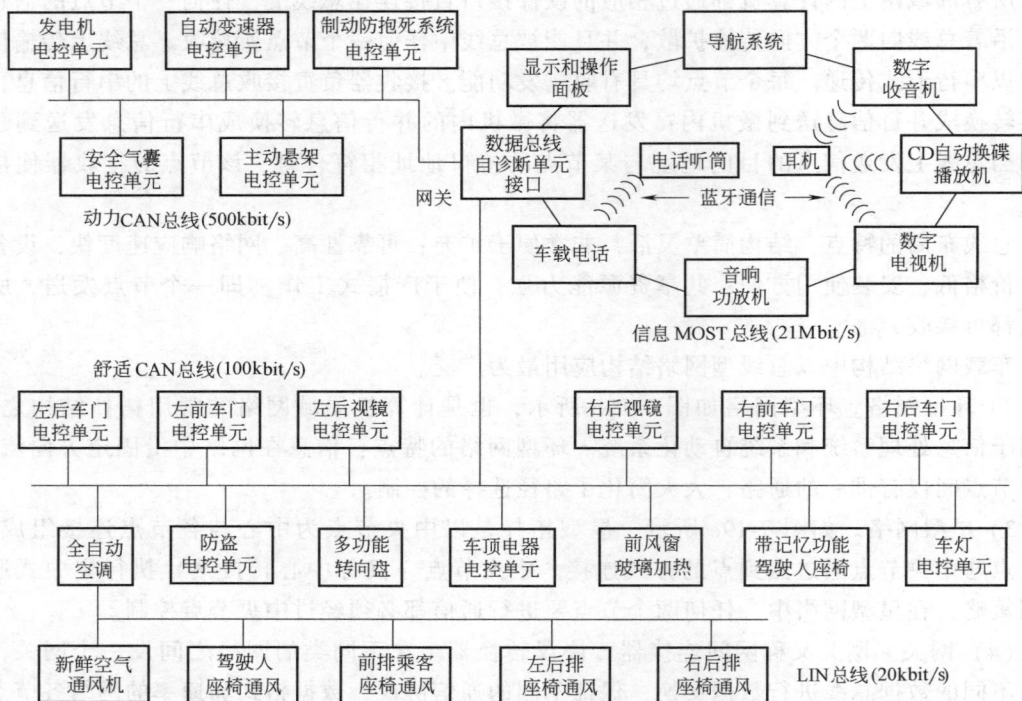

图 7-20　车载网络拓扑图

3）通信距离远，通信速率高。通信距离最远可达 10km（速率小于 5kbit/s 时），通信速率可达 1Mbit/s（通信距离小于 40m 时）。

4）节点数较多，可达 110 个以上。

5）通信介质选择灵活。可以选双绞线、同轴电缆，也可选用光纤。

CAN 按控制对象或目的不同分为动力 CAN 和舒适 CAN。

动力 CAN 的网速相对较高（500kbit/s），主要用于实时控制速度要求高的电控单元，如发动机、自动变速器、主动悬架、安全气囊、制动防抱死系统（ABS）等电控单元。控制的重要对象是发动机和自动变速器，故称为动力 CAN。

舒适 CAN 的网速较低（100kbit/s），主要用于实时控制速度要求相对较低的电控单元，如车门、后视镜、全自动空调、防盗系统、多功能转向盘、车顶电器、带记忆功能的驾驶人座椅等电控单元。控制的目的是提高驾驶人和乘客的舒适性，故称为舒适 CAN。

2. LIN 总线网络

LIN 总线网络简称 LIN 总线或 LIN。LIN 是本地互联网（Local Interconnect Network）的英文缩写。它使用低速（传输速率低于 125kbit/s）串行总线，主要用作 CAN 等高速总线的辅助网络或子网络。在图 7-20 中，LIN 总线是舒适 CAN 总线的辅助网络，用于全自动空调的辅助控制，如新鲜空气通风、驾驶人座椅和其他座椅的通风控制。

LIN 总线的主要特性如下：

1）采用单个主控制器/多个从属控制器模式。从属控制器节点可以实现自同步，因而无须石英或者陶瓷振荡器；主节点用于控制 LIN 总线，它通过对从节点进行查询，将数据发布到总线上。从节点仅在主节点的命令下发送数据，一旦数据发布到总线上，任何节点都可以接收该数据，从而在无须仲裁的情况下实现双向通信。

2）传输速率不高（20kbit/s）。

3. MOST 总线网络

MOST 总线网络的拓扑结构不是总线型结构，将之称为总线网络不太严谨，但在汽车业界，这是约定俗成的叫法，这里暂且遵守这一约定。与前两种网络一样，MOST 总线网络简称 MOST 总线或 MOST。MOST 是多媒体定向系统传输（Media Oriented Syetem Transport）的英文缩写。相对于 CAN 总线和 LIN 总线，MOST 总线是新开发的光纤数据传输系统，由于其传输速率高（20Mbit/s 以上），非常适合于传输多媒体信息，如声音和视频信息。在汽车上，MOST 总线用于音视频设备的互联互通，如在图 7-20 中，信息 MOST 总线用于连接显示和操作面板、导航系统、收音机、CD 播放机、数字电视机、车载电话等控制单元。该总线是对驾驶人和乘客提供信息的，故称为信息 MOST 总线。

MOST 总线最重要的特点如下：

1）MOST 的一个重要特征就是环状结构。数据在一个方向从一个控制单元向另一个控制单元进行传播，这个过程一直持续进行，直到首先发送数据的控制单元又接收到这些数据为止。

2）环状结构简单，传输线路少，数据传输速率高。

3）光纤传输信号不会产生任何电磁干扰，也不会受电磁干扰的影响。

4. Bluetooth 总线网络

Bluetooth 总线网络又称蓝牙技术，该技术是一种短距离无线电通信技术。它能实现不同便携式设备之间的无线电通信。如在图 7-20 中，蓝牙技术用于车载电话与电话听筒的无线电通信。当用耳机收听收音机或 CD 机或电视机的声音时，也可用无线电通信，免去了电线连接的麻烦，使用起来更方便。

蓝牙系统的特点如下：

1）蓝牙系统数据传输采用频率为 2.4～2.48GHz 频段的无线电波，属于 ISM 频段，该频段在世界范围内无须协议或付费。

2）蓝牙装置微型化、模块化。由于所使用波长特别短，可将天线、控制器、编码器、发送器和接收器均集成在蓝牙微型模块内。

3）蓝牙设备之间的数据传输无须复杂设定。蓝牙设备在使用前，用一种称为 PIN 的识别码进行相互"介绍"，"相知"后的蓝牙设备相遇后会自动建立联系。

蓝牙设备彼此"相知"而形成了一个单独的"微缩无线单元"，一个单独的"微缩无线单元"可容纳最多 8 个激活的蓝牙设备，每个设备可同时属于多个"微缩无线单元"。每个"微缩无线单元"网中的一个设备作为主控制器，该设备建立与其他设备的联系，其他设备则与该主设备同步。

4）蓝牙系统中的数据传输速率较高，可达 1Mbit/s。

5）具有很好的抗干扰能力。工作在 ISM 频段的无线电设备有很多种，如家用微波炉、医院的理疗设备等，为了很好地抵抗来自这些设备的干扰，蓝牙采用了跳频技术抗干扰。跳频技术是把频带分成若干个跳频信道。在一次连接中，无线电收发器按一定的码序列不断地从一个信道跳到另一个信道，只有收发双方是按这个规律进行通信的，而其他的干扰不可能按同样的规律进行干扰，使干扰可能造成的影响变得很小。

5. 数据总线自诊断单元

在图7-20中，数据总线自诊断单元的作用有两个：网关和网络故障诊断。

作为网关，数据总线自诊断单元可以使不同的数据总线进行数据交换，保证不同的网络各节点之间的通信。

作为网络故障诊断单元，数据总线自诊断单元可以自诊断网络中各节点出现的故障，并以故障码的形式存储下来。在诊断时，将汽车专用诊断仪器的连接线与数据总线自诊断接口相连，建立通信，就可以在汽车专用诊断仪的显示屏上显示汽车的故障，也可以显示发动机运行的技术数据，如发动机转速、节气门开度、进气量、温度等信息。

7.3 汽车电磁兼容技术简介

汽车电子产品正朝着日益增多的趋势发展，电子技术在解决汽车的经济性、安全性、舒适性等方面起着非常重要的作用。越来越多的高科技汽车电子产品的开发与应用，带来了一个不容忽视的重要课题——电磁兼容性的研究。电磁兼容性是指电气装置或电气系统不产生干扰或不受环境干扰，工作在指定环境中的能力。汽车电子设备所产生的电磁波将对周围环境带来电磁污染，同时，外界的无线电干扰也会给汽车上的高科技电子产品的正常工作带来不利影响。因此，伴随电子产品在汽车上的广泛应用，如何解决汽车电子设备的电磁兼容问题，提高汽车的可靠性和安全性，保证行驶的汽车不干扰周围设备的正常工作，已成为一个非常重要和迫切的研究课题。

7.3.1 汽车的电磁环境

汽车的电磁环境是指汽车在行驶过程中，车上电子设备承受来自车内、车外各种各样的电磁干扰，以及汽车电子设备向外界辐射的电磁干扰。

1. 车载干扰源

车载干扰源主要是指车上各种电气系统产生的电磁干扰。汽车中的电子设备产生的电磁干扰是由于汽车上使用的电子产品中有许多导线、线圈和带有触点的电器，这些器件都具有不同的电感和电容，而任何一个具有电感和电容的闭合回路都会形成振荡回路。当电子设备工作产生火花时，就会产生高频振荡并以电磁波形式发射到空中，对汽车上及周围数百米范围内的收音机、电视机和其他无线电装置的正常工作产生不同程度的干扰。汽车产生的干扰不但会影响外界的电子设备的正常工作，而且会影响自身电子设备的正常工作，因此，电子环境干扰会对电子产品的性能产生不利影响，甚至会导致其功能丧失。

汽车的无线电干扰源主要是发动机的点火系统，其干扰波来自点火系统次级电压的高频振荡。其次，在发电机负载电流突变和整流时也会产生电磁波。起动机、发电机、闪光器、触点式电磁振动电喇叭、刮水器、仪表系统等也都会产生较小的传导干扰和辐射干扰的电磁波。

汽车电器产生的干扰电磁波具有脉冲特性且频带较宽，其频率一般在0.15~1000MHz。汽车电器产生的干扰电磁波，分传导干扰和辐射干扰两种。传导干扰电磁波是通过汽车导线直接输入无线电设备和电子设备内部的，而辐射干扰电磁波则是在空间传播，通过天线

（如点火系统高压线就相当于天线）输入无线电设备内部的。

2. 外部环境对汽车的电磁干扰

由自然现象、社会环境等引起的外部电磁干扰对汽车电子系统的影响也较为严重，外部电磁干扰是指人为的各种电子设备，如高压输电线、电车轨道附近、广播电视设备及无线电通信设备等所辐射出来的对汽车起干扰的电磁辐射，及由雷电等自然现象引起的电磁干扰。研究表明，静电放电和雷电可能会产生很大的瞬变电压和场强，如图 7-21 和图 7-22 所示。

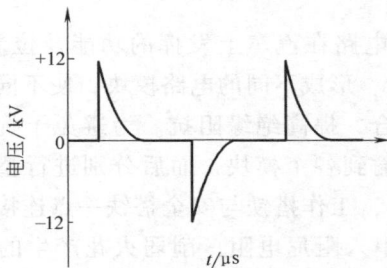

图 7-21　静电放电产生的瞬变电压

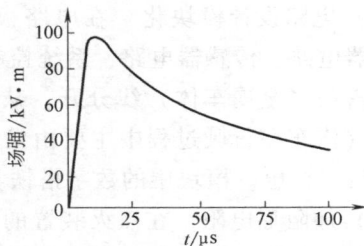

图 7-22　雷电产生的瞬变场强

实验表明：在 500kV 输电线下离地高 2m 的电磁干扰为 60Hz，在各种通信设备附近的电磁干扰则更为突出，目前已引起有关方面的注意。

所有这些电磁干扰会通过线束、车身或由空中传递过来，干扰汽车的传感器、ECU、执行器等电子设备，从而使它们的工作性能难以发挥，由此影响汽车行驶的安全性、可靠性及稳定性等。

7.3.2　汽车电磁兼容性标准简介

汽车电磁兼容性标准是汽车电磁兼容设计、仿真和测试的基础，它就整车和零部件的抗干扰水平、干扰限值、测试方法、测试环境等做了规定。汽车电磁兼容标准分为国际标准、国家标准和企业标准。国外对汽车的电磁兼容问题非常重视，很早就开始了电磁兼容性标准的制定工作，目前已经形成了较为完善的汽车电磁兼容性标准体系。国际上各大汽车公司都有自己的企业电磁兼容标准，如美国的福特、通用公司，德国的大众、宝马、梅塞德斯-奔驰公司，法国的标致-雪铁龙公司等，其企业标准比国际上通用的标准要严格很多。

我国吸收了发达工业国家的经验，也制定了汽车电磁兼容性标准，明确规定了试验方法及最大干扰的允许值。但与发达国家相比，还有待进一步研究完善。国家标准 GB/T 18655—2018《车辆、船和内燃机　无线电骚扰特性用于保护车载接收机的限值和测量方法》是汽车及其零部件的电磁兼容性技术标准之一，属于国家强制性标准，主要用于考察汽车及其零部件产生的各种电磁干扰对车内无线电接收机的干扰程度，并以干扰限值形式加以限制。该标准规定了 150kHz ~ 2500MHz 频率范围内的无线电干扰限值和试验方法，适用于任何用于车辆、挂车和装置的电子/电气零部件，其限值用于保护车载接收机，使其免受同一车内零部件/模块产生的电磁干扰。

7.3.3　汽车防止电磁干扰的措施

无论是汽车内部还是汽车外部的电磁干扰对车用电子设备尤其是车用 ECU 影响都很大，

这些电磁干扰会严重影响汽车电子设备的工作性能。众所周知，半导体元件对脉动电压非常敏感，当瞬变电压值超过其耐压值时，半导体元件会被击穿而损坏，而脉冲信号一旦被ECU误认为是输入信号便会使电子设备做出错误的判断，以至产生故障。因此，为了防止异常现象发生且允许汽车电子设备在这种环境下正常工作，要求在现代汽车上采用一些防干扰措施，以保证车用电子设备正常工作。

抗干扰的基本技术一是消除干扰源，二是防止干扰信号的串入。下面介绍几种提高汽车电子设备抗干扰性能和抑制其产生电磁干扰的基本技术。

（1）电路设计模块化　在电路板设计中，根据电路在汽车上发挥的功能及位置不同，将执行器电路、传感器电路、系统控制电路分开设计，形成不同的电路模块，使不同模块的电源、搭铁（金属车体）线分开，减少不应有的耦合，提高绝缘阻抗。为避免干扰，应先将电源（汽车在行驶过程中主要由发电机供电）传输到各个模块，而后分别进行整流、滤波、稳压、供电。模块中的数字搭铁与模拟搭铁分开，工作搭铁与安全搭铁一点连接。

（2）加阻尼电阻　在点火装置的高压电路中，串入阻尼电阻，削弱火花产生的干扰电磁波。阻尼电阻值越大，抑制效果越好。但阻尼电阻太大，又会减少火花塞电极间的火花能量。阻尼电阻一般用碳质材料制成，电阻值约 $10\sim20\mathrm{k}\Omega$。阻尼电阻加在点火线圈端和火花塞接头端。

（3）并联电容器　在可能产生火花处并联电容器，如在调节器的"蓄电池"接柱与"搭铁"之间和发电机"电枢"接柱与"搭铁"之间并联 $0.2\sim0.8\mu F$ 的电容器；在冷却液温度表和机油压力表的传感器触点间并联 $0.1\sim0.2\mu F$ 的电容器；在闪光继电器和电喇叭的触点处并联 $0.5\mu F$ 电容器等。

（4）金属屏蔽　发电机、起动机、火花塞等电子设备产生的火花都能产生电磁波。屏蔽是抑制电磁波干扰的有效方法。屏蔽电场或磁场时，可选用铜、铝、钢等高导电率材料做屏蔽体。当屏蔽高频磁场时应选择导电率高的钢、铝等材料；当屏蔽低频磁场时，选择磁导率高的磁钢、坡莫合金、铁等材料。为了有效发挥屏蔽体的屏蔽作用，还应注意屏蔽体的有效搭铁。汽车电子设备中的导线也用密织的金属网或金属导管套起来，并将其搭铁。这样就使这些因工作火花而发射的电磁波，在金属屏蔽内感应寄生电流，产生焦耳热而耗散，从而起到防干扰的作用。这种措施有较好的防干扰效果，但装置复杂，成本高，并且会增大高压电路的分布电容，影响点火性能。因此，一般只用在特殊需要的汽车上。

（5）感抗型高压阻尼线　目前国内外多采用高压阻尼线，其线芯是用 $\phi0.1\mathrm{mm}$ 的镍铬钼丝绕成，相当于电感、电容及电阻三者的复合体，抑制效果比集中电阻的效果更好。

（6）采用滤波器　滤波器主要抑制通过电路直接进入的干扰，它是应用最普遍的抗干扰方法。根据信号与干扰信号之间的频率差别，可以采用不同性能的滤波器，抑制干扰信号，提高信噪比。

（7）采用平衡技术　平衡技术是一种消除串音干扰的有效措施。信号往复两条线的电性能（包括阻抗、分布电容等）相等时叫平衡。在汽车电路中，检测信号的输入、控制信号的输出，特别是在时序信号传输中，通常采用双绞线作为平衡线，双绞线的螺距要小，长度要尽量短。

（8）提高信号幅值　提高信号幅值即提高信噪比，是抗干扰的重要方法。对于微弱的传感器信号（如温度信号、光电信号等），采用放大电路增大幅值，减小干扰的影响。同时，为避免提高幅值的信号成为干扰源，应采用平衡线传输。

7.3.4　汽车电磁兼容技术的未来发展趋势

目前，还没有完全有效的解决汽车电磁兼容技术问题的方法。在整车系统分析上，逼近现实的建模和巨大的计算量之间的矛盾是要解决的关键问题，需要更高的模型精确性和算法效率，专家系统有待于在实际应用中不断完善。伴随着汽车技术发展出现的新问题也需要不断解决。为了提高国产汽车的技术水平，加强对汽车电磁兼容性的设计和检测能力是十分必要和迫切的。实践表明，解决整车电磁兼容问题应在产品开发设计阶段进行，应从汽车的电子部件开始考虑，这是节省费用、降低成本的关键。如果在产品定型后再解决电磁兼容问题，不仅难度大，费用也会大幅增加。

随着汽车电子化程度的提高，汽车电磁兼容技术作为汽车技术的一个重要分支正在确立。人们关心和重视汽车电磁兼容性的程度正在提高。我国汽车电磁兼容技术标准化进程将会加快，新的国家标准会不断地制定，旧标准也会不断地修订。今后一段时期，我国将重点开展汽车零部件的电磁兼容性研究与测试，以推动国内汽车电子电器部件技术的加速发展，提高国内企业汽车电子部件的生产水平。在此基础上，我国将加强汽车整车的电磁抗干扰性研究与测试，以赶上国际汽车技术发展先进水平，提高国产汽车的整体水平。

本 章 小 结

1. 汽车电力电子技术简介

（1）电力电子技术的发展经历了晶闸管时代、全控型器件迅速发展及功率集成电路三个阶段。电力电子技术的应用十分广泛，它不仅应用于一般工业，也广泛应用于交通、电力、国防和民用等各个领域。

（2）绝缘栅双极晶体管（IGBT）是一种复合管，由 N 沟道增强型功率场效应晶体管和PNP 型晶体管复合而成。当 $U_{GE}>U_{GE(th)}$ 时，场效应晶体管内漏-源极之间形成导电沟道，基极电流使 IGBT 导通；当 $U_{GE}<0$ 或不加电压时，IGBT 关断。

由 IGBT 作为电子开关 Q 与负载 R 串联可组成最简单的直流斩波电路，只要改变开关 Q通断时间，即改变占空比 k，就可改变输出电压和输出电流的大小，达到斩波调压的目的。由 IGBT 作为电子开关 Q 与负载 R 连接还可组成单相逆变电路，它具有将直流电变换成交流电的功能，称为逆变。分析得知，若以频率 f 交替切换两组开关 Q_1、Q_4 和 Q_2、Q_3，则在负载 R 上就能得到交流电压。

（3）电动汽车分为三大类：纯电动汽车、燃料电池电动汽车和混合动力电动汽车。在电动汽车上，电力电子技术得到了广泛应用和深入研究，其典型应用为 DC—AC 变换器、DC—DC 变换器和车载充电机等。

2. 汽车车载网络技术简介

（1）数据通信的基本概念　数据是由数字、字符和符号等组成，是信息的载体。信息则是数据的具体内容或解释，有具体含义。两者的关系：数据是表示信息的形式，是信息的载体；信息是数据的内涵。信号是数据在传输过程中的具体物理表现形式，具有确定的物理描述，如电压、磁场强度、光等。信道是信号传输的通道，包括传输线路和传输设备。数据通信专指发送方（信源）和接收方（信宿）中数据的形式是数字的，而不论是通过数字信道传输还是模拟信道传输。

（2）计算机网络的基本概念　所谓计算机网络，就是将分散的计算机通过通信线路及网络控制设备有机地结合在一起，形成相互通信、软硬件资源共享的综合系统。目前的计算机网络可归结为三大类：多机系统、局域网（LAN）和广域网（WAN）。汽车车载网络属于局域网的一种。节点就是网络单元，它可以是网络系统中的计算机，也可以是支持网络运行各种数据的处理设备。网络的拓扑结构是指网络中通信线路、计算机以及其他组件的物理布局。局域网的常用拓扑结构有三种：总线型、环型和星型。车载网络结构中以总线型网络结构应用最为广泛。网关又称网间连接器、协议转换器。在不同类的网络之间设一个网关，可以使不同的数据总线进行数据交换，保证不同的通信协议、数据格式和速率的网络各节点之间的通信。

（3）几种典型的车载网络　常用的几种典型车载网络有 CAN 总线网络、LIN 总线网络、MOST 总线网络、Bluetooth 总线网络。

3. 汽车电磁兼容技术简介

1）汽车的电磁环境是指汽车在行驶过程中，车上电子设备承受来自车内、车外各种各样的电磁干扰，以及汽车电子设备向外界辐射的电磁干扰。

2）汽车电磁兼容标准分为国际标准、国家标准和企业标准。国外对汽车的电磁兼容问题非常重视，很早就开始了电磁兼容性标准的制定工作，目前已经形成了较为完善的汽车电磁兼容性标准体系。国际上各大汽车公司都有自己的企业电磁兼容标准，且企业标准比国际上通用的标准要严格很多。我国吸收了发达工业国家的经验，也制定了汽车电磁兼容性标准，明确规定了试验方法及最大干扰的允许值。如国家标准 GB/T 18655—2018 就是汽车及其零部件的电磁兼容性技术标准之一，该标准规定了 150kHz～2500MHz 频率范围内的无线电干扰限值和试验方法，适用于任何用于车辆、挂车和装置的电子/电气零部件。

3）汽车防止电磁干扰的措施可从八个方面入手：电路设计模块化、加阻尼电阻、并联电容器、金属屏蔽、感抗型高压阻尼线、采用滤波器、采用平衡技术、提高信号幅值。每个措施只能解决某一方面的问题，因此为取得较好的抗干扰效果，需要多措并举。

4）今后一段时期，我国将重点开展汽车零部件的电磁兼容性研究与测试，以推动国内汽车电子部件技术的加速发展，提高国内企业汽车电子部件的生产水平。在此基础上，我国将加强汽车整车的电磁抗干扰性研究与测试，以赶上国际汽车技术发展先进水平，提高国产汽车的整体水平。

练　习　题

7-1　电力电子技术的发展经历了几个阶段？各阶段的特点是什么？

7-2　简述绝缘栅双极型晶体管（IGBT）的结构及工作原理。

7-3　简述直流斩波器及单相逆变电路的结构和工作原理。

7-4　电动汽车有哪些类型？各自有何特点？

7-5　混和动力电动汽车的三种类型是什么？各自有哪些特点？

7-6　简述接触式和感应式车载充电机的结构与工作原理。

7-7　信息、数据和信号三者的区别是什么？

7-8　数据通信的正确含义是什么？

7-9 什么是计算机网络？目前的计算机网络归结为几大类？汽车网络属于哪一类？

7-10 简述常用的几种典型车载网络的概念和特点。

7-11 说明研究汽车电磁兼容性的必要性。

7-12 试举例说明汽车内外环境中的干扰源有哪些。

7-13 在汽车上常用的抗电磁干扰技术有哪些？

7-14 从国外、国内两个视角出发，阐述电磁兼容性标准制定的现状及未来发展趋势。

部分习题参考答案

第 1 章

1-12 b 点。

1-15 $U_{ab} = 5V$，$U_{bc} = 20V$，$U_{ca} = -25V$。

1-16 开关闭合时：$U_{ab} = 0V$，$U_{cd} = 5.5V$；开关断开时：$U_{ab} = 6V$，$U_{cd} = 0V$。

1-17 $I_3 = -2mA$，$U_3 = 60V$；$P_3 = -120mW < 0$，是电源。

1-18 $I = 6A$，$I_1 = 0$，$R = 1\Omega$。

1-19 开关断开：a) $V_A = V_B = 0V$，$U_{AB} = 0V$；

　　　　　　　b) $V_A = V_B = -12V$，$U_{AB} = 0V$。

　　　开关闭合：a) $V_A = 12V$，$V_B = 10V$，$U_{AB} = 2V$；

　　　　　　　b) $V_A = -2V$，$V_B = 0V$，$U_{AB} = -2V$；

　　　　　　　c) $V_A = V_B = -2V$，$U_{AB} = 0V$。

1-20 $R_{AB} = 6\Omega$。

1-21 $R_3 = 9\Omega$，$I_1 = 4.5A$，$I_2 = 1.5A$。

1-22 $R_{x1} = 5k\Omega$：$U_{AB} \approx 0.9V$；$R_{x2} = 15k\Omega$：$U_{AB} \approx -0.73V$。

1-24 因 $C = \dfrac{Q}{U}$，电压一定时，电容量越大的带电量越多；电荷量一定时，电容量越小的电压越高。

1-25 并联：$C = 3C_1$，串联：$C = \dfrac{C_1}{3}$。

第 2 章

2-1 正弦交流电（正弦量）的最大值和有效值与时间无关，与频率、初相位也无关。

2-2 $I_m = 1A$，$\omega = 1000rad/s$，$\psi = 30°$。

2-3 $I = 5A$。

2-4 $U_m = 311V$。

2-5 正弦交流电的瞬时值、最大值、有效值的概念不同。

2-6 $i = 20\sin(314t - 40°)A$。

2-10 $L = 1.8H$。

2-11 $X_C \approx 159\Omega$，$I \approx 1.38A$，$Q \approx 303Var$。

2-12 不一样亮。因为对交流电，线圈对电源有分压，所以加到白炽灯上的电压会下降。

2-13 $8\sqrt{3}\,V$。

2-14 额定电压为 220V 的 3 根电热丝，接到三相线电压为 380V 的电源上，应采用星形接法；如果这 3 根电热丝额定电压为 380V，应接成三角形。

第 3 章

3-1 磁场是磁力作用的空间，有力和能的性质，可用磁力线和磁通、磁感应强度定性及定量表示。

3-2 判断通电直导线的磁场方向时，四指环绕方向为磁场方向；判断通电螺旋线圈的磁场方向时，拇指方向表示磁场方向。

3-3 电流的周围存在磁场这一现象叫电流的磁效应；电喇叭、电喇叭继电器、干簧继电器(电流传感器)是该效应的常见应用。

3-5 a) 电流向里，b) 电流向外，c)和 d) 力向下。

3-6 在磁极磁场中放入一个长方形的半导体薄片，使磁力线垂直于半导体表面，当在半导体的一个侧面上通入电流时，实验发现在另一个侧面上将出现一定的电压，这一现象叫霍尔效应。在汽车上具体应用于转速测量、点火信号的产生等。

3-11 不对，因为电流的变化趋势有增大和减小两种情况。增大时，自感电动势的方向与总电流方向相反；减小时，自感电动势的方向与总电流方向相同。

3-12 是利用互感原理制成的。

第 4 章

4-1

$$负载\uparrow \rightarrow 阻转矩\uparrow \rightarrow 转速\downarrow \rightarrow 反电动势\downarrow$$
$$电磁转矩\uparrow \leftarrow 电枢电流\uparrow$$

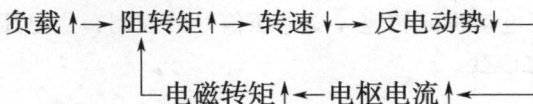

4-2 串励电动机的机械特性具有以下特点：①电磁转矩与电枢电流的平方成正比；②起动转矩、起动电流数值较大；③转速受负载变化的影响大，负载变化时，电动机转速会快速下降。它适用于拖动负荷重、转速变化较大的设备，如汽车上的发动机等。

4-3 直流电动机在起动的瞬间，反电动势 $E = C_E \Phi n = 0$，所以 $I_{st} = \dfrac{U-E}{R_a} = \dfrac{U}{R_a}$ 最大。

4-4 由转矩公式 $T = C_T \Phi I_a$ 可知，改变励磁电流或电枢电流方向即可改变电磁转矩方向，进而改变电动机的转动方向。

4-5 由转速公式 $n = \dfrac{U - I_a R_a}{C_E \Phi}$ 可知，调速方法有三种：

（1）电枢回路串联电阻调速

①电能损耗大，效率低；②调速范围窄，最高转速与最低转速比为 1.5：1。

多用于对调速性能要求不高的设备上，如汽车、电车等行走机械。

（2）改变电枢电压调速

①电能损耗小，效率高；②调速范围宽，最高转速与最低转速比为 10：1 以上。

多用于对调速性能要求较高的设备上，如汽车上伺服直流电机、工业轧钢机、龙门刨床、造纸机等。

（3）改变磁通 Φ 调速

①控制方便，易于从低速往高速方向调节；②调速效率高，经济性好；③电动机运行较

平稳；④调速范围窄，一般调速比为 1.5∶1 或 2∶1。

在某些大型车床、镗床、刨床上都采用这种调速方法。

4-7 交流发电机有定子、转子两大组成部分。转子是发电机的磁极部分，用来产生磁场；定子是发电机的电枢部分，用来产生感应电动势。

4-8 正极管的引出极是正极，管壳为负极，管壳底部一般涂有红色标记。负极管的引出极是负极，管壳为正极，管壳底部涂有黑色标记。三相整流电路的接线图如答案图 4-1。

4-9 不同。汽车用交流发电机的定子是发电机的电枢部分，用来产生感应电动势；转子是发电机的磁极部分，用来产生磁场。直流电动机的定、转子作用与发电机恰好相反。

4-10 汽车发电机采用从他励变换为自励的方式。他励是指由蓄电池提供的励磁电流产生磁场的方式，自励是指励磁电流由发电机自身提供的方式。发电机的这种特殊励磁方式是由其转子磁极剩磁较弱的特性决定的。

4-11 JFZ1813Z 型交流发电机是电压等级为 12V、电流等级为 80~89A、第 13 次设计、调整臂在左边的整体式交流发电机。

答案图 4-1 三相整流电路接线图

4-12 传统直流伺服电动机的转速 n 受电压信号的控制，当电压信号的大小和极性改变时，电动机的转速也随之改变。

4-13

负载↓→阻转矩↓→转速↑→反电动势↑→电磁转矩↓←电枢电流↓←

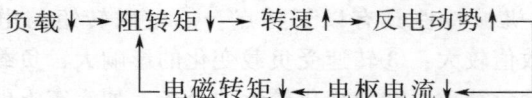

4-14 步进电动机每输入一个电脉冲所转过的角度(称为步进角)，故取名为步进电机。步进角 θ_b：$\theta_b = \dfrac{360°}{mp}$。转速 n：$n = \dfrac{60f\theta_b}{360°} = \dfrac{60f}{mp}$，式中 f 为电脉冲的频率，m 为步进电动机的拍数(定子绕组每变化一次通电方式称为一拍，在一个通电循环中通电方式变化 m 次称为 m 拍)。如改变电脉冲的输入顺序，则电动机的转向也随之改变。

第 5 章

5-1 本征半导体是纯净的、具有晶体结构的半导体。P 型半导体是指掺入三价杂质元素形成的半导体，N 型半导体是指掺入五价杂质元素形成的半导体。

5-2 若 PN 结的 P 区引线的电位高于 N 区引线的电位则称正向偏置，相反，为反向偏置。PN 结正向导通、反向截止的特性称为单向导电性。

5-3 若二极管的正极(阳极)电位高于负极(阴极)电位，则二极管为正向偏置状态，相反为反向偏置状态。二极管正向导通、反向截止的特性称为单向导电性。

5-4 反向偏置状态。

5-7 (1) $V_A = V_B = 0$，$V_F = 0$，$I \approx 3.3\text{mA}$。

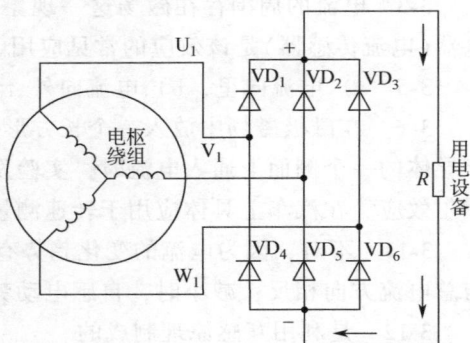

(2) $V_A = 0$，$V_B = 3V$，$V_F = 0$，$I_R = I_A \approx 3.3\text{mA}$，$I_B = 0$。

5-8　稳压管的稳压条件是反向电压大于击穿电压(稳定电压)，稳压时与负载的连接方法是并联，在汽车上可用于仪表电路中。

5-9　发光二极管的发光条件是管子加正向电压，电压值为 1.5~3V，正向电流为几毫安至十几毫安；显示器、传感器。

5-10　光电二极管的正常工作条件是加反向电压，反向耐压值 10~15V，常见于光电式点火信号发生器、日照强度传感器中。

5-11　晶体管放大的外部条件是发射结正偏、集电结反偏，同时适用于 NPN 管和 PNP 管。

5-12　$I_B = 0.03\text{mA}$，$\beta \approx \bar{\beta} \approx 44.3$，不一定。

5-13　a)、b) 放大，c) 饱和，d) 截止。

5-14　3AX31 为 PNP 锗管、3DG6 为 NPN 硅管；将三个管脚分别插入万用表 PNP 管和 NPN 管插座中，转换开关拨到 h_{FE} 档，当万用表有合理读数时，则根据管脚在插座中的位置就能区分出三个管脚。

5-15　静态工作点是指放大电路在静态时的工作位置，由 I_B、I_C、U_{CE} 决定。设置合适的静态工作点的目的是避免放大输入交流电压信号时输出波形产生失真。

5-16　输入电阻是反映放大电路对信号源影响的技术指标，其值越大越好。输出电阻是反映放大电路带负载能力的指标，越小越好。

5-17　单级放大电路的 A_u 根据定义计算：$A_u = \dfrac{\dot{U}_o}{\dot{U}_i}$ 或 $A_u = \dfrac{u_o}{u_i} = \dfrac{U_o}{U_i}$。

5-18　对于一个多级放大电路来说，第一级要求输入电阻和共模抑制比高，选差动放大电路；中间级要求有很高电压放大倍数，使用多级共射放大电路组成；末极要求输出功率能满足负载需要、带负载能力强，一般选择射极输出器组成的功率放大电路。

5-19　差动放大电路采用直接耦合方式。

5-20　可以。

5-21　a) 共射放大电路，b) 共集放大电路(射极输出器)，c) 差动放大电路，d) 功率放大电路。

5-22　光电晶体管的基本特性是光电转换，在汽车上主要应用空气流量计，转向角度、车速、位置等传感器中。

5-23　热敏电阻的主要特性是阻值随温度的改变而迅速变化，分为负温度系数型(NTC)、正温度系数型(PTC)和临界温度系数型(CTR)三种，被广泛应用在温度测量和温度控制上。

5-24　实际运放的各项技术指标接近理想情况，将其理想化可简化电路分析，而且其误差也在工程允许范围内。

5-25

(1) 线性区特点：$u_+ = u_-$，$i_+ = i_- = 0$。

(2) 非线性区特点：$u_+ > u_-$ 时，$u_o = +U_{o(sat)}$；$u_+ < u_-$ 时，$u_o = -U_{o(sat)}$。$i_+ = i_- = 0$。

5-26　信号的反向传送叫反馈。若反馈电路两端的极性相同叫正反馈连接，相反叫负反馈连接。

运算放大器新旧符号如答案图5-1所示。

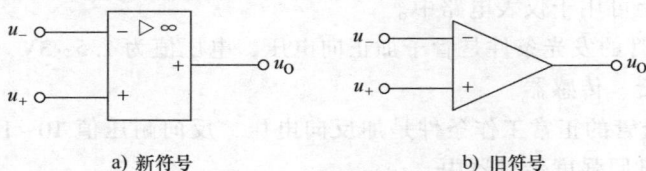

a) 新符号　　　　　　　　b) 旧符号

答案图5-1　运算放大器新旧符号

5-27　$u_o = -\left[\dfrac{R_5}{R_3}u_{i1} + \dfrac{R_5}{R_4}\left(1+\dfrac{R}{R_1}\right)u_{i2}\right]$

5-28　$u_i < U_R$ 时，运放输出负饱和值，二极管导通，晶体管截止，警告灯不亮；当 $u_i > U_R$ 时，运放输出正饱和值，二极管截止，晶体管导通，警告灯点亮。

第 6 章

6-1　数字信号是不随时间连续变化的电信号，在电路中表现为突变的电压或电流，因此本质上是一种脉冲信号。能处理数字信号的电子电路称为数字电路。

6-2　数制是指计数的方法，码制用二进制代码表示信息的方法。

6-3　（1）52，（2）153，（3）$(100100)_2$，（4）$(10010110)_2$。

6-4　最大数：$(369)_{10}$，最小数：$(100100011)_2$。

6-5　高电平和低电平。

6-8　$Y_1 = \overline{AB}$，$Y_3 = A\overline{B}$，$Y_2 = \overline{Y_1 Y_3}$。

6-9　存在反馈电路。

6-12　$Q^{n+1} = \overline{Q^n}$，边沿 JK 触发器只具有翻转功能。

6-13　$Q^{n+1} = \overline{Q^n}$，边沿 D 触发器只具有翻转功能。

6-14　11。

6-15　11。

6-16　2kHz。

6-17　数码寄存器只有寄存功能而没有移位功能。

6-18　多位数据同时输入称并行输入，一位一位依次输入称串行输入，并行输出是指多位数据同时输出，串行输出是指一位一位依次输出。

6-19　具有统计时钟脉冲个数功能的电路称为计数器，同步和异步计数器的区别是同步计数器的计数脉冲到来时，各触发器同时翻转。

6-21　无稳态，只有两个暂稳态。$f = \dfrac{1}{T} = \dfrac{1.43}{(R_1 + 2R_2)C}$，改变电路参数 R_1、R_2 和 C 的值。

参 考 文 献

[1] 秦曾煌. 电工学 [M]. 7版. 北京：高等教育出版社，2009.

[2] 周元兴. 电工与电子技术基础 [M]. 2版. 北京：机械工业出版社，2008.

[3] 苗庆贵. 电工与电子技术基础 [M]. 北京：人民交通出版社，2003.

[4] 黄志荣，田光达. 实用汽车电工电子技术 [M]. 2版. 北京：高等教育出版社，2012.

[5] 高树德. 汽车电工电子技术基础 [M]. 北京：机械工业出版社，2006.

[6] 刘仲国. 汽车维修中级工培训教材 [M]. 北京：机械工业出版社，2004.

[7] 周国庆. 电工与电子技术基础 [M]. 2版. 北京：中国劳动社会保障出版社，2004.

[8] 刘皓宇. 汽车电工电子技术 [M]. 北京：高等教育出版社，2007.

[9] 麻友良，丁卫东. 汽车电器与电子控制系统 [M]. 3版. 北京：机械工业出版社，2013.

[10] 姚国平，杨建，舒华. 21世纪汽车电工 [M]. 北京：北京理工大学出版社，2000.

[11] 谭本忠. 汽车电学基础 [M]. 北京：机械工业出版社，2008.

[12] 汤光华，宋涛. 电子技术 [M]. 北京：化学工业出版社，2005.

[13] 温希东. 电子技术基础 [M]. 北京：经济科学出版社，2006.

[14] 刘海鸥，陶刚. 汽车电子学基础 [M]. 北京：北京理工大学出版社，2007.

[15] 徐淑华，宫淑贞. 电工电子技术 [M]. 4版. 北京：电子工业出版社，2017.

[16] 王芳荣，王鼎. 汽车电工电子技术 [M]. 2版. 北京：清华大学出版社，2017.

[17] 贺展开，龚晓艳. 汽车传感器的检测 [M]. 2版. 北京：机械工业出版社，2012.

[18] 刘鸿健. 汽车电工电子技术 [M]. 2版. 北京：化学工业出版社，2015.

[19] 康劲松，陶生桂. 电力电子技术 [M]. 2版. 北京：中国铁道出版社，2015.

[20] 崔胜民. 新能源汽车概论 [M]. 2版. 北京：北京大学出版社，2019.

[21] 迟秋玲，刘贺，赵雨旸. 汽车电磁兼容技术分析 [J]. 黑龙江工程学院学报（自然科学版），2006，20（3）：38-40.

[22] 方成，黄绪鹏. 汽车电磁兼容技术及其发展趋势 [J]. 汽车零部件，2011（5）：75-77.

[23] 刘金华，朱晶波，张华. 汽车电工电子技术实训指导与训练 [M]. 北京：北京理工大学出版社，2011.

高职高专汽车类专业技能型教育教材　配套用书

汽车电工电子技术基础　第 2 版

实 训 指 导

万　捷　编著

机械工业出版社

目　录

实训 1　万用表的使用

1.1　实训目的

1）熟悉万用表的使用方法。

2）掌握万用表测电压、电流和电阻的方法。

3）掌握万用表识别二极管和晶体管的方法。

1.2　实训原理

万用表是一种最常用的电工测量仪表。它功能齐全，能测量电流、电压、电阻等多种电量和电参数，并且量程多、使用简单、携带方便，因此在汽车电器、电控系统的故障诊断、维修和调试中得到了广泛使用。按工作原理的不同，万用表可分为指针式和数字式两种。

1. 指针式万用表

指针式万用表又称模拟式万用表，它通过指针的偏转来指示被测量的大小。常见的有 500、108、MF 等多种型号，它们的使用方法大同小异，因此只要学会一种，触类旁通，其他型号也会使用了。下面以 MF47 型万用表为例说明指针式万用表的使用方法。

（1）面板介绍　图 1-1 所示是 MF47 型万用表的面板图，面板上布置有刻度盘、转换开关、插孔以及调零旋钮等操作装置。

1）刻度盘是读取测量值的地方，由多条刻度线组成。右侧标有 "Ω" 符号的第一条刻度线是直流电阻刻度线，用于读取电阻值；左端标 "$\underset{\sim}{V}$"、右端标 "$\underline{mA}$" 的第二条刻度线为交、直流电压和直流电流刻度线，用于读取交、直流电压和直流电流值；右侧有 "h_{FE}" 字样的第三条刻度线为晶体管电流放大系数刻度线，用于读取晶体管电流放大系数；左侧有 "C（μF）" 字样的第四条刻度线、右侧有 "L（H）" 的第五条刻度线，分别是电容和电感刻度线，用于读取电容和电感值。第六条 "-dB" ～ "+dB" 刻度线是音频电平的刻度线。

2）转换开关用于选取档位和量程。MF47 型万用表共有 "mA"、"$\underline{V}$"、"$\underset{\sim}{V}$"、"Ω"、"ADJ"、"h_{FE}" 六个档位，每个档位又有多个量程。如 "mA" 档就有 0.05mA、0.5mA、5mA、50mA、500mA 五个量程。每一档设置多个量程的目的在于可以根据被测量和参数的大小，选择合适的量程，以减小读数误差并保证万用表的安全。

3）输入插孔有四个，用于插入表笔。表笔有红、黑两支，一般情况下红表笔插入 "+" 插孔，黑表笔插入公共端 "COM" 插孔；当测量高电压（大于 1000V）时，黑表笔不动，红表笔移至 "$2500\underset{\sim}{V}$" 插孔；当测量大电流（大于 500mA）时，黑表笔不动，红表笔移至 "10A" 插孔。

4）调零旋钮有机械调零钮和欧姆调零钮两个。机械调零钮用于校正指针与机械零点的偏差，机械零点在刻度盘左侧的 "0" 刻度处；在测量之前，观察指针是否在机械零点，如不在，需要用工具转动机调钮使指针返回零点。欧姆调零钮用于电阻的测量，每次测电阻之前要观察指针是否在 "Ω" 刻度尺的 "0" 刻度处（第一条刻度线最右端），若不在，要用手转动旋钮使指针指向 "0" 刻度，避免产生测量误差。

1

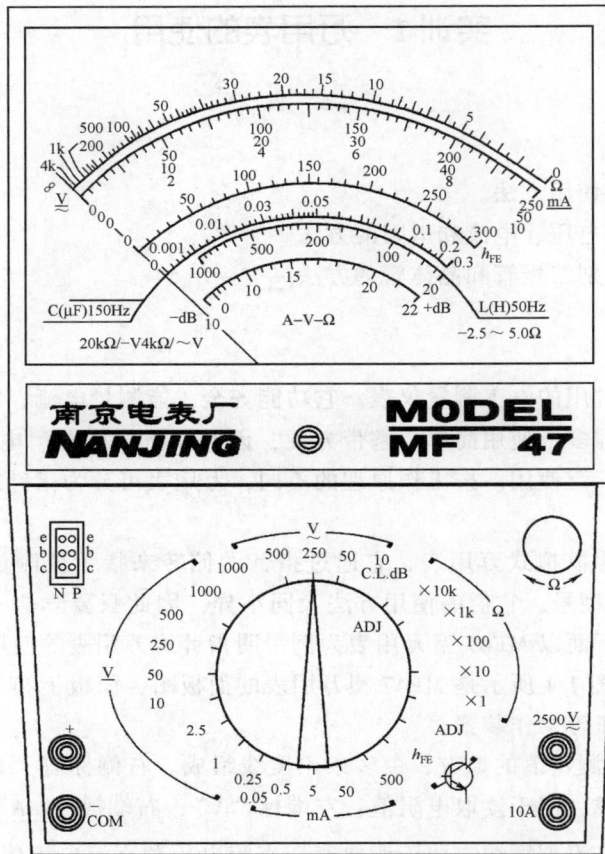

图 1-1　MF47 型万用表面板图

（2）使用方法

1）测量直流电流

① MF47 型万用表的电流档有 0.05mA、0.5mA、5mA、50mA、500mA 五个量程。测电流之前，首先将红色表笔插入"＋"极孔、黑色表笔插入"COM"孔，然后根据被测电流的大小将转换开关拨到某一量程上。一般电流的量程必须大于被测电流且指针摆动范围应在满刻度 20%～80%，如果被测电流未知，电流量程应选最大值。

② 测量时，将万用表串入电路中，使电流从"＋"孔流入"COM"孔流出，当指针偏转停止后，按第二条刻度线读数。被测电流的读数方法有直读法和比例读数法两种。直读法是指根据指针静止位置确定被测电流值的方法，适用于开关选择的量程等于刻度线刻度值的情况，如开关拨到 50mA 量程而第二条刻度线选 50mA 刻度类型，则指针的读数就是被测电流值。比例读数法是指将指针静止状态下读数乘或除一个比例系数得到被测电流值的方法，适用于开关所选量程不等于刻度线所选刻度的情况，如开关拨到 0.05mA 量程而第二条刻度线的刻度值仍选 50mA，0.05 是 50 的 1/1000，因此将指针的读数除 1000 就得到被测电流值；又如开关拨到 500mA 量程而第二条刻度线选 250mA 刻度类型，500 比 250 大 2 倍，因此将指针的读数乘以 2 就是被测电流值。

当被测电流超过 500mA 且小于 10A 时，测量直流电流用 10A 量程，此时转换开关拨到 500mA 档，红表笔插入 10A 插孔进行测量，按面板上第二条刻度线读数。读数时，选 10A 刻度值，用直接读数的方法确定被测电流值。

2）测量直流电压

① MF47 型万用表的直流电压档有 0.25V、1V、2.5V、10V、50V、250V、500V、1000V 八个量程。测量之前，红表笔插入 "+" 极孔、黑表笔插入 "COM" 孔，然后根据被测电压大小将转换开关拨到电压档适当量程上。如果被测电压值未知，开关应拨到最大量程。

② 测量时，两支表笔接在被测电路的两端，使万用表与被测电路并联，同时红表笔接在被测电路的高电位端、黑表笔接低电位端。被测直路电压的读数仍使用第二条刻度线，可按直读法或比例读数法读数。

当被测电压超过 1000V 且小于 2500V 时，使用 2500V 量程，此时必须将转换开关拨至 1000V 位置，将红表笔插至 2500V 插孔中进行测量，按面板上第二条刻度线读数乘以 10 即实际电压值。

测量电压时，万用表的内阻越高，从被测电路取用的电流越小，被测电路受到的影响也越小。通常用万用表的灵敏度来表示这一特征。所谓万用表的灵敏度就是万用表的总内阻与电压量程之比。如在直流 10V 量程上，万用表的总内阻为 200kΩ，则万用表在这一量程上的灵明度为 $200\mathrm{k}\Omega/10\mathrm{V}=20\mathrm{k}\Omega/\mathrm{V}$。

3）测量交流电压。交流电压的测量方法与直流电压基本相同，但有以下几点区别：

① 测量电压前，转换开关应拨到交流电压档。

② 测量时不必考虑被测电压的极性。

③ 所测交流电压必须是正弦电压，频率为 45～1000Hz，不能是非正弦电压。

④ 测量交流电压时，刻度线的刻度代表正弦电压有效值，不代表瞬时值或最大值。

4）测量电阻

① 电阻测量之前，首先把红表笔插入 "+" 极孔、黑表笔插入 "COM" 孔，然后把选择开关拨到 "Ω" 档某一适当量程上，并短接两支表笔观察指针是否在 0Ω 处，若不在，要转动欧姆调零钮，校正指针，称为欧姆调零。每换一次量程都必须重新调零。

② 测量电阻时，两支表笔接电阻两端，按第一条刻度线读数，把指针静止时的读数乘以所选量程的倍数就是被测电阻值。如电阻量程选×100Ω 档，当指针的读数为 20 时，则被测电阻的数值为 20×100Ω = 2000Ω。

测量电阻时，如果被测电阻连接在电路中，测量时应先将电源除去后再进行测量，否则，不但测量无效，还会损坏表头。如果被测电阻在电路中有并联支路，则应把被测电阻的一端与电路分开后再测量。此外，测高电阻（大于 10kΩ）时，应注意不要用双手同时接触表笔的带电部分，以免形成人体的并联电路。

为了提高测量电阻的准确度，应尽量使用刻度线的中间段（满刻度的 20%～80% 范围内）读数，为此要选择合适的量程。此外，万用表的 "+" 孔内接电池的负极，而 "−" 孔内接电池的正极，因此测量电阻时，电流是从 "−" 孔流出，经被测电阻后再回到 "+" 孔的，这一点在测量二极管、晶体管时应引起注意。

电阻测量完毕，应将转换开关拨到交流电压的最大量程，以免下次使用时误用档位而损坏仪表，同时也能避免转换开关在电阻档时，两只表笔不慎短接而消耗电能。

以上分别介绍了万用表的使用注意事项，但并不完整，特别是电流、电压的测量，下面做些补充说明。测量电流、电压时，为提高测量的准确度，与电阻一样应在刻度线的中间段读数，为此要选择适当的量程。如果被测的电流、电压较大时，不能带电转换开关，以免产生电火花损坏万用表。测量较大的电流、电压时为保证人身安全及测量的准确性，不能用手接触表笔的金属部分。与测量电阻相同，电流、电压测量完毕，也应注意把转换开关拨到交流电压最大量程上。

5）其他电量的测量

① 晶体管电流放大系数的测量。将万用表转换开关拨向 h_{FE} 档，按晶体管的不同型号及引脚，分别插入晶体管的插座中，便可在万用表的第三条刻度线上直接读出电流放大系数。但由于万用表电压、电流较低，只能测量小功率晶体管的电流放大系数。

② 电容、电感元件参数的测量。万用表转换开关拨向 10V 交流电压档，将被测元件一端与红表笔连接，另一端与外接的 10V 交流电源一端相接，交流电源另一端与万用表的黑表笔连接。然后在万用表第四条、第五条刻度线上读出对应的参数。第四条刻度线上直接读出电容器的电容量，第五条刻度线上直接读出电感器的电感量。所不同的是，测量电容量时的频率为 150Hz，测量电感量的频率为 50Hz。

2. 数字式万用表

数字式万用表与指针式万用表相比，读数直观、方便，通过液晶显示屏可直接读出被测量的数值，而且还具有测量精度高、测量范围宽、输入阻抗大并配有全功能过载保护电路等优点，因此其使用已越来越普及，成为常用的测量仪器。

数字式万用表的使用方法与指针式基本相同，如测量之前要插好表笔、选好档位和量程，测量时，电流测量要把万用表串入电路、电压测量要把万用表并入电路、电阻测量要断开被测电路的电源，使用完毕要将转换开关拨到交流电压最大量程，防止下次使用时误操作损坏万用表。下面主要介绍数字万用表与指针式万用表的区别。

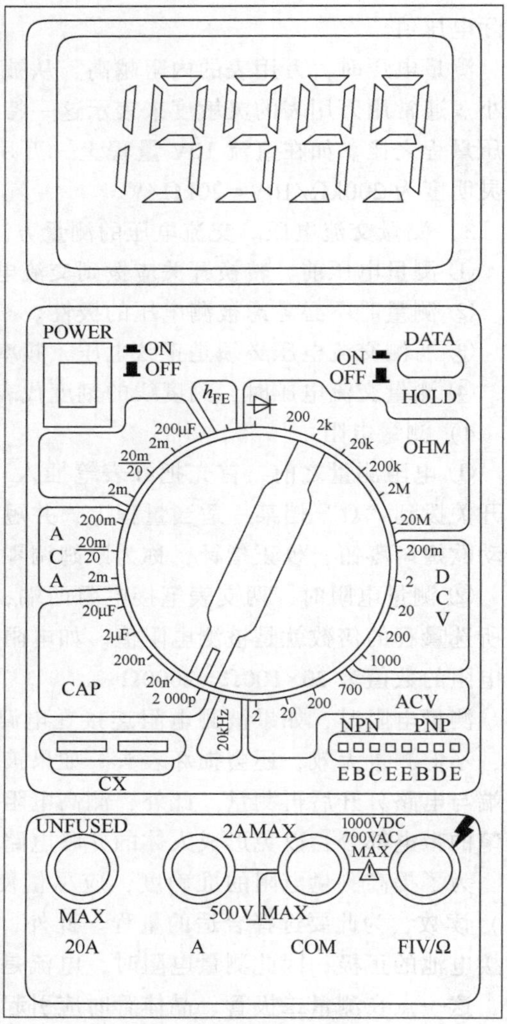

图 1-2 所示是 DT930G 型数字万用表的面板。面板上装有液晶显示屏、电源开关、转换开关、输入插孔、电容插孔、晶体管插孔和数据保持键等操作装置。

（1）电源开关和显示屏　数字式万用表

图 1-2　DT930G 型数字万用表的面板

设有电源开关控制万用表的电源状态，有"ON"和"OFF"两种状态。使用时将开关置于"ON"状态，以接通电源；使用完毕置于"OFF"状态，关闭电源。

接通电源后，显示屏应有数字显示，如果没有，则说明表内电池电压已不足，应予更换。测量时，对四位半数字表，显示屏最大显示值为19999或−19999，对三位半数字表，最大显示值为1999或−1999。若被测量超过最大显示值，则显示屏显示数字"1"，表示过量程或溢出，此时应换用更高量程进行测量。过量程符号"1"还会出现在其他场合，如在测电阻时，若表笔开路，则显示屏也会显示"1"；测二极管反向状态时也会显示过量程符号"1"，表示反向电阻很高。因此，测量时应注意区分，不能混淆。有时显示值中带负号（−），这表示表笔的极性与被测点的极性相反。有时显示值中带有小数点，读数时必须注意。另外，读数时要等到显示值稳定后才能读取。如果显示值一直不能稳定，就读取平均值或最大值。

（2）转换开关　与指针式万用表一样，其功能是选择档位和量程。测量之前，转换开关拨到合适的档位和量程上。因数字表有测量保护装置，所以数字表测量时可转动开关变换量程。

（3）插孔

1）数字式万用表在面板的最下方布置了四个输入插孔。其中"COM"是公共插孔，作为各种测量的公共端使用；"FIV/Ω"孔用于频率电压和电阻的测量；"A"和"20A"分别用于小于2A和小于20A电流的测量。测量时，"COM"孔插入黑表笔，其他孔插入红表笔，不能用错。

2）为了测量电容量，面板上设置了"CX"插孔，测量电容时，将电容器插入电容插孔中，由于仪表本身已对电容档设置了保护，故在测试过程中不用考虑电容极性。但在测量大电容时，稳定读数需要一定时间。

3）为了测出β值，面板上设有"NPN和PNP"插孔，测量时，转换开关转到h_{FE}档，将晶体管三个电极分别插入对应的E、B、C插孔中，显示屏的读数即为β值。这个β是近似值，不是精确值，故该值在判断晶体管性能时只起参考作用。

数字式万用表也具有判别二极管电极的功能，但读数表示二极管的正向导通电压值，硅管0.7V左右、锗管0.2V左右。测量前，表笔要插好，开关转到二极管位置；测量时，将表笔搭接在二极管两端，显示屏上有零点几伏电压时，红表笔所接的电极为二极管正极，黑表笔为负极。

（4）数据保持"DATA HOLD"键　在测量过程中，若看不清屏幕，无法读数时，可以锁定显示。这时只要按数据保持"DATA HOLD"键就可以了。

1.3　实训设备与器材

1）直流稳压电源1台。

2）指针式和数字式万用表各1块。

3）碳膜电阻3只，连接导线若干。

4）二极管2只，晶体管3只。

5）实训电路板1块。

1.4 实训内容与步骤

1. 用指针式万用表测量交流电压

1）了解电工实训台上的电源开关、插座等布置情况。认识本实训所用实训器材和仪表，看懂仪器、仪表面板上的符号及读数方法。

2）用万用表的交流电压档测量三相四孔插座中的输出电压，并记录在表 1-1 中。三相四孔插座各孔位置及符号如图 1-3 所示。

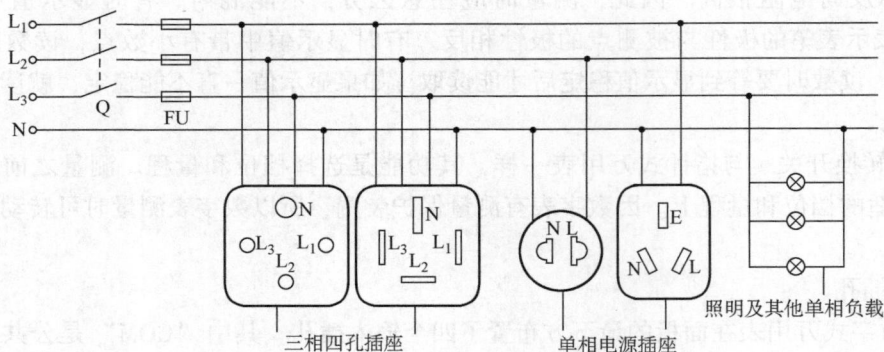

图 1-3　电源插座

表 1-1　相电压与线电压测量值

测量工具	相电压/V			线电压/V		
	U_{L1N}	U_{L2N}	U_{L3N}	U_{L1L2}	U_{L2L3}	U_{L3L1}
万用表						

3）用万用表的交流电压档测量单相二孔插座、单相三孔插座中的输出电压，记录下来。单相插座各孔位置及符号如图 1-3 所示。

$$U_{LN} = \underline{\hspace{3cm}} V$$

2. 用指针式万用表测量直流电压

图 1-4 所示是晶体管直流稳压电源面板。

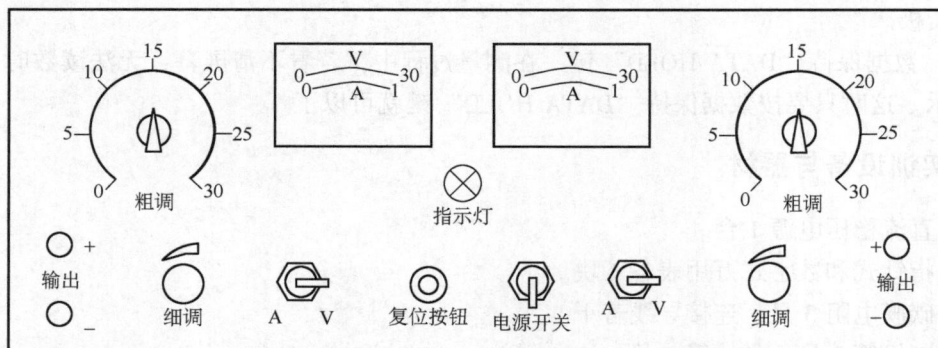

图 1-4　晶体管直流稳压电源面板

1）将晶体管直流稳压电源的电源插头插入单相电源插座内，打开晶体管直流稳压电源的电源开关，调节粗调和细调旋钮，观察晶体管直流稳压电源面板上直流电压表的变化，最后将输出电压调至零。

2）将稳压电源输出电压分别调至 2V、4V、6V、8V，万用表的转换开关置于直流电压 10V 档，红表笔接至电源正极，黑表笔接至负极，测量上述各电压值，记入表 1-2。

3）将直流稳压电源输出电压分别调至 5V、10V、20V、25V，将万用表转换开关置于直流电压 50V 档，测量上述各电压值，记入表 1-2 中。

3. 用指针式万用表测量直流电流

1）按图 1-5 接线，将万用表转换开关置于直流电流 100mA 或 500mA 档，万用表的红表笔接至电路中的 a 点，黑表笔接至 b 点，将万用表串联接入电路，10V 电源由直流稳压电源输出供给，R 取 100Ω，可变电阻器 RP 调至最大电阻值。

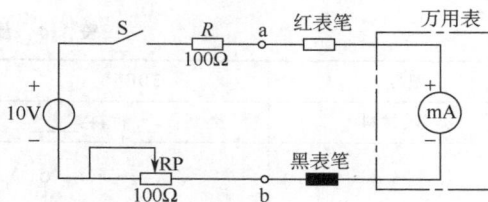

图 1-5　直流电流的测量

2）闭合开关 S，可变电阻器分别取 25Ω、50Ω、75Ω、100Ω，测量相应的直流电流值，记入表 1-2 中。测量中如需改变电流档的量程，要打开开关 S 后进行。

4. 用指针式万用表测量电阻

将万用表转换开关分别置于 $R\times1\Omega$、$R\times10\Omega$、$R\times1k\Omega$、$R\times10k\Omega$ 电阻档，每档测量三个电阻值，将测量结果记入表 1-2 中。

表 1-2　电压、电流和电阻的测量值

项目		测量记录			
直流电压	电源电压/V				
	测量电压值/V				
直流电流	可变电阻器 RP/Ω	25	50	75	100
	测量电流值/mA				
电阻	电阻档倍率	$R\times1\Omega$	$R\times10\Omega$	$R\times1k\Omega$	$R\times10k\Omega$
	测量电阻值/Ω				

5. 用数字万用表测量二极管

1）将万用表调至二极管档，将黑表笔插入"COM"插孔，红表笔插入"FIV/Ω"插孔，并按下"POWER"电源开关。

2）将红表笔接入二极管一端，黑表笔接入另一端，若万用表显示过量程，则将表笔调换，直到显示正确读数。此时，红表笔接的二极管一端为正极，将测量结果填入表 1-3 中。

表 1-3　二极管的测量

二极管	测量结果	二极管	测量结果
	1:＿＿ 2:＿＿		1:＿＿ 2:＿＿

6. 用数字万用表测量晶体管

1）用测二极管的方法判别被测晶体管是 NPN 型还是 PNP 型，因为晶体管的结构可以看作是两个背靠背的 PN 结，将结果填入表 1-4 中。

2）判别 E 极和 C 极。将万用表转换开关置于 h_{FE} 档，按下"POWER"电源开关，根据判别出的晶体管类型，将被测晶体管插入测试插孔，因为在第 1 步中 B 极已经判别出来了，E、C 极先随便插进去，如有正确读数，则插法正确；如读数约为 0，则调换 E、C 脚插入。将正确结果填入表 1-4 中。

表 1-4　晶体管的测量

型号	3DG6B	3AX31B	DX2131
类型、材料	类型：＿＿ 材料：＿＿	类型：＿＿ 材料：＿＿	类型：＿＿ 材料：＿＿
引脚	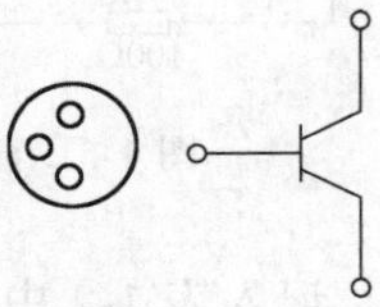	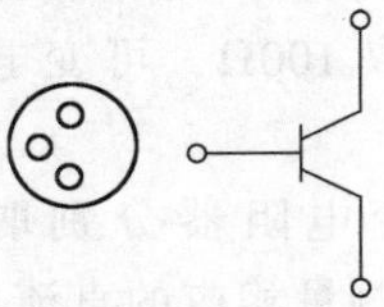	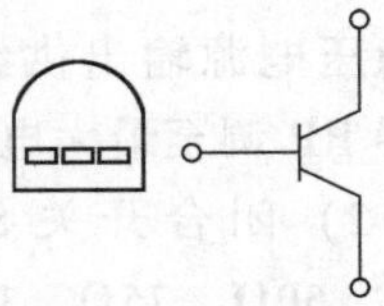

1.5　实训作业

1）整理实训数据写出实训报告。

2）思考如何用数字万用表测量电流、电压、电阻？如何用指针式万用表测量二极管和晶体管？将思考结果写入实训报告。

实训 2　电阻性电路故障检查

2.1　实训目的

1）掌握用观察法检查电路的方法。

2）掌握用万用表的电压档、电流档以及电阻档检查电路故障的方法。

2.2　实训设备与器材

1）直流稳压电源 1 台。

2）指针式万用表 1 只。

3）定值电阻 3 只。

4）面包板 1 块或实训箱 1 只。

2.3　实训内容与步骤

1. 用观察法检查电路故障

1）看：看有无接线松动、脱落、烧断等故障。

2）摸：对电路中的电气元件摸一下看是否过热，以确定是否正常。

3）听：听一些电气设备运行时声音是否正常（如变压器、电动机）。

2. 使用万用表检查电路故障

（1）用直流电压档检查电路故障　测量时，将万用表置于直流电压档合适的量程，将两表笔以并联方式与被测元器件相连，同时观察表针的摆动方向，正向摆动（接法正确），即可读取测量数值；若反向摆动（接法错误），应交换两表笔的位置再读数。

如图 2-1 所示，该串联电路以电路中电源 "－" 端为参考点，用万用表的直流电压档测量电路中各点的电位，自行设计表格，并将结果记录在表中。

将电路中任意一点开路，重复以上测量，将结果记录在表中。

将电路中任意一个电阻短接，重复以上测量，将结果记录在表中。

（2）用直流电流档检查电路故障　测量时，将万用表置于直流电流档合适的量程，将两表笔以串联方式与被测电路相连，选量程时，应从大到小试选，以免损坏万用表。观察表针的摆动方向，正向摆动（接法正确），即可读取测量数值；若反向摆动（接法错误），应交换两表笔的位置再读数。绝不允许用直流电流档直接测量电源，否则会烧毁万用表。

图 2-1　用直流电压档检查电路故障

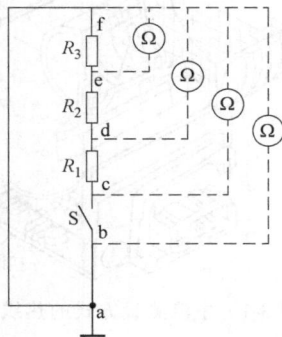

对于开关控制接地的电路，当开关断开时，可将电流表串入电源与电器之间来检测电器本身是否有接地放电故障。

（3）用电阻档检查电路故障　如图 2-2 所示，用万用表的电阻档测量电路中元器件、接线是否有断路或短路故障。检测时必须注意先断开电源，若电路中有储能元件，还需将电路中储能元件放电。将测量结果记录在表中（自拟表格），根据测量结果，进一步验证故障点和故障性质（短路或断路）。

测量前先将万用表选择开关置于 "Ω" 档位置，并根据被测量电阻选定合适的量程，然后将表笔短接，调节 "调零电位器"，使万用表指针对准 "零" 位置。应先选择大量程，然后逐渐减小，直到指针位置在刻度盘中央附近为宜。每换一次电阻量程，均应先调零。

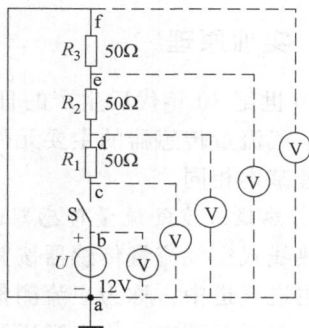

图 2-2　用电阻档检查电路故障

2.4　实训作业

1）按以下要求撰写实训报告。

① 叙述用电压档检查串联电路故障的方法。

② 叙述用电阻档检查电路故障的方法。

③ 自行设计表格，并记录数据在表中。

2）思考如何用数字万用表完成实训 2 项目？将思考结果写入实训报告。

实训3 热式空气流量传感器的检测

3.1 实训目的

1) 掌握热线式空气流量传感器的检测方法。
2) 掌握热膜式空气流量传感器的检测方法。

3.2 实训原理

20世纪80年代后生产的日产车系轿车和福特车系轿车多数采用热式空气流量传感器。热式空气流量传感器的主要元件是热敏电阻，可分为热敏式和热膜式两种类型，其结构和工作原理基本相同。

1. 热线式空气流量传感器的结构和原理

热线式空气流量传感器按其测量元件的安装位置不同可分为两种：一种是将热线电阻安装在主进气道中，称为主流测量方式的热线式空气流量传感器（图3-1）；另一种是将热线安装在旁通气道中，称为旁通测量方式的热线式空气流量传感器（图3-2）。主流测量方式的热线式空气流量传感器主要由防护网、采样管、铂丝热线电阻、温度补偿电阻和控制电路板等组成。热线电阻和温度补偿电阻安装在主进气道中，控制电路板安装在流量传感器下方。进气管连接侧的防护网用于防止回火和脏物进入空气流量传感器。

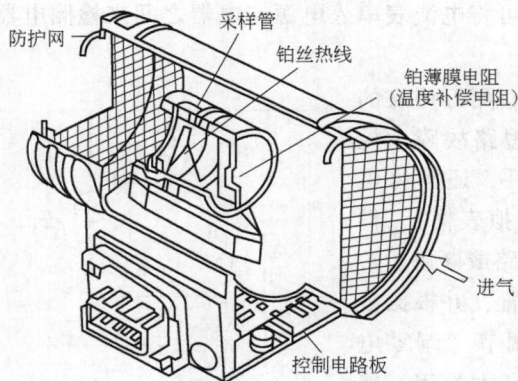

图3-1 主流测量方式的热线式空气流量传感器　　图3-2 旁通测量方式的热线式空气流量传感器

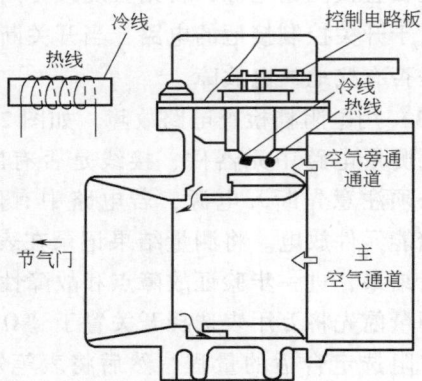

热线式空气流量传感器的工作原理如图3-3所示。安装在控制电路板上的精密电阻 R_A 和 R_B 与热线电阻 R_H 和温度补偿电阻 R_K 组成惠斯顿电桥电路。当空气流经热线电阻 R_H 时，热线温度降低，电阻减小，使电桥失去平衡，若要保持电桥平衡，就必须增加流经热线电阻的电流，以恢复其温度和阻值，精密电阻 R_A 两端的电压也相应增加。流经热线的空气量（质量流量）不同，热线的温度变化量不同，其电阻变化量也就不同，为保持电桥平衡，须增加流经热线电阻的电流，从而使精密电阻 R_A 两端的电压也相应变化，控制电路将电阻 R_A 两端的电压输送给ECU，即可确定进气量。

控制电路的作用是保持电桥平衡，即保持热线电阻与感应进气温度的温度补偿电阻之间的温度差不变。热线式空气流量传感器直接测量进入发动机的空气质量流量，不需要进气温度传感器对测量值进行修正。

热线式空气流量传感器都有自洁功能，即发动机转速超过 1500r/min，关闭点火开关使发动机熄火后，控制系统自动将热线加热到 1000℃以上并保持约 1s，将附在热线上的粉尘烧掉。

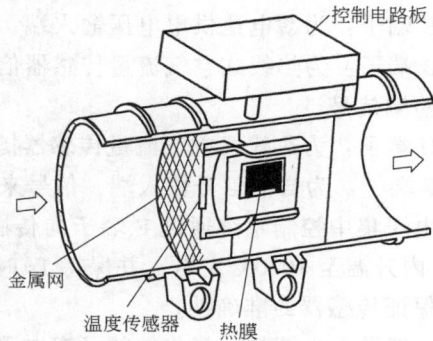

2. 热膜式空气流量传感器的结构和原理

热膜式空气流量传感器和热线式空气流量传感器都属于质量流量型。热膜式空气流量传感器由美国通用汽车公司研制，被应用在该公司生产的汽车上。热膜式空气流量传感器如图 3-4 所示，其结构和工作原理与热线式空气流量传感器基本相同，不同之处在于热线式空气流量传感器采用铂丝制成的热线电阻。热膜式空气流量传感器不采用价格昂贵的铂丝热线，而是用热膜代替热线，并将热膜镀在陶瓷片上，制造成本较低，而且测量元件不直接承受空气流的作用力，空气流量传感器的使用寿命较长。

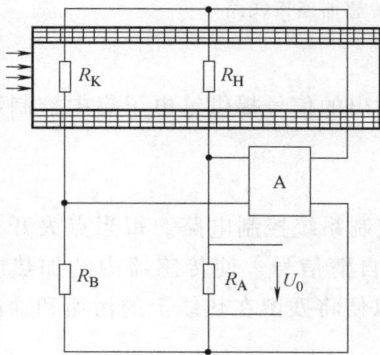

图 3-3　热线式空气流量传感器原理　　　　图 3-4　热膜式空气流量传感器结构

热线式和热膜式空气流量传感器的响应速度快，能在几毫秒内反映出空气流量的变化，因此它的测量精度不会受到进气气流脉动的影响。特别是发动机在大负荷、低转速时进气气流脉动大，由于使用了热线式或热膜式空气流量传感器测量进气量，空气计量准确，在任何工况下都能保持最佳空燃比，发动机的起动性能、加速性能好。在博世 LH 型燃油喷射系统以及通用别克（热线与冷线的取样管设置在旁通空气道内）、日产千里马、沃尔沃等轿车上都采用了热线式空气流量传感器；马自达 626、捷达 GT、捷达 GTX、桑塔纳 2000GSi 型轿车以及红旗 CA7220E 型等轿车上都采用了热膜式空气流量传感器。

3.3　实训设备与器材

1）安装有热线式空气流量传感器的实训轿车 1 辆。
2）安装有热膜式空气流量传感器的实训轿车 1 辆。
3）万用表 1 只。

3.4　实训内容与步骤

1. 热线式空气流量传感器的检测

（1）结构认知　热线式空气流量传感器插接器有 5 端子和 6 端子两种。图 3-5 为日产千里马轿车 VGS0E 型发动机热线式空气流量传感器连接线路。其他车型装用的热线式空气流量传感器接线及电路结构与此基本相同，检测方法差别不大。

在图 3-5 中，热线式空气流量传感器上各端子字母所代表的作用如下。

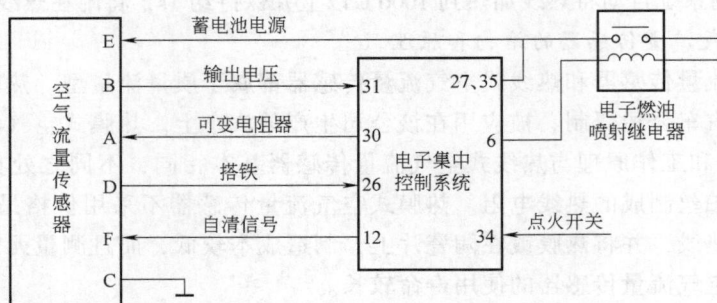

图 3-5　主流测量热线式空气流量传感器连接线路

E 端子：为蓄电池供电电压输入端，一般为 12V。

B 端子：为热线式空气流量传感器信号输出端，输出的信号提供给电子集中控制系统作控制检测信号。

D 端子：为热线式空气流量传感器搭铁端。

F 端子：为自清信号输入端，信号来自电子集中控制系统控制电路。每当点火开关关闭后，电子集中控制系统通过 F 端子向传感器输入一个自清信号，使传感器内的加热电阻丝在 5s 内升温至 1000℃ 左右，并保持 1s 时间后停止，以便将残留在热线上的污垢和油渍等烧掉，保证传感器的准确性。

A 端子：为调整一氧化碳的可变电阻输出端。

（2）实际检测

方法一：开路检测法

1）拆卸空气流量传感器。

① 清除空气流量传感器外部的尘垢，拔下其线束插头，拆下与空气流量传感器相连的空气滤清器。

② 将空气流量传感器出口处空气软管的卡箍松开，并卸下空气流量传感器的固定螺栓。

③ 将空气流量传感器从发动机上小心取下。

2）外观检查。对拆下的空气流量传感器进行外观检查，检查其护网有无堵塞或破裂，并从进口处查看铂丝热线是否脏污、折断。

3）静态检查。如图 3-6 所示，将蓄电池正极与空气流量传感器插座内的 E 端子相接，负极与插座内的 D 端子相连，并将万用表置于 10V 直流电压档，两表笔测量插座 B、D 两端子间的电压，其值应为（1.6±0.5）V。如测得值与规定值不符，应更换或修理空气流量传感器。

4）动态检查。保持上述接线状态不变，用电风扇向空气流量传感器进口吹入空气（图 3-7）的同时，用电压表测量 B、D 端子间的电压，正常值应为 2~4V。

5）安装方法。将检修后的空气流量传感器复位，并用螺栓紧固。将空气软管连接在空气流量传感器出口上，并锁紧卡箍。复位空气滤清器，并将线束插头对准接插孔插在插座上。

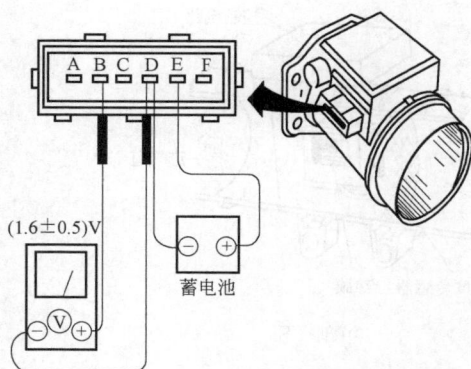

图 3-6　静态测量热线式空气流量传感器　　　图 3-7　动态测量热线式空气流量传感器

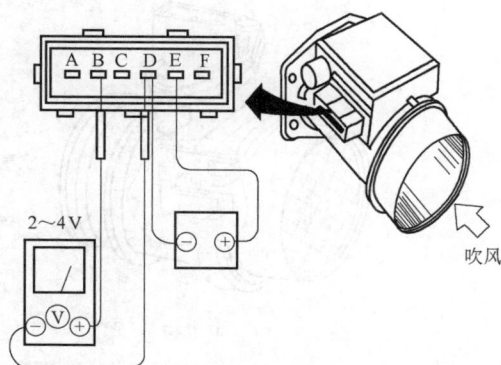

方法二：在路检测法

1）接通点火开关，不起动发动机。测量插座内 E 端子与 D 端子之间的电压，应为 12V 左右。

2）如果测量 E 端子与 D 端子间无电压，再测量 E 端子与 C 端子之间的电压，其值若为 12V，则说明 D 端子搭铁不良，应检查 D 端子与电子集中控制系统端子之间的导线或电子集中控制系统的搭铁线是否良好。

3）测量 B 端子与 D 端子之间的电压，应为 （1.6±0.5）V。起动发动机，测量 B 端子与 D 端子之间的电压，应在 2~4V 之间变化。

4）检查自洁电路。对自洁电路的检查有下面两种方法。

① 直观检查法。

● 起动发动机，并使其以 2500r/min 以上的转速运转。

● 使发动机怠速运转，拆下空气滤清器和空气流量传感器进口处的管道。

● 关闭点火开关，从空气流量传感器进口部位查看空气流量传感器内的铂丝热线是否在熄灭 5s 内因加热而发红光，并持续 1s 时间。

② 万用表测量法。

● 使发动机冷却液温度上升至 60℃ 以上、发动机转速超过 1500r/min。

● 用万用表 10V 直流档，将其两表笔接在插座的 F 端子与 D 端子之间。

● 关闭点火开关，万用表上指示值电压应回零并在 5s 后又跳跃上升，1s 后再回到零。

如万用表检测或直观检查结果与上述要求不符，且进一步检查电子集中控制系统与空气流量传感器连接线，若均无问题，可试换一只新的空气流量传感器试试。

2. 热膜式空气流量传感器的检测

（1）结构认知　各种型号的热膜式空气流量传感器的检测方法和热线式基本相同，都是检查传感器的电源电压和信号电压。因此可参照热线式空气流量传感器的检测方法进行检测。

桑塔纳 2000GSi、捷达 GT、捷达 GTX 轿车发动机使用热膜式空气流量传感器 （G70）计量发动机的进气量。图 3-8 为热膜式空气流量传感器的结构，图 3-9 所示为该传感器插接器各端子情况，图 3-10 所示为该传感器与 ECU 的连接电路。

a) 结构　　　　　　　　　　　　　　　　b) 剖视图

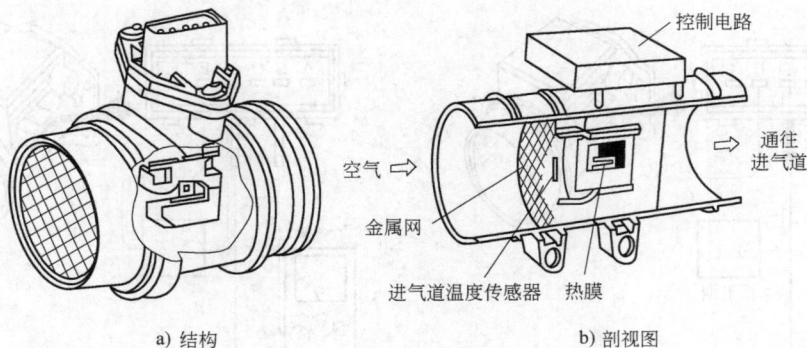

图 3-8　热膜式空气流量传感器的结构

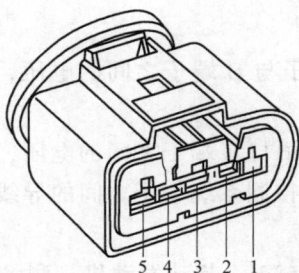

图 3-9　热膜式空气流量传感器插接器端子　　　　图 3-10　热膜式空气流量传感器与 ECU 连接电路

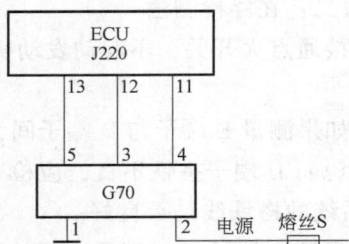

（2）实际检测　用发光二极管连接空气流量传感器插接器端子 2 和发动机搭铁点，起动发动机，发光二极管应点亮。如果不亮，应检查熔丝 S 与端子 2 之间是否存在断路；如果正常，则应检查燃油泵继电器。

空气流量传感器供电电压的检查必须在燃油泵继电器和熔丝正常情况下，用万用表测量传感器端子 4 与搭铁之间的电压，电压值应为 5V。如果电压不正常，则应检查发动机 ECU（J220）至空气流量传感器线路有无断路或短路现象存在。

3.5　实训作业

1）自拟表格填写测试结果，撰写实训报告。

2）思考本实训介绍的方法是否适用于其他车型？将思考结果写入实训报告。

实训 4　常用电子仪器的使用

在设计电子电路或检修电子设备时常用到信号发生器和示波器等电子仪器，了解它们的使用方法是必需的基本技能。下面以 XD—2 型低频信号发生器和 CA—8020 型示波器为例，说明它们的使用方法。

4.1　实训目的

1）学会使用示波器来观察电子信号的波形。

2）会用示波器来测量信号的峰-峰值和交流电的频率和周期。

3）了解低频信号发生器和晶体管毫伏表的使用方法。

4.2 实训原理

1. XD—2型低频信号发生器

（1）面板及功能说明　图 4-1 所示为 XD—2 型低频信号发生器的面板，其面板标志及功能说明见表 4-1。

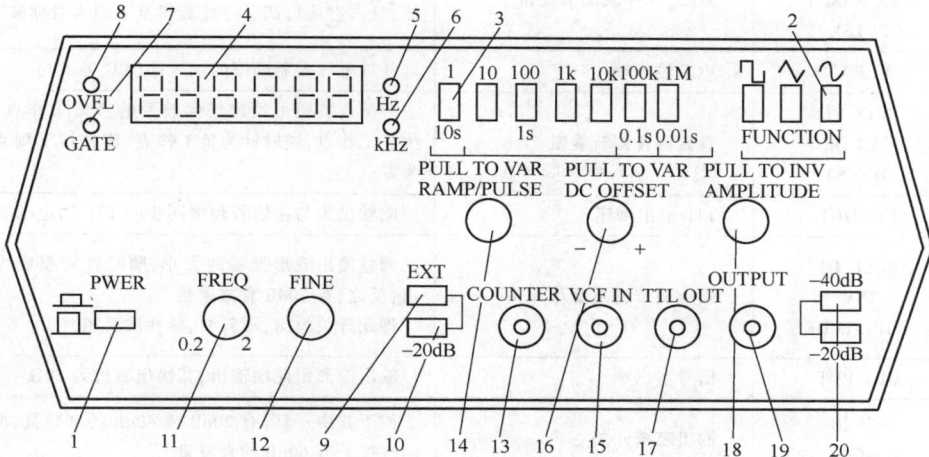

图 4-1　XD—2型低频信号发生器面板

表 4-1　XD—2型低频信号发生器的面板功能说明

序号	面板标示	名　称	作　用
1	PWER	电源开关	按下开关则接通 AC 电源,同时频率计显示
2	FUNCTION	波形选择按键	按下三个按键的任一个,输出其相对应的波形
3	1Hz~1MHz 10~0.01s	频率范围按键及频率计闸门时基	选择所需频率范围按下其相对应的按键,由显示器显示的数值即为信号发生器的输出频率 当外测频率时,可按下相对应闸门时基而决定计数频率及显示频率的分辨率
4	数字 LED	频率显示器	所有内部产生频率或外测时的频率均由 6 位显示器显示
5	Hz	赫兹指示灯	当按下 1、10、100 频率范围任一档按键时,则 Hz 灯亮
6	kHz	千赫指示灯	当按下 1k、10k、100k、1M 频率范围任一档按键时,则 kHz 灯亮
7	GATE	闸门时基指示灯	此灯闪烁代表频率计正在工作
8	OVFL	频率溢位指示灯	当频率超过 6 位显示范围时,OVFL 灯点亮
9	EXT	外测频率按键	将此开关按下,则可测出外接信号频率,不按时,则当内部频率计使用
10	-20dB	外测频率输入衰减器	当外测信号幅值大于 10V 时,请将此按键按下,以确保频率计性能稳定
11	PREQ	频率调节钮	此旋钮可以从设定的频率范围内选择所需频率,直接从显示器读出

序号	面板标示	名　称	作　用
12	FINE	频率微调钮	此旋钮有利于选择较精确的频率,它的频率变化范围仅为 PREQ 的 1/5
13	COUNTER	外测频率输入端	外测信号频率由此输入,其输入阻抗为 1MΩ(最大输入 150V,最高频率为 10MHz)
14	PULL TO VAR RAMP/ PULSE	斜波、脉冲波调节旋钮	拉出此旋钮可以改变波形的对称性,产生斜波、脉冲波,且占空比可调。将此旋钮推下则为对称波形
15	VCF IN	VCF 输入端	外加电压控制频率的输入端(DC 0~5V)
16	PULL TO VAR DC OFFSET	直流偏置调节旋钮	拉出此旋钮可设定任何波形的直流工作点,顺时针为正工作点,逆时针为负工作点,旋钮推下则直流电位为零
17	TTL OUT	TTL 输出插座	此输出为与主信号频率同步的 TTL 固定电平
18	PULL TO INV AMPLITUDE	幅度调节钮及反相开关	调整输出波形振幅的大小,顺时针转至底为最大输出;反之,有 20dB 衰减率 将此开关拉出,则斜波、脉冲波反相
19	OUT PUT	信号输出端	输出波形由此端输出,其输出阻抗为 50Ω
20	−20dB −40dB	输出衰减开关	按下其中一只,有 20dB 或 40dB 的衰减量,两个按键同时按下有 60dB 的衰减量

（2）XD—2 型低频信号发生器的使用方法

1）正常工作波形。将"频率范围"按键 3 某档按下,同时将"波形选择"按键 2 某档按下时,输出端就会输出相应的波形,显示器 4 将显示对应的频率。

2）斜波（锯齿波）、脉冲波波形。当将斜波、脉冲波调节旋钮 14 拉出时,同时将"波形选择"按键 2 某档按下时,输出端则输出斜波或脉冲波,调节此旋钮,可改变波形占空比;将"AMPLITUDE"开关 18 拉出,则斜波、脉冲波反相。

3）外测频率。将 EXT 按下,频测信号接至"COUNTER"选择闸门时间,此时即显示外测信号的频率,当超过六位显示器指示值时,OVFL 灯亮指示溢出,若输入信号峰-峰值大于 10V,按下衰减,最大输入为峰-峰值 150V。

2. CA—8020 型示波器

（1）面板及功能说明

图 4-2 所示为 CA—8020 型示波器的面板。面板标志及各控制部件的功能说明见表 4-2。

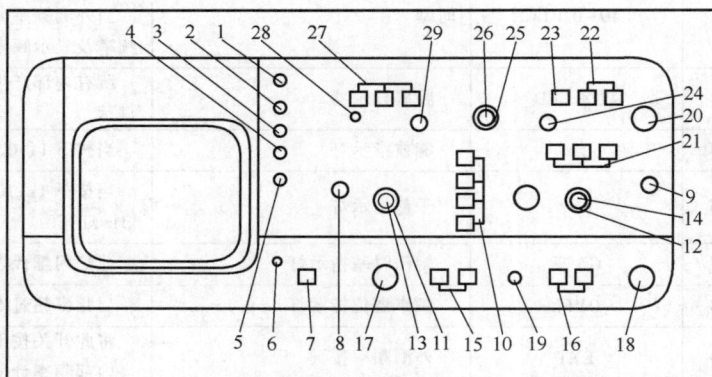

图 4-2　CA—8020 型示波器面板

表 4-2　CA—8020 型示波器面板功能说明

序号	名　称	功　能
1	亮度控制（INTEN）	调节光迹的亮度
2	辅助聚焦控制（ASTIG）	与聚焦配合,调节光迹的清晰度
3	聚焦控制（FOCUS）	调节光迹的清晰度
4	迹线旋转控制（ROTATION）	调节光迹与水平刻度线平行
5	校正信号（CAL）	提供幅值为 0.5V、频率为 1kHz 的方波信号,用于校正 10∶1 探极的补偿电容器和检测示波器垂直与水平的偏转因子
6	电源指示灯（POWER INDICA-TOR）	指示电源工作状态,灯亮表示电源接通
7	电源开关（POWER）	接通或关闭电源,按下为电源通,弹起为电源断
8	CH_1 垂直移位旋钮（POSITION）PULL CH_1—X,CH_2—Y	调节通道 1 光迹在屏幕上的垂直位置,用作 X-Y 显示
9	CH_2 垂直移位旋钮（POSITION）PULL IN-VERT	调节通道 2 光迹在屏幕上的垂直位置,但当旋钮拉出时,输入到通道 2 的信号极性被倒相,在 ADD 方式时使 $CH_1 + CH_2$ 或 $CH_1 - CH_2$
10	垂直方式选择开关（VERT MODE）	用于选择垂直偏转系统的工作方式 CH_1:通道 1 的信号被单独显示 CH_2:通道 2 的信号被单独显示 ALT:通道 1 和通道 2 的信号交替显示,用于扫描速度较快时的双踪显示 CHOP:两个通道断续显示,用于扫描速度较慢时的双踪显示 ADD:用于两个通道的代数和显示
11	电压衰减器（VOLTS/div）	调节垂直偏转灵敏度
12	电压衰减器（VOLTS/div）	调节垂直偏转灵敏度
13	垂直偏转灵敏度微调钮（VARIABLE）	用于连续调节垂直偏转灵敏度,顺时针旋足为校正位置
14	垂直偏转灵敏度微调钮（VARIABLE）	用于连续调节垂直偏转灵敏度,顺时针旋足为校正位置
15	输入耦合方式（AC-DC-GND）	用于选择被测信号输入垂直通道的耦合方式,有直流和交流两种
16	输入耦合方式（AC-DC-GND）	用于选择被测信号输入垂直通道的耦合方式,有直流和交流两种
17	CH_1 OR X 插座	被测信号输入插座,用于 X 轴信号的输入
18	CH_2 OR Y 插座	被测信号输入插座,用于 Y 轴信号的输入
19	接地端子（GND）	与机壳相连的接地端
20	外触发输入插座（EXT INPUT）	用于外触发信号的输入,一般用于垂直方向上特殊信号的触发
21	内触发源选择开关（INT TRIG SOURCE）	用于选择扫描的内触发源 CH_1:通道 1（即 CH_1 通道）的信号作为触发源 CH_2:通道 2（即 CH_2 通道）的信号作为触发源
22	触发源选择开关（TRIG SOURCE）	用于选择触发源的类型 INT(内触发):加到通道 1 或通道 2 的信号作为触发源 EXT(外触发):加到外触发输入插座的外触发信号作为触发源 LINE(电源触发):取自电源的频率信号作为触发源
23	触发极性选择（SLOPE）	用于选择扫描触发信号的触发沿(上升沿或下降沿)

序号	名　称	功　能
24	触发电平选择（LEVEL）	用于选择合适的触发电平
25	扫描速度微调（VARIABLE）	用于连续调节扫描速度，顺时针旋足为校正位置
26	扫描速率（SEC/div）	用于调节扫描速度，0.2μs/div～0.5s/div 共分 20 档
27	触发方式选择（TRIG MODE）	常态（NORM）：无信号时，屏幕上无显示；有信号时，与电平控制配合显示稳定波形 自动（AUTO）：无信号时，屏幕上显示光迹；有信号时，与电平控制配合显示稳定波形 电视场（TV）：用于显示电视场信号 峰值自动（P-P AUTO）：无信号时，屏幕上显示光迹；有信号时，无须调节电平即能获得稳定波形显示
28	触发指示灯（TRIG'D）	在扫描触发后，指示灯亮
29	水平移位调节（POSITION）PULL×10	调节屏幕上波形的水平位置，拉出时扫描速度被扩展 10 倍

（2）仪器操作方法

1）电源检查：本示波器电源电压为 220（1±10%）V，接通电源前，检查当地电源电压，如果不符合，则严禁使用。

2）面板一般功能检查

① 将有关控制件按表 4-3 说明进行检查。

表 4-3　示波器各控制件作用位置

控制件名称	作用位置	控制件名称	作用位置
亮度（INTEN）	居中	触发方式	峰值自动
聚焦（FOCUS）	居中	扫描速率（SEC/div）	0.5ms
位移（CH₁、CH₂、X）	居中	触发极性选择（SLOPE）	正
垂直方式（VERT MOTE）	CH₁	触发源选择开关	INT
电压衰减（VOLTS/div）	10mV	内触发源选择开关	CH₁
微调钮（VARIABLE）	校正位置	输入耦合方式	AC

② 接通电源，电源指示灯亮，稍候预热，屏幕上出现光迹，分别调节亮度、聚焦、辅助聚焦、迹线旋转，使光迹清晰并与水平刻度平行。

③ 用 10∶1 探极将校正信号输入至 CH₁ 插座。

④ 调节 CH₁ 移位与 X 移位，使波形与图 4-3 相符合。

⑤ 将探极换至 CH₂ 插座，垂直方式置于 CH₂，内触发源置于 CH₂，重复④操作，得到与图 4-3 相符合的波形。

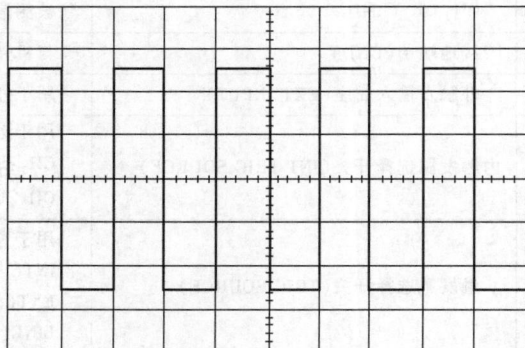

图 4-3　校正信号波形

3）亮度控制：调节亮度电位器，使屏幕显示的光迹亮度适中。一般观察不宜太亮，以免荧光屏老化，高亮度的显示一般用于观察低频率的快扫描信号。

4）垂直系统的操作

① 垂直方式的选择。当只观察一路信号时，将 MODE 开关置 CH₁ 或 CH₂，此时被选中的通道有效，被测信号可以从该通道端口输入。当需要同时观察两路信号时，将 MODE 开关置交替 ALT 位置，该方式使两个通道的信号被交替显示，交替显示的频率受扫描周期控制。当扫速低于一定频率时，交替方式显示会出现闪烁，此时应将开关置于断续 CHOP 位置。当需要观察两路信号代数和时，将 MODE 开关置于 ADD 位置，在选择这种方式时，两个的衰减设置必须一致，CH₂ 移位处于常态时为 CH₁ + CH₂，CH₂ 移位拉出时（PULL IN-VERT）为 CH₁ - CH₂。

② 输入耦合的选择。直流（DC）耦合：适用于观察包含直流成分的被测信号，如信号的逻辑电平、静态信号的直流电平的和。当被测信号的频率很低时，也必须采用这种方式。交流（AC）耦合：信号中的直流分量被隔断，用于观察信号的交流分量，如观察较高直流电平上的小信号。接地（GND）：通道输入端接地（输入信号断开），用于确定输入为零时光迹所处位置。

③ 电压衰减器的设定。电压衰减器从 0.2mV/div～5V/div 按 1、2、5 进位分 9 档，微调顺时针旋足至校正位置时，根据开关的示值和波形在垂直轴方向上的距离读出被测信号的电压值。当采用 10∶1 探极时，需将电压值扩大 10 倍。

④ 垂直移位。可调整波形在垂直方向的位置，便于观察和读取电压。

5）触发源的选择

① 触发源的选择。当触发源开关置于电源触发 LINE 时，机内 50Hz 信号输入到触发电路。当触发源开关置于常态触发 NORM 时，有两种选择：一种是外触发 EXT，由面板上外触发输入插座输入触发信号；另一种是内触发 INT，由内触发源选择开关控制。

② 内触发源选择。CH₁ 触发：触发源取自通道 1。CH₂ 触发：触发源取自通道 2。VERT MODE 触发：触发源受垂直方式开关控制，当垂直方式开关置于 CH₁ 时，触发源自动切换到通道 1；当垂直方式开关置于 CH₂ 时，触发源自动切换到通道 2；当垂直方式开关置于 ALT 时，触发源与通道 1、通道 2 同步切换，在这种状态使用时，两个不相关的信号其频率不应相差很大，同时垂直输入耦合应置于 AC 触发方式、AUTO 或 NORM。当垂直方式开关置于 CHOP 和 ADD 时，内触发源选择应置于 CH₁ 或 CH₂。

6）水平系统的操作

① 扫描速度的设定。扫描范围从 0.2μs/div～0.5s/div，按 1、2、5 进位分 20 档，微调提供至少 2.5 倍的连续调节，根据被测信号频率的高低，选择合适的档级，在微调顺时针旋足至校正位置时，可根据开关的示值和波形在水平轴方向上的距离读出被测信号的时间参数，当需要观察波形某一个细节时，可进行水平扩展×10，此时原波形在水平轴方向上被扩展 10 倍。

② 触发方式的选择。常态（NORM）：无信号输入时，屏幕上无光迹显示；有信号时，触发电平调节在合适位置上，电路被触发扫描。当被测信号频率低于 20Hz 时，必须选择这种方式。自动（AUTO）：无信号输入，屏幕上有光迹显示；一旦有信号输入，电平调节在合适位置上，电路自动转换到触发扫描状态，显示稳定的波形。当被测信号频率高于 20Hz

时，常用这一种方式。电视场（TV）：对电视信号中的场信号进行同步，在这种方式下，被测信号是同步信号为负极性的电视信号，如果是正极性，则可以由 CH_2 输入，借助于 CH_2 移位拉出（PULL-INVERT）把正极性转变为负极性后测量。峰值自动（P-P AUTO）：这种方式同自动方式，但无须调节电平即能同步，它一般适于正弦波、对称方波或占空比相差不大的脉冲波。对于频率较高的测试信号，有时也要借助于电平调节，它的触发同步灵敏度要比"常态"和"自动"稍低一些。

③ 极性的选择（SLOPE）。用于调节被测试信号的上升或下降沿去触发扫描。

④ 电平的调置（LEVEL）。用于调节被测信号在某一合适的电平上启动扫描，当产生触发扫描后，跟 TRIG'D 指示灯亮。

7）信号连接

① 探极操作。CA—8020 示波器附件中有两根衰减比为 10：1 和 1：1 可转换的探极，为减少探极对被测电路的影响，一般选用 10：1 探极，此时探极的输入阻抗为 1MΩ、16pF，因此在测量时要考虑探极对被测电路的影响和测试的准确性。

为了提高测量精度，探极上的接地和被测电路应尽量采用最短的连接，在频率较低、测量精度不高的情况下，可用前面板上接地端和被测电路地线连接，以方便测试。

② 探极的调整。由于示波器输入特性的差异，在选用 10：1 探极测试以前，必须对探极进行检查和补偿调节。

（3）测量方法

1）幅值的测量。峰-峰电压的测量步骤如下。

① 将信号输入 CH_1 或 CH_2 输入插座，将垂直方式置于被选用的通道。

② 调置电压衰减器并观察波形，使被显示的波形在 5 格左右，将微调顺时针旋足至校正位置。

③ 调整电平使波形稳定（如果是峰值自动，无须调节电平）。

④ 调节扫速控制器，使屏幕显示至少一个波形周期。

⑤ 调整垂直移位，使波形底部在屏幕中某一水平坐标上（图 4-4 中 B 点）。

⑥ 调整水平移位，使波形顶部在屏幕中某一垂直坐标上（图 4-4 中 A 点）。

⑦ 读出垂直方向 A、B 两点之间的格数。

⑧ 根据不同的探极比（10：1 或 1：1），按公式计算被测信号的峰-峰电压值（V）。

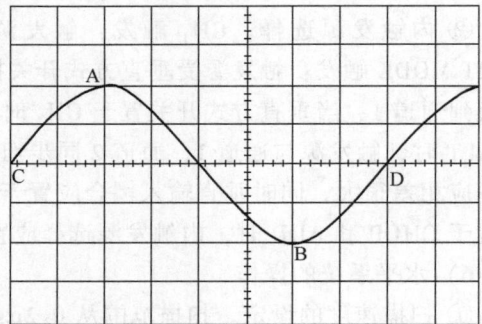

图 4-4　峰-峰值电压和时间间隔的测量

$$U_{\text{P-P}} = A、B 两点垂直方向的格数（div）×垂直偏转因子（V/div）×探极比$$

由峰-峰电压值（V）可计算交流电压的有效值 U，其关系为

$$U = \frac{U_{\text{P-P}}}{2\sqrt{2}}$$

例如，在图 4-4 中，测出 A、B 两点之间的垂直格数为 4 格，用 10：1 的探极的垂直偏转因数为 2V/div，则电压峰-峰值为

$$U_{\text{P-P}} = 4\text{div} \times 2\text{V/div} \times 10 = 80\text{V}$$

电压有效值为

$$U = \frac{80\text{V}}{2\sqrt{2}} = 14.1\text{V}$$

除峰-峰电压的测量外，还可以测量直流电压，将两个电压的幅值进行比较，进行代数叠加。

2）时间间隔的测量。对于一个波形中两点间时间间隔的测量，可按下列步骤进行。

① 将信号输入 CH_1，或 CH_2 输入插座，设置垂直方式为被选通道。

② 调整电平微调，顺时针旋足至校正位置，调整扫速控制器，使屏幕上显示 1~2 个信号周期。

③ 分别调整垂直移位和水平移位，使波形中需测量的两点位于屏幕中央水平刻度线上。

④ 测量图 4-4 中 C、D 两点之间的水平刻度，按下列公式计算时间间隔，即交流电压的周期：

$$时间间隔(s) = \frac{C、D \text{ 两点水平方向的格数(div)} \times 扫描时间因数(s/div)}{水平扩展倍数}$$

例如，在图 4-4 中，测得 C、D 两点之间的水平距离为 8 格，扫描时间因数为 $2\mu s/div$，水平扩展倍数为 1，则

$$时间间隔 = \frac{8\text{div} \times 2\mu s/div}{1} = 16\mu s$$

3）周期和频率的测量　在图 4-4 的例子中，所测得的时间间隔即为该信号的周期 T，该信号的频率为 $f = \frac{1}{T}$。例如，$T = 16\mu s$，则频率为

$$f = \frac{1}{T} = \frac{1}{16 \times 10^{-6}}\text{Hz} = 62.5\text{kHz}$$

除了上述测量外，还可以同时测量两个波形的时间差、相位差。

4.3　实训设备与器材

1）XD—2 型低频信号发生器 1 台。

2）CA—8020 型示波器 1 台。

3）晶体管交流毫伏表 1 台。

4.4　实训内容与步骤

1）将低频信号发生器、交流毫伏表、示波器按图 4-5 所示进行接线。

2）接通电源，将低频信号发生器输出 1kHz、0.5V 的正弦波电压，用晶体管毫伏表进行验测，调节示波器的电压衰减器和扫描速率旋钮，使屏幕上出现 1~2 个左右的正弦波，然后将正弦波的电压峰-峰值和周期记录于表 4-4 中。

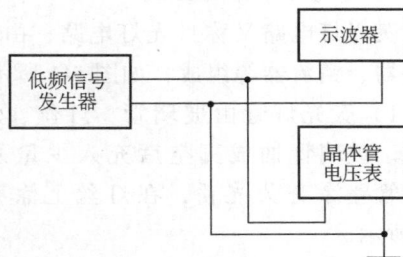

图 4-5　电子仪器的连接

3）改变低频信号发生器的频率和输出电压，分别为 100Hz、1V；400Hz、2V；5kHz、3V；20kHz、4V，将测得的电压峰-峰值和周期分别记录于表 4-4 中。

表 4-4　测量与计算值

低频信号发生器输出		频率/Hz	1000	100	400	5000	20000
		电压/V	0.5	1	2	3	4
电压	V/div 开关位置						
	读数/格						
	峰-峰值 $U_{\text{p-p}}$/V						
	有效值/V						
频率	t/div 开关位置/ms 或 μs						
	读数/格						
	周期/ ms 或 μs						
	频率/Hz						

4.5　实训作业

1）总结实训中所用仪器的使用方法及观测电信号的方法，撰写实训报告。

2）示波器面板上 "t/div" 和 "V/div" 的含义是什么？

实训 5　荧光灯电路的装接及功率因数提高

5.1　实训目的

1）学会正确使用交流电压表、交流电流表、功率表和自耦调压器。

2）掌握荧光灯的工作原理及装接方法。

3）掌握交流电路参数的测量方法。

4）了解提高感性、负载功率因数的方法。

5.2　实训原理

1. 荧光灯电路的组成

荧光灯电路又称日光灯电路，由荧光灯管、辉光启动器、镇流器等组成，如图 5-1 所示。

1）荧光灯管由玻璃管、灯丝、灯脚、荧光粉等组成。玻璃管抽成真空后充入少量汞和氩等惰性气体，管壁涂有荧光粉，在灯丝上涂有电子粉，如图 5-2 所示。

2）辉光启动器由氖泡、纸介电容器、出线脚（或称插头）和外壳等组成，如图 5-3 所示。氖泡是一

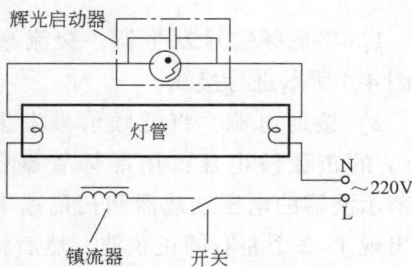

图 5-1　荧光灯电路结构原理

只充有氖气的玻璃泡，并装有静触片和 U 形动触片。并联在氖泡上的电容有两个作用，一是与镇流器线圈形成 LC 振荡电路，能延长灯丝的预热时间和维持感应电动势；二是能吸收干扰收音机和电视机的交流杂音。如电容被击穿，则将电容剪去后仍可使用；若完全损坏，可暂时借用开关或导线代替，同样可起到触发作用。

3）镇流器是一个具有铁心的电感线圈。在荧光灯起动时，它能产生瞬间高电压点亮灯管，在灯管点亮后还起着限制电流的作用。镇流器功率与灯管功率应保持一致。

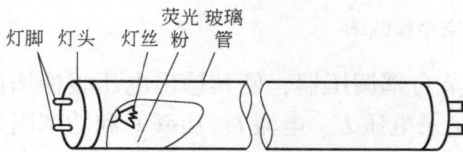

图 5-2　荧光灯灯管组成

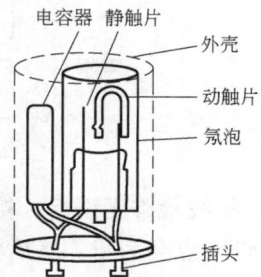

图 5-3　辉光启动器结构

2. 荧光灯电路的工作原理

荧光灯电路的工作原理如图 5-1 所示。当荧光灯接通电源后，电源电压经镇流器、灯丝加在辉光启动器的 U 形动触片和静触片之间，辉光启动器放电。放电时的热量使动触片向外弯曲，动静触片接触，接通电路，使灯丝预热并发射电子；另一方面两触片接触后，因触片间电压降为零而停止辉光放电，使 U 形动触片冷却并恢复原形，脱离静触片。这时镇流器感应出高电压加在灯管两端使灯管放电，灯管内壁的荧光粉吸收后，发出近似月光的光线。

3. 提高功率因数的原理

如果负载功率因数过低，那么一方面没有充分利用电源容量，另一方面又在输电电路中增加损耗。为了提高功率因数，一般最常用的方法是在负载两端并联一个补偿电容器，抵消负载电流的一部分无功分量。在荧光灯接电源的两端并联一个可变电容器，当电容器的容量逐渐增加时，电容支路电流 I_C 也随之增大，抵消荧光灯电路电流 I_{RL} 的一部分无功分量 $I_{RL}\sin\varphi_1$，结果总电流 I 逐渐减小；但如果电容器 C 容量增加过多（过补偿），$I_C > I_{RL}\sin\varphi_1$，则总电流 I 又将增大。因此并联电容器应有一个合适的数值。

5.3　实训设备与器材

1）电工技术实训台 1 台。

2）自耦调压器 1 台。

3）单相多功能功率表、交流电压表和交流电流表各 1 只。

4）30W 荧光灯灯管 1 支，镇流器、辉光启动器各 1 只。

5）1μF、2.2μF、4.7μF 电容器各 1 只。

6）电流插座 3 个，插座-电流表专用连接线 1 条。

7）导线若干条。

5.4 实训内容与步骤

1）按图 5-4 装接实训电路，先不接电容器（$C=0$），自耦调压器也调到 0 位。

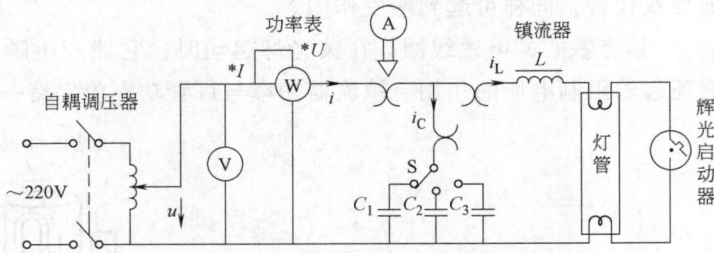

图 5-4 荧光灯电路接线图

2）接线检查无误后，接通实训台电源，调节自耦调压器，使其输出电压缓慢增高，直到荧光灯刚点亮为止。然后将电压调至 220V，记录电压 U、电流 I、功率 P 和功率因数 $\cos\varphi$ 的值，并计算无功功率 Q 和视在功率 S，填入表 5-1 中。注意，此处电流 I 是通过专用导线（称插座-电流表连接导线）将电路中的电流插座与实训台屏上的交流电流表连接起来测出的。

表 5-1 测量值与计算值

电容值/μF	测量值						计算值	
	P/W	$\cos\varphi$	U/V	I/A	I_L/A	I_C/A	Q/var	$S/V \cdot A$
0								
1								
2.2								
4.7								

3）在实训电路中接入电容器，按表 5-1 中所给出电容值逐渐加大电容 C 的值，记录各电容值下的电压 U，电流 I、I_L、I_C，功率 P 和功率因数 $\cos\varphi$ 的值，并计算无功功率 Q 和视在功率 S 的值，填入表 5-1 中。注意，此处的电流 I、I_L、I_C 的测量与上一步相同，也是通过专用导线（称为插座-电流表连接导线）将电路中的电流插座与实训台屏上的交流电流表连接起来完成的。

5.5 实训作业

1）按以下要求写出实训报告。

① 完成数据表格中的计算，进行必要的误差分析。

② 根据实训数据，绘制电压、电流相量图，验证相量形式的基尔霍夫定律。

③ 讨论改善电路功率因数的意义和方法。

④ 撰写装接荧光灯线路的心得体会。

2）思考以下问题，将思考结果写入实训报告。

① 为了提高电路的功率因数，常在感性负载上并联电容器，此时增加了一条电流支路，试问电路的总电流是增大还是减小？此时感性元件上的电流和功率是否改变？

② 提高负载电路功率因数为什么只采用并联电容器法而不用串联法？所并联的电容器是否越大越好？

实训 6　三相电路功率的测量

6.1　实训目的

1）掌握用一瓦特表法测量三相电路有功功率与无功功率的方法。
2）进一步熟悉功率表的接线和使用方法。

6.2　实训原理

对于三相四线制供电的三相星形连接的负载，可用一只功率表测量各相的有功功率 P_A、P_B、P_C，则三相功率之和（$\Sigma P = P_A + P_B + P_C$）即为三相负载的总有功功率值。这就是一瓦特表法，如图 6-1 所示。若三相负载是对称的，则只需测量一相的功率再乘以 3，即得三相总的有功功率。注意，图 6-1 中的 U、V、W、N 需要接三相电源，其中 N 为三相电源的中性线，工程上称零线，如果接地，称为地线；Z_A、Z_B、Z_C 表示 A 相、B 相和 C 相的负载，为简单起见，三相负载常用三组灯泡组成。

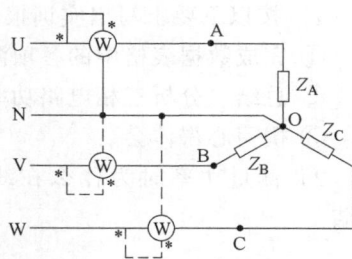

图 6-1　一瓦特表测量有功功率的接线图

6.3　实训设备与器材

1）电工技术实训台 1 台。
2）三相自耦调压器 1 台。
3）单相多功能功率表、交流电压表和交流电流表各 1 只。
4）数字万用表 1 只。
5）三相灯组负载 9 只，每只参数为 220V、25W 的白炽灯。
6）导线若干条。

6.4　实训内容与步骤

1）用一瓦特表法测定三相对称 Y_0 接以及不对称 Y_0 接负载的总功率 ΣP。按图 6-2 线路接线。线路中的电流表和电压表用以监视该相的电流和电压，但不要超过功率表电压和电流的量程。

2）接线检查无误后，接通三相电源，调节三相调压器输出，使输出线电压为 220V，按表 6-1 的要求进行测量及计算。

首先将 3 只表按图 6-2 所示接入 B 相进行测量，然后分别将 3 只表换接到 A 相和 C 相，再进

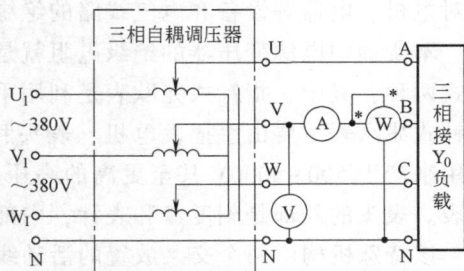

图 6-2　一瓦特表测量星形接法三相负载接线

行测量。

表 6-1　测量数据与计算值

负载情况	开灯盏数			测量数据			计算值
	A 相	B 相	C 相	P_A/W	P_B/W	P_C/W	$\Sigma P/W$
Y_0 接对称负载	3	3	3				
Y_0 接不对称负载	1	2	3				

3）验证三相负载对称时，只需测量一相功率再乘以 3，即得三相总有功功率。当三相负载不对称时，需要将三相功率相加才能得到三相总有功功率。

6.5　实训作业

1）按以下要求写出实训报告。
① 完成数据表格中的各项测量和计算任务。
② 总结、分析三相电路功率测量的结果。
③ 撰写心得体会。
2）测量功率时为什么在线路中通常都接有电流表和电压表？将思考结果写入实训报告。

实训 7　变压器与汽车继电器的检测

7.1　实训目的

1）掌握电源变压器绕组电阻的测量，判别变压器一、二次绕组及其绝缘情况。
2）了解汽车继电器的一般检测方法。
3）掌握开关控制继电器、汽车电子控制单元控制继电器的检测方法。

7.2　实训原理

绝缘电阻表习惯称为兆欧表俗称摇表，是一种专门测量绝缘电阻的便携式仪表，在电气设备和电气线路的安装、检修中应用比较广泛。绝缘材料在使用过程中，由于发热、污染、受潮及老化等原因，其绝缘电阻将逐渐降低，可能造成漏电或短路等事故。这就要求必须定期对电机、电器等设备和电气线路的绝缘性能进行检查，以确保设备正常运行和人身安全。

本实训中电源变压器的绝缘电阻就是用兆欧表测量的。兆欧表可简单地分成数字式和指针式两种，其中，指针式兆欧表是利用手摇发电机产生高电压，因此又称为机械式兆欧表。指针式兆欧表主要由手摇发电机、表头和 3 个接线柱组成，如图 7-1a 所示。手摇直流发电机用来产生 500～5000V 甚至更高的高压。测量时，需要一边摇表，一边读数，因此俗称为摇表。表头的外部是刻度盘和表针，内部是一个特殊的机械机构，如图 7-1b 所示。

该特殊机构由两个交叉放置的活动线圈 1、2 和永久磁铁组成。两个动圈绕向相反并固定在表针所在的转轴上。分散在线圈两侧的永久磁铁做成不对称形式，左边圆弧低，右边圆弧高，使磁铁与线圈间的空气隙不均匀分布。表头之所以采用如此特殊的结构，是为了保证

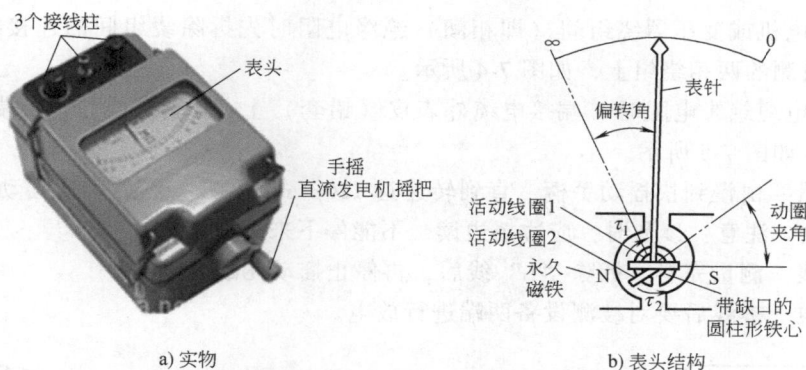

图 7-1　指针式兆欧表外形及表头结构示意图

表针的偏转角度只与两动圈的电流比有关，与发电机电压无关。接线柱 L、E、G 分别称为线路端、接地端、屏蔽环（或保护环），测量时用来连接被测物体。

1. 兆欧表的使用方法

（1）选表　原则：根据被测电气设备或电路的额定电压来选择兆欧表。一般兆欧表的额定电压要高于被测设备或电路的额定电压值，但也不能过高，否则会因为刻度粗糙影响测量精度。

方法：测量额定电压 500V 以下的设备，选用 500V 或 1000V 的兆欧表；测量额定电压在 500V 以上的设备，应选用 1000V 或 2500V 的兆欧表；测量绝缘子、母线等绝缘电阻、电压较高的设备，要选用 2500V 或 3000V 兆欧表。

（2）验表　外观检查：检查各部件（摇把、表针、接线柱、测试线）是否完好、摇动是否灵活、表针摆动是否正常、测试线是否为专用线（两根多股绝缘软铜线，长度不超过5m）。开路和短路试验，检测仪表是否完好：将兆欧表放平、放稳，把 E、L 两端开路，以约 120r/min 的转速摇动手柄，观测指针是否指到"∞"处；然后再将 E、L 两端短接，缓慢摇动手柄，观测指针是否指到"0"处。若指针不能指到规定位置，表明兆欧表有故障，应检修后再使用。

（3）接线　兆欧表有 3 个接线柱：线路端（L）、接地端（E）、屏蔽环（G）。根据测量对象不同，接线也不同。

1）如图 7-2 所示，测量电路对地绝缘电阻时，E 端接地，L 端接于被测线路上。

2）测量电机各绕组对地绝缘电阻时，E 端接电机外壳，L 端接被测绕组的一端，如图7-3 所示。

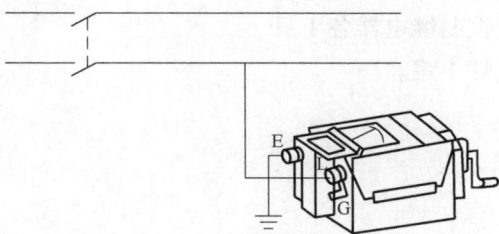

图 7-2　测量电路对地绝缘电阻　　　　图 7-3　测量电机各绕组相对地绝缘电阻

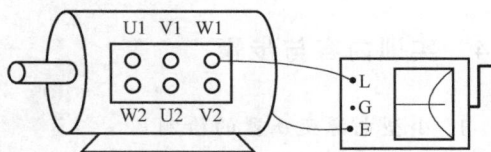

3）测量电机或变压器绕组间（即相间）绝缘电阻时先拆除绕组间的连接线，将 E、L 端分别接于被测的两相绕组上，如图 7-4 所示。

4）测量电缆绝缘电阻时 E 端接电缆外表皮（铅套）上，L 端接线芯，G 端接芯线最外层绝缘层上，如图 7-5 所示。

（4）测量　由慢到快摇动手柄，直到转速达 120r/min 左右，然后匀速摇动 1min，待指针稳定后读数。注意：读数时，应边摇边读，不能停下来读数。

（5）拆线　测量完毕，拆除"L"线后，再停止摇动兆欧表。

（6）放电　拆线后要对被测设备两端进行放电。

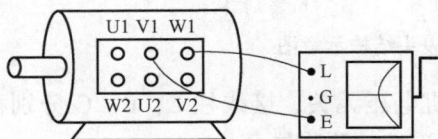

图 7-4　测量电机或变压器绕组间绝缘电阻　　　图 7-5　测量电缆绝缘电阻

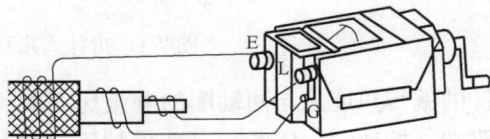

2. 注意事项

因兆欧表本身工作时产生高压电，为避免人身及设备事故必须重视以下几点。

1）测量绝缘电阻时至少有两人参与工作，其中一人摇表，另一人负责测量。

2）被测物（大容量电动机、电力电缆、电容器等）不能带电测量绝缘电阻，测前必须断电。其次，被测物在测前与测后都要充分放电。

3）测试线应采用兆欧表专用的绝缘线或选用绝缘强度高的两根多股软铜线，但切忌将导线绞在一起，以免影响测量准确度。测量时，测试线不能拖在地上，而应当架空。测试线不能过长，长度应小于 5m。

4）兆欧表测量时要远离大电流导体和外磁场。

5）被测物中如有半导体器件，应先将其插件板拆去。

6）测量时，坚持"先摇后测，先撤后停"的原则。

7）测量过程中不得触及被测物的带电部位，以防触电。

8）测量过程中，如果指针指向"0"位，表示被测物短路，应立即停止转动手柄。

9）兆欧表在结构上有一个特点：它没有固定的零位，使用完毕表针可停在任意位置。因此，兆欧表在使用前不需要机械调零，也没有机械调零装置。

7.3　实训设备与器材

1）小型电源变压器 1 台、喇叭继电器和电子控制继电器各 1 只。

2）跨接线 2 条、万用表和兆欧表各 1 块、试灯 1 盏。

7.4　实训内容与步骤

1. 小型电源变压器的检测

电源变压器实物如图 7-6 所示。

（1）外观检查　观察外貌来检查变压器是否有明显异常现象，如线圈引线是否断裂或脱焊、绝缘材料是否有烧焦痕迹、铁心紧固螺杆是否有松动、硅钢片有无锈蚀、绕组线圈是否有外露等。

（2）一次、二次绕组判别　方法一：电源变压器的外壳顶部通常有文字说明输入、输出引线的颜色，其中输入引线代表一次绕组，输出引线代表二次绕组，因此可根据引线颜色确定一次、二次绕组。有时变压器顶部只标记电压值，如输入220V，输出 5V、12V、24V、36V 等，根据输入表示一次绕组、输出表示二次绕组，也可确定一次、二次绕组。

图 7-6　电源变压器实物

方法二：若标记变压器输入、输出引线的文字模糊不清，甚至看不见，可通过万用表测电阻的方法确定一次、二次绕组。万用表置于 $R×1Ω$ 档分别测变压器两绕组的直流电阻，对降压变压器而言，电阻值大的为一次绕组，阻值小的为二次绕组；如果是升压变压器，则正好相反，阻值小的为一次绕组，阻值大的为二次绕组。测量结果填入表 7-1。

（3）一次、二次绕组断路检查　将万用表置于 $R×1Ω$ 档，测试中若某个绕组的电阻为无穷大，则说明该绕组有断路故障。测试结果记入表 7-1。

（4）变压器绝缘性能的测量

1）变压器一次、二次绕组间绝缘性能的测量。将兆欧表的 L 端和 E 端分别与一次、二次绕组任一根引线连接，线路接好后，可按顺时针方向转动摇把，摇动的速度应由慢到快。当转速达到 120r/min 左右时，保持匀速转动，1min 后读数，并且要边摇边读数，不能停下来读数。根据绝缘电阻数值的大小判断变压器绕组间绝缘性能情况，测试结果记入表 7-1。

2）变压器一次、二次绕组与铁心间绝缘性能的测量。按照上述方法用兆欧表分别进行变压器一次、二次绕组与铁心间绝缘电阻的测量，测量结果记入表 7-1 中。

（5）发热检查　给变压器通电 10min，断电后用手接触变压器外壳，如果热到手指不能触碰变压器外壳的程度，说明变压器已有问题，不能使用。将检查结果记入表 7-1 中。

表 7-1　变压器质量检查

序号	检查项目	检查结果			
1	外观检查	线圈引线断裂、脱焊等	绝缘材料烧焦痕迹	硅钢片锈蚀、变形	一次、二次绕组外露
2	一、二次判别	输入引线颜色	输出引线颜色	一次绕组电阻值	二次绕组电阻值
3	断路检查	一次绕组电阻值	一次绕组状态	二次绕组电阻值	二次绕组状态
4	绝缘检查	一次、二次绕组间绝缘电阻	绝缘好坏	一次、二次绕组与铁心之间绝缘电阻	绝缘好坏
5	发热检查	外壳手感温度（异常）		外壳手感温度（正常）	

2. 继电器的检测

使用万用表或试灯都可以检测继电器。如果继电器端子易于触及，则跨接线和试灯的方法更便捷。

（1）开关控制继电器的检测　首先查找汽车电路图，确定所检测的继电器是受供电回路的开关控制还是受接地回路的开关控制。下面以检测一只受接地回路开关控制的喇叭继电器为例，介绍检测步骤。电路如图7-7所示。

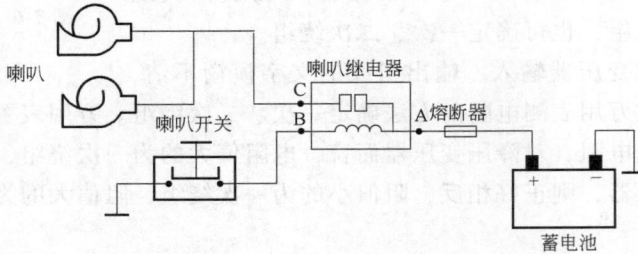

图 7-7　用万用表检测受接地开关控制的喇叭继电器

检测步骤如下：

1）使用试灯检查继电器接蓄电池端 A 有无电压。如果这端没有电压，则故障就在蓄电池到继电器之间的电路中。如果有电压，则继续检测。

2）检测控制端 B 的电压。如果这端没有电压，则继电器线圈有故障。如果有电压，则继续检测。

3）用跨接线将 B 端接到良好接地处。如果喇叭响，则从 B 端到喇叭开关、接地之间的控制电路有故障。如果喇叭不响，则继续检测。

4）从蓄电池正极到 C 端连接一根跨接线。如果喇叭不响，则从继电器到喇叭接地之间的电路有故障；如果喇叭响，则继电器内部有故障。

（2）电子控制单元控制继电器的检测
如果继电器由汽车电子控制单元控制，就不推荐使用试灯，因为试灯可能会引起大的电流，它会因超出电路设计的载流能力而损坏电子控制单元。遇到这种情况，必须使用万用表电压档检测继电器电路。

下面以燃油泵继电器为例介绍检测步骤，电路如图7-8所示。

将万用表设置在 20V 直流电压档，按照下列步骤进行检测：

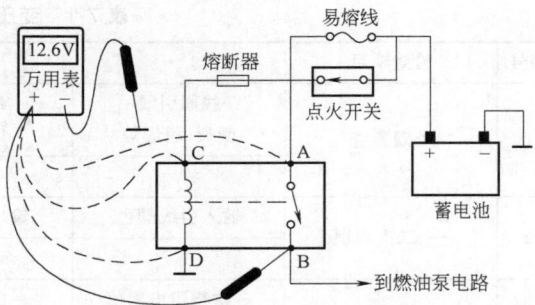

图 7-8　用万用表检测燃油泵继电器电路

1）将万用表负极表笔连接到良好的接地处。

2）将万用表正极表笔连接到输出端 B。转动点火开关到 ON 位置，如果在端子上没测到电压，进行步骤3）。如果万用表读数为 10.5V 或更高电压，则断开控制电路，万用表读数应为零。如果是这种情况，则继电器没有损坏。如果万用表仍然有读数，则该继电器触点粘连，需要更换。

3）把万用表正极表笔接到供电输入端 A。万用表应至少指示出 10.5V。如果低于该值，蓄电池到继电器的电路有故障。如果电压值正确，则继续检测。

4）把万用表正极表笔接到控制电路端 C。万用表应读到 10.5V 或更高电压。若不是，检查蓄电池到继电器之间的电路（包括点火开关）。如果电压为 10.5V 或更高，则继续检测。

5）把万用表正极表笔接到继电器接地端 D。如果表上指示值高于 1V，则表明接地不良。

注意：最好将万用表量程置到 2V 档。如果读数小于 1V，则更换继电器。

操作规范：在电子控制单元控制的电路中，不推荐用试灯探查电源，因试灯通过的大电流会损坏系统部件。

（3）离车检测继电器　如果继电器端子不容易触及，则从插座上拔下继电器，用万用表进行检测。用万用表检测继电器线圈两端的连通性，如图 7-9 所示。如果显示无穷大，则更换继电器。如果表明是连通的，就要用两根跨接线给励磁线圈励磁，如图 7-10 所示。检查继电器的触点在吸合情况下是否连通，如果显示值为无穷大，则继电器失效。如果连通性好，继电器也是好的，则必须检查电路。

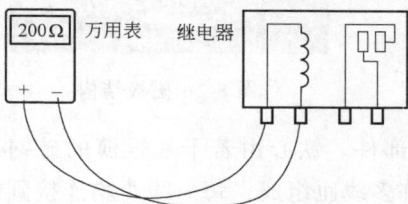

图 7-9　继电器线圈连通性测试　　　　图 7-10　继电器的触点在吸合情况下的连通性检测

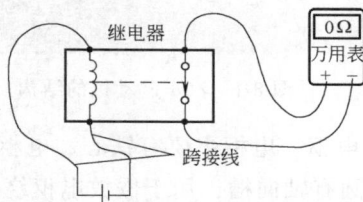

提示：要获得准确的电压检测结果，蓄电池必须充足电并且处于良好状况。

操作规范：在给励磁线圈励磁时，小心万用表表笔不要触及线圈端子，以免损坏万用表。

7.5　实训作业

1）按以下要求写出实训报告。

① 完成数据表格中的各项测量和计算任务。

② 总结开关控制继电器、电子控制单元控制继电器和离车检测继电器的检测方法，画出流程图。

③ 撰写心得体会。

2）本实训给出的检测方法适合继电器一般性能的检测，针对一些有特殊功能的继电器，还需要检测什么？检测方法是什么？将思考结果写入实训报告。

实训 8　汽车起动机的拆解与测量

8.1　实训目的

1）掌握起动机的拆装顺序。

2）了解起动机各零件名称和作用。

3）掌握对起动机进行简单测量的方法及维修工具的使用。

8.2 实训原理

汽车起动机有电枢、励磁两个绕组，如果二者串联，则称为串励式直流电动机，结构如图 8-1 所示。

（1）磁极 磁极由铁心和励磁绕组组成。绕组绕制在铁心（或称极靴）上，通过螺栓固定在机壳内侧组成磁极。当绕组通电之后，产生强大的静止电磁场使铁心磁化，建立起若干 N、S 磁极。磁极结构如图 8-2 所示。

图 8-1　汽车起动机的结构

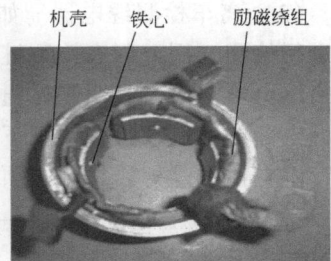

图 8-2　磁极结构

（2）电枢 电枢主要有铁心、电枢绕组和换向器等部件。铁心由若干片很薄的硅钢片叠成，外圆有轴向槽，用于嵌放电枢绕组。电枢绕组由许多线匝组成，每一线匝均连接到换向器的铜片上，便于绕组引入电源电流。换向器由许多换向片组成，换向片的内侧制成燕尾形，嵌装在轴套上，其外圆车成圆形。换向片与换向片之间均用云母绝缘。电枢结构如图 8-3 所示。

（3）电刷与电刷架 电刷架一般为框架结构，其中正极刷架与端盖绝缘安装，负极刷架直接接地。刷架上装有弹性较好的盘形弹簧。电刷由铜粉和石墨粉压制而成，呈棕红色，装在端盖上的电刷架中，通过电刷弹簧保持与换向片之间的适当压力。电刷与电刷架结构如图 8-4 所示。

图 8-3　电枢结构

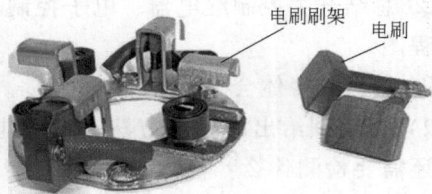

图 8-4　电刷和刷架

8.3 实训设备与器材

1）汽车用起动机 1 台。

2）汽车电器试验台和电枢检验仪各 1 台。

3）万用表 1 只。

4）维修工具若干。

8.4 实训内容与步骤

1. 起动机拆解

1）拆下连接片与电磁开关，取下电磁铁心。

2）拆下防尘箍，用钢丝钩子提起电刷弹簧取出电刷（共4只）。

3）拆下起动机贯穿螺栓，使后端盖、起动机外壳、电枢分离。

4）取下拨叉支承销，取下驱动端盖、拨叉与转子总成。

5）用专用工具拆下止推座圈，取下驱动齿轮、单向离合器。

2. 起动机的检测

（1）励磁绕组（定子）的检查

1）励磁绕组断路的检查。首先通过外部验视，看其是否有烧焦或断路处，若外部验视未发现问题，可用万用表电阻 $R\times1$ 档检测，两表笔分别接触起动机外壳引线（即电流输入接线柱）与励磁绕组绝缘电刷接头看是否导通，如果测得的电阻为无穷大，说明励磁绕组断路，应予以检修或更换，如图 8-5a 所示。

2）励磁绕组接地的检查。用万用表电阻 $R\times10k$ 档（或数字万用表高电阻档）检测励磁绕组电刷接头与起动机外壳是否相通，如果相通，说明励磁绕组绝缘不良而接地；如果阻值较小，说明有绝缘不良处，应检修或更换励磁绕组，如图 8-5b 所示。

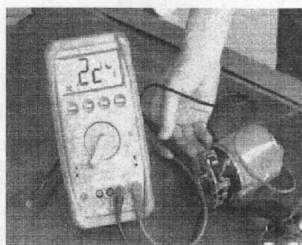

a) 励磁绕组断路的检查　　　b) 励磁绕组接地的检查

图 8-5　励磁绕组断路及接地检查

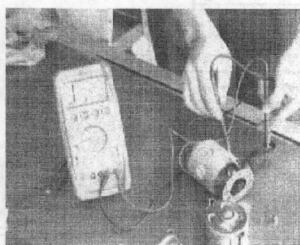

3）励磁绕组短路的检查。可用2V 直流电进行接线，如图 8-6 所示。电路接通后，将旋具放在每个磁极上，检查磁极对旋具的吸引力是否相同。若某一磁极吸力太小，则表明该励磁绕组有匝间短路故障存在。

（2）电枢绕组（转子）的检查　电枢绕组的检查可在汽车电器实验台上的电枢检验仪上进行。

1）接地检验。用短接工具（导线）F6 一根，一端插入插座 33，一端接电枢轴，另一根短接工具 F6 一端插

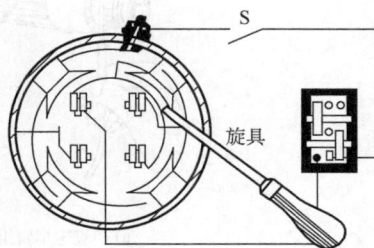

图 8-6　励磁绕组短路的检查

入插座 34，一端接至换向器铜片，如有接地，指示灯 25 即点亮，可标出接地的换向器铜片。

2）短路检验。如图 8-7 所示，将待试的电枢放在电枢感应仪 3 上，接通开关 60，灯 19 亮，感应仪配备一块钢片，将该钢片放在电枢铁心线槽上，如该钢片振动发声，则表明绕组有短路故障。不断慢慢转动电枢 1 圈，将钢片依次逐个放置于各线槽上，对每一故障处做出标记。因为起动机电枢绕组采用波绕法，所以当钢片在 4 个铁心槽出现振动时，说明相邻换向器铜片间短路；当钢片在所有槽上振动时，说明同一个槽中上、下两层导线短路。

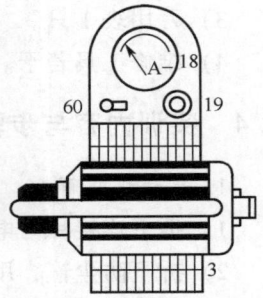

图 8-7　电枢短路检验

3）断路检验。如图 8-8 所示，将待试的电枢放在感应仪上，接通开关 60，灯 19 亮，将感应仪所附试棒两触针放在相邻两换向器铜片上，若电流表 18 针不动，移动触针至电流表指出某一电流数值，固定此触针位置，然后转动电枢，使其余两邻片也达到此位置，用触针测其电流，如电枢没有损坏，相邻两换向器铜片在电流表 18 上的读数均应不变，若电流表 18 无读数，则表明该绕组断路。

4）使用万用表对电枢绕组进行接地检查。用电阻 $R \times 10k$ 档检测，如图 8-9 所示，用一根表笔接触电枢，另一根表笔依次接触换向器铜片，万用表指针不应摆动，即电阻为无穷大，否则说明电枢绕组与电枢轴之间绝缘不良，有接地之处。

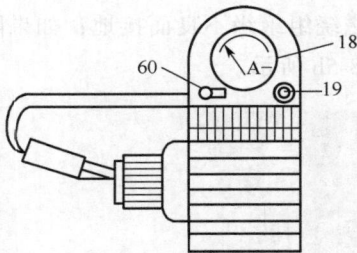

图 8-8　电枢断路检查

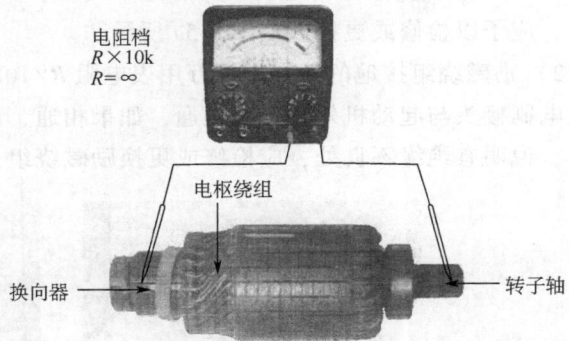

图 8-9　检查电枢轴与电枢绕组之间的绝缘电阻

5）使用万用表对电枢绕组进行短路检查。用电阻 $R \times 1$ 档检查换向器和电枢铁心之间是否导通，如图 8-10a 所示。如有导通现象，说明电枢绕组接地，应更换电枢。

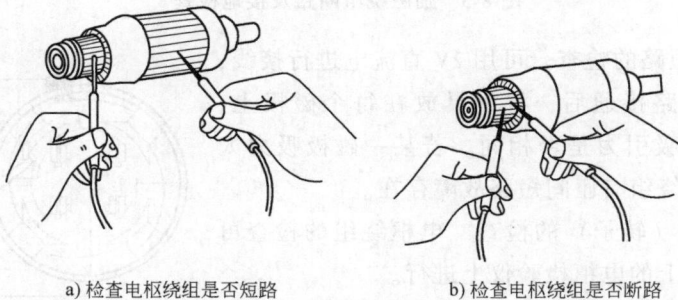

a）检查电枢绕组是否短路　　　　b）检查电枢绕组是否断路

图 8-10　电枢绕组的检查

6）使用万用表对电枢绕组进行断路检查：用电阻 $R \times 1$ 档，将两个表笔分别接触换向器相邻的铜片，如图 8-10b 所示，测量每相邻两换向器铜片间是否相通，如万用表指针指示

"0", 说明电枢绕组无断路故障, 若万用表指针在某处不摆动, 即电阻值为无穷大, 说明此处有断路故障, 应更换电枢。

对于励磁绕组的断路、短路、接地故障都应对其检修或更换。

(3) 电枢轴的检查 用千分表检查电枢轴是否弯曲, 如图 8-11 所示。若铁心表面圆跳动超过 0.15mm 或中间轴颈圆跳动大于 0.05mm, 均应进行校正或更换。另外, 还应检查电枢轴上的花键齿槽, 如严重磨损或损坏, 则应修复或更换。

(4) 电刷的检查 检查电刷的高度: 电刷高度应不低于新电刷高度的 2/3, 否则应换新。

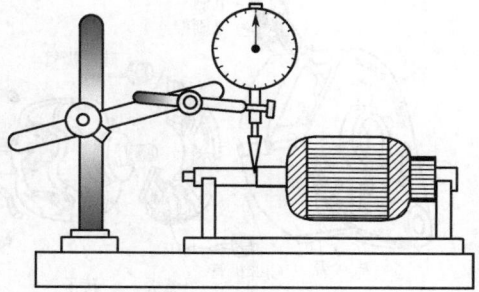

图 8-11 电枢轴的检查

8.5 实训作业

1) 按以下要求写出实训报告。

① 按顺序整理检查的结果。

② 简述起动机拆解的方法。

③ 撰写心得体会。

2) 思考以下问题, 并将思考结果写入实训报告。

① 如果一辆汽车无法正常起动, 从起动系统方面考虑, 可能是什么原因? 如何进行检查?

② 如果电磁开关保持线圈断路, 起动机会出现什么故障现象?

实训 9 汽车交流发电机的测量与拆解

9.1 实训目的

1) 掌握对汽车交流发电机进行测量的方法。

2) 学习拆解及装配发电机的基本方法。

9.2 实训原理

图 9-1 所示为典型交流发电机的结构。由图可知, 交流发电机由转子、定子、整流器和整流板 (或称元件板、散热板)、前后端盖、电刷装置、风扇等组成。

(1) 转子 交流发电机的转子是发电机的磁极部分, 用来产生磁场, 由爪极、铁心和磁场绕组 (励磁绕组)、集电环等组成, 如图 9-2 所示。爪极有两块, 每块有六个鸟嘴形磁极, 两块爪极压装在转子轴上。爪极间的空腔内装有铁心 (磁轭) 并绕有磁场绕组, 磁场绕组的两端通过内侧爪极上的小孔引出, 分别焊接在与轴绝缘的两个铜制集电环上, 两个电刷与集电环接触, 将直流电源引入磁场绕组。磁场绕组通入励磁电流后产生轴向的磁场, 使一块爪极磁化为 N 极, 另一块磁化为 S 极, 于是形成了六对相互交错的磁极, 如图 9-3 所示。

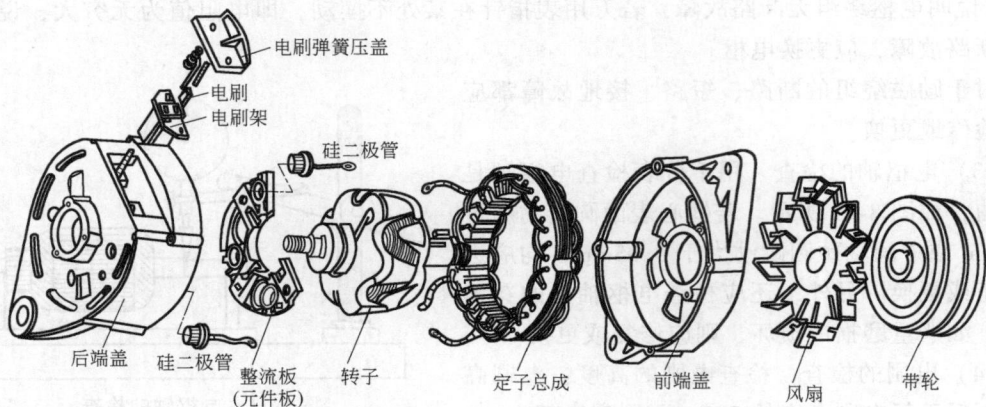

图 9-1 JF132 型交流发电机的结构

电刷弹簧压盖
电刷
电刷架
硅二极管
后端盖
硅二极管
整流板（元件板）
转子
定子总成
前端盖
风扇
带轮

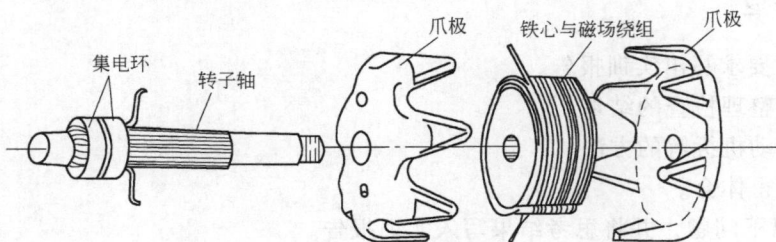

图 9-2 转子的结构

集电环
转子轴
爪极
铁心与磁场绕组
爪极

将转子爪极设计成鸟嘴形的目的是使磁场呈正弦分布，以使电枢绕组产生的感应电动势有较好的正弦波形。

（2）定子 交流发电机的定子是发电机的电枢部分，用来产生感应电动势，由定子铁心和对称的三相电枢绕组组成，如图9-4所示。定子铁心由内圆带条形槽的环状硅钢片叠成，各硅钢片之间互相绝缘。三相电枢绕组嵌放在铁心槽内并连接成星形，此时三相绕组引出 4 个接线端，其中 3 个是三相绕组的首端，还有一个是中性点，中性点是由三相绕组的末端接在一起形成的。

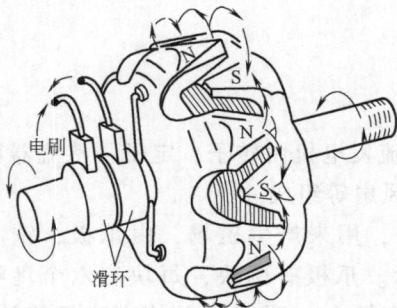

图 9-3 转子的磁场

电刷
滑环

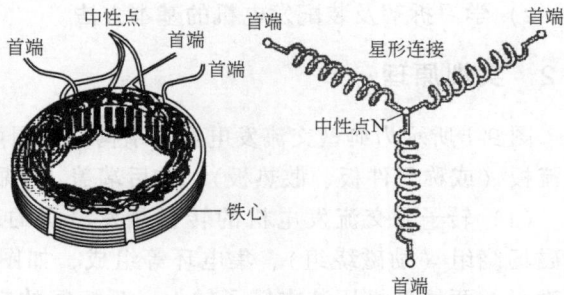

图 9-4 定子结构

中性点
首端
首端
首端
星形连接
首端
中性点N
铁心
首端

为了保证三相电枢绕组产生大小相等、频率相同、相位差 120°（电角度）的对称电动势，三相绕组的绕制和嵌放应遵守以下原则：①每相绕组的线圈个数和每个线圈的匝数应完全相等；②每个线圈的宽度必须相同；③三相绕组的首端在定子槽内的排列必须相隔 120°

电角度。

（3）整流器　交流发电机整流器的作用是将电枢绕组产生的三相交流电变换为直流电，一般是由 6 只专用的整流二极管组成，如图 9-5 所示。在 6 只整流管中，3 只为正极管，另外 3 只为负极管。

正极管的引出极是正极，管壳为负极，管壳底部一般涂有红色标记。在负极搭铁的交流发电机中，3 只正极管的外壳压装在整流板的座孔内，共同组成发电机的正极，并通过固定在整流板上的螺栓引出，作为正极接线柱，标记为 "B"（或 "+""电枢" 等字样）。

3 只负极管的引出极是负极，管壳为正极，管壳底部涂有黑色标记。3 只负极管的外壳压装在后端盖的座孔内，和发电机外壳一起组成发电机的负极，标记为 "E"（或 "-"）。

将 3 只正极管的正极与 3 只负极管的负极一一对应连接，就组成了三相桥式整流电路，如图 9-6 所示，它将三相绕组的交流电变换为 12V 的直流电。

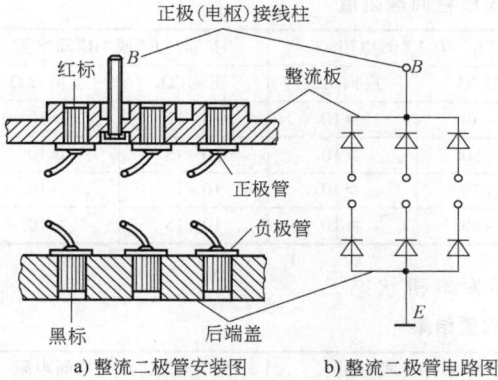

图 9-5　交流发电机整流器结构示意图

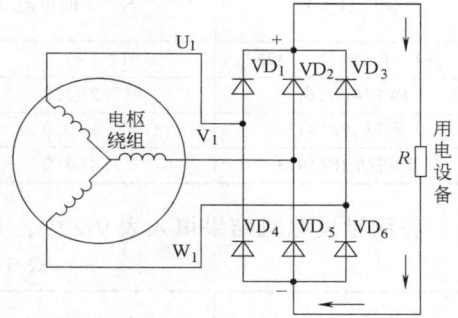

图 9-6　三相桥式整流电路

（4）端盖与电刷装置　交流发电机的前后端盖一般由铝合金铸成，因为铝合金为非导磁材料，可减少漏磁，并具有重量轻、散热性好的优点。在前后端盖的轴承孔内嵌有钢套，以提高轴承孔的机械强度和耐磨性。

电刷装置安装在后端盖上，它包括电刷、电刷架和电刷弹簧。电刷架有两种形式：外装式和内装式。外装式电刷架拆装方便，只要从发电机的外部拆下电刷弹簧盖板即可拆下电刷，如图 9-7a 所示。而内装式电刷架拆装不便，必须拆开发电机才能拆下电刷，如图 9-7b 所示，因

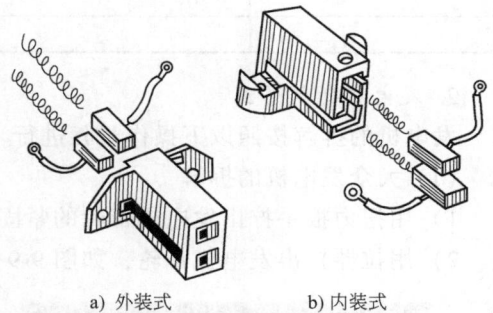

图 9-7　发电机电刷装置

此这种结构将逐渐淘汰。电刷装在刷架内，靠弹簧的压力与转子轴上的集电环保持接触，为发电机的磁场绕组提供电流。

电刷引线的接法与交流发电机的类型有关，不同类型的交流发电机其接法不同。内搭铁式发电机的两个电刷中，一个电刷的引线与固定在发电机端盖上并与端盖绝缘的磁场接线柱 "F"（或标 "磁场"）相连接，另一个电刷的引线与发电机外壳相接。外搭铁式发电机的两个电刷通过引线均与绝缘接线柱 "F+""F-"（或标 "F1""F2"）相连，磁场绕组通过 "F-" 或 "F2" 接线柱经调节器搭铁。

9.3 实训设备与器材

1）汽车交流发电机 1 台。

2）万用表 1 只。

3）维修工具若干。

9.4 实训内容与步骤

1. 发电机拆解前的检测

使用万用表对发电机外接线柱进行测量，可以初步判定发电机的状态。对于普通发电机拆解前的测量，建议使用指针式万用表，其测量结果依使用万用表型号不同，略有差异。常用发电机各接线柱间电阻值见表 9-1。

表 9-1　常用发电机各接线柱间电阻值

发电机型号	"F"与"E"间电阻/Ω	"B"与"E"间电阻		"N"与"E"或"B"间电阻	
		正向/Ω	反向/kΩ	正向/Ω	反向/kΩ
JF11、13、15、21、132N	4~7	40~50	≥10	10~15	≥10
JWF14（无刷）	3.5~3.8	40~50	≥10	10~15	≥10
夏利 JFZ1542	2.8~3.0	40~50	≥10	10~15	≥10
桑塔纳 JFZ1913	2.8~3.0	65~80	≥10	10~15	≥10

将测量发电机结果填入表 9-2 中，并据此判断发电机状态。

表 9-2　发电机测量结果

发电机型号	"F"与"E"间电阻/Ω	"B"与"E"间电阻		"N"与"E"或"B"间电阻	
		正向/Ω	反向/kΩ	正向/Ω	反向/kΩ

2. 发电机拆解作业

发电机的拆解按照以下操作步骤进行（以大众汽车发电机为例）。

（1）大众发电机的拆解

1）用扭力扳手拧出发电机带轮的紧固螺母，取出螺母垫圈，如图 9-8 所示。

2）用拉器拉出发电机带轮，如图 9-9 所示。

图 9-8　拧出发电机带轮的紧固螺母

图 9-9　拉出发电机带轮

3）拧下发电机后端盖的整流器罩盖螺栓，如图 9-10 所示。

4）取下后端盖，如图 9-11 所示。

图 9-10　拧下整流器罩盖螺栓

图 9-11　取下后端盖

5）拧下发电机电前后端后端壳体紧固螺栓，如图 9-12 所示。

6）用橡胶锤敲击转子转轴，如图 9-13 所示。

图 9-12　拧下壳体紧固螺栓

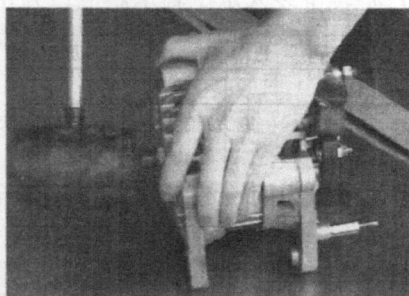

图 9-13　敲击转子转轴

7）取出前端盖，如图 9-14 所示。

8）取出止推垫圈，如图 9-15 所示。

图 9-14　取出前端盖

图 9-15　取出止推垫圈

9）取出风扇叶轮，如图 9-16 所示。

10）取出转子总成，如图 9-17 所示。

11）了解定子总成，如图 9-18 所示。

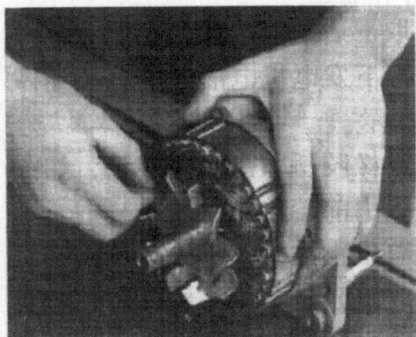

图 9-16　取出风扇叶轮

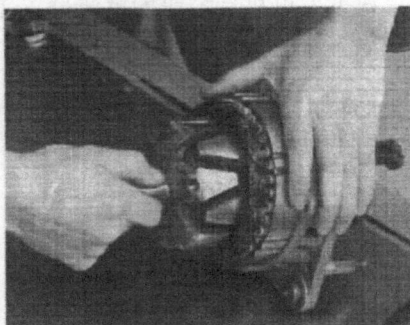

图 9-17　取出转子总成

（2）发电机的装配

1）装配前，用细砂纸对发电机转子集电环接触面进行打磨，并将轴承外圈及座上涂上适量机油，如图 9-19 所示。

2）将转子装入定子轴承座上，并用橡胶锤敲击到位，然后将电刷压下并装入，注意电刷与集电环的工作面对位，如图 9-20 所示。

3）拧紧调节器紧固螺钉，然后装上后端盖，并拧紧螺钉，如图 9-21 所示。

4）装上风扇叶轮与止推垫圈，如图 9-22 所示。

图 9-18　了解定子总成

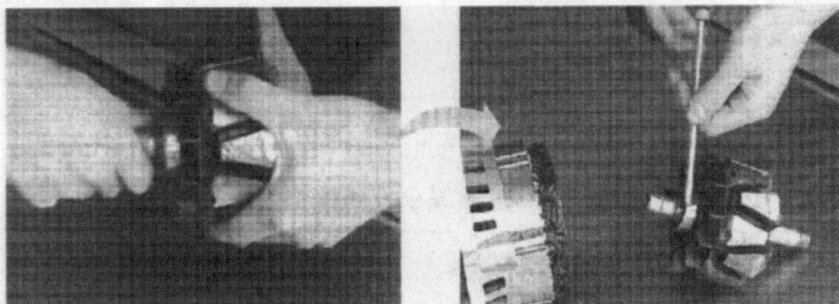

图 9-19　装配前的处理

图 9-20　装转子及电刷

图 9-21　装后盖、拧螺钉

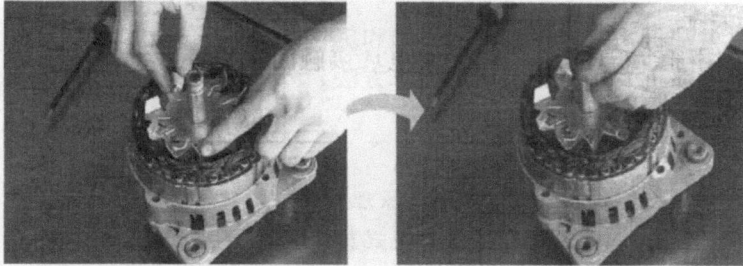

图 9-22　安装风扇叶轮及止推垫圈

5）装上前端盖。注意：安装之前在轴承内圈涂上适量机油。如图 9-23 所示。

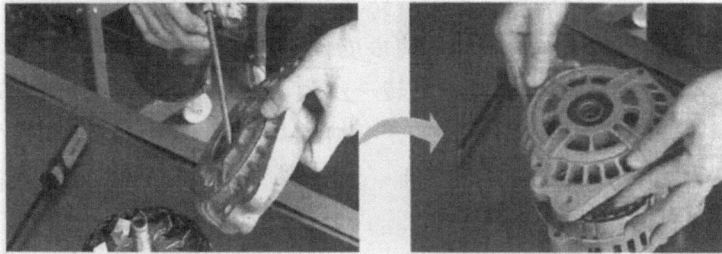

图 9-23　安装前端盖

6）拧紧前后端盖锁紧螺栓，如图 9-24 所示。

7）装发电机带轮、弹簧垫及平垫片，并用扭力扳手拧紧螺母，如图 9-25 所示。

图 9-24　拧紧前后端盖锁紧螺栓

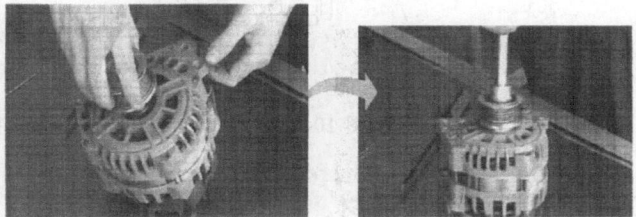

图 9-25　装发电机带轮、弹簧垫及平垫片

9.5　实训作业

按以下要求写出实训报告。

1）完成表格中的各项测量和计算任务。

2）画出发电机拆解流程图。

3）回答问题：汽车交流发电机的主要组成和作用是什么？

4）撰写心得体会。

实训 10 步进电动机式怠速控制阀的检修

10.1 实训目的

1）了解步进电动机式怠速控制阀的结构和工作原理。

2）掌握步进电动机式怠速控制阀的检修方法。

10.2 实训原理

步进电动机式怠速控制阀的结构与工作原理如下。

（1）结构 由图 10-1a 可知，步进电动机式怠速控制阀主要有定子、转子、阀杆和阀芯等部件，丝杠机构将步进电动机的旋转运动转变为阀杆的直线运动，使阀芯做轴向移动，改变阀芯与阀座之间的间隙，从而改变怠速空气道的流通截面，控制发动机怠速工况下的进气量。

（2）工作原理 当 ECU 控制步进电动机的线圈按 1-2-3-4 顺序依次搭铁时，定子磁场顺时针转动，由于与转子磁场间的相互作用，转子随定子磁场同步转动。同理，步进电动机的线圈按相反顺序通电时，转子随定子磁场同步反转。转子每转一步与定子错开一个爪极的位置，定子有 32 个爪极，因此步进电动机每转一步为 1/32 圈，步进电动机的工作范围为 0～125 个步进级，如图 10-1b 所示。

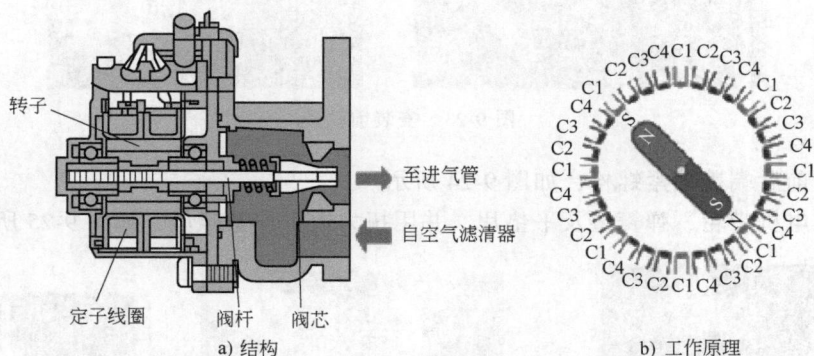

转子

至进气管

自空气滤清器

定子线圈   阀杆   阀芯

a) 结构

b) 工作原理

图 10-1 本田车步进电动机型怠速控制阀结构原理

10.3 实训设备与器材

1）丰田 8A 发动机台架 1 台或大众奥迪故障实验台 1 台，桑塔纳 3000 轿车一辆。

2）步进电动机式怠速控制阀 1 只，蓄电池 1 块，万用表两块及导线若干。

10.4 实训内容与步骤

1）将点火开关置于 ON 位置，然后检查怠速控制阀（ISC 阀）插接器端子 B_1 和 B_2 与搭铁之间的电压，应为蓄电池的电压，否则应检查电控燃油喷射系统（EFI）主继电器。其控制电路如图10-2所示。

2）拆下ISC阀插接器，测量ISC阀各端子之间的电阻，应符合表10-1的规定值，否则应予更换。ISC阀各端子布局如图10-3所示。

3）起动发动机再熄火时，$2\sim3s$内在急速控制阀附近应能听到内部发出的"嗡嗡"响声，否则应做进一步检查。

4）将蓄电池的正极接B_1和B_2，负极依次接S_1、S_2、S_3、S_4，阀芯应向外伸出；将蓄电池的正极接B_1和B_2，负极依次接S_4、S_3、S_2、S_1，阀芯应向内缩入，否则说明ISC阀已经损坏，应予更换。

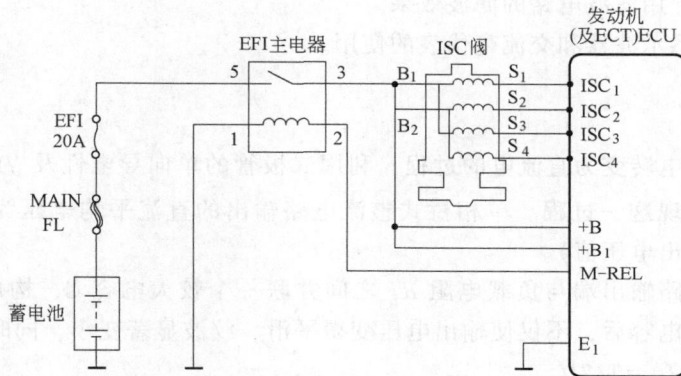

图10-2　步进电动机式急速控制阀控制电路

表10-1　ISC阀各端子之间的标准电阻值

端子	B_1-S_1	B_1-S_3	B_2-S_2	B_2-S_4
电阻/Ω	$10\sim30$	$10\sim30$	$10\sim30$	$10\sim30$

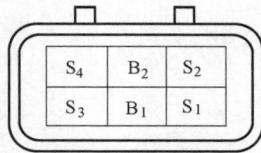

图10-3　ISC阀端子布局

10.5　实训作业

1）按以下要求写出实训报告。

① 自拟数据表格，完成表格中的各项测量和计算任务。

② 总结步进电动机式急速控制阀的检测方法，画出流程图。

③ 撰写心得体会。

2）熟读以下检修时需要注意的事项。

① 应注意不要用手推拉控制阀，以免损坏丝杠机构的螺纹。

② 不要将控制阀浸泡在任何清洗液中，以免步进电动机损坏。

③ 安装时，检查密封圈好坏，并在密封圈上涂少量润滑油。

实训 11　单相整流滤波电路的装接与测量

11.1　实训目的

1）掌握单相桥式整流、滤波电路测试方法。

2）观察单相桥式整流、滤波电路的输入、输出波形，测量输入、输出电压并验证它们之间的量值关系。

3）观察几种常用滤波电路的滤波效果。

4）进一步熟悉示波器和交流毫伏表的使用。

11.2　实训原理

整流是把交流电转变为直流电的过程，利用二极管的单向导电性及 VD_2、VD_4 与 VD_1、VD_3 轮流导通可实现这一过程。单相桥式整流电路输出的直流平均电压为 $U_L = 0.9U_2$（U_2 为变压器二次侧输出电压值）。

在桥式整流电路输出端与负载电阻 R_L 之间并联一个较大电容 C，构成电容滤波电路。整流电路接入滤波电容后，不仅使输出电压变得平滑、纹波显著变小，同时输出电压的平均值也增大了，此时 $U_L = 1.2U_2$。

如果将电容滤波电路替换为 π 型 RC 滤波电路，可进一步改善滤波的效果。

11.3　实训设备与器材

1）可调工频电源 1 台。

2）模拟电路实训箱 1 只。

3）数字示波器 1 台。

4）交流毫伏表和数字万用表各 1 块。

5）导线若干。

11.4　实训内容与步骤

1. 单相桥式整流、电容滤波电路的测量

实训电路如图 11-1 所示，其中，$C_1 = 470\mu F$，为电解电容器，负载电阻 $R_L = 240\Omega$。

1）按图 11-1 在实训箱上连接电路。

2）整流电路先不接滤波电容 C_1。

① 将有效值 $U_2 = 14V$ 左右的工频交流信号接入电路，用交流毫伏表测出 U_2 的值，并用示波器观察 u_2 的波形，将观察结果填入表 11-1 中。

② 用直流电压表测出 R_L 两端的电压值 U_L，并通过示波器观察 u_L 的波形，填入表

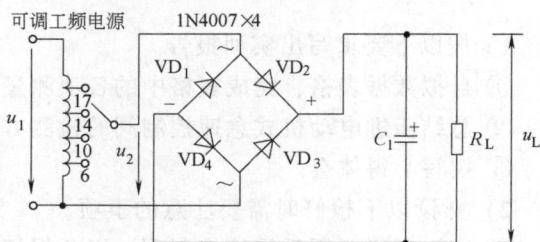

图 11-1　单相桥式整流滤波电路

11-1 中。

③ 用交流毫伏表测出 R_L 两端的交流电压 $\widetilde{U}_L$ 即交流分量，填入表 11-1。

注意：测试各电压值与观察波形不能同时进行。

表 11-1　整流电路不接滤波电容 C_1 时电压测量及输入输出波形的观察

电路形式	电压 U_2	U_L 值	$\widetilde{U}_L$ 值	输入波形 u_2	输出波形 u_L
整流电路					

3）整流电路接上滤波电容 C_1 组成整流、电容滤波电路。开启电源，重复 2）中的三个步骤分别将结果填入表 11-2 中。

表 11-2　整流电路接入滤波电容 C_1 时电压测量及输入输出波形的观察

电路形式	电压 U_2	U_L 值	$\widetilde{U}_L$ 值	输入波形 u_2	输出波形 u_L
整流、电容滤波电路					

2. 单相桥式整流、π 滤波电路的测量

实训电路如图 11-2 所示。

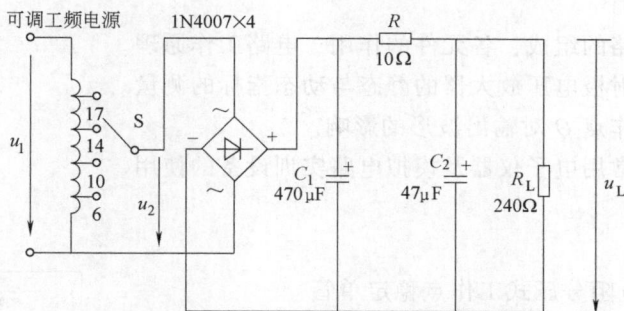

图 11-2　单相桥式整流、π 滤波电路

1）按图 11-2 在实训箱上连接电路。

2）将有效值 U_2 为 14V 左右的工频交流信号接入电路，用交流毫伏表测出 U_2 的值，并用示波器观察 u_2 的波形，将观察结果填入表 11-3。

3）用直流电压表测出 R_L 两端的电压值 U_L，并通过示波器观察 u_L 的波形，填入表 11-3 中。

4）用交流毫伏表测出 R_L 两端的交流电压 $\widetilde{U}_L$ 即交流分量，填入表 11-3。

表 11-3 单相桥式整流、π 形滤波电路的电压测量及输入输出波形的观察

电路形式	电压 U_2	U_L 值	$\widetilde{U}_L$ 值	输入波形 u_2	输出波形 u_L
整流、π 形滤波电路					

11.5 实训作业

实训报告要求:

1) 完成实训中各表格中的测量和波形绘制工作。

2) 回答以下几个问题,并将问题及选择结果写入实训报告。

① 滤波电容 C 容量越大、数量越多,输出电压平均值 U_L (越大/越小),纹波电压 (越大/越小),滤波效果 (越好/越差)。

② 不加滤波电容 C_1 时,输出电压 $U_L =$ _____ U_2,加 1 只电容 C_1 时,$U_L =$ _____ U_2,加两只电容 C_1、C_2 时,$U_L =$ _____ U_2,可见与只加 1 只电容的相比电压倍数关系差异不大。

3) 撰写心得体会。

实训 12   单管共射极电压放大器的装接与测量

12.1 实训目的

1) 熟悉放大电路的组成、各元件的作用、电路工作原理。

2) 掌握单管共射极电压放大器的静态与动态指标的测量。

3) 了解静态工作点 Q 对输出波形的影响。

4) 进一步熟悉常用电子仪器及模拟电路实训设备的使用。

12.2 实训原理

图 12-1 所示为电阻分压式工作点稳定单管放大器实训电路。它的偏置电路采用 R_{B1} 和 R_{B2} 组成的分压电路,并在发射极中接有电阻 R_E,以稳定放大器的静态工作点。当在放大器的输入端加上输入信号 U_i 后,在放大器的输出端便可得到一个与 U_i 相位相反、幅值被放大了的输出信号 U_o,从而实现了电压放大。

由于电子器件性能的分散性比较大,在设计和制作晶体管放大电路时,离不开测量和调

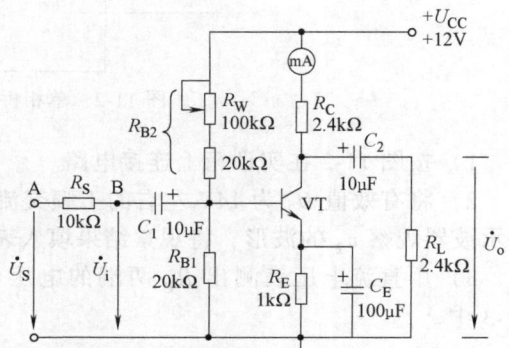

图 12-1 单管放大器实训电路

试技术。在设计前应测量所用元器件的参数，为电路设计提供必要的依据，在完成设计和装配以后，还必须测量和调试放大器的静态工作点和各项性能指标。一个优质放大器，必定是理论设计与实训调整相结合的产物。因此，除了学习放大器的理论知识和设计方法外，还必须掌握必要的测量和调试技术。

1. 放大器静态工作点的测试

（1）静态工作点的测量　测量放大器的静态工作点，应在输入信号 $U_i = 0$ 的情况下进行，即将放大器输入端与地端短接，然后选用量程合适的直流毫安表和直流电压表，分别测量晶体管的集电极电流 I_C 以及各电极对地的电位 U_B、U_C 和 U_E。一般实训中，为了避免断开集电极，采用测量电压 U_E 或 U_C，然后算出 I_C 的方法，例如，只要测出 U_E，即可用 $I_C \approx I_E = U_E/R_E$ 算出 I_C，同时也能算出 $U_{BE} = U_B - U_E$，$U_{CE} = U_C - U_E$。为了减小误差、提高测量精度，应选用内阻较高的直流电压表。

（2）静态工作点 Q 的调试　放大器静态工作点的调试是指对管子集电极电流 I_C（或 U_{CE}）的调整与测试。静态工作点是否合适，对放大器的性能和输出波形都有很大影响。如工作点偏高，放大器在加入交流信号以后易产生饱和失真，此时 u_o 的负半周将被削底，如图 12-2a 所示；如工作点偏低，则易产生截止失真，即 u_o 的正半周被缩顶（一般截止失真不如饱和失真明显），如图 12-2b 所示。这些情况都不符合不失真放大的要求，因此在选定工作点以后还必须进行动态调试，即在放大器的输入端加入一定的输入电压 u_i，检查输出电压 u_o 的大小和波形是否满足要求。如不满足，则应调节静态工作点的位置。

改变电路参数 U_{CC}、R_C、R_B（R_{B1}、R_{B2}）都会引起静态工作点 Q 的变化，如图 12-3 所示。但通常多采用调节偏置电阻 R_{B2} 的方法来改变静态工作点，如减小 R_{B2}，则可使静态工作点提高等。

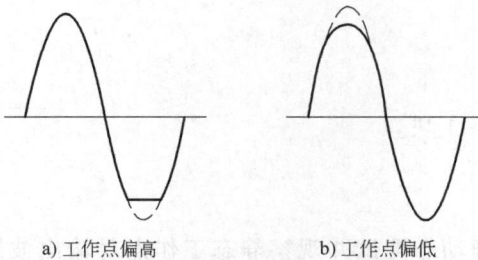

a) 工作点偏高　　　　b) 工作点偏低

图 12-2　静态工作点对 u_o 波形失真的影响

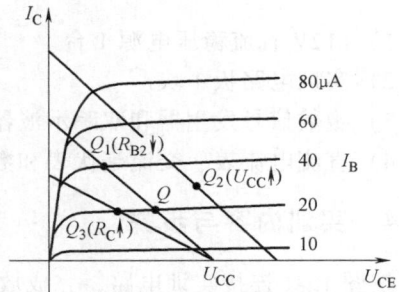

图 12-3　电路参数对静态工作点的影响

最后还要说明的是，上面所说的工作点"偏高"或"偏低"不是绝对的，是相对信号的幅值而言，如输入信号幅值很小，即使工作点较高或较低也不一定会出现失真。所以确切地说，产生波形失真是信号幅值与静态工作点设置配合不当所致。如需满足较大信号幅值的要求，静态工作点最好尽量靠近交流负载线的中点。

2. 放大器动态指标测试

放大器动态指标包括电压放大倍数、输入电阻、输出电阻等。

（1）电压放大倍数 A_u 的测量　调整放大器到合适的静态工作点，然后加入输入电

压 u_i，在输出电压 u_o 不失真的情况下，用交流毫伏表测出 u_i 和 u_o 的有效值 U_i 和 U_o，则 $A_u = U_o / U_i$。

（2）输入电阻 R_i 的测量　为了测量放大器的输入电阻，按图 12-4 电路在被测放大器的输入端与信号源之间串入一个已知电阻 R，在放大器正常工作的情况下，用交流毫伏表测出 U_S 和 U_i，则根据输入电阻的定义可得

$$R_i = U_i / I_i = U_i / (U_R / R) = [U_i / (U_S - U_i)] R$$

测量时应注意下列几点：

① 由于电阻 R 两端没有电路公共接地点，所以测量 R 两端电压 U_R 时必须分别测出 U_S 和 U_i，然后按 $U_R = U_S - U_i$ 求出 U_R 值。

② 电阻 R 的值不宜取得过大或过小，以免产生较大的测量误差，通常取 R 与 R_i 为同一数量级为好，本实训可取 $R = 1 \sim 2\text{k}\Omega$。

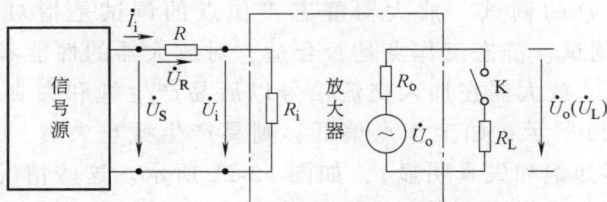

图 12-4　输入、输出电阻的测量

（3）输出电阻 R_o 的测量　按图 12-4 电路，在放大器正常工作条件下，测出输出端不接负载 R_L 的输出电压 U_o 和接入负载后的输出电压 U_L，根据 $U_L = [R_L / (R_0 + R_L)] U_0$，即可求出 $R_o = (U_o / U_L - 1) R_L$，在测试中应注意，必须保持 R_L 接入前后输入信号的大小不变。

12.3　实训设备与器材

1）+12V 直流稳压电源 1 台。

2）实训电路板 1 块。

3）函数信号发生器和双踪示波器各 1 台。

4）直流电流表、交流毫伏表和数字万用表各 1 块。

12.4　实训内容与步骤

按图 12-1 连接实训电路，完成放大电路的静动态测试并观察静态工作点对输出波形的影响。

1. 测量静态工作点 Q

1）接通直流电源前，先将 R_W 调至最大，函数信号发生器输出旋钮旋至零或放大器输入端对地短接。

2）接通 +12V 电源并调节 R_W，使 $I_C = 2.0\text{mA}$（即 $U_E = 2.0\text{V}$），用万用表直流电压档测量 U_B、U_E、U_C 并记入表 12-1。

3）关掉电源，如果有开关，可用开关断开固定偏置电路以提高测量精度。若无此开关，则该操作可省略。用万用表电阻档测量 R_{B2} 值，填入表 12-1 中。

4）根据上述测量结果，根据 $I_C \approx I_E = U_E / R_E$ 或 $I_C = (U_{CC} - U_C) / R_C$，$U_{BE} = U_B - U_E$，$U_{CE} =$

$U_C - U_E$，计算出放大器的静态工作点，填入表 12-1。

表 12-1　静态工作点测量记录表

测量值				计算值		
U_B/V	U_E/V	U_C/V	$R_{B2}/k\Omega$	U_{BE}/V	U_{CE}/V	I_C/mA

2. 测量电压放大倍数

1）在放大器输入端 A 加入频率为 1kHz 的正弦信号 u_s，调节函数信号发生器的输出旋钮，使放大器 B 端输入电压有效值 $U_i \approx 10mV$（用交流毫伏表测量）。

2）用示波器观察放大器输出电压 u_o 的波形，在波形不失真的条件下用交流毫伏表测量下述三种情况下的 U_o 值，并用双踪示波器观察 u_o 和 u_i 的相位关系，记入表 12-2。

表 12-2　电压放大倍数测量记录表

$R_C/k\Omega$	$R_L/k\Omega$	U_o/V	$A_u = U_o / U_i$	观察记录第 1 组 u_o 和 u_i 波形
2.4	∞			
2.4	2.4			

3. 观察静态工作点对输出波形失真的影响

置 $R_C = 2.4k\Omega$，$R_L = 2.4k\Omega$，$u_i = 0$，调节 R_W 使 $I_C = 2.0mA$，测出 U_{CE} 值，再逐步加大输入信号，使输出电压 u_o 足够大但不失真。然后保持输入信号不变，分别增大和减小 R_W，使波形出现失真，绘出 u_o 的波形，并测出失真情况下的 I_C 和 U_{CE} 值，记入表 12-3。每次测 I_C 和 U_{CE} 值时都要将信号发生器的输出电压调到零。

表 12-3　静态工作点对输出波形失真的影响测试记录表

I_C/mA	U_{CE}/V	u_o 波形	失真情况	管子工作状态
2.0				

4. 测量输入电阻和输出电阻

（1）测量输入电阻　置 $R_C = R_L = 2.4\text{k}\Omega$，$I_C = 2.0\text{mA}$。函数信号发生器接到放大器 A 端，使其 B 端输入频率 $f = 1\text{kHz}$、$U_i = 10\text{mV}$ 的正弦信号，在输出基本不失真的情况下，用交流毫伏表分别测量 U_i、U_S、U_L 值，记入表 12-4 中。根据输入电阻计算公式 $R_i = U_i/I_i = U_i/(U_R/R) = [U_i/(U_S - U_i)]R$，计算 R_i 值，记入表 12-4。

（2）测量输出电阻　断开 R_L，保持 $U_i = 10\text{mV}$ 不变，测量空载输出电压 U_o 值记入表 12-4，根据公式 $R_o = (U_o/U_L - 1)R_L$，计算 R_o 值并记入表 12-4。

表 12-4　输入、输出电阻测量记录表

U_S/mv	U_i/mv	$R_i/\text{k}\Omega$		U_L/V	U_o/V	$R_o/\text{k}\Omega$	
		测量值	计算值			测量值	计算值

12.5　实训作业

实训报告要求：

1）完成实训中各表格中的测量、计算和波形绘制工作。

2）回答以下几个问题，并将答案写入实训报告。

① 假设实训电路参数：3DG6 的 $\beta = 100$，$R_{B1} = 20\text{k}\Omega$，$R_{B2} = 60\text{k}\Omega$，$R_C = 2.4\text{k}\Omega$，$R_L = 2.4\text{k}\Omega$，估算放大器的静态工作点、电压放大倍数 A_u、输入电阻 R_i 和输出电阻 R_O。

② 能否用直流电压表直接测量晶体管的 U_{BE}？为什么实训中要采用测 U_B、U_E，再间接算出 U_{BE} 的方法？

③ 改变静态工作点对放大器的输入电阻 R_i 有否影响？改变外接电阻 R_L 对输出电阻 R_o 有否影响？

3）撰写心得体会。

实训 13　三角波和方波发生器的装接与测量

13.1　实训目的

1）学习用集成运放构成三角波和方波发生器。
2）学习波形发生器的调整和主要性能指标的测试方法。

13.2　实训原理

由集成运放构成的方波发生器和三角波发生器，一般均包括比较器和 RC 积分器两大部分。如把滞回比较器和积分器首尾相接形成正反馈闭环系统（图 13-1），则比较器 A_1 输出的方波经积分器 A_2 积分可得到三角波，三角波又触发比较器自动翻转形成方波，这样即可构成三角波、方波发生器。图 13-2 所示为方波、三角波发生器输出波形。由于采用运放组成的积分电路，可实现恒流充电，使三角波线性大大改善。

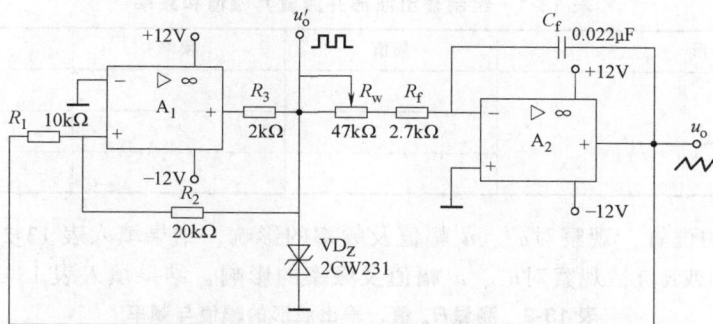

图 13-1 三角波和方波发生器

电路振荡频率

$$f_0 = R_2 / [4R_1(R_f + R_w)C_f]$$

方波幅值

$$U'_{om} = \pm U_Z$$

三角波幅值

$$U_{om} = \pm (R_1/R_2)U_Z$$

调节 R_w 可以改变振荡频率，改变比值 R_1/R_2 可调节三角波的幅值。

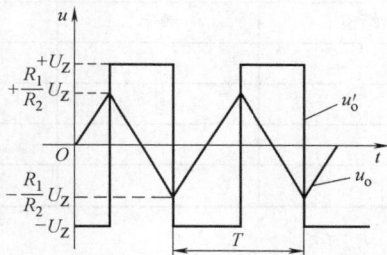

图 13-2 方波、三角波发生器输出波形

13.3 实训设备与器材

1）±12V 直流稳压电源 1 台。

2）模拟电路实训箱 1 只。

3）频率计、双踪示波器各 1 台。

4）交流毫伏表、数字万用表各 1 块。

5）μA741 集成运算放大器 2 只，2CW231 双向稳压管、47kΩ 电位器各 1 只，电阻器、电容器若干。

13.4 实训内容与步骤

按图 13-1 连接实训电路，调节电位器 R_w，观察三角波和方波输出幅值和频率的变化。

1）将电位器 R_w 调至合适位置，用双踪示波器观察并绘制三角波输出 u_o 及方波输出 u'_o，测其幅值、频率及 R_w 值，记录并填入表 13-1。

表 13-1   绘制输出波形并测量其幅值和频率

波形 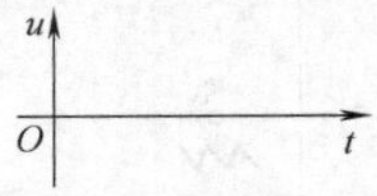	幅值	频率	R_w 值
u ↑ O ———— t			

2）改变 R_w 的位置，观察对 u_o、u_o' 幅值及频率的影响，结果填入表 13-2。

3）改变 R_1（或 R_2），观察对 u_o、u_o' 幅值及频率的影响，结果填入表 13-3。

表 13-2   测量 R_w 值、输出波形的幅值与频率

R_w 值	u_o'		u_o	
	幅值	频率	幅值	频率

表 13-3   测量 R_1 值、输出波形的幅值与频率

R_1 值	u_o'		u_o	
	幅值	频率	幅值	频率

13.5   实训作业

实训报告要求：

1）完成实训中各表格的测量、波形绘制工作。

2）分析电路参数变化（R_1、R_2 和 R_w）对输出波形频率及幅值的影响。

实训 14   基于门电路的简易抢答器的装接与测试

14.1   实训目的

1）掌握由基本逻辑门实现一般逻辑关系的方法。

2）练习集成逻辑门的使用及逻辑电平的测量。

3）建立组合逻辑电路的基本概念。

14.2   实训原理

实验电路如图 14-1 所示，图中，用 74LS20 双 4 输入与非门做主体电路，4 个发光二极

管及其限流电阻做抢答显示用，4 个按钮开关做 4 路抢答使用。图 14-2 是 74LS20 的引脚排列，供连接电路时参考。

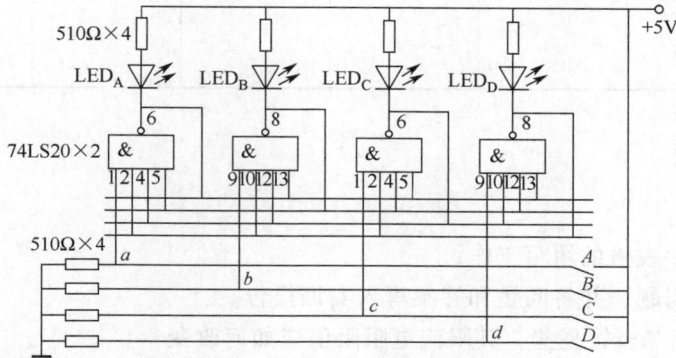

图 14-1　简易抢答器实训电路

抢答前，每个门都有一个输入端通过电阻接地，即接低电平，因此各门输出都为高电平，此高电平使发光二极管熄灭，又输入到其他门的输入端，使各门均处于等待抢答状态。

有人抢答时，如 A 组抢答，按钮开关 A 接通，将高电平送入 A 组的逻辑门输入端，使此门输入皆为高电平，其输出为低电平，此低电平使 A 组发光二极管 LED_A 点亮（灌电流负载），表示此人抢答成功；同时此低电平又封锁了其他三组的输入端，使其他组失去再抢答的可能。

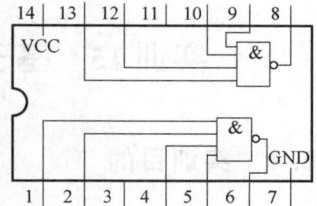

图 14-2　74LS20 引脚排列

14.3　实训设备与器材

1）直流稳压电源 1 台，万用表 1 块，逻辑笔 1 只，按钮 4 个。

2）数字电路实训箱 1 只或面包板 1 块。

3）74LS20 集成门电路 2 只，发光二极管 4 只，510Ω电阻 8 只。

14.4　实训内容及步骤

1.　实训内容

1）用与非门构成一个供 4 人抢答的简易抢答器。

2）抢答结果用发光二极管做模拟显示。

3）完成抢答器功能表的填写。

2.　实训步骤

1）按图 14-1 连接实训电路。74LS20 引脚排列如图 14-2 所示，供连接电路时参考。

2）给电路及各集成块接上+5V 电源，各发光二极管均熄灭。

3）任一组抢答后，其对应的发光二极管点亮，其他组的发光二极管均不亮，在该抢答组未解除抢答之前，其他组失去再抢答的可能。

4）抢答（按钮闭合）和灯亮用"1"表示，不抢答（按钮断开）和灯不亮用"0"表示，完成表 14-1 的填写。

表 14-1　抢答器逻辑状态表

A	B	C	D	LED$_A$	LED$_B$	LED$_C$	LED$_D$

14.5　实训作业

实训报告要求：

1）完成实训中表格的填写工作。

2）思考以下问题，并将问题和答案写入实训报告。

① 若希望发光二极管亮些，其限流电阻阻值应如何改变？

② 若要有 8 组抢答，请查集成器件手册，可选用几个什么型号的与非门去实现？

③ 若用高电平去驱动发光二极管（拉电流负载），电路应如何改动？

实训 15　基于触发器的智力竞赛抢答器的装接与测试

15.1　实训目的

1）学习数字电路中 D 触发器、分频电路、多谐振荡器、CP 时钟脉冲源等单元电路的综合运用。

2）熟悉智力竞赛抢赛器的工作原理。

3）了解简单数字系统实训、调试及故障排除方法。

15.2　实训原理

图 15-1 为供四人用的智力竞赛抢答器电路，用以判断抢答优先权。

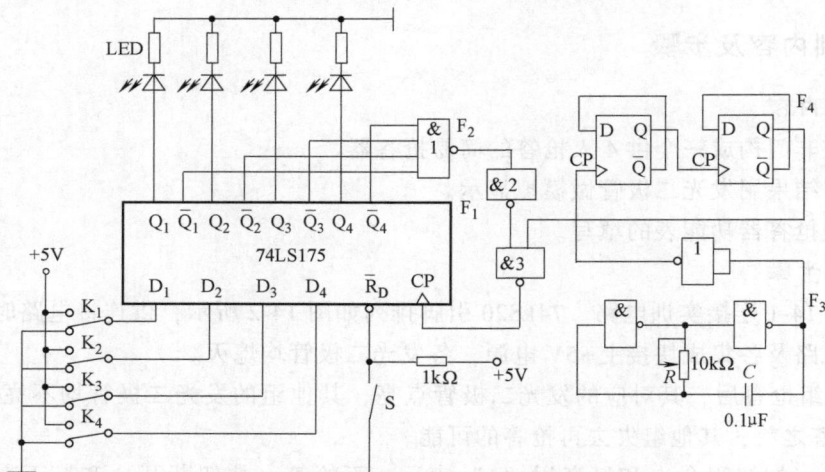

图 15-1　智力竞赛抢答器电路原理

图中 F_1 为四 D 触发器 74LS175，它具有公共置 0 端 $\overline{R}_D$ 和公共 CP 端，引脚排列如图 15-2 所示。F_2 为双 4 输入与非门 74LS20，引脚排列如图 15-3 所示。F_3 是由 74LS00 组成的多谐振荡器，引脚排列如图 15-4 所示。F_4 是由 74LS74 组成的四分频电路，74LS74 引脚排列如图 15-5 所示，F_3、F_4 组成抢答电路中的 CP 时钟脉冲源。抢答开始时，由主持人清除信号，按下复位开关 S，74LS175 的输出 $Q_1 \sim Q_4$ 全为 0，所有发光二极管 LED 均熄灭，当主持人宣布"抢答开始"后，首先做出判断的参赛者立即按下开关，对应的发光二极管点亮，同时，通过与非门 F_2 送出信号锁住其余三个抢答者的电路，不再接受其他信号，直到主持人再次清除信号为止。

图 15-2 74LS175 引脚排列图

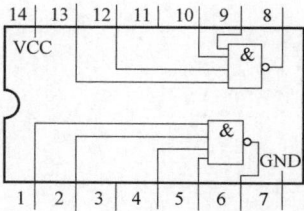

图 15-3 74LS20 引脚排列图

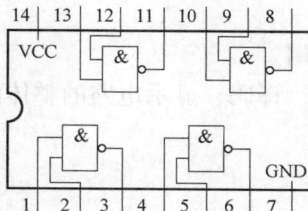

图 15-4 74LS00 引脚排列

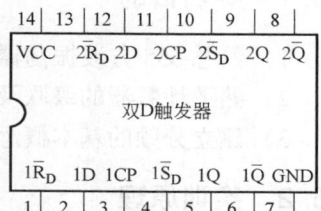

图 15-5 74LS74 引脚排列图

15.3 实训设备与器材

1）数字电路实训箱 1 只。

2）+5V 直流电源 1 台，逻辑电平开关 8 只，逻辑电平显示器 4 只。

3）数字频率计、双踪示波器各 1 台，直流数字电压表 1 只。

4）集成器件 74LS175、74LS20、74LS74、74LS00 各 1 只。

15.4 实训内容与步骤

1）测试各触发器及各逻辑门的逻辑功能，判断器件的好坏。

2）按图 15-1 接线，抢答器五个开关接实训箱上的逻辑开关，发光二极管接逻辑电平显示器。

3）断开抢答器电路中 CP 脉冲源电路，单独对多谐振荡器 F_3 及分频器 F_4 进行调试，调整多谐振荡器 10kΩ 电位器，使其输出脉冲频率约 4kHz，观察 F_3 及 F_4 输出波形及测试其频率。

4）测试抢答器电路功能。

接通 +5V 电源，CP 端接实训箱上连续脉冲源，取重复频率约 1kHz。

① 抢答开始前，开关 K_1、K_2、K_3、K_4 均置"0"，准备抢答，将开关 S 置"0"，发光二极管全熄灭，再将 S 置"1"。抢答开始，K_1、K_2、K_3、K_4 某一开关置"1"，观察发光二极管的亮、灭情况，然后再将其他三个开关中任一个置"1"，观察发光二极管的亮、灭有否改变。

② 重复①的内容，改变 K_1、K_2、K_3、K_4 任一个开关状态，观察抢答器的工作情况。

③ 整体测试。断开实训箱上的连续脉冲源，接入 F_3 及 F_4，再进行实训。

15.5 实训作业

实训报告要求:

1) 自拟表格记录测试数据。

2) 思考以下问题,并将问题和答案写入实训报告。

① 分析智力竞赛抢答装置各部分功能及工作原理。

② 分析实训中出现的故障及解决办法。

实训 16 电子秒表的装接与测试

16.1 实训目的

1) 熟悉 555 方波振荡器的应用。

2) 熟悉计数器的级联及计数、译码、显示电路的整体配合。

3) 建立分频的基本概念。

16.2 实训原理

实验电路如图 16-1 所示,图中由定时器 555 构成方波振荡器,用来产生 50Hz 的矩形波。第 I 级计数器做五分频使用,将 555 输出的 50Hz 的脉冲变为 0.1s 的计数脉冲加到计数器。

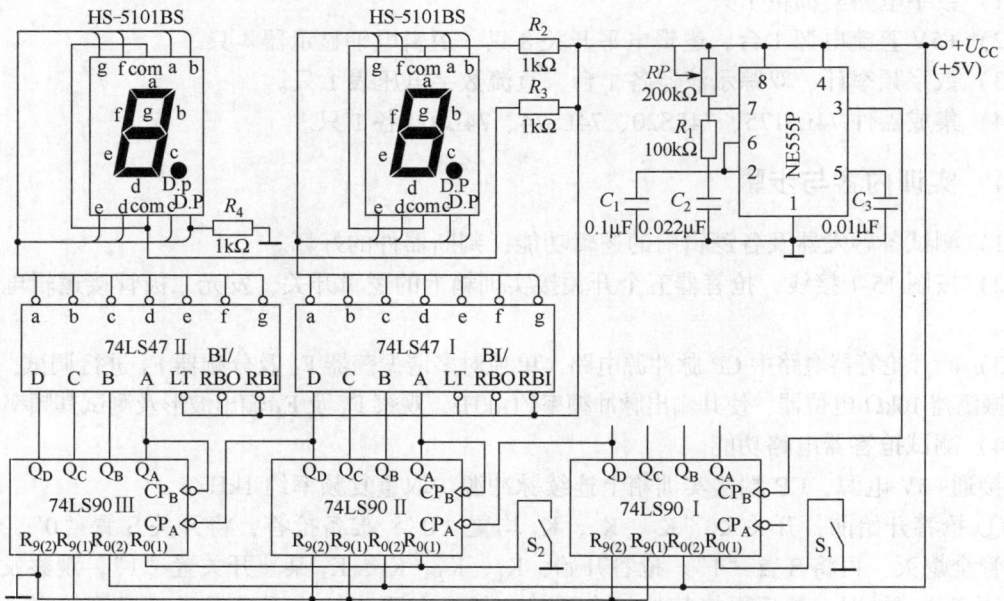

图 16-1 电子秒表装接

第 II、第 III 级计数器的 Q_A 与 CP_B 相连,脉冲从 CP_A 输入,接成十进制计数电路,其

中第Ⅱ级是每 0.1s 计数，第Ⅲ级是每秒计数。两片 74LS47 是译码器，将计数器输来的
8421BCD 码译为七段码，分别去驱动两个数码管，使之做相应的显示。

开关 S_1 闭合后开始计数，断开时即停止计数；开关 S_2 断开秒表清零，闭合可以计数。

16.3 实训设备与器材

1）直流稳压电源 1 台，示波器 1 台，万用表 1 块，逻辑笔 1 支。

2）555 定时器 1 只，二-五-十进制 74LS90 计数器 2 只，74LS47 译码器 2 只，共阳数码
管 2 只，1kΩ 电阻 2 只，100kΩ 电阻 1 只，100kΩ 电位器 1 只，电容器 0.1μF、0.01μF、
0.022μF 各 1 只。

16.4 实训内容与步骤

1. 实训内容

1）连接电子秒表整体实训电路。

2）调校 0.1s 信号源。

3）测试电子秒表清零、开始计时、停止计时功能。

2. 实训步骤

1）按图 16-1 连接好实训电路。

2）用示波器观察 555 第 3 管脚输出的矩形脉冲，调电路中的 RP，使 555 输出脉冲
为 50Hz。

3）S_1 闭合，检查第Ⅰ级计数器 Q_D 端应有周期为 0.1s 的脉冲输出，S_1 断开 Q_D 端无脉
冲输出。

4）S_2 断开秒表应清零，S_2 接通（S_1 闭合），秒表应开始计数。

16.5 实训作业

实训报告要求：

1）自拟表格记录测试数据。

2）思考以下问题，并将问题和答案写入实训报告。

① 若第Ⅰ级计数器不用，直接用 555 产生的信号做计数脉冲是否可行？

② 后两级计数器用 1 块 74LS390 代替时，应如何接线？

③ 在第一位显示与第二位显示之间要小数点始终亮应如何接线？

实训 17 调光台灯电路的制作与调试

17.1 实训目的

1）会识别、检测晶闸管和单结晶体管。

2）了解调光台灯电路的结构与工作原理。

3）会制作调光台灯电路。

4）会用相关仪器仪表对调光电路进行调试与检测。

17.2 实训原理

1. 调光台灯电路工作原理

调光台灯电路工作原理如图 17-1 所示。

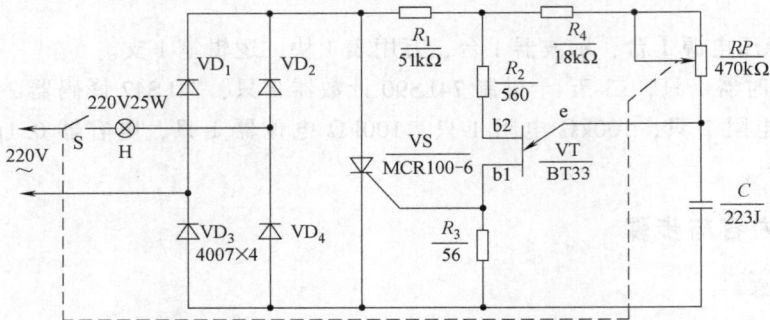

图 17-1　调光台灯电路原理

在图示电路中，VT、R_1、R_2、R_3、R_4、RP、C 组成单结晶体管张弛振荡器。接通电源前，电容器 C 上没电压。接通电源后，电容经由 R_4、RP 充电，电压 U_e 逐渐升高。当达到峰点电压时，e-b1 间导通，电容上电压向电阻 R_3 放电。当电容上的电压降到谷点电压时，单结晶体管恢复阻断状态。此后，电容又重新充电，重复上述过程，结果在电容上形成锯齿状电压，在电阻 R_3 上则形成脉冲电压。此脉冲电压作为晶闸管 VS 的触发信号。在 $VD_1 \sim VD_4$ 桥式整流输出的每一个半波时间内，振荡器产生的第一个脉冲为有效触发信号。调节 RP 的阻值，可改变触发脉冲的相位，控制晶闸管 VS 的导通角，调节灯泡亮度。

2. 单向晶闸管、单结晶体管的检测

（1）单向晶闸管的检测

1）极性的判断。极性的判断可通过两种方式完成。最直观、简单的方法就是根据管脚排列图确认各管脚的极性，如图 17-2a 所示，其中字母 K、G、A 分别代表阴极、门极和阳极。此外，还可以用万用表检测法确定管子的极性，如图 17-2b 所示。将万用表置于 "$R \times$ 1k" 或 "$R \times 100$" 档，如果测得其中两个电极的正向电阻较小，而交换表笔后测得反向电阻很大，那么以阻值较小的一次为准，黑表笔所接的就是门极 G，而红表笔所接的就是阴极 K，剩下的电极便是阳极 A。

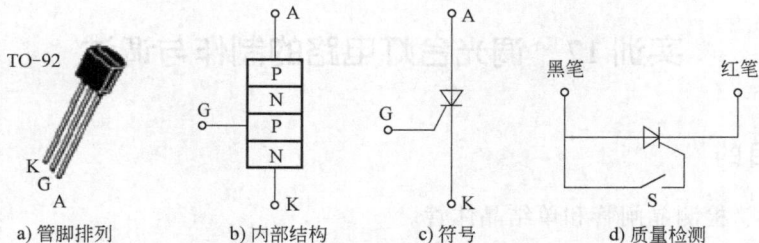

图 17-2　单向晶闸管的检测

2）质量的判断。将万用表置于 "$R \times 10$" 档，黑表笔接阳极，红表笔接阴极，如图 17-2d

所示，指针应接近∞。当合上 S 时，表针应指很小的阻值，约为 60～2kΩ，表明单向晶闸管能触发导通。断开 S，表针回不到∞，表明晶闸管是正常的（有些晶闸管因为维持电流较大，万用表的电流不足以维持它导通，当 S 断开后，表针会回到∞，也是正常的）。如果在 S 未合上时阻值很小，或者在 S 合上时表针不动，表明晶闸管质量太差或已击穿、断极。

（2）单结晶体管的检测

1）极性判别。与单向晶闸管相似，可采用管脚排列图确认各管脚的极性，如图 17-3a 所示，其中字母 E、B_1、B_2 分别代表发射极、第一基极和第二基极。此外，还可以用万用表检测法确定管子的极性。先判断发射极：把万用表置于 "$R \times 1k$" 档或 "$R \times 10k$" 档，黑表笔接假设的发射极，红表笔接另外两极，当出现两次低电阻时（调换表笔时，两次阻值均很大），黑表笔接的就是单结晶体管的发射极。再判别两个基极：把万用表置于 "$R \times 1k$" 档或 "$R \times 10k$" 档，用黑表笔接发射极，红表笔分别接另外两极，两次测量中，电阻大的一次红表笔接的就是 B_1 极（第一基极）。

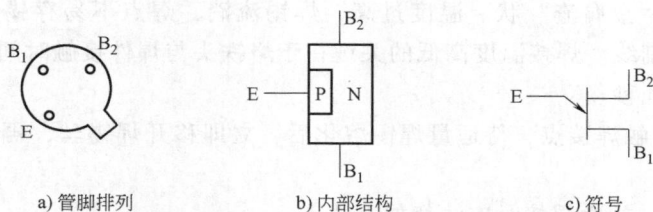

a) 管脚排列   b) 内部结构   c) 符号

图 17-3　单结晶体管的检测

2）质量的判断。在上述检测中若出现阻值为零或无穷大，则说明管子已击穿或断极。

3. 手工焊接技术简介

用焊接方式组装电路的主要工作是在印制电路板上焊接元器件。焊接质量的好坏直接影响电路的性能，因此，掌握焊接技术是从事电子电工技术人员的基本功。

（1）焊接工具及材料

1）烙铁。烙铁是主要的焊接工具之一。烙铁有各种不同的功率，应根据不同的焊接对象选择不同功率的烙铁。焊接 TTL 集成电路和半导体元器件一般使用 25W 的烙铁，焊接面积较大时，可选用 45W 或更大功率的电铁。焊接 CMOS 集成电路最好选用 20W 内热式烙铁，且外壳要良好接地。

新的烙铁使用前应将烙铁头锉干净（内热式烙铁头一般已电镀，不必锉）。根据焊接需要，烙铁头可锉成一定的形状，如锥形、斜面和凿形等，再沾一层锡，可防止烙铁头长时间加热后，因氧化而被 "烧死" 而不再沾锡。

2）焊锡。它是一种铅锡合金材料，其熔点为 190℃ 左右。市面上出售的多为焊锡丝，它有两种规格，一种是松香焊锡丝，丝呈管状，管内填有松香，使用这种焊锡丝焊接时可以不加助焊剂，使用起来很方便；另一种是无松香焊锡丝，焊接时要加助焊剂。

3）助焊剂。焊接过程中需要使用助焊剂，以改善焊接质量。助焊剂的种类很多，常用的有两种。第一种是酸性助焊剂，如焊油、焊锡膏，它能去除金属表面的氧化物，保证焊接牢靠。但焊接后残留助焊剂会腐蚀元器件引线和敷铜板，甚至破坏电路板的绝缘性能。此种助焊剂在电子线路（尤其是印制板电路）焊接中一般不使用。如果确实需要使用它，焊接后应立即使用无水酒精将焊点附近清洗干净。第二种是中性助焊剂，如松香、松香酒精溶液

（一份松香与三份无水酒精配制而成）。第二种助焊剂无腐蚀作用，焊接效果比第一种好，是电子线路焊接中最常用的助焊剂。

（2）焊接工艺　焊接质量要求：焊接牢固，无虚焊，焊点光亮、圆滑、饱满、无裂纹、大小适中且一致。当然，要达到上述要求，必须经过长时间、多次反复的焊接实践。对初学者来说，首先应保证焊接牢固、无虚焊，因为虚焊将给电路造成严重隐患，且很难查找。

（3）焊接步骤

1）净化元器件引线和焊点表面。焊前要用刀或砂纸除去引线表面的锈迹或氧化物，然后沾上松香酒精，搪上锡。焊点表面则用酒精清洗，并沾上松香酒。未经过净化处理的引线和焊点往往不易"吃锡"，焊接起来十分困难，即使勉强焊上也容易形成虚焊。

2）加热焊件，使其温度达到焊锡熔化温度（190℃）即把已净化处理的引线置于焊点上，用烙铁头接触两者来加热。焊接温度严重影响焊接质量。温度不够，焊锡流动性差，容易凝固，造成焊点"豆腐渣"状。温度过高，焊锡流淌，焊点不易存锡，焊接不上，甚至会损坏元器件及印制线。焊接温度高低的关键在于烙铁头与焊件接触时间长短。接触时间必须适当，一般只需几秒。

3）用焊锡丝接触焊接点，待适量焊锡熔化后，立即移开焊锡丝，再移开烙铁。稍后焊锡凝固。

（4）注意事项　初学焊接时应注意如下几点。

1）焊接时必须扶稳焊件，特别是焊锡凝固过程中不能晃动焊件，否则容易造成虚焊。

2）烙铁头加热焊件与焊点表面时，不必加压或来回移动烙铁头，以免损坏元器件和焊点印制线。

3）焊锡不要太多，能包住焊接头即可。每个焊点一次焊成最好，如果需要再次焊接，一定待两次焊锡熔化后方可移开烙铁头。

4）焊接各种管子时，最好用镊子夹住管子管脚进行焊接，以防止温度过高烧坏管子。

凡是镀金或镀银的管脚（如印制电路板插头、插接件等），焊接前一般不要净化处理和搪锡，否则反而会造成接触不良。

上述介绍的是手工焊接技术，在大规模生产时，多采用流水线波峰焊。

17.3　实训设备与器材

1）双踪示波器1台，万用表1块。

2）220V单相交流电源1台，25W烙铁1支或恒温焊台1台，焊锡丝、助焊剂若干。

3）调光台灯套件1套，材料清单见表17-1。

表 17-1　材料清单

序号	元件代号	名称规格	数　　量	检　　测
1	$VD_1 \sim VD_4$	二极管 1N4007	4	
2	VS	晶闸管 MCR100-6	1	
3	VT	单结晶体管 BT33	1	
4	R_1	电阻器 51kΩ	1	

序号	元件代号	名称规格	数 量	检 测
5	R_2	电阻器 560Ω	1	
6	R_3	电阻器 56Ω	1	
7	R_4	电阻器 18kΩ	1	
8	RP	带开关电位器 470kΩ	1	
9	C	涤纶薄膜电容器 223J	1	
10	H	灯泡 220V、25W	1	
11		灯座	1	
12		电源线	1	
13		导线	若干	
14		印制板	1	

17.4　实训内容与步骤

1. 检测

按材料清单识别元器件并对元器件做必要的检测。

2. 装配与焊接

按照图 17-4 所示在印制电路板上插装元器件，其中二极管和电阻器采用卧式安装，晶闸管、单结晶体管、电位器、电容器等采用立式安装。焊接时，为方便起见，先焊矮的，如电阻、二极管；再焊高的，如晶体管、电容器；最后焊接电源线、灯座线。

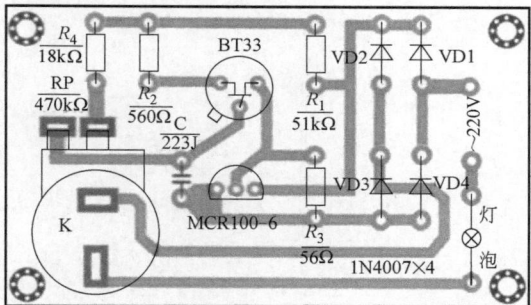

图 17-4　调光台灯电路安装（元器件面）

3. 调光电路调试

1) 由于电路直接与市电相连，调试时应注意安全，防止触电。调试前认真、仔细核查各元器件安装是否正确可靠，最后插上灯泡，进行调试。

2) 插上电源插头，人体各部分远离印制电路板，打开开关，右旋电位器旋钮，灯泡应逐渐变亮，右旋到头灯泡最亮；反之，左旋电位器旋钮，灯泡应逐渐变暗，左旋到头灯光熄灭。

4. 常见故障检修

1) 灯泡不亮，不可调光。由 BT33 组成的单结晶体管张弛振荡器停振，可造成灯泡不亮，不可调光。可检测 BT33 是否损坏、电容器 C 是否漏电或损坏等。

2) 电位器顺时针旋转时，灯泡逐渐变暗。这是电位器中心抽头接错位置所致。

3) 调节电位器 RP 至最小位置时，灯泡突然熄灭。可检测 R_4 的阻值，若 R_4 的实际阻值太小或短路，则应更换 R_4。

4) 将制作、调试和维修结果填入表 17-2 中。

表 17-2　制作、调试和维修结果记录表

状态	元器件各级电压/V						断开交流电源,电位器 R_P 的电阻值/Ω
	VS			VT			
	U_A	U_K	U_G	U_{b1}	U_{b2}	U_e	
灯泡微亮时							
灯泡最亮时							
调试中出现的故障及排除方法							

17.5　实训作业

实训报告要求:

1) 完成表格中的测试任务。

2) 说明调光灯电路的组成与工作原理。

3) 说明本实训所用的晶闸管和单结晶体管极性的检测方法。

4) 撰写心得体会。

××学院

《汽车电工电子技术基础》

实训报告

（20　　—20　　学年　　第　　学期）

系别：

班级：

姓名：

学号：

年　　月　　日

实训记录

实训项目名称			地点	
组长：		同组其他人员：	时间	

一、实训目的和要求

二、实训设备、仪表及器材

序号	名称	型号与规格	数量	备注
1				
2				
3				
4				
5				
6				
7				
8				
9				
10				

三、实训内容与步骤

四、实训总结

1. 回答提问

2. 心得体会

成绩：

教师签名：

日期：